PILGRIM'S PROGRESS

# 천로역정

**그림** 루이스 레드 형제(GEORGE, FREDERICK & LOUIS RHEAD)

조지, 프레더릭 그리고 루이스 레드 세 형제는 모두 뛰어난 업적을 이뤄낸 예술가였다. 맏형 조지는 '로열 아카데미'의 화가로 40년 간 종사하며 스테인드 글라스를 디자인했고, 수많은 책들에 삽화를 그려넣었다. 둘째 프레더릭은 아버지의 뒤를 이어 유명한 도자기 공예가가 되었다. 그리고 막내이자 셋 중에 가장 이름이 널리 알려진 루이스는 미국으로 이주하여 탁월한 예술가이자 삽화가가 되었다.

1890년대 세 형제가 협력하여, 존 번연의 『천로역정』(1898년)을 비롯한 여러 책에 삽화 작업을 진행했다. 『천로역정』에는 섬세하고 아름다운 선으로 이루어진 삽화들이 다수 들어 있는데, 이는 19세기 후반에서 20세기 초반 융성했던 '미술공예운동'에서 상당한 영향을 받은 것이다. 여기 번연의 대표적인 고전 우화에 실린 삽화들은 독자들에게 특별한 선물이 될 것이다.


**옮긴이** 유성덕

연세대학교에서 영문학을 전공으로 학사·석사를 받고 중앙대학교에서 영문학 전공으로 「영역성경이 영문학에 끼친 영향」이란 제목으로 논문을 제출 통과하여 문학박사 학위를 받았다. 그는 연세대, 이대, 중앙대, 숭실대, 서울여대, 서울신대의 강사를 역임하였고, 미국 Northwestern 대학 대학원에서 수학하였다.

그는 총신대학 영어교육과 교수로 교무처장과 부총장을 역임하였다. 저서로는 「성경과 영문학」, 「기독교와 문학」(공저), 「영어성경사」(역), 「성경 형성 개론」(역편저)이 있고, 논문으로는 "존 번연의 작품에 나타난 흠정역 성경의 영향(천로역정을 중심으로)", "영역성경이 밀턴과 번연에 끼친 영향", "영문학에 나타난 성서적 인유", "영역성경 문체의 특색" 외에 십여 편이 있다.

세계
기독교
고전

◀ 15 ▶

PILGRIM'S PROGRESS

# 천로역정

존 번연 | 루이스 레드 형제 그림 | 유성덕 옮김

CH북스
크리스천
다이제스트

# 세계 기독교 고전 전집을 발행하면서

한국에 기독교가 전해진 지 벌써 100년이 넘었습니다. 그동안 수많은 기독교 서적들이 간행되어 한국의 교회와 성도들에게 많은 공헌을 해 왔습니다. 그러나 기독교 역사 100년을 넘어선 우리의 교회와 성도들에게 더 큰 영적 성숙과 진정한 신앙을 심어주기 위해서는 가치있는 기독교 서적들이 많이 나와야 한다고 생각합니다. 그리하여 영혼의 양식이 될 수 있는 훌륭한 기독교 서적들이 모든 성도들의 가정뿐만 아니라 믿지 아니하는 가정에도 흘러 넘쳐야만 합니다.

믿는 성도들은 신앙의 성장과 영적 유익을 위해서 끊임없이 좋은 신앙 서적들을 읽고 명상해야 하며, 친구와 이웃 사람들의 구원을 위하여 신앙 서적 선물하기를 즐기고 읽도록 권해야 할 것입니다. 이것은 하나님의 백성으로서 살기 원하는 사람은 누구나 마땅히 해야 할 의무라고도 하겠습니다.

존 웨슬리는 "성도들이 책을 읽지 않는다면 은총의 사업은 한 세대도 못 가서 사라져 버릴 것이다. 책을 읽는 그리스도인만이 진리를 아는 그리스도인이다"라고 말했습니다. 우리는 이제 한국에서 최초로 세계의 기독교 고전들을 총망라하여 한국의 교회와 성도들에게 소개하고자 합니다. 전세계의 기독교 고전은 모든 기독교인들에게 영원한 보물이며, 신앙의 성숙과 영혼의 구원을 위하여 이보다 더 귀한 것은 없을 것입니다.

이러한 취지로 어언 2천여 년의 세월이 지나는 동안 세계 각국에서 저술된 가장 뛰어난 신앙의 글과 영속적 가치가 있는 위대한 신앙의 글만을 모아서 세계

기독교 고전 전집으로 편찬하고자 합니다.

우리는 이 세계 기독교 고전 전집을 알차고, 품위있게 제작하여 오늘날 한국의 교회와 성도들에게 제공하고 후손들에게도 물려줄 기획을 하고 있습니다. 우리는 다시 한번 다니엘 웹스터가 한 말을 깊이 생각해 보아야 할 것입니다.

"만약 신앙 서적들이 우리 나라 대중들에게 광범위하게 유포되지 않고, 사람들이 신앙적으로 되지 않는다면, 우리나라가 어떤 나라가 될지 걱정스럽다 … 만약 진리가 확산되지 않는다면, 오류가 지배할 것이요, 하나님과 그의 말씀이 전파되고 인정받지 못한다면, 마귀와 그의 궤계가 우세할 것이요, 복음의 서적들이 모든 집에 들어가지 못한다면, 타락하고 음란한 서적들이 거기에 있을 것이요, 우리나라에서 복음의 능력이 나타나지 못한다면, 혼란과 무질서와 부패와 어둠이 끝없이 지배할 것이다."

독자들의 성원과 지도 편달을 바라마지 않습니다.

CH북스
발행인 박명곤

# 「천로역정」을 추천하며

손봉호(전 서울대 교수)

기독교 신앙은 혼자서 묵상하고 기도하면서도 자라지만 그에 못지않게 하나님 말씀과 위대한 신앙의 선배들의 가르침과 행적을 듣고 읽음으로도 자란다. 그래서 좋은 신앙 서적은 깊이 있는 신앙 생활에 불가결한 양식이다. 요즘 신앙 서적들이 많이 출판되어 감사하지만, 모든 책들이 다 유익하고 가치있는 것은 아니다. 좋은 책과 그렇지 않은 책을 구별한다는 것은 그리 쉬운 일이 아니다. 사실 신통하지 않은 책 열 권 읽는 것보다는 훌륭한 고전 한 권을 열 번 읽는 것이 더 유익하다.

우리의 신앙생활과 경건생활에 성경 다음으로 유익을 주는 책들 가운데서 역사적으로 가장 많은 성도들에 의하여 읽혀진 고전 셋을 들자면, 성 아우구스티누스의 「고백록」, 토마스 아 켐피스의 「그리스도를 본받아」, 그리고 존 번연의 「천로역정」이다. 이 불후의 기독교 명작들 가운데서도 가장 늦게 쓰여졌으나, 가장 많이 읽혀지는 책은 역시 「천로역정」이다. 어떤 지역에 기독교가 전파되면 성경이 먼저 번역되고 그 다음에 번역되는 것이 「천로역정」으로 되어 있고, 우리나라에서도 예외는 아니다. 미국 선교사 게일 목사가 이미 1895년에(제1부), 또 1911년에(제2부) 이 책을 우리 말로 번역했고, 그 뒤에도 여러 종류의 번역본이 출판되었다.

「천로역정」은 지극히 읽기 쉬운 평이한 문체로 쓰여졌으나 동시에 이 세상에서의 성도의 영적 투쟁을 비유의 방법으로 매우 재미있게 서술하고 있기 때문에 누구나 쉽게 읽을 수 있고 유익을 얻을 수 있다. 문학적으로도 이 작품은 영문학사에 매우 중요한 위치를 차지하고 있어 수많은 연구논문이 이 책에 대해서 쓰여졌다.

여러 번역본이 이미 나왔음에도 불구하고 이 역본을 다시 내는 것은 독자들에게 더 많은 유익을 선사할 수 있다고 믿기 때문이다. 이 책은 천로역정의 전공자이신 유성덕 교수께서 번역하셨으므로 안심하고 권할 수 있겠다. 또한 이 역본은 현대적인 언어를 사용하였고, 필요한 용어에는 한문과 영어 원문을 넣어 이해를 쉽게 하였으며, 필요한 성경 구절을 모두 찾아 넣었고, 심지어는 저자의 원문에도 없던 소 제목을 넣어 읽기가 지루하지 않을 뿐 아니라 내용을 조직적으로 이해하는 데도 도움이 되도록 하였다. 그 외에도 존 번연의 생애와 포레스트 교수 및 역자 유성덕 교수의 해설은 독자들에게 많은 도움을 줄 것으로 믿는다.

모쪼록 이 위대한 고전을 한국의 많은 그리스도인들이 읽어서 번연이 살던 시대에 못지않게 어지러운 오늘의 사회에서 영적인 투쟁을 전개하는데 많은 용기와 지혜를 얻을 수 있기를 바라며 자신도 눈치 채지 못하는 가운데 너무 세속화되어 버린 우리의 신앙이 올바른 모습으로 돌아갈 수 있기를 바라며 이 책을 권한다.

# 차 례

## 제1부

## 제2부

# 존 번연의 생애 연보

1628년   찰스 1세가 재정적인 문제로 의회의 권리청원을 마지못해 수용하였고,
         이것이 후일 청교도 혁명의 발단이 되었는데, 이 해에 존 번연이 태어남.

1629년   찰스 1세가 의회를 해산하고, 1640년까지 의회 없이 전제정치를 행함.

1630년   찰스 1세에 의해 수여된 특허장에 의거하여 뉴잉글랜드에
         매사추세츠 만 식민지가 건설되어, 1684년에 특허장이 철회될 때까지
         청교도 중심의 신정정치가 행해짐.

1639년   찰스 1세와 스코틀랜드 교회 간에 제1차 주교전쟁이 발발하지만
         5주만에 끝이 나고, 버윅에서 평화협정이 맺어짐.

1640년   찰스 1세가 단기의회를 소집하였다가 3주만에 다시 해산시킴.
         제2차 주교전쟁이 발발하였으나 곧 끝나고 리폰 조약이 맺어짐.
         장기의회가 시작되어 1653년까지 지속됨.

1641년   의회가 3년에 한 번씩 무조건 소집되도록 정한 삼년법이 통과됨.

1642년   왕당파와 의회파가 에지힐 전투에서 접전함으로써 내전이 시작됨.

1643년   웨스트민스터 총회가 소집되고, "엄숙동맹과 계약"이 체결됨.

1644년   마스턴 무어 전투에서 올리버 크롬웰이 루퍼트 공과 싸워 승리를 거둠.
         존 번연이 의회파에 가담함.

1645년   크롬웰의 "신모범군"이 창설됨; 네이즈비 전투가 벌어짐;
         찰스 1세가 패배함.

1646년   찰스 1세가 스코틀랜드군에 항복함.

| | |
|---|---|
| 1647년 | 스코틀랜드군이 찰스 1세를 의회파에 넘겨줌; 찰스 1세가 라이트 섬으로 도피함. 전쟁이 끝나서, 존 번연이 전역하여 집으로 돌아옴. |
| 1648년 | 스코틀랜드군이 잉글랜드를 침공하지만, 프레스턴에서 크롬웰에 의해 격퇴되고, 이 일로 인해 장로파가 의회에서 축출됨; 삼십년 전쟁이 끝나고, 베스트팔리아 조약이 체결됨. |
| 1649년 | 찰스 1세가 재판을 받고 처형당함. 잉글랜드를 공화정으로 다스리는 공화국이 창건되어 1660년까지 지속됨. 존 번연이 결혼함. |
| 1650년 | 찰스 2세가 스코틀랜드로 들어가서 자신을 왕으로 선포함. |
| 1651년 | 찰스 2세가 잉글랜드를 침공하지만, 우스터 전투에서 패배함; 찰스가 프랑스로 피신함; 제1차 항해법이 공포되어, 잉글랜드가 외국과의 교역권을 독점함. |
| 1653년 | 크롬웰이 "잔부의회"를 해산하고 호국경이 됨. |
| 1654년 | 잉글랜드와 네덜란드 공화국 간에 웨스트민스터 조약이 체결됨. |
| 1655년 | 크롬웰이 잉글랜드를 12군관구로 나누고, 스페인의 식민지였던 자마이카 섬을 점령함. 존 번연이 베드퍼드 침례교회의 신자가 됨. |
| 1658년 | 올리버 크롬웰이 죽고, 그의 아들 리처드가 호국경이 됨. 존 번연의 부인이 죽음. |
| 1659년 | 리처드 크롬웰이 군대의 압력으로 호국경직을 사임함. 존 번연이 재혼함. |
| 1660년 | 컨벤션 의회가 찰스 2세를 복위시킴. |
| 1661년 | 찰스 2세가 소집한 의회가 비국교도를 탄압하기 위한 일련의 법률들을 통과시킴; 영국인들이 봄베이를 차지함. 존 번연이 투옥됨. |
| 1662년 | 잉글랜드에서 영국국교회 의식을 강제하는 통일령이 통과됨. |
| 1664년 | 잉글랜드가 네덜란드로부터 뉴암스테르담을 얻어서 뉴욕으로 개명함. |
| 1665년 | 런던에 전염병이 창궐함. |
| 1666년 | 런던에 대화재가 발생함. 『죄인의 괴수에게 넘치는 은혜』*Grace Abounding to the Chief of Sinners*가 출간됨. 존 번연이 감옥에서 풀려남. |
| 1670년 | 잉글랜드 왕 찰스 2세와 프랑스 왕 루이 14세 사이에서 잉글랜드에 로마 가톨릭을 복원하기 위한 도버 밀약이 체결됨; 허드슨 만 회사가 설립됨. |
| 1672년 | 제3차 영국-네덜란드 전쟁이 발발함; 오렌지 공 윌리엄 3세가 네덜란드의 총독이 됨. 존 번연이 베드퍼드에서 목회자로 서임됨. 존 번연이 감옥에서 풀려남. |

| 1673년 | 영국의 로마 가톨릭 신자들과 비국교도들의 공직을 박탈하기 위한 심사법이 제정됨. |
|---|---|

1673년 영국의 로마 가톨릭 신자들과 비국교도들의 공직을 박탈하기 위한
심사법이 제정됨.

1677년 네덜란드의 통치자 윌리엄 3세가 요크 공 제임스의 딸이자 영국 왕위
계승자인 메리와 결혼함. 존 번연이 또다시 투옥됨.

1678년 『천로역정』*The Pilgrim's Progress* 제1부가 출간됨.

1679년 재판 없이 구금하는 것을 금지하는 인신보호법이 통과됨; 찰스 2세가
신의회의 소집을 요구하는 청원을 거부하였는데, 청원자들은 휘그파로,
왕을 지지한 반대파는 토리파로 불리게 됨.

1680년 『악인 씨의 삶과 죽음』*The Life and Death of Mr. Badman*이 출간됨.

1681년 휘그파가 가톨릭교도의 왕위계승을 금지하는 배척법안을 재도입함;
찰스 2세가 의회를 해산함.

1682년 『거룩한 전쟁』*The Holy War*이 출간됨.

1684년 『천로역정』*The Pilgrim's Progress* 제2부가 출간됨.

1685년 잉글랜드의 제임스 2세이자 스코틀랜드의 제임스 7세가 즉위하여
1688년까지 다스림.

1687년 제임스 2세가 "양심의 자유 선언"을 반포함.

1688년 영국에서 "명예혁명"이 일어남;
오렌지 공 윌리엄 3세가 잉글랜드로 들어옴.
존 번연이 죽음.

1689년 컨벤션 의회가 권리장전을 반포하고, 영국에서 입헌군주정을 실시함;
로마 가톨릭 교도가 왕위를 계승하는 것을 금지함;
윌리엄 3세와 메리 2세가 잉글랜드와 스코틀랜드의 공동 통치자가 됨;
잉글랜드에서 국교도가 아닌 사람들에게 신앙의 자유를 허용하는
관용법이 시행됨.

1691년 엘리자베스 번연이 죽음.

# 존 번연의 생애

베아트리스 뱃손(미국 휘튼 대학 영문학 교수)

존 번연(1628~1688)은 잉글랜드의 베드퍼드(Bedford) 근처에 있는 엘스토우에서 땜장이의 맏아들로 태어났다. 그의 교육은 의심의 여지 없이 아주 빈약하였다. 그는 자신의 비천한 태생을 인정하였으며, 심지어 이를 강조하기까지 하였다. "내 아버지의 집은 우리 나라의 모든 사람들로부터 멸시 받는 가장 비천한 계층에 속했다." 그것은 거의 변할 수 없는 속물 근성이었는데, 그가 이처럼 변화될 수 있었던 것은 오직 하나님의 은혜 덕분이었다.

16세 때에 번연은 의회군 병사로 징집을 당했다. 그가 군에서 어떤 활동을 했는지는 확실치 않다. 그가 주둔하고 있던 뉴포트 패그넬 근처에서 사소한 전투들이 있었지만, 번연은 구체적인 군복무에 관해서는 전혀 언급을 하지 않는다. 3년쯤 후에 그의 군대는 해산되었고, 그는 엘스토우로 돌아와 땜장이 일을 계속하였다.

번연은 음악을 사랑했지만 악기를 살 만한 돈이 없었다. 그러나 그는 돈이 없다고 좌절하지 않았다. 번연은 해머 질을 해서 쇠로 바이올린을 만들어냈고, 후에는 의자의 네 다리 중 하나를 깎아 플루트를 만들었다. 그 의자는 번연의 감방 안에 있던 몇 안 되는 가구 중 하나였다.

그는 두 번 결혼하였다. 첫 번째 부인은 그처럼 아주 가난한 사람이었는데, 그녀가 지참금으로 가져온 것이란 두 권의 유명한 청교도 저서, 곧 아서 덴트 Arthur Dent의 「보통 사람이 천국 가는 길」The Plain Man's Pathway to Heaven과 루이스

베일리<sup>Lewis Bayly</sup>의 「경건의 실천」<sup>The Practice of Piety</sup>뿐이었다. 그의 첫 번째 부인 이름은 기록에서 빠져 있다. 이 결혼에서 그는 네 명의 자녀를 보았는데, 그 중 한 명은 맹인 딸 메리였다.

그의 두 번째 부인 엘리자베스는 매우 용감한 여인이었다. 그녀는 권력자들의 적대감을 꿋꿋이 막아냈으며, 존 번연의 재판에 여러 가지 탄원을 올렸는데, 특히 그가 설교 때문에 옥에 갇힐 위험이 있을 때 그리하였다. 엘리자베스와 존 번연은 두 자녀를 낳았다.

번연은 자신의 영적 성장 과정을 불후의 자서전적 작품들 안에 실어 놓고 있다. 그리스도교의 사귐이 무엇을 뜻하는가에 대한 그의 첫 발견은 "방문 옆에 앉아 하나님에 관해 이야기하고 있는 서너 명의 가난한 여인들"의 말을 얻어 들은 때에 일어났다. 후에 그는 이렇게 말했다. "내 생각에 그들은 마치 온통 기쁨으로 말을 하고 있는 것 같았다. 그들은 매우 즐거이 성경에 관한 이야기를 하였고 그들의 이야기 속에는 은혜가 충만히 넘치고 있었으므로, 그들은 마치 신세계라도 발견한 사람들처럼 보였다." 점차 번연은 이 가난한 여인들이 속해 있던 사귐 안으로 자신이 끌려들어가고 있음을 발견하였다.

번연이 첫 결혼 시절 생활한 엘스토우의 집

1654년이 되기 몇 해 전에, 그는 베드퍼드의 일반 침례교회 목사 존 기퍼드[John Gifford]를 만나 그의 카운셀링을 듣는다. 그리고 나서 번연은 엘스토우에서 베드퍼드로 이주해, 베드퍼드 근처의 여러 마을들에서 설교를 하기 시작한다. 마침 그가 설교를 하기 시작한 때는 1660년 스튜어트 왕조가 복구되고 나라의 인정을 받지 못하는 설교는 강한 형벌로써 금지되던 때와 거의 일치된다.

번연은 여인들의 말을 엿듣고 깨닫게 되었다.

1660년 11월 불법 집회를 인도했다는 죄목으로 체포된 번연은 1661년 1월 판결을 받았다. 처음에는 3개월간 베드퍼드 감옥에 수감되는 판결을 받았지만, 풀려난 후에 설교를 하지 말라는 당국자들의 명령을 끝내 거절했기 때문에 그의 형량은 1672년까지로 연장되었다.

감옥에 갇혀 있는 동안, 당국자들은 때때로 그가 외출하는 것을 허락하였다. 교회 기록들을 보면, 그가 베드퍼드 교회의 여러 모임에 참석했음을 알 수 있다. 감옥에 있을 동안, 그는 가족들의 생계를 위해 구두끈을 만들었으며, 죄수들에게 설교를 하고, 여러 권의 책을 썼다.

감옥에 있을 때 쓴 번연의 첫 책은 「유익한 명상」[Profitable Meditations]이었으며, 그 후에 「그리스도인의 행실」[Christian Behavior], 「거룩한 성」[The Holy City], 「죄인의 괴수에게 넘치는 은혜」[Grace Abounding To The Chief of Sinners]를 펴냈다. 1667년부터 1672년까지 그는 대부분의 시간을 「천로역정」[The Pilgrim's Progress]을 쓰는 데 바쳤던 것 같다. 1678년에 출판된 이 책은 여러 세대 동안 영어권의 독실한 신자들에

베드퍼드의 번연의 집

게 성경 다음으로 사랑을 받는 작품이 되었다. 선교의 대물결이 일어났을 때, 프로테스탄트들은 성경을 여러 방언으로 번역한 다음에 곧 「천로역정」을 번역하였다.

1672년 1월 21일 베드퍼드 교회는 존 번연을 목사로 초빙하였다. 3월에 감옥에서 풀려났으며 — 그러나 1677년 감옥에서 다시 6개월을 보냈다 — 5월 9일 그는 찰스 2세의 관용령Declaration of Indulgence에 의해 설교할 수 있다는 자격을 얻었다. 같은 해 베드퍼드 교회는 회중 모임 장소로 인가를 얻었다.

번연은 설교자요 복음 전파자요 목사로서의 열심과 근면과 헌신 때문에 "번연 주교"라는 별명까지 얻었다. 그는 자주 베드퍼드 근처의 작은 마을들에 가서 설교하고 런던에 있는 교회에도 가끔 갔지만, 한사코 베드퍼드에서 이주하기를 거부하였다.

설교자요 목사로서의 책임을 지고 있던 그는 몹시 바쁜 중에도 계속 글을 썼다. 「천로역정」1부의 출간에 이어, 「악인惡人 씨의 삶과 죽음」The Life and Death of Mr. Badman, 「거룩한 전쟁」The Holy War 등이 나왔는데, 「거룩한 전쟁」은 「천로역정」만큼 인기를 얻지는 못했지만 더 복잡한 알레고리를 사용하고 있다. 60권이 넘는 그의 저작 중 마지막 작품은 1686년에 출간된 「소년 소녀들을 위한 책」A Book for Boys and Girls으로 알려지고 있다.

심한 비를 맞으면서 말을 타고 런던으로 간 번연은 열병에 걸려 1688년 8월 31일 런던에 사는 친구 존 스트러드윅의 집에서 숨을 거두었다. 그의 묘지는 런던 번힐 필드에 있다.

# 천로역정 해설

제임스 포레스트(캐나다 알버타 대학 영문과 교수)

"이 세상의 광야를 걷다가, 나는 우연히 동굴이 있는 곳을 만났다. 나는 거기 누워 잠을 잤는데, 자면서 한 꿈을 꾸었다."

「천로역정」의 이 간결하면서도 위대한 첫머리는 1678년 번연의 꿈이 이미 그 것을 받을 준비가 되어 있던 독자 대중들에게 전달된 사실을 상기시켜 준다. 당시는 영국뿐 아니라 온 유럽 사람들이 자연 세계의 도덕적 번잡성과 생활고를 크게 실감하고 있었다. 그들의 모든 길은 혼란했으며, 그들의 절룩거리는 발걸음은 미로와 미궁과 광야를 헤매었다.

국제적으로 명성을 얻고 있던 위대한 교육 개혁가 존 아모스 코메니우스<sup>John Amos Comenius</sup>는 이미 1631년에 「세상의 미로와 마음의 천국」<sup>Labyrinth of the World and the Paradise of the Heart</sup>이란 책을 발표하였는데, 그가 이 책을 쓴 목적은 "하나님과 연합된 선택된 자들에게는 세상과 영광, 행복과 즐거움이 아무 쓸모 없음을" 보여 주는 것이었다. 그 외에도 17세기 초반에는 번연의 글을 연상시키는 제목의 영어 훈계서들이 널리 보급되고 있었다.

그러므로 「천로역정」의 출판자인 너새니얼 폰더<sup>Nathaniel Ponder</sup>가 1680년에 나온 제4판 부록에서 즐거이 언급하고 있듯이, 이 책이 그리도 빨리 "사람들로부터 좋은 반응을 얻은" 것은 별로 놀라운 일이 아니다. 많은 권고와 경계, 또 고통스럽고 번잡스러운 일상 생활에서의 위로를 담고 있는 이 책은 유익하고도 납득할 만한 메시지를 전해 준다.

더욱 특기할 만한 일은 베스트셀러로서의 성공이다. 번연의 첫 편집자인 찰스 도우<sup>Charles Doe</sup>가 언급한 바에 따르면, 1692년에 이 책은 영국에서만 10만 부가량 배포되어 있었고, "프랑스와 네덜란드, 뉴잉글랜드와 웨일스"에서도 이미 팔리고 있었다. 도우는 이를 계기로 번연의 명성이 높아져 "그의 다른 복음 서적들도 유럽과 미국, 또 조만간 전 세계에 퍼지게 될 것이라"고 보았다. 그 책은 계속해서 크나큰 인기를 얻었으므로, 새뮤얼 존슨<sup>Samuel Johnson</sup>이나 조너선 스위프트<sup>Jonathan Swift</sup> 같은 18세기의 박식한 비평가들조차도 그 책에 대한 찬사를 아끼지 않았다.

그럼에도 불구하고 이성의 시대 사람들은 일반적으로 번연의 책에 기교가 없음을 발견하게 되었는데, 바로 이렇게 세밀한 기교의 결여를 낭만주의자들은 하나의 독특한 미덕으로 여겼다. 번연을 무식한 베드퍼드의 땜장이라 한다면, 그의 알레고리는 누구로부터도 가르침을 받지 않은 진정한 "자연적" 천재의 작품이라 아니할 수 없다. 어쨌든 그의 순례자는 지위 형편을 막론하고 모든 사람의 사업과 가슴에 지대한 영향력을 발휘하였다.

윌리엄 블레이크<sup>William Blake</sup>는 크리스천의 모험에 깊은 감명을 받아 비할 수 없이 훌륭한 스물아홉 점의 수채화 삽화를 남겼다. 반면 새뮤얼 테일러 콜리지<sup>Samul Taylor Coleridge</sup>는 그 알레고리를 가리켜 "기적적 영감을 받지 않은 작가가 만들어 낸 복음적 신학대전"<sup>Summa Theologiae Evangelicae</sup>이라고 말했다. 19세기 내내 찬사는 조금도 줄지 않고 계속되어, 선교의 열정이 들끓던 빅토리아 시대에 절정을 이루었다.

「천로역정」에 대한 미국의 관심은 역사의 종말적 사건으로써 신대륙에 새 예루살렘이 건설될 것을 바라는 묵시적 견해가 편만하면서 처음으로 일기 시작했고, 그러한 견해로 말미암아 계속 유지되어 갔다. 거칠고 적대적인 세상을 지나 산 위의 빛나는 도성으로 여행해 가는 크리스천의 환상은 미국인들의 유토피아적 꿈과 천년 왕국에 대한 소망과 잘 일치되어 대부분의 미국인들이 매료되었던 것이다.

따라서 번연의 알레고리가 미국에 끼친 영향은 지대하였다. 그 사실은 두 가

감옥에서의 존 번연 – "나는 잠을 자다가 꿈을 꾸었다."

지로 살펴볼 수 있는데, 첫째로는, 19세기 동안 미국에서 「천로역정」과 유사한 형식의 작품들이 놀랍도록 많이 만들어진 것을 들 수 있다. 그 중 가장 유명한 것은 호손Hawthorne의 「하늘 철도」The Celestial Railroad이다. 두 번째로 번연의 알레고리는 호손이나 루이자 메이 올컷Louisa May Alcott, 마크 트웨인Mark Twain, 커밍스E. E. Cummings 같은 개성이 다른 작가들에게 영감을 주었다.

20세기에 들어와, 「천로역정」은 변함없이 세계의 작품으로서 든든한 위치를 차지하고 있지만, 일반적으로 종교심이 약화됨으로써 대서양 양편에서 이 책에 대한 대중들의 관심은 현저히 줄어들었다. 그러나 흥미롭게도 이에 반비례하여 학문적 수준에서의 이 작품에 대한 관심은 높아지고 있다. 왜냐하면 지난 25년 동안 번연의 작품이 여러 대학 내에서 연구되기 시작했기 때문이다.

큰 아이러니 중 하나는 「천로역정」이 현재 스탠리 피쉬Stanley Fish나 볼프강 이제르Wolfgang Iser 같은 뛰어난 학자들에 의해 지극히 엄밀한 비평적 분석을 받고 있다는 점이다. 그들은 알레고리를 독자의 마음을 끄는 문학의 능력에 관해 많은 것을 배울 수 있는 정교한 예술의 한 대상으로 간주한다. 알레고리 작품들 속에서 박사 학위 논문 자료를 얻으려고 생각하는 다른 많은 학생들도 그들과 유사한 평가를 내리고 있다.

오늘날 옥스퍼드 대학 출판부에서 편집, 출간되고 있는 엄밀히 수집된 알레고리 작품들은 그 지속성과 말하고자 하는 내용의 영구적 타당성을 훌륭하게 증거하고 있다.

이러한 서적 문화사의 변덕 가운데서, 어떻게 번연의 꿈이 지속될 수 있었는지 생각해 보기로 하자. 주된 이유는 그 책이 담고 있는 메시지의 성격과 이를 전달하는 전형적 상징 때문이다. 사람의 삶을 여행으로 표현하는 상징법은 실제로 그리스도교 이전부터 있어 왔는데, 이러한 상징은 아주 초기부터 그리스도교 사상에서 가장 강력한 은유 중 하나가 되어 왔다. 특별히, 여행이 여기에서처럼 전쟁이라는 유사한 상징과 결합되면 더욱 그러했다.

그 상징을 사용할 때에 번연은 실제로 당시 대중 문화의 신세를 지고 있다. 왜냐하면 그 이전부터 많은 영국 청교도 설교자들이 자신의 영적 삶에 대한 설명을 할 때 "비유"를 인정할 뿐 아니라 이미 써 오고 있었기 때문이었다.

「천로역정」의 비유적 구조는 전통과 개인적 재능의 상호 작용에 기반을 두고 있다. 낭만과 모험이 어우러져 있는 그 책 안에는, 구원을 눈에 보이는 한 도시에서 다른 도시로 나아가는 여정으로, 또 뚜렷한 시작과 중간과 끝이 있는 여정으로 보는 칼빈주의적 사고 체계가 나타나 있다.

첫 번째 장면은 장거리 주자를 외로운 길로 불러들이는 장엄한 과정이다. 한 사람이 성경을 읽으면서 죄책감을 경험하는 모습이 회심의 첫 징후이다. "내가 어찌하여야 구원을 얻을 수 있을까?"라는 그의 격한 외침은 개인적 책임에 관한 또 한 가지 질문과 더불어 이야기의 문을 연다. 그리고 이후에 나오는 여러 일화들은 구원의 과정에서 하나님의 주도권과 개입을 나타내기 위해 공교히 배열되고 있다.

일반적으로, 도중에 일어나는 여러 사건들(예를 들면, 크리스천과 소망이 절망 거인에게 붙잡히는 사건)과 순례자가 지나가는 장소들(예를 들면, 기쁨의 산)은 구원 과정에서 경험하는 마음의 상태를 표현한다.

그러므로 이 책을 읽어나가는 것은 자만심의 실라(Scylla) 바위와 절망의 카립디스<sup>Charybdis</sup> 바위 사이의 재빠르고도 거친 탁류를 헤쳐나가는 선택된 영혼의 모습을 보는 것과 같다(실라 바위와 카립디스 바위는 이탈리아 해변에 있는 바위들로, 그 둘 사이에 흐르는 급류는 거칠기로 유명하다 — 역주).

또 책을 읽다 보면 크리스천의 세계가 불안하기 짝이 없는 세계임을 깨닫게 된다(물론 왕에게 속한 모든 사람들이 이렇게 불안한 세계에 사는 것은 아니다). 그러나 크리스천이 넘어지는 것은 다시 일어서기 위함이요, 허덕이고 움츠리는 것은 더 잘 싸우기 위함이다.

이러한 관점에서 「천로역정」은 주로 성화<sup>sanctificaion</sup> 교리를 회화적으로 표현한 것이라 할 수 있다. 그렇게 보면, 왜 십자가라는 결정적 장면이 이야기의 3분의 1도 전개되기 전에 나오는지 이해할 수 있다. 나아가 이러한 생각은 크리스천이 그리스도의 의를 힘입어 죄 짐을 벗고 빛나는 세 사람으로부터 선택의 표징을 받는 이 아름다운 광경이 왜 슬쩍 스케치하듯 간단하게 넘어가고 있는가에 대한 설명도 해 준다.

성화에 대한 번연의 특별한 알레고리적 관심은 17세기 영국 청교도들이 발전시켜 전 유럽에 그 명성을 떨친 칼빈주의 성화 교리의 예술적 표현에 불과하였다. 그러나 「천로역정」 안에는 전적으로 성화 과정만 나타나 있는 것은 아니다. 구원 계획의 다른 모든 단계들이 전체적인 설계도 안에 나타나고 있다. 첫 장면 바로 다음에 세속 현자 씨<sup>Mr. Worldly Wiseman</sup>에 관한 훌륭한 일화가 나오는데, 그는 진정한 부르심을 받기 이전에 형식적 또는 율법적 신앙 생활을 하는 시기를 상징한다. 그 후 순례자는 힘써 십자가를 향해 나아가는데, 거기서 그의 의복이 변하고 이마에 표를 받고 두루마리를 얻음으로써 그는 온전히 의롭다 하심을 받는다.

이제 계약은 체결되었고, 이후부터는 은혜 안에서 순례자가 성장해 나가는 일을 다룬다. 하지만 그의 성공과 실패 속에서 우리는 십자가로 모인 계약의 구속력을 느끼게 된다. 예를 들어, 아볼루온과의 논쟁에서 계약적 근거가 중시되는 이유가 바로 그것인데, 이 논쟁은 주인과 종 사이의 관계를 집중적으로 파고든다. 순례자가 계속해서 그의 주인을 따르므로, 그 결속은 성화된 크리스천이 새 예루살렘의 영광 속으로 들어갈 때 궁극적으로 인준을 받는다.

택함과 부르심, 칭의, 성화, 영화glorificaion — 이것들이 번연이 선택받은 영혼들의 행로로 그려 놓는 도식이다. 그러므로 크리스천은 구체적인 한 사람 한 사람을 대표하는 것이 아니라 각 사람의 범례paradigm를 나타내는 것이며, 그의 행로는 모든 사람에게 적용될 수 있다. 구원의 구조를 이보다 더 힘차고 명료하고 매혹적으로 밝히고 있는 책은 별로 없을 것이다.

도덕적으로 모호한 면을 전혀 갖고 있지 않은 이 알레고리는 칼빈 신학의 한 가지 특이한 아름다움을 두드러지게 드러내고 있는데, 번연에 의해 "길"로 표현된 이 도식은 1세기의 「디다케」Didache(교훈집)에 필적할 만한 명확성을 갖고 있다. 비록 이 작품이 인간의 필요성과 열망이라는 기초 위에 세워져 있기는 하나, 그 작품의 이런 구체적 성격은 우리로 하여금 이를 통해 실제적인 체험을 할 수 있도록 근거를 마련해 주고, 또 그 책의 영속성을 아주 잘 설명해 준다.

또 이 알레고리가 갖고 있는 기억할 만한 특성 중에는 셰익스피어의 「리어왕」King Lear이나 밀턴의 「리시다스」Lycidas를 상기시켜 주는 태연스러운 도덕적 솔직성과 불유쾌한 생활의 측면을 꺼리는 데 대한 거부가 나타나고 있다. 「천로역정」은 예정론에 입각한 드라마이기 때문에, 각 인물들은 저주를 받아 멸망되거나 하늘에 올라 거룩하게 된다.

이러한 선명한 구분은 알레고리 전편에 걸쳐 고루 나타나는데, 번연은 그가 어떻게 금방 "흑백 논리적인" 생각을 갖게 되었는가에 대한 변명의 글을 쓰는 가운데 그것이 바로 비유적 진리라고 언급한다. 각 인물의 뉘앙스나 행동의 미묘함을 그가 느끼지 못한 것이 아니라, 한 가지 도덕적 입장을 확신에 근거해 지속적으로 표현하고자 했던 것이다. 이러한 태도가 그의 인물 묘사를 결정해 주고 있다.

만약 믿음Faithful이 진정 그리스도교 순교자의 표상이라면, 그는 마치 북극성과 같이 한결같이 자기를 부인하는 겸손함을 지니고 있어야 한다. 만약 선 혐오 경Lord Hate-good이 믿음에게 정죄를 내린다면, 그가 허황된 위세를 부리고 쓸데없이 큰소리를 쳐야만 한다. 그런 인물을 묘사하는 데에 미숙한 면은 전혀 없으며, 예술적으로 성실하고자 하는 욕망에 의해 모든 묘사가 이루어지고 있다.

이러한 한계 내에서도 번연은 독특한 개성을 지닌 인물들을 특징적으로 창조해 나간다. 그는 알레고리의 딱지가 붙은 전형적 인물이나 창백한 귀신들만 창조해 내는 것이 아니라 살과 피를 지닌 남녀들도 근사하게 창조해 낸다. 아무리 훌륭한 사람이라도 다 약점을 가지고 있다. 예컨대 크리스천은 때때로 우리가 즐기는 일에 너무 몰입하기도 하고, 자기의 축복을 얻는 일에 너무 집착하기도 한다. 믿음과 소망도 때때로 오만함을 쉽게 떨쳐 버리지 못한다.

무지에 대한 묘사는 책 전체에 나오는 악한들의 묘사 중 가장 풍부하다. 처음에 그는 "매우 쾌활한 젊은 친구"라는 구절로 간략하게 표현되는데, 이 구절은 그가 종교의 외면적인 면에만 관심을 두고 있는 자임을 암시해 준다.

반면에 사심By-ends이란 자의 성품은 문맥을 기술적으로 처리함으로써 나타내고 있다. 그는 미사여구Fair Speech란 마을 출신인데, 자기 이름은 말하지 않고 자기 친척 이름들만 죽 언급하다가, 기어코 그는 자기 유익에만 관심을 갖고 있는 기회주의자로 판명되고 만다. 다른 인물들과 마찬가지로 사심私心은 독자들의 마음에 지울 수 없는 인상을 심어 주며, 그 알레고리에 끊임없이 흥미를 보태 주는 번연 예술의 또 다른 측면을 예시해 준다.

이렇게 구조와 주제, 인물 묘사 등이 개별적으로 탁월하다손 치더라도 단순성과 직접성과 간결성과 활력이 한데 어우러져 있는 훌륭한 문체가 없었더라면 우리에게 많은 감동을 주지 못했을 것이다. 나름대로의 독특한 생각과 엉뚱한 행동을 잘하는 조지 버나드 쇼<sup>George Bernard Shaw</sup>는 아볼루온의 뛰어난 웅변을 들어 문학의 왕관을 셰익스피어가 아닌 번연에게로 돌리기도 하였다.

분명 해석자의 설득력있는 구변력은 대개 번연의 언어 구사력에서부터 오는데, 번연은 대화를 기록할 때 종종 소박한 구어체를 사용하고 있지만 풍부하고도 광범위한 성경 구절들과 성서적 상징들(특히 요한계시록 속의 구절과 상징)을 도입하여 자기가 원하는 대로 우리의 관심을 끌어감으로써 우리를 사건에 몰입시키고, 아볼루온과의 싸움 후에 휴식을 갖고 사망의 음침한 골짜기를 두렵고 떨리는 마음으로 나아가며 기쁨의 산에서 쉬는 체험을 실감나게 하게 된다.

이러한 특성들 덕분에 번연의 꿈은 시대와 환경의 도전을 받으면서도 굳건히 견뎌올 수 있었던 것이다. 그러면 미래에는 어떠할까? 번연의 이 작은 책은 다시 한 번 그 본래 소유자인 일반 대중에게로 돌아갈 가능성이 있다. 왜냐하면 비록 이 책이 다른 많은 청교도 작품들처럼 천대를 받게 되기는 했지만, 그 안에는 우리가 흔히 생각하는 것보다 훨씬 낡지 않은 뚜렷한 요소들이 어느 정도 있기 때문이다.

여느 고전 작품들과 같이 「천로역정」도 초시간적인 유용성을 지니고 있다. 이 책을 읽으면 우리는 다른 어떤 고찰을 훨씬 초월하는 인간의 삶과 운명에 대한 안목을 체험하게 된다. 각 영혼의 가치에 대한 강조와, 이 세상 너머에 있는 삶에 대한 강력한 표현, 그리고 지금 현재 그것이 주는 의미 등을 통해, 이 꿈은 핵 시대에 살고 있는 우리에게도 완전히 적용되는 메시지를 전달해 줄 수 있다. 왜냐하면 아직도 이런 외침이 남아 있기 때문이다. "내가 어찌하여야 구원을 얻을 수 있을까?"

# 천로역정

❦

## 제1부

THE
Pilgrim's Progress
FROM
THIS WORLD
TO
That which is to Come:
Delivered under the Similitude of a
DREAM,
Wherein is Discovered
The Manner of his setting out,
His Dangerous JOURNEY,
AND
Safe Arrival at the Desired Country

By JOHN BUNYAN

등의 짐으로 괴로워하는 크리스천

# 저자의 변명

이 작품을 쓰려고 처음 펜을 들었을 때, 이처럼 보잘것없는 작품을 쓰게 되리라고는 생각지 않았습니다. 실은 이와는 다른 작품을 착수 중이었고 그것을 거의 완성해갈 무렵 저도 모르게 이 작품을 시작하게 되었습니다.

그러다보니 오늘날과 같은 복음의 시대에 성도들의 행적과 발자취를 묘사해 보려던 제가 갑자기 그들의 여정과 영광으로 이르는 행로에 대한 비유문학을 쓰게 되었습니다. 제가 이 작품을 위해 정한 20가지가 넘는 사건들이 있었는데, 작품을 거의 다 마쳤을 때, 제 머릿속에는 또다시 20가지도 넘는 사건들이 몰려오기 시작하여 마치 타오르는 석탄의 불꽃처럼 머릿속을 날아다녔습니다. 이처럼 마구 떠오르는 생각들을 그냥 내버려 둔다면, 그것들은 걷잡을 수 없이 늘어나서 제가 이미 써놓은 작품마저 망쳐 버릴지 모른다고 생각했습니다.

그래서 온갖 생각들을 떨쳐 버리고 이 작품을 완성했습니다. 그러나 펜 가는 대로 써 내려간 이 작품을 온 세상 사람들에게 보여줘야겠다고는 생각지 않았습니다. 저는 단지 제가 잘 모르는 성도들의 행적을 알아보고자 했을 뿐이며, 이웃 사람들을 즐겁게 해 준다거나 제 자신을 만족시키기 위하여 쓴 것이 아닙니다.

더구나 공백 기간의 무료함을 달래기 위하여 이 작품을 쓴 것도 아니고, 저를 혼란시키는 좋지 못한 생각들로부터 제 자신을 전환시키고자 쓴 것도 아닙니다. 다만 즐거운 마음으로 펜을 들어 종이에 써 내려가기 시작하자 제 생각은 곧장 명백해지기 시작했습니다. 어떤 방법으로 목적지에 다다를 것인지 생각이 떠올랐으므로, 그 방법대로 제 생각과 구상을 끌어내어 써 내려가자 마침내 지금 여러분이 보시는 것과 같은 길이와 넓이와 부피를 가진 책이 완성된 것입니다.

이처럼 제 구상을 한데 엮어 작품을 끝마친 뒤에, 저는 그것을 다른 사람들에게 보여 주었습니다. 그들이 제 작품을 비난할는지 칭찬할는지 알아보기 위해서였습니다. 그러자 어떤 사람들은 제 작품을 살리라고 했고, 어떤 사람들은 없애 버리라고 했습니다. 어떤 사람들은 "존, 이 작품을 출판해 보게"라고 말하고, 어떤 사람들은 그러지 말라고 하는가 하면, 어떤 사람들은 "그 책은 유익할 것이라"고 했고, 어떤 사람들은 그렇지 않을 것이라고 했습니다.

마침내 곤경에 빠진 저는 어떻게 하는 것이 가장 좋을는지 알 수 없게 되었지요. 한참 생각한 끝에 저는 사람들의 의견이 이처럼 달라지고 있으므로, 일단 출판을 해서 모든 것을 독자들이 결정하도록 해야겠다고 마음먹었습니다. 어떤 사람들은 출판을 해 보라고 하는데 어떤 사람들은 다른 의견을 말하고 있으니, 이들 중에 누가 가장 옳은 충고를 해 주었는지 알아보기 위해 이 책을 시험대에 올려 보는 것이 적절하리라고 생각했기 때문이었습니다. 만일 출판하지 말라고 하는 사람들을 만족시키기 위해 출판을 하지 않는 경우, 출판을 원하는 사람들이 얻을 수 있는 커다란 기쁨을 거부하고 방해하는 결과가 되어버릴지 모른다는 생각도 들었습니다.

출판을 원치 않는 분들에게 저는 이렇게 말씀드렸습니다. "여러분들을 불쾌하게 해드리고 싶진 않지만 여러분의 이웃이나 형제들이 출판을 반가워하고 있으니 판단을 보류하고 좀 더 지켜 봐 주십시오. 여러분께서 제 작품을 읽고 싶지 않거든 그냥 두셔도 좋습니다. 살코기만을 좋아하는 사람들이 있는가 하면, 고기보다는 갈비 뜯기를 좋아하는 사람들도 있으니까요." 이처럼 저는 그들의 기분을 달래고 설득하고자 노력했지요.

이런 문체로 글을 써서는 안 되는 것일까요? 이런 문체로 쓰되 저의 작품 의도를 놓치지 아니하고 독자들에게 이익이 되도록 쓸 수는 없을까요? 도대체 불가능할 이유가 무엇이겠습니까? 맑은 구름이 아무것도 주지 못할 때 어두운 구름이 비를 뿌려 주지요. 맑은 구름이든 어두운 구름이든 그들이 땅 위에 은방울 같은 비를 뿌려 줄 때, 땅은 곡식을 생산하여 그 두 가지 구름을 다 찬양하고 어느 한쪽에게도 불평을 말하지 않습니다. 두 가지 구름이 함께 합하여 땅으로 하여금 귀한 열매를 맺도록 해 주었기 때문에 그 열매만을 보고 어느 구름의 덕택인지 분간할 수는 없습니다. 땅이 굶주려 있을 때는 두 가지 구름이 다 소중하게 여겨지지만, 땅이 배부를 때에는 두 가지가 다 역겨워 구름들이 내리는 은총을 무익하게 만들어 버리고 맙니다.

어부가 물고기를 잡기 위해 사용하는 여러 방법들을 살펴보십시오! 그가 얼마나 많은 도구들을 사용하는지, 그가 자신이 지닌 모든 지혜를 어떻게 총동원하는지 관찰해 보십시오! 그는 모든 지혜를 동원할 뿐 아니라 여러 가지 어롱과 밧줄, 낚시 도구, 고리, 그물 등을 사용합니다. 그러나 어롱이나, 낚싯줄, 고리, 그물, 그밖의 어떤 도구들을 사용한다 할지라도 고기가 저절로 잡히는 것은 아니지요. 부지런히 물고기 떼를 더듬어 찾고 직접 낚아 올리지 않고는 아무리 해도 물고기를 잡을 수 없는 법이지요.

새를 잡으려는 포수는 또 어떤 방법으로 사냥감을 찾아야 합니까? 엽총, 새 그물, *끈끈*이를 칠한 나뭇가지들, 등불, 방울 등등 이루 다 헤아릴 수 없이 많은 방법을 동원하면서도 그는 기어다니거나 여기저기 돌아다니거나 한참 서 있기도 합니다. 새 한 마리를 잡기 위해 그가 취하는 온갖 자세를 누가 다 설명할 수 있겠습니까? 그러나 이러한 숱한 노력에도 불구하고 그가 꼭 원하는 새들을 자기 소유로 만들 수 있는 것은 아닙니다. 새를 잡기 위해서는 피리를 불거나 휘파람을 불어야 하는데 그렇게 하면 새를 놓쳐 버리고 말지요.

진주 한 알이 두꺼비 머릿속에 들어 있을 수도 있고, 굴 껍질 속에서 발견될 수도 있습니다. 확실한 보장은 없지만 금보다 더 좋은 것이 묻혀 있을지도 모른다는 어렴풋한 생각만 가지고 그걸 찾아내려고 여기저기 돌아다니는 사람을 누가 함부로 업신여길 수 있겠습니까? 제가 쓴 이 보잘것없는 책은 — 비록 누구나가 즐겨 읽을 수 있는 온갖 미사여구와 흥미있는 묘사가 결여되어 있지만 — 화려한 문장으로 가득 차 있으면서도 내용이 공허한 책들과 비교해 볼 때 그런 책을 능가할 만한 좋은 내용들이 없는 것은 아닙니다.

"글쎄, 하지만 철저하게 검토해 보기 전에는 당신의 책이 표현하고 있는 내용에 대해 충분히 만족을 느낄 수가 없소."

왜, 도대체 무엇이 문제입니까? "당신의 책은 불명확하여 무슨 내용인지 잘 모르겠소." 비록 그렇다고 한들 무슨 상관입니까? "하지만 억지로 꾸민 가공적인 내용이란 말이오." 이 문제에 대해 제가 어떻게 생각하느냐구요? 어떤 사람들은 저처럼 불명확하고 가공적인 어휘를 사용하여 글을 써 내려가지만 얼마든지 진리가 광채를 발하여 그 빛이 찬란히 빛날 수 있도록 작품을 만듭니다. "그렇지만 그런 작가들은 명확하고 충실한 내용을 결여하고 있소"라고 몇몇 독자들은 생각하는 대로 말합니다. "그러한 내용은 이해력이 약한 사람들을 낙담시키고, 수많은 비유metaphors는 우리들마저 맹인으로 만들어 버립니다."

물론 명확하고 뚜렷한 문체로 글을 쓰는 것이 사람들에게 신성한 내용을 전달해 주려는 작가에게 어울리는 것은 사실입니다. 그러나 제가 많은 비유를 사용해서 글을 썼다고 해서 제 글이 뜻을 명확히 전달하지 못한다고 비판할 수 있을까요? 옛날에 쓰여진 하나님의 율법이나 복음서 등이 독특한 상징, 암시, 비유 등에 의해 이루어진 것이 아닙니까? 그 가장 위대하고 훌륭한 가르침에 대해서도 무조건 공격하려 드는 사람이라면 어쩔 수 없지만, 대부분의 진지하고 침착한 사람들은 그 위대한 성경에 대해서 함부로 헐뜯으려 하지는 않을 것입니다. 오히려 진지한 사람이라면 성경에 기록되어 있는 바늘과 둥근 고리, 송아지와 양, 암소와 숫양, 새와 풀, 어린 양의 피 등등의 어휘가 어떤 의미를 내포하고 있는지 알아내기 위해 겸손하게 열심히 노력할 것입니다. 그러한 비유의 말씀 속에 숨어 있는 진리의 빛과 은총을 발견하는 사람은 참으로 행복한 사람입니다.

그러므로 너무 조급하게 제 문체가 명확하지 못하고 거칠다는 결론을 내리지는 말아 주십시오. 겉보기에 명확하다고 해서 모두 다 명확한 작품이라고 볼 수 없으며, 비유를 통해 쓰여진 작품이라고 해서 함부로 무시해서는 안 될 것입니다. 이렇게 했다가는 자칫 가장 해로운 것들을 경솔하게 받아들이고, 우리의 영혼에 매우 유익한 것들을 놓쳐 버릴지도 모르기 때문입니다. 비록 제 글이 애매하고 불명확하게 보일지라도, 캐비닛 속에 금이 들어 있듯이 제 글 속에는 진리가 내포되어 있습니다.

선지자들은 진리를 전파하고 가르치기 위해 비유를 많이 사용했습니다. 예수님 또는 그의 사도들의 말씀을 열심히 고찰해 본 사람들은, 그들이 비유를 통하여 표현한 진리가 오늘날까지 진리 그대로 빛나고 있음을 명백히 깨닫게 될 것입니다. 구절구절마다 온갖 지혜와 진리가 담겨 있는 저 신성한 성경도 거의 다 애매한 문체와 많은 비유들로 쓰여졌기 때문에 이해하기가 쉽지는 않습니다. 그럼에도 불구하고 그 속에서 찬란한 진리의 광채가 흘러나와 우리의 가장 어두운 암흑조차도 대낮같이 밝혀 줍니다.

필사적으로 제 글의 허물을 비판하려는 사람에게 성경을 자세히 읽어 보고 제 책에서 좀 더 애매한 문장을 찾아보도록 권하겠습니다. 그가 몇 가지를 찾아낸다면 저는 가장 잘 쓴 작품일지라도 그 속에는 역시 나쁜 문장들도 있다는 것을 그에게 깨우쳐 줄 것입니다. 공명정대한 독자들 앞에 그가 쓴 글귀 하나와 나의 애매한 글귀 열을 그들 앞에 내놓고 내기를 걸어보겠습니다. 공평한 독자들이라면 아름다운 미사여구로 꾸며진 그의 거짓말 한 마디보다 제 글 열 구절의 뜻을 훨씬 더 잘 이해할 것입니다.

참된 진리란 비록 그것이 거칠고 애매한 문구로 쓰여졌다 할지라도 판단력을 고취시키고, 마음을 깨끗하게 하며, 이해하는 사람들을 기쁘게 해주고, 잘못된 고집을 꺾어 주며, 우리의 기억과 상상을 아름다운 것들로 가득 채워 주고, 또한 우리의 여러 가지 고통조차도 가라앉혀 줍니다. 제가 알기로는, 디모데는 명확한 어휘를 사용하고자 애쓴 나머지 나이 든 부인들의 우화 같은 것은 들으려 하지 않았습니다. 그러나 성실하고 사려깊은 사도 바울은 비유나 우화의 사용을 금하지 않았는데, 이는 금이나 진주, 혹은 그밖의 값진 보물들이 비유 속에 감추어져 있으며 조심스럽게 캐낼 가치가 충분히 있기 때문이었습니다.

한 마디만 더 하겠습니다. 오, 성직자들이여! 당신은 제 저서를 보고 기분이 상했습니까? 당신은 제가 비유체가 아닌 다른 문체로 글을 쓰기를 바라십니까? 혹은 좀 더 명백하게 사건들을 묘사해 주면 좋겠다고 생각하십니까? 그렇다면 다음과 같은 세 가지 점들을 여기 제시하여 저보다 훌륭하신 저자들의 의견에 따르고자 합니다.

첫째, 저는 제가 사용하는 방법으로 글을 쓰는 것이 거부당할 이유를 발견하지 못했습니다. 저는 결코 어휘나 사건, 또는 독자들을 함부로 취급하지 않았으며 등장 인물이나 비유법을 사용하는데 경솔하지 않았습니다. 오히려 어떤 방법으로 쓰든 진리를 펼쳐나가고자 애를 썼습니다. 제가 거부당했다고 했나요? 아닙니다. 저는 다만 이러한 방식으로 제 생각을 표현하고 사건들을 묘사하여 가장 훌륭하신 당신들 앞에 제시하고자 했을 뿐입니다. 이러한 예는 얼마든지 있습니다. 예전에 이와 같은 비유법으로 말을 하고 행한 사람들이 지금 살아 있는 어떤 사람들보다 하나님을 기쁘시게 한 예가 많이 있기 때문입니다.

둘째, 저는 까마득히 높은 위치에 계신 훌륭한 작가들이 대화법을 즐겨 사용했음을 발견했습니다. 그러나 그런 식으로 글을 썼다고 해서 어느 누구도 그들을 흉보거나 멸시하지 않았습니다. 만일 그들이 진리를 왜곡했다면 마땅히 저주를 받아야 하며, 진리를 왜곡하려는 의도로 사용한 기교도 저주를 받을 것입니다. 그러나 그들은 그러한 방법으로 자유롭게 진리를 펼쳐나가 기지가 넘치는 글을 써서 여러분과 저를 감동시키고 하나님을 기쁘시게 했습니다. 우리에게 최초로 경작하는 법을 가르쳐 주신 하나님 이외에 우리의 생각을 표현하고 자신의 의도를 글로 표현하는 방법을 더 잘 알고 있는 분이 누구겠습니까? 또한 하나님만이 비천한 것들을 끌어올려 성스럽게 만드실 수 있습니다.

셋째, 성경에는 이러한 비유의 형식을 사용하여 하나의 사건이 또 다른 사건을 연상하도록 표현한 부분이 많이 있다는 것을 발견했습니다. 이러한 수법이 바로 제가 쓰는 수법과 유사한 것입니다. 그러므로 제가 이러한 수법을 사용한다 할지라도 진리의 찬란한 광채가 은폐되기는커녕 오히려 진리의 광채를 더욱 발산시켜 세상을 대낮같이 밝혀 줍니다.

이제 펜을 놓기 전에 이 저서의 장점을 밝히고자 합니다. 그리고 강한 자를 끌어 내리시고 약한 자를 세워 일으키시는 하나님의 손에 이 책과 여러 독자들을 맡기고자 합니다. 이 책의 줄거리를 대략 말씀드리면, 한 인간이 영원불멸한 하늘의 상을 타려고 노력하는 모습을 독자들 앞에 그려놓고 있습니다. 주인공이 어디를 떠나 어디로 가는지, 무엇을 행하고 무엇을 행하지 않는지 보여 주고 있으며, 하늘나라 영광의 문 앞에 이를 때까지 얼마나 뛰고 또 뛰는지 그 과정을 묘사하고 있습니다. 이 책은 또한 마치 영원한 왕관을 얻을 것처럼 인생 행로를 급히 달려가는 사람들의 모습을 보여 주고, 어떠한 이유 때문에 그들의 노고가 아무 쓸모 없게 되고 마침내는 바보처럼 죽음에 이르게 되는지를 설명하고 있습니다.

이 책은 독자인 여러분을 각자 하나의 여행자로 만들어 줄 것입니다. 만일 당신이 이 책의 충고를 따른다면 당신은 성지에 이르는 길을 걷게 될 것이요, 이 책이 지시하는 것들을 이해하는 여행자라면 굼뜨고 게으른 자가 활발하게 될 것이며, 비록 맹인일지라도 모든 아름답고 즐거운 것들을 볼 수 있게 될 것입니다.

당신은 무언가 희귀하고도 유익한 것을 원하십니까? 우화 속에서 진리를 발견하고 싶으십니까? 당신은 건망증이 심한 사람으로서 정월 초하루부터 섣달 그믐날까지의 모든 일을 기억하고 싶으십니까? 그렇다면 이 소설을 읽어 보십시오. 이 책의 내용은 엉겅퀴 가시 열매처럼 당신의 기억에 달라붙어 무력하고 의지할 곳 없는 사람들에게 커다란 위안이 될 것입니다.

이 책은 매우 무뚝뚝하고 감정이 없는 사람들의 마음조차도 감동시킬 수 있는 대화와 비유의 수법으로 적혀 있습니다. 언뜻 보기에는 신비하고 기이한 내용을 담은 것 같지만 실은 매우 건전하고 진실된 복음의 내용만을 담고 있습니다.

당신은 우울증으로부터 벗어나서 기분을 전환하고 싶으십니까? 어리석은 행동을 멀리 떨쳐 버리고 밝고 유쾌한 마음으로 생활하길 원하십니까? 재미있는 수수께끼들을 많이 읽고 그 답도 알고자 하십니까? 혹은 당신 나름의 묵상에 깊이 잠기길 원하십니까?

오직 살코기 뜯어먹는 것만 좋아하십니까? 아니면 구름을 탄 어떤 사람이 당신에게 들려주는 유익한 이야기를 듣고자 하십니까? 잠을 자지 않고서도 꿈을 꾸고 싶지 않으십니까? 동시에 울기도 하고 웃기도 하는 경험을 갖고 싶지 않으십니까? 잠시 무아경에 빠졌다가도 헛된 마술에 홀리지 않고 다시 제정신을 찾는 경험을 갖고 싶지는 않으십니까? 책을 읽으면서 무슨 내용인지 잘 이해하지는 못하지만, 그 구절을 읽음으로써 하나님의 축복을 받고 있는지 아닌지를 알고 싶지 않으십니까?

　아, 만일 그렇다면 이리로 와서 제가 쓴 이 책을 펼치고 당신의 머리와 가슴을 함께 파묻어 보십시오.

존 번연<sup>John Bunyan</sup>

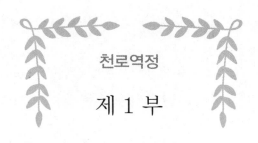

천로역정

# 제 1 부

## 1. 저자의 수감(收監)과 꿈

세상의 황폐한 광야 지대를 두루 다니다가 어떤 곳에 이르니 거기에는 굴이 있었다. 나는 그 굴 안으로 들어가 잠을 자다가 꿈을 꾸었다. 꿈속에서 나는 한 남자를 보았는데, 그는 남루한 옷을 걸치고 집에서 떨어진 어떤 장소에 서 있었다. 무거운 짐을 지고 손에는 책 한 권을 들고 있던 그는 이윽고 책을 펴서 읽기 시작했는데, 읽어 내려가면서 그는 몸을 떨며 울고 있었다. 그러더니 마침내 더 이상 참을 수 없다는 듯한 슬픈 목소리로 "어찌할까?"라고 울부짖었다(행 2:37).

곤경에 빠진 채 집으로 돌아간 그는 아내와 자식들이 그의 고민을 눈치 채지 못하게 하려고 될 수 있는 대로 그의 감정을 억눌러 보았으나, 근심이 점점 심해져서 더 이상 침묵을 지킬 수 없었다. 참다 못한 그는 마침내 아내와 자식들에게 자신의 고민을 털어놓기로 마음 먹었다. 그는 이야기를 시작했다. "오, 사랑하는 아내여, 그리고 귀한 내 아들들아, 너희들을 돌보아야 할 이 아빠는 등에 지

워진 무거운 짐으로 인하여 몹시 고통스럽구나. 더구나 내가 확실히 들은 바로
는 머지않아 우리가 사는 이 도시에 하늘로부터 큰 불이 쏟아져 내려와 도시가
온통 잿더미가 된다고 하더구나. 우리가 구원받을 수 있는 어떤 길을 발견하지
못한다면 나 자신은 물론 당신과 귀여운 너희들까지 모두 죽게 될거야. 하지만
난 아직 그 길을 찾지 못했어.”

이 말을 듣고 그의 가족들은 무척 놀랐다. 그가 한 말을 믿어서가 아니라 그의
머릿속에 어떤 광증이 일어난 것이 아닌가 생각했기 때문이었다. 잠을 재우면 그
의 머리가 안정될 거라고 믿은 가족들은 밤이 가까워지자 서둘러 그를 잠자리로
보냈다. 그러나 그의 고민은 밤이나 낮이나 마찬가지로 그를 고통스럽게 했으므
로 그는 밤새 한잠도 못자고 한숨과 눈물로 밤을 지샜다. 아침이 되자 가족들은
그가 어떻게 되었나 궁금하여 물었으나 그는 점점 더 심하다고 대답할 뿐이었다.

그가 다시 한 번 가족들에게 이야기를 시작하자 가족들의 표정은 더욱 굳어지
기 시작했다. 가족들은 거칠고 까다롭게 굴면 광증이 사라질 것이라고 생각하고
는, 때로 그를 비웃기도 하고 크게 야단을 치기도 했으며, 아주 무시해 버리기도
했다. 그러자 그는 자기 방에 혼자 숨어 그들을 불쌍하게 여기고 그들을 위해 기
도하면서 자신의 괴로운 심정을 슬퍼하였다. 그러다가 그는 혼자 들로 나가 거
닐기도 하고, 책을 읽기도 하고, 기도도 드리며 며칠을 보냈다.

어느 날, 여전히 들을 거닐며 책을 읽고 있던 그는 갑자기 크게 낙심하여 예
전과 마찬가지로 “내가 어떻게 하여야 구원을 받을 수 있을까?”(행 16:30, 31) 하
고 울부짖었다.

내가 또다시 보니, 마치 어디로 떠나 버리고 싶은듯이 그는 여기저기를 두
리번거리더니 갈 곳을 정하지 못했는지 그냥 그 자리에 서 있었다. 그때 전도자
Evangelist라는 이름을 가진 사람이 그에게로 다가오더니 “당신은 왜 울고 있습니
까?”라고 물었다. 그는 이렇게 대답했다. “선생님, 제가 손에 들고 있는 이 성경
책을 읽어 보니, 저는 언젠가는 죽을 수밖에 없고 죽은 후에는 심판을 받게 되어
있습니다. 하지만 저는 죽기도 싫고 심판을 받기도 원치 않으니 어떻게 하면 좋
을까요?”(히 9:27; 욥 16:21, 22; 겔 22:14)

"내가 어찌하여야 구원을 얻을 수 있을까?" 외치는 순례자

　그러자 전도자가 말했다. "이 세상의 생활은 여러 가지 악으로 가득 차 있는데 무엇 때문에 죽기를 꺼려하는 겁니까?"하고 물으니 그는 "제 등에 지워진 이 무거운 짐이 나를 무덤보다도 더 낮은 곳으로 떨어뜨려 저 토펫$^{Tophet}$(예루살렘 근처의 쓰레기장. 지옥의 상징)에 빠트리지 않을까 두렵기 때문이지요(사 30:33). 저는 감옥생활도 감당하지 못할 터인데 더군다나 심판을 받고 무서운 형벌을 당하는 것을 어찌 견디겠습니까? 이런 일들을 생각하니 자꾸 눈물이 나옵니다"라고 하였다.

　"그렇다면 왜 그렇게 멍하니 서 있는 겁니까?"라고 전도자가 다시 물었을 때 그 사람이 대답했다. "어디로 가야 할지 몰라서 그럽니다." 그러자 전도자는 양가죽으로 만든 두루마리 하나를 그에게 주었다. 거기에는 "임박한 진노를 피하라"(마 3:7)고 적혀 있었다.

　이 글을 읽은 후 그 사람은 전도자를 주의깊게 바라보면서 "어디로 떠나야 할

좁은 문을 가리켜 주는 전도자

까요?" 하고 물었다. 전도자는 손을 들어 저쪽으로 뻗은 넓은 평야를 가리키면
서 "저쪽에 있는 좁은 문이 보입니까?" 하고 물었다. "안 보이는데요" 하고 그
사람이 대답하자 전도자가 다시 물었다.

　"그럼 저쪽에서 빛나고 있는 밝은 광채는 보입니까?"(시 119:105; 벧후 1:19)

　"보이는 것 같습니다."

　"그럼 그 광채를 바라보면서 똑바로 올라가 보십시오. 그러면 좁은 문이 나
타날 것이며 문을 두드리면 누군가 나와서 당신이 어떻게 해야 좋을지를 가르쳐
줄 것입니다."

## 2. 크리스천의 순례 시작

그러자 그 사람은 전도자가 가리켜 준 방향을 향하여 뛰기 시작했다. 그가 채 멀리 가기도 전에 그의 아내와 자식들이 그가 뛰어가는 것을 보고는 어서 집으로 돌아오라고 소리지르기 시작했다. 그러나 손가락으로 귀를 틀어막은 채 그는 계속 뛰어가면서 "생명, 생명, 영원한 생명!" 하고 소리질렀다. 그는 한 번도 뒤를 돌아보지 않고 평원 한가운데를 향하여 그냥 달려갔다.

이웃 주민들도 그가 뛰어가는 것을 보려고 밖으로 나왔다. 그가 뛰어가는 것을 보면서 어떤 사람들은 비웃고, 어떤 사람들은 협박하고, 어떤 사람들은 어서 돌아오라고 고함을 질러댔다. 그들 중의 두 사람은 강제로라도 그를 데려오기로 마음먹었다. 이들 두 사람의 이름 중 하나는 고집쟁이<sup>Obstinate</sup>였고, 다른 하나는 유순<sup>Pliable</sup>이었다. 그는 그들과 상당히 멀리 떨어져 있었지만 그 두 사람은 그를 따라잡기로 결심하고 급히 뛰어가 이내 그를 따라잡았다.

"이웃 친구들! 무슨 일로 절 따라오는건가요?" 하고 그가 멈춰 서서 물었을 때 그들은 대답했다. "당신을 설득시켜서 함께 집으로 돌아가려고 왔습니다." 그러자 그는 머리를 가로저으며 말했다. "결코 그렇게 할 수 없습니다. 비록 제가 고집쟁이기는 하지만 당신이 지금 살고 있는 곳은 멸망의 도시입니다. 조만간 우리는 그곳에서 죽을 것이며, 죽으면 무덤보다 더 비천하고 무서운 곳, 저주와 형벌과 유황불이 활활 타고 있는 지옥으로 떨어질 것이란 말입니다. 사랑하는 형제들이여, 그러니 당신들도 마음을 돌이켜 저와 함께 갑시다." "뭐라구요? 친구들과 편안하고 즐거운 생활을 버리고 떠나라구요?" 고집쟁이가 놀라서 말했다.

그러자 크리스천—그 사람의 이름은 크리스천이었다—은 이렇게 대답해 주었다. "그렇습니다. 왜냐하면 당신이 지금 버리고 떠나야 할 수많은 것들이 지금 제가 찾고 있는 참된 즐거움에 비하면 아무 가치도 없는 것들이기 때문입니다. 당신들이 저와 함께 가기만 하면, 그리하여 그 참된 진리를 붙잡기만 하면 당신들은 저와 함께 복락을 누릴 수 있을 것입니다. 제가 찾아가려고 하는 그곳은 모든 것이 풍족하여 마음껏 쓰고도 남음이 있는 곳이기 때문이지요(눅 15:17). 자,

"생명, 생명, 영원한 생명!" 하고 소리지르는 크리스천

함께 갑시다. 제 말을 한 번 시험해 보십시오."

고집쟁이: "이 세상 모든 향락들을 다 버리면서까지 당신이 찾고자 하는 것들
이 도대체 무엇입니까?"

크리스천: "제가 찾고자 하는 것은 결코 썩지 아니하고 더럽지 않고 쇠하지
도 아니하는(벧전 1:4-6; 히 11:6, 16) 기업을 얻는 것입니다. 이러한 것들
은 하늘나라에 안전하게 보존되어 있는 것들이며 때가 이르면 그것은 열
심히 찾는 자들에게 주어질 것입니다. 알고 싶으시다면 여기 이 책을 읽
어 보세요."

고집쟁이: "흥! 그까짓 책은 치워 버리십시오. 우리와 함께 집으로 돌아가겠
습니까, 가지 않겠습니까?"

크리스천: "안 갑니다. 전 돌아갈 수 없습니다. 저는 이미 손에 쟁기를 잡고
있기 때문입니다"(눅 9:62).

고집쟁이: "그렇다면, 유순 씨! 이 사람은 버려두고 우리끼리 돌아갑시다.
이 사람처럼 정신이 이상한 사람들은 어떤 환상을 하나 붙들면 지혜로운
충고를 해 주는 일곱 명의 현인들보다도 자신들이 더 지혜로운 줄로 생각
하니까."

유순: "그렇게 무턱대고 비난하지는 말아요. 이 착한 크리스천이 하는 말이
사실이라면, 그가 추구하고자 하는 것들이 우리가 찾는 것들보다 더 나을
는지도 모르지 않습니까. 저도 이분과 함께 동행하고픈 마음이 드는군요."

고집쟁이: "뭐라고요? 바보가 하나 더 생겼군. 제 말대로 어서 집으로 돌아
갑시다. 이처럼 정신이 이상한 친구가 당신을 어디로 끌고갈지 누가 알겠
소? 정신을 가다듬고 지혜롭게 분별을 해서 어서 집으로 돌아갑시다. 돌
아가자구요."

크리스천: "유순 형제, 저와 함께 갑시다. 저와 함께 동행하면 제가 말하는 것
들을 얻을 수 있을 뿐만 아니라 그밖에도 많은 영광스러운 일들을 체험하게
될 것입니다. 제 말을 믿지 않는다면 여기 이 책을 읽어보세요. 이 안에 기록
되어 있는 진리는 그것을 지으신 분의 피로 증명되어 있답니다"(히 9:17, 22).

고집쟁이는 돌아가고, 크리스천과 유순이 동행하다

유순: "고집쟁이 선생. 저는 이제 결심을 내렸습니다. 저는 이 착한 크리스천
　　　과 동행하여 같은 운명에 제 자신을 맡겨보고자 합니다. 그런데 크리스천
　　　형제, 당신이 소망하는 곳으로 가는 길을 알고 계십니까?"

크리스천: "전도자라는 분이 제게 길을 알려 주었지요. 저 앞에 보이는 좁은
　　　문을 향하여 속히 가면 누군가 나와서 지시를 해 줄 것입니다."

유순: "자, 그럼 크리스천 형제, 우리 함께 갑시다."

말을 마치자 그들은 함께 좁은 문을 향해 떠났다.

고집쟁이: "그럼 전 집으로 돌아가겠습니다. 당신들처럼 얼빠진 정신이상자
　　　들과 동행하고 싶지는 않으니까 말입니다."

그리하여 고집쟁이는 집으로 돌아가고 크리스천과 유순 씨는 오손도손 이야
기를 주고받으며 넓은 평원을 걸어나가는 것을 나는 꿈을 통해 볼 수 있었다. 그
들이 나누는 대화는 다음과 같았다.

**크리스천:** "자, 유순 형제, 기분은 좀 어떻습니까? 이렇게 동행하기로 결정해 주시니 무척 반갑습니다. 집으로 돌아가 버린 고집쟁이 선생은 아직 경험해 보진 않았겠지만 제가 느낀 것과 같은 공포와 어떤 압박감을 느꼈더라면 그렇게 경솔하게 우리를 등지지는 않았을 겁니다."

**유순:** "자, 크리스천 형제, 지금 여기엔 우리 둘밖에 없으니 우리가 추구하고 있는 것이 도대체 무엇이며 어떻게 그것을 향유하게 될 것인지, 그리고 지금 우리가 어디로 가고 있는지를 좀 더 상세히 이야기해 주십시오."

**크리스천:** "말로 그것을 표현하기보다는 마음으로 전할 수 있다면 훨씬 좋겠습니다. 하지만 당신이 몹시 알고자 하니 이 책에 있는 것을 읽어 드리겠습니다."

**유순:** "그렇다면 당신께서는 이 책에 적힌 말씀들이 진실이라고 확신하십니까?"

**크리스천:** "예, 물론이지요. 그 책은 거짓말을 결코 하시지 아니하는 하나님의 말씀을 기록하고 있기 때문입니다"(딛 1:2).

**유순:** "예, 잘 알겠습니다. 그러면 무엇이 기록되어 있습니까?"

**크리스천:** "말씀에 의하면 영원히 멸하지 아니할 아름다운 왕국이 있는데 그곳에서는 영원한 생명을 얻을 것이며, 우리는 영원히 왕국에서 살 수 있을 것입니다"(사 65:17; 요 10:27-29).

**유순:** "예, 참으로 흐뭇한 말씀이군요. 그밖에는요?"

**크리스천:** "그곳에서는 더 이상 울거나 슬퍼하는 일이 없을 것입니다. 왕궁의 주인이신 하나님께서 우리의 모든 눈물과 슬픔을 씻어 주실 테니까요"(사 25:6-8; 계 7:16-17; 21:4).

**유순:** "그곳에서는 어떤 친구들과 함께 살게 될까요?"

**크리스천:** "그곳에서는 보기만해도 우리를 눈부시게 만들 아름다운 피조물들과 스랍 천사들 및 그룹 천사들과 함께 살게 될 것입니다. 또한 우리들보다 앞서 그곳에 온 수천, 아니 수만의 성도들과 만나게 될 터인데 그들 중 어느 누구도 우리를 해치지 않을 것이며 모두 사랑이 충만하고 거룩한 분들

입니다. 누구나 다 하나님께서 보시는 앞에서 자유로이 거닐 수 있고, 그분과 함께 거하며 영원한 구원과 은총을 얻게 될 것입니다(사 6:2; 살전 4:16). 다시 말하면, 황금 면류관을 쓴 장로들(계 4:4)과 황금 거문고를 켜는 거룩한 동정녀들(계 14:1-5)을 보게 될 것이요, 오직 하나님을 믿고 사랑했기 때문에 속세에서 따돌림을 받아 갈가리 몸을 찢기우고 불 속에 던져지고 야수들에게 먹히고 바다에 빠져 죽은 사람들이 모두 하나님의 은총으로 건강하게 다시 살아나 영생 불멸의 옷을 입고 사는 것을 보게 될 것입니다"(요 12:25; 고후 5:2-4).

**유순:** "말만 들어도 마음이 흐뭇하군요. 하지만 그런 모든 복락을 정말로 누릴 수 있을까요? 어떻게 해야 우리도 그러한 복락을 함께 나누어 가질 수 있을까요?"

**크리스천:** "그 왕국의 지배자이신 하나님께서 이 책에 기록해 놓으셨습니다. 그 내용을 말씀드리면, 우리가 진정으로 그 은총을 얻고자 노력하기만 하면 그분께서는 아무런 조건 없이 우리들에게 마음껏 부어 주실 것이라고 합니다"(사 55:1-8; 요 6:37; 계 21:6; 22:17).

**유순:** "오, 고마운 친구여. 이러한 말들을 들으니 기쁘기 한이 없습니다. 자, 걸음을 좀 더 빨리 합시다."

**크리스천:** "등에 짊어진 이 무거운 짐 때문에 마음대로 빨리 걸을 수가 없군요."

이때 나는 꿈속에서 그들의 이야기가 다 끝나갈 무렵 그들이 평원 한가운데에 있는 깊은 수렁에 매우 가까이 다가가 있는 것을 보았다. 그들은 이야기에 정신이 팔려 무심코 걸어가다가 갑자기 깊은 진흙 수렁에 빠지고 말았다. 이 진흙 수렁의 이름은 낙심의 늪이었다. 그들은 한참동안 빠져나오려고 허우적거리다가 온몸이 진흙투성이가 되고 말았다. 크리스천은 등에 짊어진 무거운 짐으로 인하여 진흙 수렁 속으로 점점 가라앉기 시작했다.

**유순:** "아! 크리스천 형제, 도대체 지금 당신은 어디에 있는거요?"

**크리스천:** "실은 저도 잘 모르겠습니다."

낙심의 늪에 빠지다

이 말을 듣고 유순은 화가 나기 시작했으며 동료인 크리스천에게 벌컥 소리를 질렀다.

**유순:** "당신이 여태껏 내게 말해 준 행복이라는 것이 이런 것입니까? 출발하 자마자 이런 고생을 하게 됐으니 앞으로 어떤 고생이 다가올는지 어떻게 예 측할 수 있겠습니까? 만일 여기서 목숨을 건질 수 있다면 나는 상관하지 말 고 당신 혼자서나 그 멋진 왕국을 찾아 떠나시지요."

이렇게 말하면서 유순 씨는 필사적으로 허우적거리다가 마침내 그의 집 가 운 쪽에 있는 늪가로 기어올랐다. 그는 뒤도 돌아보지 않고 집으로 가 버렸고 그 후 크리스천은 다시는 그를 만나지 못하였다.

수렁 속에 홀로 남은 크리스천은 그의 집 쪽에서는 멀고, 좁은 문 쪽으로는 가까운 늪의 가장자리로 기어오르려고 필사적인 노력을 기울였다. 마침내 그는 늪의 가장자리에 이르렀으나 등에 짊어진 무거운 짐 때문에 빠져나올 수가 없었 다. 이때 나는 꿈속에서 도움Help이라는 이름을 지닌 한 남자가 그에게로 가까이

다가가 무얼 하고 있느냐고 묻는 것을 보았다.

    **크리스천:** "선생님, 전도자라는 사람으로부터 이 길로 가라는 지시를 받았습니다. 그는 또한 장차 다가올 진노를 피하기 위해서는 이 길로 나아가 저쪽에 있는 문으로 가야 한다고 가르쳐 주었지요. 그래서 그곳을 향해 가던 도중 그만 이 수렁에 빠져 버리고 말았습니다."

    **도움:** "왜 당신은 앞을 잘 살펴보지도 않았습니까?"

    **크리스천:** "두려움에 몰려 다른 길로 도망하려다 그만 여기에 빠진 것입니다."

    **도움:** "자, 그렇다면 손을 이리 주십시오."

    도움은 손을 내밀어 그를 끌어올린 다음 어서 가던 길을 재촉하라고 그에게 일렀다. 그때 나는 크리스천을 끌어내 준 도움에게로 다가가 말을 건네었다. "선생님, 이 길은 멸망의 도시로부터 떠나 저쪽 좁은 문으로 가는 길이라고 들었는데 어째서 도중에 있는 이 수렁을 고치지 않았습니까? 그렇게 했더라면 미숙한 여행자들이 좀 더 안전하게 저쪽 문을 향해 갈 수 있었을 터인데." 그러자 그는 이렇게 설명해 주었다.

    "이 깊은 수렁은 고칠 수가 없는 곳입니다. 이곳은 죄가 있다고 판결받은 자들로부터 나오는 온갖 더러운 찌꺼기와 허물들이 끊임없이 흘러들어오는 곳입니다. 그래서 이곳을 낙심의 늪이라고 부릅니다. 죄인들이 자신들의 절망적인 형편을 깨닫게 되었을 때, 그들의 마음속에는 온갖 두려움과 의심과 절망들이 생겨납니다. 그런 것들이 모두 모여 이곳으로 흘러와 고여 있기 때문에, 이곳은 늘 좋지 못한 곳으로 남아 있습니다.

    이 장소가 깊은 낙심의 수렁으로 남아 있는 것을 하나님께서는 좋아하지 않으십니다(사 35:3, 4). 그래서 1600여 년 동안 하나님께서 보내신 천국 측량기사들의 지시에 따라 많은 일꾼들을 보내어 이 수렁을 메워 보려고 온갖 노력을 해보았지만 별 소용이 없었습니다. 천국의 각 지역에서 춘하추동을 가리지 않고 모은 건전하고 유익하며 훌륭한 교훈들을 이만여 대의 수레에 실어 이곳을 메우기 위해 쏟아넣은 걸로 알고있습니다. 이 수렁을 메우기 위해 세상에서 가장 좋은 재료라고 말하는 것들만 쏟아넣었는데도 여전히 이곳은 낙심의 늪으로 남아 있습니다. 어느 누가 할 수 있는 최선을 다한다고 할지라도 결과는 늘 마찬가지 일 것입니다.

그리하여 사실은, 하나님의 지시에 따라 이 수렁의 한가운데에 매우 훌륭하고 튼튼한 디딤돌들을 갖다 놓았지만 계절이 바뀔 때마다 이 수렁 자체가 온갖 더러운 오물과 진흙탕물을 토해놓기 때문에 잘 보이질 않습니다. 혹 그것들이 보였다고 할지라도 사람들은 머리가 어지럽고 혼동이 되어서 발을 헛디디고 말아 결국 수렁에 빠지게 되지요. 그러나 일단 문쪽으로 올라서기만 하면 그곳의 땅은 단단하답니다"(삼상 12:21).

이때 나는 꿈속에서 유순 씨가 벌써 자기 집으로 돌아와 있는 것을 보았다. 그의 이웃 사람들은 그를 만나기 위하여 와 있었는데, 어떤 사람들은 그가 집에 돌아온 것이 현명한 처사라고 칭찬해 주었고, 어떤 사람들은 그가 바보처럼 크리스천을 따라가 위험한 모험을 했다고 놀려대었다.

또 어떤 사람들은 "사람이 한 번 크게 마음을 먹고 모험을 시작했으면 끝을 보아야지, 사소한 난관 때문에 단박 모험을 포기하고 돌아오는 것은 비겁한 행동이야"라고 한 마디씩 하면서 그를 비웃기도 했다.

그리하여 유순은 풀이 죽은 채 그들 가운데에 앉아 있었는데, 마침내 차츰 용기를 얻게 된 그는 화제를 바꾸어 크리스천을 몹시 비난하고 조롱하기 시작했다. 유순 씨에 대한 이야기는 여기서 끝내기로 한다.


## 3. 크리스천과 세속 현자의 대화

그때 크리스천은 혼자 외롭게 평원을 걷고 있었는데 평원 저쪽에서 마주 걸어오고 있는 한 사람을 보았다. 그들은 곧 서로 마주치게 되었다. 크리스천이 마주친 그 신사의 이름은 세속 현자Mr. Worldly Wiseman였다. 이 신사가 살고 있는 곳은 현세의 정책Carnal-Policy이라는 상당히 커다란 도시였는데 크리스천이 살던 도시와 가까운 거리에 있었다. 그래서 이 사람은 크리스천을 보자 그의 행동에 대해

집으로 돌아온 유순 씨

어렴풋이나마 알고 있었다. 왜냐하면 크리스천이 고향인 멸망의 도시로부터 떠나 영생을 구하러 떠나간 일이 그가 살고 있던 도시에서 뿐만 아니라 이웃 지역에서도 커다란 화젯거리가 되었기 때문이었다. 세속 현자는, 걸음걸이가 몹시 피곤하게 보일 뿐만 아니라 한숨과 신음과 고뇌의 표정으로 보아 그가 크리스천일거라고 짐작하고 그에게 다가가 말을 걸기 시작했다.

**세속 현자:** "안녕하세요? 그렇게 무거운 짐을 등에 지고 대체 어디로 가는 길이십니까?"

**크리스천:** "무거운 짐을 지고 있다구요? 사실 세상에 어느 누구도 저처럼 힘들고 가련한 존재는 없을 것입니다. 어디로 가고 있느냐고 물으셨는데 대답해 드리겠습니다. 저쪽 문을 향해서 지금 가고 있는데 그 문까지 가면 제 이 무거운 짐을 벗어버릴 수 있는 방법을 가르쳐 주는 사람이 있다는 말을 들었기 때문입니다."

**세속 현자:** "당신에게 아내와 자식들이 있습니까?"

**크리스천:** "예, 물론 있지요. 하지만 이 무거운 짐 때문에 옛날처럼 그들과 함께 즐거움을 나눌 수 없게 되었습니다. 그러니 이제 그들은 제겐 없는거나 마찬가지로 생각됩니다."

**세속 현자:** "제가 좋은 충고를 드린다면 귀담아 들으시겠습니까?"

**크리스천:** "좋은 충고라면 듣겠습니다. 저는 좋은 충고를 몹시 원하고 있거든요."

**세속 현자:** "그렇다면 제가 조언해 드리겠습니다. 우선 한시바삐 그 무거운 짐을 벗어 버리십시오. 짐을 벗어 버리기 전까지는 결코 마음의 안정을 얻지 못할 것이며 하나님이 당신에게 베푸시는 축복의 은혜도 기쁜 마음으로 누리지 못할 것입니다."

**크리스천:** "이 무거운 짐을 어서 벗어 던지는 것이 바로 나의 소망입니다. 하지만 혼자 힘으로는 벗어 버릴 수가 없어요. 또한 고향에서도 저의 무거운 짐을 벗겨 줄 수 있는 사람이 아무도 없었습니다. 그렇기 때문에 제가 이미 당신에게 말씀드린 바와 같이 이 짐을 벗기 위해 지금 길을 가고 있

세속 현자

는 중입니다."

**세속 현자:** "이 길로 가면 짐을 벗어 버릴 수 있다고 말해 준 사람이 누구입니까?"

**크리스천:** "매우 위대하고 고귀한 분같이 보였답니다. 제가 기억하기로 그의 이름은 전도자입니다."

**세속 현자:** "저는 그 사람의 충고를 비난하지 않을 수 없군요. 아마 그가 당신에게 가르쳐 준 방법은 세상에서 가장 위험하고 어려운 방법일것입니다. 만일 당신이 그의 방법을 따르고자 한다면 앞으로 어렵고 위험한 고비들을 수없이 겪게 될 것입니다. 방금 전에 당신이 낙심의 늪에 빠져 온 몸이 진흙 투성이가 된 걸 보니 벌써 위험한 고비를 하나 넘겼음을 알 수 있군요. 그러나 이 길을 가는 사람들이 부딪히게 될 여러 가지 어려움을 생각해 볼 때 그 수렁은 단지 시작에 불과합니다. 저는 당신보다 나이도 더 먹었고 경험

도 더 많이 해 본 사람이니 제 말을 귀담아 들으십시오. 이 길을 그냥 계속 따라가다가는 피로와 고통, 굶주림, 공포, 헐벗음뿐만 아니라 시퍼런 칼 날, 사자들, 용, 암흑 등 한 마디로 말해서 죽음 그 자체를 만나게 될 것입 니다. 이러한 고통들이 이 길에 깔려 있다는 것은 틀림없는 사실이며 이미 그런 것들을 겪어본 여러 사람들의 증언으로 확인되어 있지요. 자, 그러니 생전 처음 보는 낯선 사람의 말을 듣고 자신의 운명을 그렇게 아무데나 던 져 버릴 이유가 도대체 어디 있겠습니까."

**크리스천:** "아, 현명하신 선생님, 사실은 지금 말씀해 주신 그 모든 고통과 위험보다도 제 등에 지워진 이 무거운 짐이 제게는 더욱 괴롭고 무섭게 느 껴집니다. 만일 이 무거운 짐들을 벗어 던질 수만 있다면, 그리하여 영생의 구원을 얻을 수만 있다면 도중에 어떤 고통과 어려움을 겪게 될지라도 저 는 두려워하지 않을 것입니다."

**세속 현자:** "처음에 어떻게 해서 그 무거운 짐을 지게 되었습니까?"

**크리스천:** "제 손에 들고 있는 이 책을 읽은 후부터입니다."

**세속 현자:** "그럴 것이라 짐작하고 있었습니다. 모든 연약한 인간들에게 일 어나기 쉬운 갈등과 오류에 당신도 휩싸이게 된 것입니다. 그들은 자신들 의 수준에 맞지도 않는 너무 높은 것들을 추구하면서 쓸데없는 걱정에 휩 싸이다가 갑자기 당신처럼 정신적 착란증에 빠집니다. 더구나 정신착란 증은 지금 당신이 스스로 택한 어리석은 행동의 결과처럼 사람으로 하여 금 인간성을 잃게 하여 자신도 잘 알지 못하는 것을 얻으려는 무모한 모험 을 하게 만듭니다."

**크리스천:** "저는 제가 무엇을 얻고자 하는지 알고 있습니다. 지금 제가 지고 있는 이 무거운 짐으로부터 벗어나는 일입니다."

**세속 현자:** "짐으로부터 벗어나기 위해 이처럼 많은 위험과 고통이 눈 앞에 있는 것을 뻔히 알면서도 구태여 모험을 무릅써야 할 이유가 도대체 무엇 입니까? 제 말에 귀를 기울여 주신다면 당신 혼자서 이 길을 계속 가고자 할 때 부딪히게 될 온갖 어려움과 위험한 난관들을 만나지 않고도 당신이

소망하는 것을 얻을 수 있는 좋은 방법을 가르쳐 드리겠습니다. 정말입니다. 그 방법은 아주 가까운 곳에 있습니다. 그뿐만 아니라 가르쳐드리는 방법대로 하신다면 당신은 온갖 위험들 대신에 안전과 우정과 만족감을 얻을 수 있게 될 것입니다."

**크리스천**: "선생님! 어서 그 비결을 제게 알려 주십시오."

**세속 현자**: "자, 저쪽을 보십시오. 저쪽에 있는 마을 이름은 도덕$^{Morality}$이라고 하는데 그곳에는 합법$^{Legality}$이라는 이름의 신사분이 살고 계십니다. 그분은 판단력이 아주 뛰어나서 명성이 높은 분이며 당신같이 어깨에 무거운 짐을 지고 고생하는 사람들을 도와 짐에서 벗어나게 해 주는 훌륭한 기술을 지니고 있습니다. 제가 알고 있는 경우만 하더라도 그는 이러한 일을 함으로써 많은 선행을 쌓으신 분이지요. 더군다나 등에 짊어진 무거운 짐 때문에 다소 생각이 빗나간 사람들의 이상한 증세를 고쳐줄 수 있는 기술도 그는 지니고 있답니다. 그러니 어서 그분께 가 보도록 하시오. 제가 방금 말씀드린 대로 가시기만 하면 금방 도움을 받을 수 있을 것입니다. 그의 집은 여기서 채 1km도 되지 않는 곳에 있습니다. 만일 그분께서 혹 집에 계시지 않거든 예의禮儀, Civility라는 이름을 가진 그의 젊은 아드님을 찾으십시오. 그도 역시 아버지 못지않은 판단력과 기술을 가지고 있으니 당신의 짐을 쉽게 벗겨 줄 것입니다. 만일 당신이 전에 살던 고향으로 돌아가고 싶지 않다면 — 물론 저 역시 당신이 집으로 돌아가는 것을 원치 않지만 — 아내와 자식들을 마을로 데려와 살 수도 있습니다. 이 마을에는 지금 비어 있는 집들이 많기 때문에 값싸게 집을 구할 수 있고, 또한 품질이 좋으면서도 값싼 음식들이 많이 있으므로 당신은 더 행복한 생활을 누릴 수 있을 것입니다. 더구나 정직하고 믿을 수 있는 이웃들이 있기 때문에 틀림없이 만족스런 생활이 보장되리라고 봅니다."

이 말을 듣고 크리스천은 잠시 망설였으나 이내 결정을 내렸다. 만일 이 신사가 한 말이 사실이라면 그의 충고를 따르는 것이 현명한 처사라고 생각하고는 덧붙여 물었다.

**크리스천**: "선생님, 그 현명하고 정직하신 분의 집은 어디에 있습니까?"

**세속 현자**: "저쪽에 있는 높은 언덕이 보이십니까?"

**크리스천**: "예, 아주 잘 보입니다."

**세속 현자**: "저 언덕을 넘어가면 첫째 집이 바로 그분의 집입니다."

그리하여 가던 길을 바꾼 크리스천은 더 손쉽고 현명한 도움을 얻기 위하여 합법의 집으로 향했다. 그러나 어찌된 일인가? 그가 힘들여 언덕 가까이에 이르렀을 때 언덕은 굉장히 높고 가파를 뿐만 아니라 산 중턱 여기저기에 커다란 바위와 깊은 골짜기들이 위험스럽게 깔려 있어 그는 혹 그 바위들이 그의 머리 위로 떨어지지나 않을까 두려워서 더 이상 나아갈 수가 없었다. 그리하여 그는 언덕 앞에 우두커니 서서 어찌해야 좋을까 망설이고 있었다. 그런데 원래 가던 길을 바꾸어 새 길로 접어들었을 때부터 등에 짊어진 짐이 훨씬 더 무겁게 느껴지기 시작했다. 더구나 갑자기 언덕 위에서 불길이 활활 타오르는 것을 본 크리스천은 그곳으로 올라가다가는 불길에 휩싸여 타 죽을지도 모른다는 두려움을 느꼈다(출 19:16-18). 그는 땀을 흘리면서 무서워 떨기 시작했다(히 12:21).

그리하여 크리스천은 세속 현자의 그릇된 충고를 받아들인 것을 후회하기 시작했다. 마침 그때 전에 보았던 전도자가 그를 만나러 저쪽에서 다가오는 것을 발견한 크리스천은 부끄러움과 죄책감으로 인하여 얼굴이 붉어지기 시작했다. 차츰차츰 가까이 다가와 마침내 서로 마주 보게 되었을 때 전도자는 엄한 표정으로 크리스천을 바라보면서 캐묻기 시작했다.

**전도자**: "크리스천, 어찌하여 이런 곳에 오게 되었습니까?"

크리스천은 어떻게 대답할지를 몰라 당황하면서 얼굴을 붉힌 채 우두커니 서 있었다. 그러자 전도자가 다시 말을 이었다.

**전도자**: "당신이 바로 멸망의 도시 성문 밖에서 울며 괴로워하던 사람이 아닙니까?"

**크리스천**: "예, 선생님, 제가 바로 그 사람입니다."

**전도자**: "제가 당신에게 작고 좁은 문으로 가는 길을 가르쳐 드리지 않았습

니까?"

**크리스천**: "예, 그렇습니다."

**전도자**: "그렇다면 무슨 이유로 이렇게 쉽사리 결심을 바꾸어 다른 길로 들어서게 되었습니까?"

**크리스천**: "낙심의 늪에서 가까스로 빠져나오자마자 신사 한 분을 만났는데 그분께서는 저쪽 언덕 너머에 있는 마을로 가면 저의 무거운 짐을 벗겨 줄 수 있는 훌륭한 사람을 만나게 될 거라고 저를 설득하였습니다."

**전도자**: "그분은 어떤 사람이었습니까?"

**크리스천**: "매우 점잖고 권위있는 신사로 보였으며 어찌나 능숙하게 말을 잘 하는지 결국 제가 그의 말에 현혹되어 그만 딴 길로 들어서게 되었답니다. 그러나 막상 여기까지 와서 눈 앞에 놓인 언덕을 바라보니 커다란 바위가 여기저기 깔려 있고 불길이 타오르고 있어 그냥 저 길로 가다가는 죽음을 만날 것 같아서 두려움에 사로잡힌 채 갑자기 걸음을 멈추게 되었지요."

**전도자**: "그 신사가 뭐라고 말하던가요?"

**크리스천**: "처음에는 어디로 가느냐고 묻길래 사실대로 대답해 주었지요."

**전도자**: "다음에는 뭐라고 물었습니까?"

**크리스천**: "저에게 가족이 있느냐고 묻길래 그렇다고 대답했지요. 그러나 이처럼 무거운 짐을 등에 짊어지고는 이전처럼 그들과 즐겁게 지낼 수가 없다고 말했습니다."

**전도자**: "그랬더니 또 뭐라고 하던가요?"

**크리스천**: "그는 제게 어서 빨리 짐을 벗어 던지라고 하더군요. 저 역시 짐을 벗어 버리기를 원하고 있기 때문에 구원을 받을 수 있는 장소에 대한 자세한 지시를 얻을 수 있도록 저쪽 문을 향하여 가는 중이라고 했지요. 그랬더니 그는 당신이 제게 가르쳐 준 길처럼 많은 어려움과 위험이 따르지 않는 훨씬 편하고 빠른 지름길을 가르쳐 주겠다고 했습니다. 그 길로 가면 판단력이 뛰어나고 이러한 짐들을 쉽게 벗겨 줄 수 있는 기술을 지닌 고귀한 신사의 집에 이르게 된다고 했지요. 그리하여 어서 빨리 이 짐을 벗어 버

리고 싶은 생각에 그만 귀가 솔깃해져서 가던 길을 버리고 이 길로 들어서
게 된 것입니다. 그러나 막상 여기까지 와 보니 아까 말씀드린 대로 언덕
이 너무 험하여 혹 죽음을 당할까 두려워서 지금 어찌할 바를 모르고 서 있
는 중입니다."

**전도자:** "그렇다면 잠깐 그대로 서 계십시오. 제가 당신께 하나님의 말씀을
보여드리리다."

그리하여 그는 떨면서 서 있었고 이윽고 전도자가 하나님의 말씀을 읽어 주
었다. "너희는 삼가 말씀하신 이를 거역하지 말라. 땅에서 경고하신 이를 거역
한 그들이 피하지 못하였거든 하물며 하늘로부터 경고하신 이를 배반하는 우리
일까보냐"(히 12:25).

그는 다시 계속 읽어 주었다. "나의 의인은 믿음으로 말미암아 살리라. 또한
뒤로 물러가면 내 마음이 그를 기뻐하지 아니하리라"(히 10:38). 그는 하나님의
말씀을 읽고 나서 그 말씀을 적용하여 말하기 시작했다. "당신은 지금 지극히 높
으신 하나님의 권고를 물리치고 평화를 향한 길에서 벗어나 파멸과 멸망의 길로
들어섬으로써 스스로 불행을 자초하고 있습니다."

이 말을 듣고 크리스천은 하얗게 질린 얼굴로 죽은듯이 전도자의 발 앞에 엎
드린 채 울부짖었다. "오, 슬픈 일입니다. 이젠 다 틀렸으니 저주받아 마땅한 저
는 어찌해야 좋을까요?" 그러자 전도자는 크리스천의 오른손을 잡아 일으키면
서 말했다. "사람이 지은 모든 죄와 모독은 사함을 얻을 수 있으니(마 12:31; 막
3:28) 믿음을 버리지 말고 믿음 있는 자가 되도록 하십시오"(요 20:27). 이 말을
듣고 크리스천은 다소 생기를 얻은 듯했으나 아직도 두려움에 떨며 전도자 앞
에 서 있었다.

전도자는 계속해서 말했다. "지금부터 제가 당신께 말씀드리는 것들을 좀 더
주의깊게 들어 주십시오. 이제 당신을 현혹시킨 자가 누구며, 또한 누가 그자를
당신께 보냈는지 가르쳐드리리다. 당신이 만났던 사람은 세속 현자라는 사람인
데 그는 그렇게 불리는 것이 마땅한 사람이지요. 왜냐하면 우선 그는 이 세상의

교훈이나 신조를 좋아하기 때문에 늘 도덕이란 도시의 교회에만 나가고 있습니다. 또한 그는 세속 교훈이나 신조가 십자가를 지지 않고서도 그를 어려움에서 구해 줄 수 있다고 생각하기 때문에(갈 6:12) 그런 것들을 가장 신봉하며 좋아하는 것입니다. 이와 같은 그의 세속적인 기질 때문에 그는 당신을 방해하여 옳은 길을 벗어나 다른 길로 가도록 권고한 것이지요. 그런데 그자의 권고 중에서 당신이 전적으로 물리쳐야 할 세 가지 중요한 것들이 있습니다.

1. 당신을 바른 길에서 벗어나게 한 점.
2. 당신이 십자가를 꺼려하도록 유도한 점.
3. 당신으로 하여금 사망의 골짜기에 이르는 길로 가도록 유혹한 점.

첫째로, 당신은 그가 당신을 유혹하여 가던 길을 버리게 했고 당신이 그의 말대로 행동하게 만든 것을 혐오하고 두려워해야 합니다. 세속 현자의 그릇된 권고를 따르는 것은 곧 하나님의 권고를 거부하는 것이기 때문입니다. 하나님께서는 '좁은 문으로 들어가기를 힘쓰라'(눅 13:24)고 말씀하셨는데 제가 당신에게 가르쳐 준 길이 바로 그 좁은 문입니다. 또한 주님께서는 '멸망으로 인도하는 문은 크고 그 길이 넓어 그리로 들어가는 자가 많고 생명으로 인도하는 문은 좁고, 길이 협착하여 찾는 자가 적음이니라'(마 7:13-14)고 말씀하셨습니다. 그런데 그 악한 세속 현자는 좁은 길로 가고 있던 당신을 유혹하여 파멸에 이르는 다른 길로 이끌었으니 당신은 그의 말에 쉽게 넘어간 당신 자신과 그 악한 현자를 둘 다 혐오해야 합니다.

둘째로, 그자가 당신으로 하여금 십자가의 짐을 싫어하도록 유도했으니 이를 혐오하지 않으면 안됩니다. 왜냐하면 당신은 십자가를 '애굽의 보화'보다 더 귀히 여길 줄 알아야 하기 때문입니다(히 11:25-26). 그뿐 아니라 영광의 왕이신 주님께서는 '제 목숨을 얻고자 하는 자는 잃을 것이요'라고 당신에게 말씀하셨고 그를 따르는 무리들에게 '무릇 내게 오는 자가 자기 부모와 처자와 형제 자매 및 자기 목숨까지 미워하지 아니하면 능히 나의 제자가 되지 못하리라'고 가르치셨습니다(마 10:37-39; 막 8:34-35; 눅 14:26-27; 요 12:25). 그러므로 무릇 죽지 않고는 영생을 얻을 수 없다고 하신 진리의 말씀을 무시하는 자가 당신을 설득하려

한 것을 혐오해야 합니다.

셋째로, 그가 한 말을 그대로 믿고 쉽사리 발길을 돌려 사망의 권세로 이르는 길에 들어선 당신 자신을 미워하고 반성해야 합니다. 또한 그가 당신에게 찾아가 만나보라고 가르쳐 준 사람이 과연 누구인지를 잘 생각해 보아야 하고 그가 결코 당신의 무거운 짐을 벗겨 주지 못할 것이라는 사실도 깨달아야 합니다.

당신이 무거운 짐에서 구원받으려고 찾아가는 사람의 이름은 율법인데, 그는 지금도 자녀들과 더불어 종노릇하고 있는 계집종의 아들입니다(갈 4:21-27). 그리고 신비롭게도 당신이 당신의 머리 위로 떨어져 버릴 것처럼 두려워하였던 시내 산이 바로 그녀입니다. 당신은 어째서 지금도 종노릇하고 있는 사람들에게서 구원을 얻기를 기대하시는지요? 그러므로 그 율법이라는 자가 당신의 짐을 벗겨 주지 못하리라는 것은 확실한 일입니다. 지금까지 어느 누구도 그의 도움으로 짐을 벗은 일이 없었고 앞으로도 그럴 리가 만무합니다. 율법의 행위로는 의롭다 하심을 얻지 못하니 이는 율법의 행위로는 어느 누구도 짐을 벗을 수 없기 때문입니다. 그러므로 세속 현자는 거짓말쟁이요, 율법이란 자는 사기꾼에 불과하며, 그의 아들인 예의는 겉으로는 점잖은 표정을 짓고 있지만 결국 위선자에 지나지 않습니다. 이렇듯 그들은 당신을 도와줄 수 없는 사람들이니 이제 제 말을 믿으십시오. 당신이 이 어리석은 사람들로부터 들은 이야기들은 헛된 속임수일 뿐이며, 그들은 당신을 현혹시켜 제가 당신께 알려드린 바른 길을 벗어나게 함으로써 당신의 구원을 일부러 방해하려는 협잡꾼들입니다.”

전도자는 말을 마치자 자신이 한 말의 진실성을 증명해 달라고 큰 소리로 하나님께 호소했다. 그러자 크리스천이 밟고 서 있던 산에서 하나님의 말씀이 들리면서 커다란 불길이 솟아올라 크리스천의 머리카락을 곤두서게 만들었다. 하나님의 말씀은 이러하였다. “무릇 율법 행위에 속한 자들은 저주 아래에 있나니 기록된 바 누구든지 율법 책에 기록된 대로 모든 일을 항상 행하지 아니하는 자는 저주 아래에 있는 자라 하였음이라”(갈 3:10).

이제 크리스천은 죽음만을 원하면서 슬픈 목소리로 울부짖기 시작했다. 그는 세속 현자와 만났던 때를 저주하면서 그의 거짓된 충고에 쉽사리 넘어가 버린 자기 자신을 바보들 중에 바보라고 수천 번 외쳤다. 그는 또한 세속적이고 인간적인 욕망에서 우러나오는 그 세속 현자의 충고에 현혹되어 바른 길을 저버린 자신의 행동에 깊은 부끄러움을 느꼈다. 다소 진정이 되었을 때 크리스천은 다시 전도자에게로 다가가서 다음과 같이 간절한 호소를 하였다.

**크리스천:** "전도자님, 선생님은 어떻게 생각하십니까? 제게도 아직 희망이 남아 있습니까? 지금이라도 다시 바른 길로 되돌아가서 그 좁은 문으로 갈 수는 없을까요? 아니면 이 어리석은 실수로 인하여 구원의 희망을 잃은 채 부끄러운 모습으로 고향에 돌아가야만 하나요? 저는 지금 그 세속 현자의 거짓된 충고에 현혹되어 버린 것을 몹시 후회하며 반성하고 있습니다. 저의 죄가 용서 받을 수 있을까요?"

**전도자:** "당신은 두 가지 실수를 저질렀기 때문에 실로 당신의 죄는 매우 큽니다. 바르고 선한 길을 저버린 것이 그 하나요, 금지된 길로 걸어간 것이 다른 하나입니다. 그러나 그 문지기는 사람들에게 선의와 호감을 갖고 있는 사람이므로 당신을 받아줄 것입니다. 그러니 다시는 옆길로 빗나가지 않도록 단단히 주의하십시오. 만일 주의 진노가 조금이라도 발한다면 당신이 길에서 망할까 두렵습니다"(시 2:12).

그러자 크리스천은 다시 돌아가겠다고 말했고 전도자는 그에게 입맞춤을 해주며 어서 서둘러 하나님을 향해 떠나라고 미소로써 격려해 주었다. 이렇게 해서 크리스천은 서둘러 다시 걷기 시작했다. 도중에 만나는 어느 누구에게도 말을 걸지 않았고 혹 누가 그에게 말을 걸어와도 대답조차 하지 않았다. 그는 마치 금지된 구역을 걷고 있는 사람처럼 서둘러 걸었으며, 세속 현자의 꾀임에 빠져 쉽사리 팽개쳐 버렸던 바른 길로 다시 들어서기 전까지는 마음을 놓을 수가 없었다.

## 4. 좁은 문에 도착한 크리스천

얼마 후, 크리스천은 좁은 문에 도착했다. 그 좁은 문 위에는 "두드리라, 그러면 열릴 것이니라"는 글귀가 써 있었다(마 7:7-8). 그래서 크리스천은 두서너 차례 문을 두드리며 이렇게 외쳤다.

"여기로 들어가도 될까요? 비록 저는 하나님의 말씀을 거역한 쓸모없는 존재이지만 문 안에 계신 분이 저를 긍휼히 여겨 받아 주실 수 있을는지요? 만일 당신께서 저를 긍휼히 여겨 주신다면 저는 저 높은 곳에 계시는 하나님께 영원한 찬양을 드리겠습니다."

마침내 선의善意, Good-Will라는 이름으로 불리는 성실하고 침착해 보이는 사람이 나와서 지금 문을 두드리는 사람이 누구며, 어디에서 왔고 또 무엇을 얻고자 하는지 물어보았다.

**크리스천:** "여기 헐벗고 무거운 짐을 진 죄인이 왔습니다. 저는 다가올 하나님의 진노를 피하기 위해서 멸망의 도시에서 떠나 영생의 구원을 얻으려고 시온 산을 향해 가는 길입니다. 그런데 선생님, 그곳으로 가려면 이 문을 지나가야 한다고 들었는데 제가 문 안으로 들어가는 것을 당신께서 허락해 주실는지 알고 싶습니다."

그러자 선의는 "진심으로 환영합니다"라고 말하면서 기꺼이 문을 열어 주었다. 크리스천이 문 안으로 발을 들여놓았을 때 그 사람은 갑자기 크리스천의 팔을 와락 끌어당겼다. "도대체 왜 이러시나요?" 하고 크리스천이 묻자 선의는 이렇게 대답했다. "이 문에서 약간 떨어진 곳에 튼튼한 성 하나가 서 있는데, 그 성의 성주는 바알세불이라고 하며 그와 그의 부하들은 이곳을 향해 늘 화살을 쏘고 있답니다. 그들은 마귀들로서 이 문으로 들어서는 사람들을 쏘아 죽이려고 애쓰고 있지요."

크리스천이 "저는 기쁘기도 하고 한편 두렵기도 합니다"라고 대답하자 문지기가 "어떻게 해서 이곳에 오게 되었습니까?" 하고 물었다.

**크리스천:** "전도자라는 분이 이곳으로 와서 문을 두드리라고 하기에 이곳으

그 사람은 크리스천의 팔을 끌어당겼다

로 왔답니다. 또한 그분께서 말씀하시기를 이곳에 오면 장차 제가 어떻게 해야 할지를 가르쳐 주시는 분이 계실거라고 하더군요."

선의: "당신 앞에 문이 열려 있으니 어느 누구도 그 문을 닫을 수는 없습니다."

크리스천: "이제부터 저는 많은 어려움을 무릅쓰고 여기까지 온 수확을 얻게 되는 셈이군요."

선의: "그런데 어째서 당신 혼자서만 이곳에 왔습니까?"

크리스천: "저의 이웃들 어느 누구도 제가 느끼고 깨달았던 멸망과 진노의 위험을 전혀 느끼지 못했기 때문입니다."

선의: "그들 중에서 당신이 여기 오는 것을 알고 있는 사람이 있었습니까?"

크리스천: "예, 저의 아내와 자식들이 맨 처음에 제가 떠나가는 것을 발견하고는 어서 돌아오라고 소리소리 질렀지요. 다음으로 몇몇 이웃들이 집 밖으로 나오면서 어서 되돌아오라고 저를 불렀지만 저는 손가락으로 귀를 틀어막은 채 그냥 이곳을 향해 달렸습니다."

선의: "당신을 뒤따라오면서 빨리 집으로 돌아가자고 설득하는 사람은 없었나요?"

크리스천: "있었습니다. 유순 씨와 고집쟁이 씨로 불리는 두 사람이 저를 따라와 설득하려 했지만 제가 말을 듣지 않자 고집쟁이는 조롱을 퍼부으며 돌아가 버렸고 유순 씨는 한동안 저를 따라왔었습니다."

선의: "그런데 어째서 그는 여기까지 같이 오지 않았나요?"

크리스천: "우리는 함께 이야기를 나누며 걸어왔었는데 낙심의 늪이라는 곳에 이르렀을 때 갑자기 우리도 모르는 사이에 그 속으로 빠지게 되었지요. 간신히 그 늪에서 빠져나왔을 때 유순 씨는 그만 용기를 잃어 더 이상 모험하기를 원치 않았어요. 그는 화가 나서 그 아름답고 영광이 가득 찬 나라는 당신이나 차지해 버리라고 말하며 떠나가 버렸지요. 그는 고집쟁이 씨의 뒤를 따라 다시 집으로 돌아갔고 결국 저 혼자서 이 문 앞에까지 오게 된 것입니다."

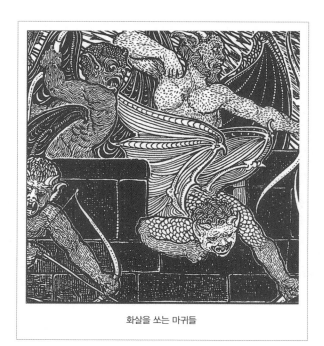

화살을 쏘는 마귀들

**선의:** "아, 참 불쌍한 사람이로군요! 천국의 영광을 얼마나 사소하게 여겼는 지, 그것을 얻기 위해서 겪어야 할 몇 가지 난관들을 가치 없는 것들로 치 부하였군요."

**크리스천:** "사실 유순 씨의 행동을 그대로 전해 드렸지만 저 자신도 역시 그 분보다 나을 게 없는 사람입니다. 그분이 도중에 포기하고 집으로 돌아가 버린 것은 사실이지만 저도 역시 길을 걷는 도중에 만난 세속 현자의 거짓 된 충고에 현혹되어 바른 길을 버리고 사망의 길로 들어섰었으니까요."

**선의:** "오! 당신도 그 사람을 만났었군요? 그 사람이 합법 씨의 도움을 구하 면 평안함을 얻을 수 있다고 말하던가요? 그들은 모두 사기꾼에 불과합니 다. 그런데 당신은 그의 속임수에 넘어가 버렸습니까?"

**크리스천:** "예, 저는 그의 말을 듣고 합법 씨를 찾아 나서기 위해 갈 수 있는 데까지 서둘러 갔습니다. 그런데 합법의 집 옆에 우뚝 솟은 산이 마치 머리

위로 떨어져 버릴 것 같은 생각이 들어 그만 멈추지 않을 수 없었답니다."

**선의:** "그 산은 이제껏 많은 사람들의 생명을 빼앗아갔고 앞으로도 많은 사람들이 그곳에서 생명을 잃을 것입니다. 당신의 몸이 그 산으로 인해 산산조각으로 부서져 버리기 전에 나오셨으니 참으로 다행스러운 일입니다."

**크리스천:** "제가 그 산 앞에 이르러 곤경에 처한 채 당황하고 있을 때 마침 다행스럽게도 전도자님을 다시 만나게 되지 않았더라면 제가 거기에서 어떻게 되었을지 알 수 없는 일이지요. 그분께서 다시 한 번 제게 와 주신 것은 하나님의 자비로우신 섭리였으며 그렇지 않았더라면 저는 영영 이곳에 오지 못했을 겁니다. 그러나 이제, 어리석고 용기가 부족하여 그 산으로 인해 죽임을 당하기에 마땅한 존재인 제가 여기까지 무사히 와서 당신과 이야기를 나누고 있으니 이 얼마나 크나큰 주님의 은총입니까?"

**선의:** "당신이 여기에 오기 전에 어떤 일을 했건 우리는 결코 상관하지 않습니다. 주님께서는 '내가 결코 내쫓지 아니하리라'고 약속하셨기 때문입니다(요 6:37). 그러니 선한 크리스천 씨, 잠깐 저와 함께 이쪽으로 가십시다. 제가 당신이 가야 할 길을 가르쳐 드리겠습니다. 저 앞을 보십시오. 저쪽으로 뻗어 있는 좁은 길이 보입니까? 그 길이 이제부터 당신이 가야 할 길입니다. 당신의 조상들과 많은 예언자들, 그리스도와 또 제자들에 의해서 만들어진 길인데, 마치 자로 그어 놓은 것처럼 똑바로 닦여진 길이며 당신이 이제부터 가야 할 길입니다."

**크리스천:** "그런데 혹 처음 그 길을 걷는 사람이 길을 잃어버리게 할 만한 구부러진 길이나 모퉁이들은 없습니까?"

**선의:** "물론 이 길에는 그런 것들이 많이 연결되어 있지만 그런 길들은 모두 구부러져 있고 폭이 넓습니다. 그러나 바른 길은 단지 하나뿐이며 그 길은 매우 좁고 또 곧게 뻗어 있는 길이므로 당신은 쉽사리 옳고 그른 길을 분간할 수 있을 것입니다"(마 7:14).

그때 나는 꿈속에서 크리스천이 선의에게 그의 등에 지워져 있는 무거운 짐을 벗을 수 있도록 도와줄 수 없겠느냐고 간청하는 것을 보았다. 그 짐은 다른 사람의 도움을 받지 않고는 도저히 벗어 버릴 수 없는 것이었기 때문이었다.

그러자 선의는 그에게 이렇게 말해 주었다. "비록 당신의 짐이 무거울지라도 구원의 장소에 이를 때까지는 참고 그대로 지고 가십시오. 거기에 이르면 당신의 짐은 저절로 당신의 등에서 떨어져 나갈 것입니다."

그리하여 크리스천은 허리띠를 꼭 동여매고 다시 길 떠날 채비를 했다. 선의 씨가 다시 일러주기를, "이곳에서 얼마쯤 가면 해석자Interpreter라는 사람의 집이 있는데, 가서 문을 두드리십시오. 그러면 그분께서 당신에게 여러 가지 훌륭한 것들을 보여 주실 것입니다" 하고 말해 주었다. 크리스천이 선의에게 작별 인사를 하자 선의는 하나님의 은총으로 그가 무사히 성공하기를 기원해 주었다.


## 5. 크리스천과 해석자

쉬지 않고 걸음을 재촉하여 이내 해석자의 집에 이른 크리스천은 여러 번 문을 두드렸다. 마침내 어떤 사람이 문 쪽으로 나오더니 용건이 무엇인지를 물었다.

**크리스천:** "전 멸망의 도시에서 온 나그네인데 이 댁의 주인과 잘 아시는 분이 저에게 이리로 와서 이 댁의 주인을 뵈면 그분이 유익한 것을 보여 주실 거라고 가르쳐 주어서 여기까지 왔습니다. 그러니 이 댁의 주인님을 좀 만나 뵈었으면 하는데요."

문지기가 주인을 부르러 간 지 얼마 되지 않아 주인이 크리스천에게 다가와서 무슨 용건이 있는지를 물어보았다.

**크리스천:** "저는 멸망의 도시를 떠나 시온 산을 향하여 가고 있는 나그네인데 저 좁은 문 안에 서 계신 분이 가르쳐 주시기를, 당신을 찾아가면 여행길에 도움이 될 만한 유익한 것들을 보여 주실 거라고 해서 이렇게 찾아왔습니다."

**해석자:** "어서 들어오십시오. 당신에게 도움이 될 만한 것들을 보여 드리

지요."

그는 하인에게 촛불을 켜라고 명령하면서 크리스천더러 따라오라고 말했다. 어떤 비밀스러운 방에 이르자 그는 하인에게 문을 열라고 말했다. 문이 열린 순간 크리스천은 아주 점잖게 보이는 초상화가 벽 위에 걸려 있는 것을 보았다. 그 사람의 두 눈은 하늘을 향해 올려다보고 있었고 아주 훌륭한 책을 손에 쥐고 있었으며 입술 위에는 진리의 법칙들이 쓰여져 있고 그의 등 뒤에는 온 세계가 펼쳐져 있었다. 그의 머리 위에는 황금 면류관이 씌워져 있었고 그는 마치 세상 사람들에게 무언가 간절히 탄원하고 있는 듯한 모습으로 서 있었다.

**크리스천:** "이 초상화는 무엇을 의미하는 것입니까?"

**해석자:** "초상화의 주인공은 천에 하나 있을까 말까 한 귀한 분의 초상화인데 이분은 자녀를 낳을 수 있고(고전 4:15), 해산의 고통을 알고 있으며(갈 4:19), 낳은 자녀를 스스로 기를 수 있는 분입니다. 당신이 지금 보시는 바와 같이 그의 눈은 하늘을 올려다보고 있고 가장 좋은 책을 손에 들었으며 입술 위에는 진리의 법칙들이 쓰여져 있습니다. 이것들은 그가 하는 일은 세상의 어두운 면을 아는 것이며 그것들을 죄인들에게 알리는 것임을 의미합니다. 또한 보시는 바와 같이 그는 사람들에게 무엇인가 탄원하는 듯한 표정으로 서 있고, 그의 배경에는 전 세계가 그려져 있으며 머리 위에 황금 면류관을 쓰고 있는데, 이는 주님께 바치는 봉사를 사랑하기 때문에 세상에 속한 헛된 것들을 경시하고 무시해 버리고자 애쓰는 사람은 이 세상에서 내세로 갈 때 이런 노력에 대한 보상으로 틀림없이 영광의 면류관을 얻게 될 것임을 보여 주기 위한 것입니다."

해석자는 계속해서 말했다.

"제가 이 그림을 맨 먼저 당신에게 보여 드린 이유는, 이 초상화의 주인공만이 당신이 가고자 하는 곳의 주인인 하나님이 허락한 유일한 인도자이기 때문입니다. 그는 당신이 도중에서 만날 모든 환난 가운데서 당신을 인도하실 것입니다. 그러니 제가 당신께 보여드린 것을 주의깊게 보시고 잘 기억해 두셔야 합니다. 앞으로 당신을 바른 길로 인도하는 것처럼 사칭하고 당신 앞에 나타나 결국은 사망의 길로 이끌어 가려는 사람들이 많을 터인데, 이는 당신이 그들의 꾀임에 넘어가지 않기 위해서입니다."

이윽고 해석자는 직접 크리스천의 손을 이끌고 어떤 매우 넓은 객실로 데려갔는데 그곳은 여태껏 한 번도 청소를 하지 않아서 온통 먼지 투성이였다. 해석자는 잠시 동안 그곳을 둘러보더니 하인을 불러 청소를 하라고 시켰다. 하인이 방을 청소하기 시작했을 때 어찌나 먼지가 많이 일어나는지 크리스천은 거의 질식할 정도였다. 그러자 해석자는 옆에 서 있던 한 소녀에게, "물을 이리로 가져다가 뿌려 보아라" 하고 일렀다. 그 소녀가 물을 뿌렸을 때 먼지가 가라앉아서 마침내 방은 말끔히 청소되었다.

**크리스천:** "이것은 무엇을 의미합니까?"

**해석자:** "이 객실은 복음의 달콤한 은혜로 성화된 일이 한 번도 없는 인간의 마음입니다. 먼지는 인간의 원죄를 의미하며 또 모든 인간을 이렇게 만드는 내면의 부패를 의미합니다. 처음 이 방을 쓸기 시작한 사람은 율법$^{Law}$입니다. 그리고 다음에 물을 뿌려 준 아가씨는 복음$^{Gospel}$입니다. 당신도 잘 보셨다시피 처음에 율법이 방을 쓸기 시작하자 먼지가 일어나 온 방을 채웠기 때문에 방이 깨끗해지기는커녕 더 더러워지고 당신은 거의 질식해 버릴 지경이었지요. 이는 율법이라는 것이 죄를 발견하고 금지시키기는 하지만 아예 죄를 뿌리뽑지는 못하기 때문에 인간의 마음을 청소하려 들다가는 오히려 영혼의 죄를 소생시키고 힘을 돋우어 더 증가하게 만들 뿐이라는 것을 당신에게 보여 드리기 위한 것입니다. 다음으로 한 소녀가 방에 물을 뿌리고 난 뒤에 청소를 하니까 아주 기분좋게 깨끗해졌습니다. 이것은 복음이 인간의 마음에서 어떤 역사를 하는지 보여주는 장면입니다. 소녀가 마루에 물을 뿌려 모든 먼지를 가라앉힌 것처럼, 죄는 사라지고 근절되었습니다. 영혼도 믿음으로 정결하게 되어 영광의 왕이 기거하시기에 합당한 장소로 변화됩니다."

그때 나는 꿈속에서 해석자가 크리스천의 손을 잡고 그를 어떤 작은 방으로 인도해 가는 것을 보았다. 그곳에는 두 소년이 각기 의자 위에 앉아 있었는데 그 중 나이가 많은 소년의 이름은 욕망이고, 나이 어린 소년의 이름은 인내였다. 욕망은 매우 불만스런 표정으로 앉아 있었으나 인내는 매우 조용하고 침착한 표정이었다. "욕망이 불만을 품고 있는 이유가 무엇입니까?" 하고 크리스천이 묻자 해석자는 "그 소년들의 아버지가 가장 좋아하는 선물들을 그들에게 갖다줄 테니 내년 초까지만 기다리라고 했지요. 그런데 욕망은 지금 당장 달라고 하고 인내는 기꺼이 기다리고 있는 중입니다"라고 설명해 주었다.

그러자 어떤 사람이 보물 한 자루를 짊어지고 욕망에게로 다가와서 그것들을 그의 발 아래 쏟아놓는 것을 보았다. 욕망은 그것을 집어들어 제멋대로 낭비하고 즐기면서 인내를 비웃고 조롱했다. 그러나 얼마되지 않아서 욕망은 모든 것을 낭비해 버리고 남은 것이라고는 누덕누덕 기운 누더기 조각들뿐이었다.

**크리스천:** "이것은 무엇을 의미하는지 좀 더 자세히 설명해 주십시오."

**해석자:** "이 두 소년은 상징적인 인물들입니다. 욕망은 현세의 인간들을 상징하고 인내는 내세의 인간들을 상징하고 있습니다. 우리가 여기서 방금 본 것처럼 욕망은 지금 당장 이 세상에서 모든 것들을 갖고자 하는데, 이와 마찬가지로 이 세상의 사람들도 지금 당장 그들이 차지할 수 있는 모든 것을 갖고자 하며 내년까지, 즉 미래의 세상이 올 때까지 기다리지 못하는 것입니다. '손에 잡은 한 마리의 새가 숲에 있는 두 마리의 새보다 낫다'는 속담이 장차 다가올 세상의 복락에 대한 하나님의 증언보다 그들에게는 더 믿을 만한 가치가 있다고 여겨지는 것입니다. 그러나 당신도 보다시피 모든 것을 순식간에 낭비해 버리고 겨우 누더기 조각들밖에는 남은 것이 없었던 욕망처럼 이 세상의 물질에만 눈이 어두운 모든 사람들도 현세의 종말이 다 가왔을 때 결국 그와 같이 될 것입니다."

**크리스천:** "여러 가지 이유로 인내가 가장 훌륭한 지혜를 가지고 있다는 것을 나는 지금 깨달았습니다. 첫째로, 가장 좋은 것을 얻기 위해서 기다릴 줄 아는 태도가 지혜로우며, 둘째로, 욕망이 누더기밖에는 남은 게 없게 되었을 때 그는 자신의 영광을 차지하게 될 것이니까요."

**해석자:** "아니, 또 하나의 이유가 더 있습니다. 즉 다가올 세상의 영광은 영원 불멸의 것이지만 현세의 허황한 영광들은 순식간에 사라져 버리기 때문입니다. 그러므로 욕망이 이 세상에서 좋은 것들을 먼저 가졌다고 해서 인내를 비웃을 이유가 없으며 오히려 나중에 좋은 것들을 차지하게 되는 인내가 욕망을 비웃어야 할 것입니다. 왜냐하면 처음에 좋은 것을 차지하는 사람은 결국 나중에 올 사람에게 자리를 남겨 주어야만 하지만, 나중에 차지할 사람은 다가올 좋은 것들에 대한 희망이 있고 마침내 차지하게 되었을 때는 뒤에 올 사람이 없으므로 아무에게도 넘겨 줄 필요가 없기 때문입니다. 게다가 처음에 자기 몫을 차지하는 사람은 그것을 소비할 시간이 많아서 결국 남는 게 하나도 없게 되지만 나중에 차지하는 사람은 영원히 그것을 보전하게 될 것입니다. 그러므로 예수께서 어느 부자에게 하신 말씀이 있지요. '너는 살았을 때에 좋은 것을 받았고 나사로는 고난을 받았으니 이제 그는 여기서 위로를 받고 너는 괴로움을 받느니라'(눅 16:25)."

**크리스천:** "이제 저는 눈앞에 보이는 이생의 것들을 탐내는 것보다는 다가올 세상의 복락을 기다리는 것이 가장 현명한 일임을 깨달았습니다."

**해석자:** "당신은 진리를 말씀하셨습니다. '목전에 보이는 것들은 잠깐이요 보이지 않는 것들은 영원하기'(고후 4:18) 때문입니다. 말하자면 현세의 욕망과 육욕은 서로 지극히 가까운 사이이므로 금세 친밀하게 되지만 내세의 복락과 육욕은 서로 너무 다르기 때문에 늘 거리가 있습니다."

꿈속에서 보니 해석자는 크리스천의 손을 잡고 또 다른 방으로 들어갔다. 그곳의 한쪽 벽난로에는 불이 활활 타오르고 있었다. 한 사람이 벽난로 옆에 서서 그 불길을 끄기 위해 많은 물을 끼얹고 있었으나 불은 꺼지기는커녕 점점 더 높이 그리고 더 뜨겁게 타올랐다.

**크리스천:** "이것은 무슨 뜻입니까?"

**해석자:** "이 불은 사람의 마음 속에 작용하는 은혜를 의미합니다. 불에 물을 끼얹어 꺼버리려고 노력하는 자는 마귀인데 그럼에도 불구하고 불은 점점 더 세차게 타오르고 있습니다. 이제 그 이유를 보여 드리겠습니다."

해석자는 이렇게 말하면서 크리스천을 데리고 벽의 뒤 쪽으로 갔다. 거기에서는 한 사람이 손에 기름통을 들고 몰래 그러나 끊임없이 불 위에 기름을 끼얹어 주고 있었다.

**크리스천**: "이것은 또 무슨 의미이지요?"

**해석자**: "이분은 바로 그리스도이십니다. 인간의 마음 속에 이미 넣어 준 은혜를 보전하기 위하여 끊임없이 은혜의 기름을 부어 주고 계신 것입니다. 마귀가 아무리 은혜를 없애려고 수단과 방법을 가리지 않고 날뛰어도 인간의 영혼은 이분으로 인해 이분의 자비로우신 은총을 변함없이 누리게 됩니다. 또한 당신께서 보시는 바와 같이 이분이 불을 보전하기 위하여 남몰래 벽 뒤에 서서 끊임없이 기름을 부어 주고 계신 것은 한 번 악마의 속임수에 빠진 영혼에게 그 은혜를 유지시키는 일이 얼마나 어려운 일인가를 당신에게 가르쳐 주고 있습니다."

해석자가 또다시 크리스천의 손을 잡고 아주 웅장한 궁전이 서 있는, 보기에도 아름답고 즐거운 장소로 그를 안내하는 것을 나는 보았다. 이것을 본 크리스천은 매우 기뻐하였다. 그는 또한 멋진 궁전 위에서 금빛 옷을 걸친 사람들이 거닐고 있는 것을 보았다. 크리스천이 "우리도 저 궁 안으로 들어갈 수 있습니까?" 하고 물었을 때 해석자는 크리스천을 데리고 그 궁전의 문간까지 갔다.

그런데 어찌된 일인가! 그 문간에는 안으로 들어가고 싶어하는 사람들이 많이 몰려 서서 웅성거리고 있었으나 아무도 감히 들어가지 못하고 있었다. 그 문에서 과히 멀지 않은 곳에 책상 하나가 놓여 있고 그 앞에는 한 남자가 앉아 있었는데 책 한 권과 잉크병을 놓고 문 안으로 들어가려는 사람들의 이름을 적으려 하고 있었다. 그런데 입구에는 또한 갑옷을 입은 군인들이 지켜 서서 안으로 들어가려는 사람들을 될 수 있는 대로 해치고 방해하려고 단단히 결심하고 있는 것 같았다. 크리스천은 뜻밖의 광경에 매우 놀랐으나 말없이 유심히 바라보고 있었다.

무장하고 있는 군인들의 모습을 보고 두려움에 질린 대부분의 사람들이 뒤로 물러서고 있을 때 결심을 단단히 한 듯한 사나이 하나가 성큼성큼 명단을 적는 사

불을 꺼버리려는 마귀와 은총의 기름을 부어 주시는 그리스도

람에게로 걸어가 이렇게 말했다. "선생님, 제 이름을 적어 주십시오." 말을 마치
자 그는 검을 빼어들고 머리 위에 투구를 쓰고는 무장한 군인들이 지키고 있는 문
간을 향해 용감하게 달려갔다.

문가에 서 있던 군인들은 맹렬한 힘으로 달려들었으나 그 사나이는 조금도 굴
하지 아니하고 용감하게 달려들어 마구 칼을 휘두르며 치열한 싸움을 벌였다.
얼마 후 그 사나이와 그를 밀어내려는 병사들 모두 많은 상처를 입게 되었다. 하
지만 그 사나이는 계속 길을 트며 앞으로 나아갔다. 마침내 궁전 앞에 다다르게
되자 궁전 안 혹은 위에서 거닐고 있는 사람들로부터 즐거운 음성이 흘러나왔다.

들어오라, 들어오라.
영원한 영광을 그대에게 주리라.

그리하여 사나이는 궁전 안으로 들어갔고, 그에게도 그들과 같은 금빛 옷이
주어졌다. 이 광경을 지켜보고 있던 크리스천은 미소를 지으며 "이것이 무엇
을 의미하는지 저도 알 수 있을 것 같습니다. 자, 이제 다시 길을 떠났으면 합니
다"라고 말하였다. 그러나 해석자는 "아닙니다. 제가 좀 더 보여 드릴 것이 있으
니 마저 보시고 길을 떠나십시오" 하고 대답했다.

그는 다시 크리스천의 손을 잡고 몹시 컴컴한 방 안으로 들어갔다. 그 방 안
에는 쇠창살이 달린 감방이 하나 있었고 그 감방 안에는 한 사나이가 앉아 있었
다. 그 사나이는 깊은 슬픔에 젖은 표정을 하고 팔짱을 낀 채 가슴을 쥐어뜯는
듯한 깊은 한숨을 내쉬면서 땅바닥만 바라보고 있었다. "이것이 무엇을 의미하
는 것인가요?" 하고 크리스천이 물었을 때 해석자는 직접 물어보라고 말해 주었
다. 크리스천은 그 남자에게로 다가가서 "당신은 누구십니까?" 하고 물어보았
다. 그 남자는 "예전엔 이런 사람이 아니었는데 이제는 그만 이런 꼴이 되었습
니다" 하고 대답했다.

**크리스천:** "그렇다면 전에는 어떤 사람이었습니까?"

**그 남자:** "그전에는 제 자신은 물론 사람들에게도 인정을 받는 훌륭한 신자였

고 박식한 사람이었지요. 그 당시만 해도 틀림없이 하늘나라에 갈 수 있다고 믿고(눅 8:13) 자신하면서 그러한 생각을 할 때마다 기뻐하곤 했지요."

**크리스천:** "그런데 지금은 도대체 어떻게 되었다는 말씀입니까?"

**그 남자:** "이제는 절망의 인간이 되어 버린 채 이 쇠창살 감방 안에 갇혀 난 아무 데도 나갈 수가 없게 되었습니다. 아! 이젠 나갈 수가 없어요!"

**크리스천:** "그런데 어쩌다가 이렇게 되었습니까?"

**그 남자:** "항상 깨어 근신하지 못하여(살전 5:6) 세상적 정욕이 제 목을 얽매었고 마침내 말씀의 빛과 하나님의 선하심에 거역하는 죄를 지었습니다. 제가 성령을 거스르고 슬프게 하였기 때문에 성령이 제게서 떠나 버렸습니다. 뿐만아니라, 마귀의 유혹에 빠져 마귀를 제 마음 안에 들어오게 하였습니다. 제가 늘 하나님을 거역하고 노엽게 하였으므로 하나님께서는 마침내 저를 떠나셨고 제 마음도 이미 너무나 굳어져 있었기 때문에 저는 회개할 수도 없게 되었습니다."

이 말을 듣고 나서 크리스천은 해석자에게 "이런 사람에게 이제는 전혀 희망이 없습니까?" 하고 물었다. 그러자 해석자는 "그에게 직접 물어보시오" 하고 대답해 주었다.

**크리스천:** "이 무시무시한 절망의 감방 속에서 벗어날 수 있는 희망이 없습니까?"

**그 남자:** "예, 이제는 전혀 없어요. 전혀 없습니다."

**크리스천:** "왜요? 찬송받으실 하나님의 아들은 매우 인자하시지 않습니까?"

**그 남자:** "저는 제 자신의 정욕을 위해 그를 십자가에 다시 못 박은 죄인입니다(히 6:6). 저는 그분의 인격을 경멸했고(눅 19:14) 그분의 의로우심마저도 경멸했습니다. 또한 그분의 피를 부정한 것으로 생각하였고 그 은혜의 성령을 욕되게 하였습니다(히 6:4-6; 10:28-29). 그리하여 마침내 저는 모든 언약으로부터 스스로 마음을 닫아 버림으로써 결국 모든 은총을 잃고 버림받게 되었습니다. 지금 제게 남아 있는 것은 맹수가 저를 집어삼킬 듯한 위

절망의 감방 안에 있는 사람

협, 확실한 심판과 원수로서 저를 태워 죽일 듯한 가혹한 분노의 위협과 두
려움만이 있을 뿐입니다."

**크리스천:** "도대체 어떤 일로 인해서 이런 비참한 지경에 이르게 되었습
니까?"

**그 남자:** "이 세상의 정욕과 쾌락과 헛된 부귀 영화 때문이었습니다. 이런 것
들을 향유하면 많은 즐거움과 행복을 얻게 되리라고 그때는 믿고 있었지
요. 그러나 이제는 그 모든 것들이 무시무시한 독충들이 되어 저를 물어뜯
고 삼켜 버리려 하고 있습니다."

**크리스천:** "그렇지만 지금이라도 회개하면 돌이킬 수 있지 않을까요?"

**그 남자:** "하나님께서는 이제 저의 회개를 받아들이지 아니하시며 그의 말씀
은 더 이상 저에게 믿을 수 있는 용기를 주지 않습니다. 그렇습니다. 하나
님께서 직접 저를 이 철의 감방 안에 가두셨으니 세상의 어느 누구도 저를

쇠창살 밖으로 내보낼 수가 없지요. 아! 영원, 영원, 영원한 고통! 영원토록 내게서 떠나지 아니할 이 무시무시한 고통들을 내가 어떻게 견뎌낼 수 있을지?"

**해석자:** "이 사람의 비참한 불행과 고민을 잘 기억하여 영원히 잊혀지지 않을 교훈으로 삼으십시오."

**크리스천:** "글쎄, 이건 너무나 무서운 일이군요! 제가 이 사람처럼 세속적 유혹에 넘어가 비참한 불행에 빠지지 않도록 늘 깨어 기도할 수 있게 하나님께서 도와주시기를! 자, 선생님, 이제 제 갈 길로 떠나야 할 때가 되지 않았습니까?"

**해석자:** "잠깐만요. 당신께 한 가지만 더 보여 드릴 게 있으니 보고서 가던 길을 떠나십시오."

그리하여 그는 다시 크리스천의 손을 잡고 어떤 방으로 들어갔다. 그 방에는 마침 한 사람이 잠자리에서 일어나 옷을 갈아입고 있었는데 그는 손발을 부들부들 떨면서 두려움에 잠겨 있었다. 이것을 본 크리스천이 "이 사람은 왜 떨고 있습니까?" 하고 물었다. 해석자는 그 떨고 있는 사람에게 직접 이유를 크리스천에게 설명해 주라고 말하였다. 떨고 있던 사람은 입을 열어 다음과 같이 말하기 시작했다.

"지난 밤 저는 잠을 자다가 한 꿈을 꾸었습니다. 하늘이 갑자기 캄캄한 암흑으로 뒤덮이더니 여기저기서 번개가 번쩍이고 천둥이 쳤습니다. 그래서 저는 공포와 슬픔에 잠기게 되었지요. 하늘을 올려다보니 구름이 놀라운 속도로 날아오고 있었는데 나팔 소리가 요란하게 울리면서 구름 위에 한 사람이 앉아 수천 명의 시중을 받고 있었습니다. 그런데 그들 모두가 불길에 휩싸여 있었고 하늘도 역시 온통 타오르는 불길로 가득 차 있었습니다.

그때 한 우렁찬 목소리가 울려 나오면서 '죽은 자들아, 깨어 일어나 심판받으러 오라'고 외치는 것을 들었습니다. 이 소리와 함께 갑자기 바위가 갈라지고 무덤이 열리면서 죽은 자들이 살아 일어나 밖으로 나오는 것이었습니다(요 5:28,

29; 고전 15:51-58 ; 살후 1:7-10; 유 14, 15; 계 20:11-15).

그들 중에 몇몇 사람들은 몹시 기뻐하면서 하늘을 올려다 보았고 어떤 사람들은 두려워 떨면서 산 밑으로 숨어 버리려 애쓰고 있었습니다(시 50:1-3, 22; 사 26:20, 21; 미 7:6, 17). 그러자 구름 위에 앉아 시중을 받던 사람이 책을 펼치면서 모든 세상 사람들에게 가까이 오라고 명령했습니다. 그러나 그 사람 앞에서 끊임없이 타오르고 있는 맹렬한 불길로 인하여 그와 세상 사람들 사이에는 피고와 재판장 사이의 간격과 비슷한 간격을 이루고 있었습니다(단 7:9-10; 말 3:2-3).

구름 위에서 책을 펼치고 있던 사람이 그를 시중들고 있는 많은 무리들에게 '가라지와 쭉정이와 검불은 모두 거두어 불붙는 곳에 던져라' 하고 큰 소리로 선포하였습니다. 그 명령이 떨어지자마자 제가 서 있던 곳의 바로 옆에서 밑도 끝도 없는 지옥의 문이 열리더니 그 입구에서 몸서리쳐질 만큼 이글거리는 화염과 지독한 연기가 무시무시한 소리를 내며 넘쳐 나왔습니다. 구름 위에 있던 사람이 '곡식은 모아 내 곳간에 넣으라'(말 4:1; 마 3:12; 13:30; 눅 3:17) 하고 다시 시종들에게 명령했을 때, 많은 사람들이 구름 위로 들어올려져서 어디론가 인도되는 것을 보았지만(살전 4:13, 18), 저는 그대로 뒤에 남아 있었습니다. 저도 부끄러운 마음으로 몸을 숨기려 하였으나 구름 위에 앉아 계신 그분이 저를 줄곧 내려다보고 있었으므로 어찌 할 수가 없었습니다. 제가 저지른 모든 죄악들이 어

"가라지와 쭉정이와 검불은 모두 거두어 불붙는 곳에 던져라"

"곡식은 모아 내 곳간에 넣으라"

지럽게 머리에 떠오르고 양심이 여기저기서 저를 공격하기 시작하자(롬 2:14, 15) 저는 잠에서 깨어났습니다."

크리스천: "그러한 광경을 바라보면서 당신은 무엇 때문에 그렇게 무서움에 떨었습니까?"

그 사람: "무엇 때문이냐구요? 심판의 날이 다가왔다고 생각했을 때 저는 아무런 준비도 되어 있지 않았고, 더군다나 가장 무섭고 놀라웠던 것은 천사들이 몇몇 믿음이 훌륭한 자들을 구름 위로 끌어올렸을 때 제가 그냥 뒤에 남아 있는 광경이었습니다. 또한 불길을 내뿜는 무시무시한 지옥의 입구가 바로 제 옆에 놓여 있었습니다. 저의 양심은 저를 괴롭히기 시작했고, 구름 위에 앉아 있던 재판장도 몹시 분노한 표정으로 저를 계속 노려보고 있었기 때문에 저는 두려움에 질려 몸을 숨기지도 못했습니다."

그러자 해석자가 "당신도 일찍이 이런 모든 것들을 신중하게 생각해 보셨습니까?" 하고 크리스천에게 물었다.

크리스천: "예, 그러나 반성하고 생각할 때마다 저는 희망과 두려움을 번갈아 느끼곤 하였지요."

해석자: "자, 이제껏 보았던 모든 광경들을 마음에 깊이 명심하여 당신의 여정에 많은 격려와 자극이 될 수 있도록 하십시오."

이제 크리스천은 허리띠를 졸라매고 길 떠날 채비를 차렸다. 그러자 이제껏 많은 광경들을 보여 주며 자상하게 설명해 주던 해석자가 "선한 크리스천이여, 우리의 위로자가 되시는 주님께서 늘 당신과 함께 하사 당신이 앞으로 가고자 하는 목적지에 이르기까지 가는 길목 길목마다 안내자가 되어 주시기를!" 하면서 격려해 주었다. 크리스천은 다음과 같이 말하며 길을 떠났다.

"여기 이곳에서 난 희귀하고 유익한 많은 일들을
보았노라.
즐거운 광경이나 무시무시한 광경이나 모두
내가 장차 겪게 될 많은 일에서 나를 안전하고 굳건하게
만들어 놓았도다.
내가 본 모든 일들을 늘 마음에 깊이 새겨
그것들을 보게 된 참된 의도를
깨닫게 하소서.
오, 선하신 해석자여, 당신께 깊은 감사를 드리나이다."

## 6. 십자가에서 짐을 벗은 크리스천

그때 나는 꿈속에서 크리스천이 올라가고자 하는 길 양쪽에 높은 울타리가 둘려 있는 것을 보았는데 그 울타리의 이름은 구원<sup>Salvation</sup>이었다(사 26:1). 등에 무거운 짐을 지고 있는 크리스천은 이 길을 달려 올라가는 동안 무척 고통스러워하는 것 같았다.

그러나 그는 쉬지 않고 계속 뛰어가서 마침내 한 언덕받이에 이르게 되었는데 그곳에는 십자가<sup>Cross</sup>가 서 있었고 조금 떨어진 아랫부분에는 무덤<sup>Sepulchre</sup>이 입을 딱 벌린 채 놓여 있었다. 크리스천이 십자가 위로 막 올라가려는 순간 짐이 그의 어깨로부터 풀어져 등에서 벗겨지더니 계속 미끄러져 내려와 마침내 무덤의

입구 속으로 굴러 떨어져 다시는 보이지 않게 되었다.

이것을 본 크리스천은 무거운 짐을 벗어 버린 홀가분함과 즐거움에 넘치는 마음으로 이렇게 말하였다. "주께서 괴로움을 당함으로 내게 평안을 주셨고 주께서 목숨을 버리사 내게 영생을 주셨나이다."

십자가 앞에 이르자마자 그토록 무거웠던 짐을 벗어 던지고 몸이 홀가분하게 된 크리스천은 무척 놀란 모습으로 한동안 우두커니 서서 신기하다는 듯이 여기저기를 바라보았다. 그는 기쁨에 넘쳐 머릿속의 샘물이 터지면서 눈물이 흘러내려와 두 뺨을 촉촉히 적시는 것도 느끼지 못한 채 십자가를 바라보고 또 바라보며 서 있었다(슥 12:10).

이처럼 눈물을 흘리며 십자가를 바라보고 서 있을 때 광채를 발하는 세 사람이 그에게 다가와 "평안할지어다" 하고 인사를 했다. 그 중의 첫 번째 사람은 "당신의 죄는 사함을 받았습니다"(막 2:5)라고 말해 주었고, 두 번째 사람은 크리스천의 더러운 누더기 옷을 벗기고 깨끗한 새 옷으로 갈아입혀 주었으며, 세 번째 사람은 크리스천의 이마에 표를 달아 주면서 봉인된 두루마리 한 개를 그에게 건네주었다(슥 3:4; 엡 1:13). 그는 크리스천에게, 길을 가면서 두루마리에 적힌 내용을 읽고 천국문에 이르렀을 때 그것을 제시하라고 말해 주고는 다른 두 사람과 함께 떠나가 버렸다.

그러자 크리스천은 기쁨에 못이겨 서너 번 껑충껑충 뛰고 나서 노래를 부르며 길을 떠났다.

> "지금까지 난 무거운 죄의 짐을 지고 다녔다네.
> 이곳에 오기 전까지는 내 슬픔과 고통의 짐을
> 벗지 못하였는데
> 아! 이곳은 얼마나 좋은 장소인가!
> 여기서부터 내게 참된 행복이 시작되려나?
> 여기서부터 내 등의 무거운 짐을 벗어 던지려나?
> 여기서부터 나를 묶어 놓았던 고통의 사슬이 끊어지려나?

십자가에서 짐을 벗은 크리스천

날 위해 수치를 받으신 그분을 찬양하라!"


### 7. 허례와 위선과의 만남

꿈에서 보니 그는 이렇듯 노래를 부르며 계속 걸어가다가 한 언덕 밑에 이르러 세 명의 사나이가 발목에 쇠고랑을 찬 채 길에서 조금 떨어진 곳에 누워 잠자고 있는 것을 보았다. 그들의 이름은 각각 천박Simple과 나태Sloth와 거만Presumption이었다.

크리스천은 그러한 모습으로 잠을 자고 있는 세 사람을 깨워야겠다고 마음먹고는 가까이 다가가 크게 소리를 질렀다. "여보세요. 밑도 끝도 없는 죽음의 바다 언저리에서 그렇게 자고 있는 것은 마치 배의 돛대 위에서 자고 있는 것과 마찬가지입니다(잠 23:34). 그러니 위험을 피하려거든 어서 일어나 이리로 오십시요. 만일 원하신다면 제가 당신들의 쇠고랑을 풀어드리겠습니다. 그렇게 잠만 자고 있다가 '우는 사자같이 두루 다니는 자'(벧전 5:8)가 오면 당신들은 틀림없이 그들의 날카로운 이빨에 먹이가 되고 말 것입니다."

이 말을 듣고 잠자던 세 사람은 제각기 크리스천을 바라보면서 한 마디씩 대꾸하기 시작했다. "전 아무런 위험을 느끼지 못했습니다" 하고 천박이 말하자 나태는 "전 조금 더 자야 되겠습니다"라고 말했고, 거만은 "사람들은 다 제각각 삽니다. 공연히 남의 일에 참견 말고 자기 일이나 잘 알아서 하십시요"라고 말했다. 말을 마친 후 그들은 제각기 도로 누워 잠자기 시작했고 할 수 없이 크리스천은 가던 길로 다시 떠났다.

그러나 그들이 위험한 곳에서 자고 있음을 깨우쳐 주려고 일부러 깨워 일으켜 충고해 주고 발목에 단 쇠고랑을 풀어 주겠다고까지 하면서 친절을 베풀었는데도 고맙게 생각하기는커녕 그토록 무뚝뚝하게 반응한 것을 생각하니 크리스천은 마음이 평온하지 못했다. 이렇듯 불쾌한 생각을 하면서 가고 있을 때 크리스천은 좁은 길 저쪽에서 왼편의 담을 뛰어넘어오는 두 사람을 보았다. 그들은 크

세 사람을 깨우는 크리스천

리스천에게로 다가오고 있었는데 한 사람의 이름은 허례<sup>Formalist</sup>요, 다른 사람의 이름은 위선<sup>Hypocrisy</sup>이었다.

이윽고 그들은 크리스천의 곁으로 다가와서는 대화를 나누고자 했다.

**크리스천:** "여러분은 어디서 오는 길이며 또 어디로 가는 길입니까?"

**허례와 위선:** "우리는 헛된 영광<sup>Vain-Glory</sup>이라는 도시에서 태어난 사람들인데 영예를 찾으려고 시온 산으로 가는 길입니다"(시 9:2).

**크리스천:** "이 길 어귀에 문이 하나 서 있는데 왜 그리로 들어오지 않고 담을 넘어오는 겁니까? 문으로 들어오지 않고 '다른 데로 넘어가는 자는 절도며 강도라'고 성경에 써 있는 것을 모르십니까?"(요 10:1)

**허례와 위선:** "우리뿐만 아니라 우리 고장 사람들은 모두 입구에 있는 문을 통해서 시온으로 가는 길은 너무 멀고 힘들다고 생각합니다. 그래서 지름길을 택하려고 우리처럼 담을 넘어오는 것이 예사지요."

담을 뛰어넘어오는 허례와 위선

**크리스천**: "그러나 그처럼 불법으로 쉬운 길을 택하는 것은 우리가 지금 찾아가고 있는 하늘나라의 주님께서 밝히신 뜻을 어기고 제멋대로 행한 죄로 간주되지 않을까요?"

**허례와 위선**: "그런 일에 대해서 당신이 공연히 이러쿵저러쿵 할 필요가 없습니다. 우리가 그렇게 한 것은 다만 오랫동안 내려온 관습 때문이며 만일 필요하시다면 천 년 이상 계속되어 온 관습임을 증명해 보일 수도 있습니다."

**크리스천**: "그렇다면 당신네들의 행동이 법정에서도 관습으로 인정될 수 있을까요?"

**허례와 위선**: "천 년이 넘도록 당연하게 여겨온 관습이니까 공정한 재판관이라면 틀림없이 이것을 합법적인 것으로 인정하리라는 것을 의심치 않습니다. 뿐만 아니라 일단 우리가 이 길로 들어선 이상 우리가 어떤 경로를 밟았든 그것이 무슨 상관이 있습니까? 어디까지나 이 길로 들어선 건 들어선 것입니다. 보니 당신은 입구의 대문을 지나서 이 길로 들어섰고 우리는 담을 뛰어넘어 이 길에 이르렀습니다. 그러나 지금 당신의 상황이 우리보다 더 나을 게 뭐가 있습니까?"

**크리스천**: "저는 하나님의 법에 따라 행하고 있지만 당신들은 마음내키는 대로 함부로 행동하고 있는 것이 다른 점이지요. 당신들은 이미 이 길의 주인

이신 하나님에 의해 도둑으로 규정지어져 있습니다. 그러므로 당신들이 설령 목적지에 도달한다 하더라도 올바른 사람으로 인정받을 수 있을지 의심스럽습니다. 당신들은 하나님의 지시를 따르지 않고 마음대로 이 길에 들어섰기 때문에 목적지에 이르러서도 하나님의 자비를 얻지 못하고 스스로 도망치듯 쫓겨나게 될 것입니다."

말문이 막힌 그들은 크리스천에게 자신의 일이나 신경 쓰라고 쏘아붙였다. 이렇게 하여 나는 그들이 서로 간에 별다른 대화도 없이 제각기 자신의 길을 걷고 있는 것을 꿈속에서 볼 수 있었다. 조금 뒤에 두 사람이 크리스천에게 다음과 같이 말을 걸었다.

**허례와 위선:** "율법이나 규례에 대해서는 우리도 당신 못지않게 양심적으로 잘 따르고 있으니 그 점에 대해서는 당신이나 우리나 다를 것이 없습니다. 다만 우리가 보기에 당신이 지금 걸치고 있는 겉옷만이 우리 것과 다른 것 같은데 아마도 그것은 당신의 이웃들이 벌거벗고 다니는 당신의 부끄러움을 가려 주기 위하여 당신에게 준 옷 같습니다."

**크리스천:** "올바른 문으로 들어오지 않았기에 당신들은 율법과 규례에 의하여 구원받을 수 없습니다. 제가 걸치고 있는 이 겉옷은 우리가 지금 가고 있는 천국의 주님께서 당신들이 말한 대로 제 벗은 몸을 가려 주시기 위해 제게 주신 것입니다. 전에는 누더기밖에 입어 본 적이 없는 저에게 이렇게 좋은 옷을 주신 것은 하나님께서 보여 주신 사랑의 증거라고 여기고 있습니다. 더구나 천국 문 앞에 다다랐을 때, 그곳의 주인 되시는 하나님께서 제 겉옷을 보시고 저를 영원히 기억해 주시리라는 생각은 이 길을 가는 저에게 큰 위로가 됩니다. 그 겉옷은 하나님께서 제 누더기를 벗기시던 날 저에게 아낌없이 주셨던 것이지요. 그뿐 아니라 당신들이 아마 부주의해서 알아차리지 못했을는지 모르지만 제 이마에는 표지가 찍혀 있는데, 그것은 제 등에 지워졌던 무거운 짐이 어깨로부터 떨어져 내리던 날, 주님과 가장 가까운 분들 중의 한 분이 제게 붙여 주신 것입니다. 한 가지 더 말씀드릴 것은, 그날 그분들 중의 한 분이 제게 봉인된 두루마리 하나를 주셨는데, 그

는 저에게 길을 가면서 그것을 읽으면 커다란 위안을 얻을 뿐만 아니라 천국 문 앞에 도착했을 때 그것을 증거물로 제시하면 틀림없이 문 안으로 들여보내 줄 것이라는 말씀도 해 주셨습니다. 그러나 당신들은 문을 통해 들어오지 않았기 때문에 이런 증거물들을 얻지 못했으니 문 안으로 들어갈 수 있을지 의문이로군요."

그들은 이러한 설명에 대해 아무런 대답도 하지 않고 그저 서로 쳐다보며 웃을 뿐이었다. 허례와 위선이 함께 묵묵히 걸어가고 있었고 그들보다 약간 앞서서 크리스천이 걷고 있었는데, 그는 더 이상 그들과 대화를 나누지 않고 혼자 한숨을 내쉬거나 때때로 위안을 느끼면서 걷고 있었다. 그는 또한 빛을 발하던 분들이 주신 두루마리를 자주 읽으면서 새로운 기운을 얻었다.

그들은 쉬지 않고 계속 걸어가서 마침내 곤고산困苦山, Hill Difficulty이란 산의 기슭에까지 이르렀는데 그 밑에서는 샘물이 흐르고 있었다. 그런데 좁은 문으로부터 곧장 반듯하게 뻗어 있는 길 이외에도 산기슭에는 두 갈래의 길이 더 있었는데 하나는 왼편으로 굽어 있었고, 또 하나는 오른편으로 굽어 있었다. 산꼭대기까지 반듯하게 곧장 뚫려 있는 길의 이름은 고난의 길이었다. 샘으로 가서 물을 마시고 새로운 기운을 얻은 크리스천은 산꼭대기까지 뻗어 있는 고난의 길을 택하여 걸어 올라가면서 이렇게 흥얼거렸다.

> "산이 아무리 높다고 한들 내 어이 올라가지 못할까 보냐.
> 험난하고 피곤할지라도 내 마음을 상하게
> 하지는 못할지니
> 생명으로 인도하는 길이 바로 여기에 있음을
> 내 깨달았기 때문이로다.
> 자, 힘을 내고 용기를 돋우어 나약한 마음,
> 두려운 마음 모두 물리치자.
> 가기는 험난하나 평안으로 인도하는 옳은 길을
> 택함이 더 나으니!"

곤고산을 올라가는 크리스천

잠시 후에 나머지 두 사람이 산기슭에 도착했다. 그들이 보니 산꼭대기로 곧장 뻗은 길은 너무 험난하고 가파른데 비해 좌우의 양쪽 길은 평탄했다. 그 길을 택해 돌아서 가더라도 산을 넘어선 크리스천이 택한 길과 다시 만날 수 있으리라 생각하면서 그들은 각각의 길을 택해서 가기로 작정했다. 그런데 두 길의 이름은 각각 위험Danger과 멸망Destruction이었다. 위험이라는 길을 택한 사람은 얼마 가지도 못해서 매우 무성한 가시덤불 숲으로 들어가 버렸고, 멸망의 길로 가던 사람은 어두운 골짜기들로 가득 찬 벌판을 이리저리 헤매다가 넘어지더니 결국 다시는 일어나지 못하고 말았다.

> 그릇된 길로 출발한 사람들이 올바른 결과를
> 얻을 수 있겠는가?
> 그들의 안전을 보장해 줄 참된 벗들이 있겠는가?
> 아! 그렇지 못하나니 제멋대로 택해서 길을 떠난 자들은
> 제 고집 때문에 마침내 멸망함에 이를 것이도다.

가파르고 곧은 길로 산을 오르는 크리스천에게 눈을 돌려보니, 처음엔 뛰어 올라가던 그가 길이 너무나 험하고 가파른 연고로 더 이상 뛰지 못하고 걸어가기 시작한 것을 보았다. 이윽고 그는 손과 무릎을 땅에 댄 채 간신히 산을 기어오르고 있었다. 산 중턱까지 올라가 보니 아담한 정자가 하나 있었는데 피곤한 여행자들이 잠시 쉬었다 갈 수 있도록 산의 주인이 만들어 놓은 것이었다.

그리로 가서 잠시 쉬기로 마음먹은 크리스천은 정자의 긴 의자 위에 앉아 가슴 안 쪽에서 두루마리를 꺼내 읽어보면서 위안을 얻었다. 그는 또한 십자가 밑에 서 있을 때 얻은 겉옷을 만지작거리면서 새로운 힘을 얻기 시작했는데 그만 잠깐 졸다가 깊은 잠에 빠지게 되어 그의 여정은 거의 밤이 될 때까지 지연되었다. 그는 자면서 손에 들고 있던 두루마리도 떨어뜨리고 말았다. 그때 누군가가 그에게 나타나서 그를 깨우며 말했다. "게으른 자여, 개미에게 가서 그가 하는 것을 보고 지혜를 얻으라"(잠 6:6). 이 소리를 들고 잠을 깬 크리스천은 벌떡 일어나

정자에서 잠에 빠진 크리스천

겁쟁이와 불신

서 산꼭대기에 이를 때까지 쉬지 않고 빠른 걸음으로 올라갔다.

그가 산꼭대기에 이르렀을 때 저쪽에서 그를 향해 허겁지겁 마주 달려오는 두 사람을 보았다. 그들 중 하나의 이름은 겁쟁이[Timorous]였고, 다른 하나의 이름은 불신[Mistrust]이었다. 크리스천은 그들에게 말을 걸었다.

**크리스천**: "선생님들, 반대 방향으로 거슬러 오시니 도대체 무슨 일입니까?"

**겁쟁이**: "우리는 시온 성으로 가기 위해서 험난한 산길을 간신히 올라왔습니다. 하지만 저쪽으로 더 나아가면 나아갈수록 점점 더 위험한 것들이 있기 때문에 할 수 없이 다시 되돌아오는 길입니다."

**불신**: "맞아, 그렇구말구. 바로 우리 앞에 사자 두 마리가 길 가운데 누워 있었는데 그놈들이 잠들었는지 깨어 있는지 확실하게 알 수는 없지만 가까이 다가가기만 하면 금방 달려들어 우리 몸을 갈가리 물어뜯어 버릴 것만 같았습니다."

**크리스천:** "당신들의 말을 들으니 저도 두려운 생각이 드는군요. 그렇지만 어디로 가면 안전할까요? 고향으로 돌아가자니 그곳은 곧 유황불로 타버릴 멸망의 도시로 예정된 곳이니 틀림없이 죽게 될 것입니다. 천국은 틀림없이 안전할 것이니 위험을 무릅쓰고 그곳으로 가야겠습니다. 집으로 돌아가면 단지 죽음만이 남아 있지만 계속 천국을 향해 앞으로 나아가면 비록 죽음의 공포는 있지만 영생의 구원이 기다릴 것입니다. 그러니 전 계속 앞으로 나아가겠습니다."

그리하여 불신과 겁쟁이는 산 아래로 다시 되돌아서 뛰어내려갔고 크리스천은 가던 길을 계속 걸었다. 얼마 후 두 사람이 해 준 말이 다시 생각난 크리스천은 두루마리를 펼쳐 읽으면 위안을 얻을 수 있으리라 믿고 가슴 안쪽으로 손을 넣어 보았더니 그만 두루마리가 없어진 것을 알게 되었다. 깜짝 놀라 커다란 낙담에 빠진 크리스천은 어찌할 바를 몰라 당황하고 있었다.

두루마리는 늘 마음에 위안을 주었을 뿐만 아니라 하늘나라로 들어갈 수 있는 통행증이기도 했는데 그것이 그만 없어지고 만 것이다. 그는 어찌할 바를 몰라 갈피를 잡지 못하다가 마침내 오던 길의 산 중턱에 있는 정자에서 잠이 들었던 일이 생각나 자신의 어리석은 행동을 용서해 달라고 꿇어 엎드려 하나님께 간절히 기도한 후 두루마리를 찾으러 다시 되돌아갔다.

그러나 여기까지 와서 다시 험난한 길을 되돌아가야 하는 크리스천의 뼈아픈 슬픔을 어찌 표현할 수 있을까? 그는 때로는 한숨을 내쉬고 때로는 눈물을 흘리면서, 잠시 피로를 풀 수 있도록 만들어진 정자에서 그토록 오래 잠을 자 버린 자신의 어리석음을 거듭 자책했다. 이렇게 해서 그는 여행 중에 그토록 여러 번 읽기만 하면 위안을 얻을 수 있었던 두루마리를 찾기 위해 되돌아가면서 혹시 두루마리가 길 가에 떨어져 있지는 않을까 하고 길의 이쪽 저쪽을 유심히 살피며 조심스럽게 걸어가고 있었다. 마침내 자신이 아까 쉬다가 잠들어 버렸던 정자가 다시 눈에 띄었다. 그는 자신의 어리석은 행동이 다시 기억나 더욱더 큰 슬픔에 사로잡히게 되었다(계 2:4-5; 살전 5:7-8).

그는 탄식하며 말했다. "대낮에 정자에 앉아 잠을 자다니 나는 얼마나 어리석은 인간인가! 더구나 위험과 곤경의 한가운데서 낮잠을 자다니! 순례자들에게 정신적인 위안을 주기 위해 하나님이 세워 놓으신 정자에서 나만의 육체적인 안락을 얻기 위해 잠을 자다니! 오호라, 나는 곤고한 사람이니(롬 7:24), 얼마나 많은 발걸음을 헛되이 다녔는가! 하기야 이스라엘 백성들도 자신들의 범죄 때문에 광야에서 고생하며 홍해의 바닷길로 되돌아가지 않을 수 없었지만(민 14:25), 나 역시도 그 죄스러운 잠만 아니었던들 기쁜 마음으로 걸었을 길을 이토록 슬픔에 잠겨 걸어가야만 하다니! 이렇게 되돌아오지 않고 그냥 곧장 걸어갔더라면 지금쯤 얼마나 많이 나아갔을 것인가! 한 번만 걸어도 될 길을 세 번이나 걸어야 하게 되었으니, 벌써 날은 저물어 밤이 가까이 다가오는구나. 아! 그때 잠만 자지 않았던들!" 하고 자신의 어리석은 행동을 후회했다.

마침내 다시 정자에 도착한 그는 그곳에 앉아 눈물을 쏟았다. 그런 후 그는 걱정스럽고 두려운 마음으로 긴 의자의 밑을 굽어 살펴보았는데, 거기에 잃어버렸던 두루마리가 놓여 있었다. 그는 떨리는 손으로 재빨리 그것을 집어들어 다시 가슴 안쪽에 간직했다. 두루마리를 다시 찾게 된 그의 기쁨이 얼마나 컸는지 누가 감히 묘사할 수 있을까!

이 두루마리야말로 그의 영생을 보장해 주는 증서인 동시에 그가 소망하는 천국으로 들어갈 수 있는 통행증이었다. 가슴 깊숙한 곳에 다시 두루마리를 간직하게 된 크리스천은 자신의 눈을 두루마리가 떨어져 있는 장소로 인도해 주신 하나님께 감사를 드리면서 기쁨의 눈물로 범벅이 된 채 다시 길을 떠났다. 그가 얼마나 경쾌한 발걸음으로 다시 산꼭대기까지 뛰어 올라갔는지! 그러나 산꼭대기에 채 이르기도 전에 해가 지고 말았다.

이렇게 늦어지게 된 것이 쓸데없이 낮잠을 자 버린 자신의 어리석음 때문임을 다시 기억하게 된 크리스천은 자책감에 못이겨 자신을 꾸짖기 시작했다. "아아, 너 죄스러운 잠이여! 너로 인하여 여행 도중에 밤을 만나게 되었구나! 너 죄스러운 잠 때문에 난 햇빛이 비치지 않는 어두운 밤을 걸어야 하고 어둠이 내 발길을 덮어 버려 무시무시한 짐승들의 울부짖음 소리를 들으면서 걸어가야만 하

두루마리를 찾은 크리스천

는구나!"

　그때 마침 불신과 겁쟁이가 사자들의 모습을 보고 혼비백산하여 되돌아왔다고 그에게 말하던 것이 생각났다. "그런 짐승들이란 으레 밤만 되면 먹이를 찾으러 돌아다니는 법인데 어둠 속에서 내가 사자들을 만나게 되면 어찌 갈가리 찢기움을 피할 수 있을까?" 하고 거듭 중얼거리며 크리스천은 계속 걸어갔다.

　이처럼 불행에 빠지게 된 것을 한탄하다가 눈을 들어 앞을 바라보니 아주 웅장한 궁전이 당당하게 서 있었는데, 그 궁전의 이름은 아름다움이었으며 길의 한편 가장자리에 세워져 있었다.

## 8. 아름다움이란 궁전에 도착하다

이 궁전에서 하룻밤 묵고 갈 수 있지 않을까 생각하면서 서둘러 궁전을 향하여 걸어가고 있는 크리스천을 나는 꿈속에서 볼 수 있었다. 그러나 채 얼마가지 못해 그는 몹시 비좁은 길로 접어들게 되었는데 그곳에서 약 500미터쯤 떨어진 곳에는 문지기가 사는 조그만 오두막집이 보였다.

그가 걷고 있는 좁은 길의 앞쪽을 주의깊게 살펴보니 두 마리의 사자가 길을 막고 누워 있었다. '불신과 겁쟁이가 깜짝 놀라 되돌아선 위험이 바로 저기에 있구나' 하고 생각하자 크리스천은 더럭 겁이 나기 시작했다. 자기 앞에는 이제 죽음만이 있다고 생각하면서 자신도 불신이나 겁쟁이처럼 되돌아갈까 하고 궁리했다.

그러나 크리스천이 그가 멈추어 선 곳에서 다시 되돌아가려는 듯한 모습을 보게 된 문지기는 ― 그의 이름은 경계警戒, Watchful였다 ― 크리스천을 향하여 소리를 질렀다. "당신은 그렇게도 용기가 없으십니까?(막 4:40) 사자들은 사슬에 매여 있으니 무서워하실 필요가 없습니다. 믿는 자들의 신앙을 시험해 보고 믿지 않는 자들을 가려내기 위해서 사자들을 거기에 매어둔 것입니다. 길의 한가운데로 오시면 아무런 상처도 입지 않고 안전하게 지나갈 수 있을 것입니다."

나는 크리스천이 아주 조심스럽게 길 한가운데로 걸어가면서도 두려움에 떨고 있는 것을 보았다. 그러나 사자들은 으르렁거리기만 할 뿐 아무런 해도 끼치지 못했다.

크리스천은 계속 걸어가서 문지기가 살고 있는 오두막집의 문 앞에 이르러 손뼉을 치면서 그를 불러내었다. "선생님, 이 집은 무슨 집입니까? 오늘 밤 여기에서 묵을 수 있을까요?" 그러자 문지기가 대답했다. "이 집은 산의 주인 되시는 분이 지으신 집인데 순례자들에게 안도감과 평안한 휴식을 보장하기 위해 세워진 집입니다. 그런데 당신은 어디에서 왔으며 어디로 가는 길입니까?"

**크리스천:** "멸망의 도시로부터 와서 시온 산을 향하여 가는 길입니다. 벌써 날이 저물었으므로 하룻밤만 묵고 갔으면 합니다."

**문지기**: "당신의 이름은 무엇입니까?"

**크리스천**: "지금 제 이름은 크리스천인데 처음에 제 이름은 은혜없음<sup>Graceless</sup>
이었습니다. 저는 하나님께서 셈의 장막으로 가서 살라고 말씀하신 야벳
족의 후손입니다"(창 9:27).

**문지기**: "그런데 어인 일로 이렇게 늦으셨습니까? 벌써 해가 저물었는데요."

**크리스천**: "좀 더 일찍 올 수도 있었는데 아! 나는 얼마나 어리석고 가엾은 인
간인지! 제가 산 중턱에 있는 정자에서 그만 깜빡 잠이 들어 이렇게 늦어졌
습니다. 뿐만 아니라 잠자는 동안 귀중한 증서인 두루마리를 떨어뜨린 것
도 모르고 길을 떠났다가 산꼭대기까지 올라와서야 두루마리가 온데간데
없어진 것을 알게 된 것이 저를 더욱 지체시켰습니다. 결국 저는 쓰디쓴 슬
픔을 되새기며 잠자던 정자로 다시 되돌아갔습니다. 다행히도 두루마리를
다시 찾아서 이렇게 왔습니다."

**문지기**: "그렇다면 이 댁의 아가씨들 중 한 분을 부릅시다. 그녀가 당신의 이
야기를 호의적으로 받아들인다면 당신은 이 댁의 규칙에 따라 이 댁의 가
족 전부를 만나게 될 것입니다."

그리하여 경계라는 문지기가 종을 울리자 그 소리를 듣고 신중<sup>Discretion</sup>이라
는 이름의 아름답고 조심성 있는 아가씨가 나와서 무슨 일이냐고 물었다. 그러
자 문지기가 다음과 같이 설명해 주었다.

**문지기**: "이분은 멸망의 도시에서 떠나 시온 산을 향하여 여행하는 분인데 몹
시 피곤하고 날도 이미 저물었으므로 하룻밤만 여기서 묵고 가기를 간청하
고 있습니다. 그래서 저는 그에게 아가씨를 불러드리겠다고 했습니다. 그
리고 아가씨가 그와 얘기를 나눠본 후에 이 집의 규칙에 따라 적절한 결정
을 내려주실거라는 것도 말입니다."

그러자 신중이라는 이름의 아가씨가 크리스천에게 어디서 왔으며 어디로 가
는 중이냐고 물었다. 그리하여 크리스천은 그가 어떻게 해서 이 길로 들어서게

되었는지를 설명해 주었다. 그녀는 또, 오는 도중에 무엇을 보았고, 누구누구를 만나게 되었느냐고 물었으므로 크리스천은 자세하게 이야기를 들려주었다. 마지막으로, 그녀가 이름이 무엇이냐고 물었을 때 그는 크리스천이라고 대답하면서, 듣자하니 이 집은 언덕의 주인 되시는 분이 순례자들의 휴식과 안전을 위해서 세운 집이라고 하니 하룻밤만 여기서 묵고 가기를 간절히 소망하노라고 했다.

그러자 아가씨는 미소를 지었는데 아름다운 두 눈에는 눈물이 어려 있었다. 잠시 후에 그녀는 "제가 집안 식구 두세 명을 더 불러 오겠어요" 하고 말하면서 문쪽으로 달려가더니 분별Prudence, 경건Piety, 자애Charity라고 부르는 세 처녀를 불러내었다. 그들은 그와 잠시 더 이야기를 나눈 뒤 그를 가족들에게로 데려갔다.

크리스천이 집의 문턱에 다다르자 많은 가족들이 반갑게 인사를 하면서 "주님의 축복을 받으신 분이여, 어서 들어오십시오. 이 집은 당신과 같이 피곤에 지친 순례자들을 편히 쉬어가게 하려고 언덕의 주인께서 세워 놓은 집입니다" 하고 말했다. 크리스천은 머리를 숙여 그들에게 인사를 하고 나서 그들을 따라 집 안으로 들어갔다.

그가 방 안으로 들어가 자리에 앉자 그들은 마실 것을 갖다주면서 저녁식사가 준비될 때까지 시간이 좀 남아 있으니 그 시간을 가장 유익하게 보내기 위해서 몇몇 처녀들과 더불어 특별한 이야기를 나누었으면 좋겠다고 청하였다. 크리스천은 기꺼이 응해 주었다. 그들은 경건과 분별과 자애라는 이름의 아가씨들을 지명하여 크리스천과 대화를 시작하게 했는데 그들의 이야기는 이러하였다.

**경건:** "어서 오세요, 선한 크리스천 선생님. 오늘 저희가 당신을 호의적으로 받아들여 집 안으로 모셔들였으니 저희들의 부족한 경험과 지식을 넓혀 주기 위해 당신이 순례의 여정 중에 겪은 이야기를 들려주시면 무척 감사하겠습니다."

**크리스천:** "기꺼이 그렇게 하지요. 당신들의 마음이 이다지도 선하여 호의를 베풀어 주시니 참 기쁩니다."

**경건:** "처음에 당신으로 하여금 순례의 여정을 택하도록 한 것은 어떤 동기

신중 아가씨와 경계 문지기와 크리스천

에서였나요?"

**크리스천:** "제가 사는 고장인 멸망의 도시에 계속 머물러 있으면 피할 수 없는 파멸에 이르게 되리라는 무서운 목소리가 제 귀에서 떠나지 않았기 때문에 결국 이렇게 떠나오게 되었습니다."

**경건:** "그렇다면 고향을 떠나올 때 어째서 하필 이 길을 택하게 되었나요?"

**크리스천:** "그것은 하나님의 섭리에 의해서였습니다. 제가 멸망의 두려움에 사로잡힌 채 어디로 가야 할지 몰라 떨며 울고 있을 때 우연히 전도자라는 분을 만났는데 그분이 좁은 문으로 가라고 가르쳐 주었답니다. 그분이 아니었더라면 좁은 문을 찾을 도리가 없었을 터인데 그가 가르쳐 준 길로 접어들어 계속 오다보니 여기 이 집 앞에 이르게 된 것입니다."

**경건:** "그런데 해석자의 집에는 가지 않으셨나요?"

**크리스천:** "그분 댁에 갔었지요. 그곳에서 저는 일생 동안 잊혀지지 않고 기억 속에 남아 있을 여러 가지 광경들을 보았는데 그중에서도 특히 세 가지 광경이 가장 인상 깊게 남아 있습니다. 설명해 드리자면 사탄의 온갖 방해에도 불구하고 은혜를 계속 우리의 마음 속에 있게 하는 그리스도의 사역이 그 하나요, 하나님의 자비를 소망할 수 없을 정도로 많은 죄를 지은 사람의 모습이 또 하나이고, 마지막으로는 잠자는 중에 최후의 심판날을 목격한 사람의 광경입니다."

**경건:** "그렇다면 그 꿈꾼 사람의 이야기도 들어 보셨나요?"

**크리스천:** "물론 들었지요. 제 생각에도 그것은 정말 무서운 것이었습니다. 그의 이야기를 듣는 동안 제 마음이 몹시 아팠지만 그래도 들은 것을 매우 기쁘게 여기고 있습니다."

**경건:** "해석자의 집에서 본 것은 그것이 전부였습니까?"

**크리스천:** "아니, 그밖에도 많이 있었지요. 해석자께서는 제 손을 잡고 아주 웅장한 궁전 앞으로 인도해 주셨는데 그 안에는 황금빛 의복을 입은 사람들이 유유히 뜰을 거닐고 있었습니다. 많은 사람들이 그 궁전 안으로 들어가고자 했지만 문을 지키고 서 있는 무장한 병사들 때문에 아무도 감히 안

으로 들어가지 못하고 있었습니다. 그때 한 용감한 사나이가 나타났습니다. 그는 그를 저지하려는 무장한 군인들과 치열한 싸움을 벌인 끝에 그들을 무찌르고 궁전 안으로 들어갔습니다. 저는 궁 안 사람들이 그를 환영하는 것과 그가 영광의 면류관을 차지하는 모습을 보았습니다. 그러한 광경은 제 마음을 몹시 사로잡았으며 앞으로 가야 할 길이 남아 있지 않았더라면 그 친절하신 해석자의 집에서 일 년 열두 달이라도 더 머물러 있고 싶었습니다."

**경건:** "그밖에도 오시는 도중에 무엇을 보셨습니까?"

**크리스천:** "여러 가지를 보았지요. 그 댁을 떠난 지 얼마 되지 않아서 제 생각에는 누군가 피를 흘리며 고통스럽게 나무 위에 못 박혀 있는 것을 본 것 같았습니다. 그런데 그분을 바라보자마자 제 등에서 짐이 떨어져 나가는 것이었습니다. 저는 그때까지 등에 지워진 무거운 짐 때문에 신음하고 있었으므로 전에 결코 볼 수 없었던 신비한 일이 일어났을 때 무척 놀라우면서도 한편 깊이 감사하지 않을 수 없습니다. 차마 보기에 가슴 아파서 참을 수 없는 광경이었지만 십자가에 달리신 분의 모습을 계속 보고 있노라니 광채를 발하는 세 사람이 제게 다가오는 것이었습니다. 그들 중에 한 분이 제 죄가 사함을 받았다고 증명해 주셨고, 다른 한 분은 제가 걸치고 있던 누더기 옷을 벗겨 지금 보시는 것과 같은 아름답게 수놓인 겉옷을 입혀 주셨으며, 세 번째 분은 제 이마에 있는 바로 이 증표를 찍어 주고 또 봉인된 두루마리를 주셨습니다."

이렇게 말하면서 그는 가슴속에 품고 있던 두루마리를 꺼내 그녀에게 보여 주었다.

**경건:** "그밖에도 많은 것을 보셨겠지요?"

**크리스천:** "물론 많은 것들을 보았지만 가장 감명 깊은 것들만을 당신께 말씀 드린 것입니다. 그 밖에도 걸어가고 있던 길에서 조금 벗어난 곳에 천박, 나태, 거만 등으로 불리는 세 사람이 발에 쇠고랑을 찬 채 자고 있는 것을

보았는데 아무리 깨워 주려고 애써도 그들은 들은 척도 않고 계속 잠만 자려고 했습니다. 또한 허례와 위선이라는 사람들이 지름길로 시온 산에 가기 위해서라면서 담을 넘어 들어오는 것을 보았는데, 옳은 길로 가지 않고 담을 넘어서 시온 산에 가는 것은 불가능하다고 말해 주어도 들은 척도 하지 않더니 이내 자취를 감추고 말았답니다. 이 산을 올라올 때 좀 더 쉽고 편한 길을 택하려다 결국 도중에 자멸하게 된거지요. 사실 무엇보다도 어려운 일은 이 험난한 산을 올라오는 일이었고 사나운 사자들이 으르렁거리고 있는 길 옆으로 걸어와야 하는 일도 못지않게 어려운 일이었습니다. 솔직히 말해서 저 문 옆에 계신 착한 문지기가 제게 용기를 복돋워 주시지 않았더라면 지금쯤 저는 돌아가 버리고 말았을지도 모릅니다. 제가 무사히 여기까지 올 수 있도록 은혜를 베풀어 주신 하나님께 감사드리며, 또한 저를 이토록 환영해 주신 여러분들께 진심으로 감사드립니다."

이때 분별이 다가오더니 크리스천에게 몇 가지 질문을 하고 그에 대한 대답을 듣고 싶어했다.

**분별:** "이따금 떠나오신 고향이 생각나지 않으십니까?"

**크리스천:** "예, 종종 생각이 나기도 하지만 부끄러움과 싫증을 함께 느끼곤 하지요. '그들이 나온 바 본향을 생각하였더라면 돌아갈 기회가 있었으려니와 그들이 이제는 더 나은 본향을 사모하니 곧 하늘에 있는 것이라'(히 11:15-16)."

**분별:** "그 밖에도 좋아하던 것들이나 친밀한 관계를 맺던 사람들에 대하여 미련이 남아 있지는 않습니까?"

**크리스천:** "다소의 미련이야 있지요. 그러나 그런 것들은 제 의지에 반하는 것들입니다. 그 중에서도 특히 저와 고향 사람들 모두가 크게 희열을 느꼈던 세속적이고 육욕적인 향락들이 지금에 와서는 저의 고통이요, 슬픔이 되었습니다. 지금 저에게 제가 하고 싶은 일들을 선택하라고 한다면 저는 결코 그런 것들을 생각지도 않고 더구나 선택하지도 않을 겁니다. 그러나

종종 제가 마음먹은 대로 선한 일을 하려고 하면 뜻밖에도 제가 가장 미워하는 악한 일들이 저를 따라다니곤 합니다"(롬 7:19).

**분별:** "그런 괴로움들이 이전에는 당신께 당황과 혼란을 가져다주었지만 이제는 모두 사라져 버리고 극복할 수 있게 되었다는 것을 종종 발견하지 않으십니까?"

**크리스천:** "예, 좀처럼 자주 일어나지는 않지만 그러한 일들이 제게 일어나는 시간이야말로 제게는 가장 귀하고 값진 시간들이지요."

**분별:** "때때로 당신을 괴롭히던 여러 가지 일들이 당신에게서 떠나 버렸다고 느껴질 때 어떤 방법으로 극복할 수 있었는지 기억하십니까?"

**크리스천:** "예, 십자가를 볼 때 제가 느꼈던 기쁨과, 고통으로부터의 해방감이 저의 괴로움을 이기게 해 주었다고 생각합니다. 또 제가 입고 있는 이 수놓은 겉옷을 볼 때, 혹은 가슴에 깊이 간직하고 다니는 두루마리를 들여다볼 때마다 그런 느낌이 들지요. 또한 제가 지금 어디를 향하여 가고 있는지 생각할 때마다 마음이 따뜻하게 녹아들면서 그런 느낌이 들곤 한답니다."

**분별:** "무엇 때문에 당신은 그다지도 시온 산으로 가기를 원하십니까?"

**크리스천:** "그곳에 가면 십자가에 못 박혀 돌아가신 분이 살아 계신 것을 뵐 수 있으리라 희망하고 있습니다. 또한 그곳에 가면 지금까지 절 괴롭히던 모든 것들을 떨쳐 버릴 수 있을 뿐만 아니라 거기에는 더 이상 죽음이 존재하지 않는다고 하니(사 25:8; 계 21:4) 저는 제가 가장 사랑하는 사람들과 그곳에서 즐겁게 함께 살기를 소망하고 있습니다. 진실로 말하건대 저는 제 무거운 짐을 벗게 해 주신 그분을 진심으로 사모하고 있으며, 제 자신의 내적인 허약함에 대해서 피로를 느끼고 있습니다. 더 이상 죽음이 존재하지 않는 곳에서 끊임없이 '거룩, 거룩, 거룩하도다!'를 찬송하는 성도들과 더불어 살게 될 것을 소망하고 있지요."

이때 자애가 이야기 도중에 끼어들면서 "선생님, 당신은 가정을 가지고 계십니까? 당신은 결혼하셨나요?" 하고 크리스천에게 물었다.

**크리스천:** "예. 아내와 네 명의 어린 자식들이 있지요."

자애 : "그렇다면 당신은 왜 그들을 함께 데리고 오지 않으셨나요?"

그러자 크리스천은 눈물을 흘리면서 대답했다. "아! 저는 그들과 함께 오기를 얼마나 원했는지요! 하지만 그들은 저를 이상하게 생각하면서 제가 순례의 길에 오르는 것을 완강하게 반대했지요."

자애 : "하지만 그곳에 남으면 멸망과 위험만이 남아 있다는 것을 그들이 깨달을 수 있도록 그들을 열심히 설득하고 권고했어야 했습니다."

크리스천 : "물론 그렇게 했지요. 뿐만 아니라 하나님께서 머지않아 우리가 살고 있는 도시가 멸망할 것임을 제게 미리 가르쳐 주었다고 여러 번 설득했지만 그들은 제가 농담하는 것으로 여기고(창 19:14) 믿지 않았습니다."

자애 : "그럼 하나님께서 그들에게 은총을 베푸사 당신의 참된 충고를 그들이 받아들이게 해 달라고 기도해 보셨습니까?"

크리스천 : "예, 아주 간절한 기도를 하나님께 드렸답니다. 당신도 알다시피 아내와 자식들이야말로 제겐 둘도 없이 귀하고 사랑스러운 존재들이었으니까요."

자애 : "그렇지만 당신 자신이 느낀 멸망의 두려움과 슬픔을 그들에게도 알기 쉽게 설명하고 보여 주셨나요? 제가 보기에 선생님께서는 멸망이 오리라는 것을 확실히 알고 있었던 것 같은데요."

크리스천 : "물론이지요. 반드시 멸망하게 된다고 여러 번 반복해서 설명해 주었답니다. 그들은 제 안색에서 나타나는 공포와 두려움, 저의 뜨거운 눈물, 그리고 제가 우리의 머리 위에 걸려 있는 하나님의 심판을 깨달았을 때 부들부들 떨고 있는 모습 등을 여러 번 볼 수 있었습니다. 그럼에도 불구하고 이 모든 것들이 그들이 나와 동행하도록 설득하기에 충분하지 못했던가 봅니다."

자애 : "그들이 따라오지 않으려는 이유를 그들은 어떻게 설명하던가요?"

크리스천 : "아내는 속세의 모든 물질과 영화를 잃어버릴까봐 두려워했고 아이들은 젊은 시절의 어리석은 쾌락에 빠져 있었으므로 이것저것 온갖 핑계

를 대면서 저 혼자만 이 방랑의 길을 떠나도록 내버려 두었지요."

**자애:** "혹 당신의 무질서하고 공허한 생활이 당신의 설득력을 약화시켜 그들로 하여금 당신과 동행하려는 의도를 잃어버리게 한 것은 아닐까요?"

**크리스천:** "정말 그랬을는지도 모르겠습니다. 제 생활은 온갖 결함으로 가득 차 있었기 때문에 당신께 말씀드리기가 부끄러울 지경이니까요. 저는 논쟁이나 설득을 통하여 다른 사람을 선으로 인도하는 것보다는 자연스러운 대화를 통하여 인도하는 것이 훨씬 더 효과적임을 잘 알고 있습니다. 그럼에도 불구하고 여러 가지 꼴사나운 행동들을 함으로써 혹 그들이 순례 여행에 대한 혐오감을 갖게 되지는 않을는지 몹시 걱정하면서 제 나름대로 세심한 주의를 기울였습니다. 그러자 저의 이러한 조심스러운 행동에 대해서 그들은 제가 너무 용의주도한 사람이라고 욕을 하더군요. 결국 그들을 선으로 인도하기 위해서 그들 스스로는 아무런 죄악을 느끼지 않는 것들을 저 혼자서만 나쁘다고 걱정하면서 조심한 셈이지요. 어쩌면 제가 하나님께 죄를 짓는 일이나 이웃에게 해를 끼치는 행위 등에 대해 조심했던 것이 그들을 저지했을 수도 있다고 생각합니다.

**자애:** "옳은 말씀이에요. 가인이 그의 동생 아벨을 미워한 것도 역시 '저 자신의 행위는 악한 데 반해 동생의 행위는 의로운 데'(창 4:1-8; 요 3:12) 있었지요. 만일 선생님의 아내와 자식들이 이러한 주의와 조심스러운 행동에 대해서 당신에게 화를 냈다면, 그들은 선으로 인도되기에는 가능성이 없는 사람들입니다. 그러므로 당신은 가족들의 피로부터 당신의 영혼을 구원한 셈입니다"(겔 3:19).

나는 꿈속에서 저녁 식사가 다 준비될 때까지 그들이 함께 앉아서 이런저런 이야기들을 주고 받는 것을 보았다. 마침내 저녁 준비가 다 되자 그들은 식탁에 둘러 앉았다. 식탁 위에는 '기름진 것들(살진 고기들)과 오래 저장한 맑은 포도주'(사 25:6) 등이 잘 차려져 있었고 식사 도중에 그들의 대화는 주로 이 산의 주인에 관한 이야기였다. 말하자면 그가 쌓아놓은 여러 가지 공적, 이러한 일들을 어떤 목적으로 하게 되었는가, 그리고 또 무슨 이유로 이 집을 짓게 되었는가 하는 것들이었다. 그들이 말하는 것으로 미루어 보건대 이 산의 주인은 본래 위대한 무사이자 '사망의 권세를 가진 자'와 싸워서 그를 죽인 자였다. 이 일로 그는 많은 위험에 처했었지만, 나는 그것으로 인해 그를 한층 더 사모하게 되었다(히 2:14-15).

사람들이 말한 것처럼, 그리고 내가 믿는 것처럼, 크리스천이 말했다. "그는 많은 피를 흘리면서까지 그렇게 하셨습니다. 그러나 그가 한 이 모든 일에 은혜의 영광이 입혀진 것은 그가 자신의 나라를 아끼는 순수한 사랑으로 이 모든 일을 행했기 때문이지요."

그러자 그 집에서 함께 사는 몇몇 사람들이 말하기를, 그분이 십자가에 못 박혀 돌아가신 후에도 그분을 만나 이야기를 주고 받았는데 그분이 직접 입을 열어 말씀하시는 바, 자기는 이 세상 누구보다도 불쌍한 순례자들을 사랑하노라고 하셨으며 정말 그분처럼 사랑이 충만하신 분은 동서고금에 없을 것이라고 입을 모아 간증했다.

그들은 또 그들이 확증한 것에 대한 예시도 보여주었다. 즉 그분은 영적으로 헐벗고 가난한 인간들을 구원하기 위해서 자신의 영광을 스스로 벗어 버렸다고 말씀하셨으며, 시온 산에서도 그분 혼자만 거주하기를 원하지 않는다고 말씀하시더라는 것이었다. 게다가 본래 거지로 태어나고 그 사는 곳이 거름더미였던(삼상 2:8;시 113:7) 많은 순례자들을 왕처럼 귀한 위치로 끌어올려 주었노라고 말씀하시는 것까지 그들은 직접 들었노라고 확증하였다.

이렇게 밤 늦게까지 함께 이야기를 나누던 그들은 주님께서 보호해 주실 것을 기도드린 뒤 제각기 잠자리에 들었다. 그들은 해뜨는 쪽으로 창문이 나 있는 이층의 커다란 방으로 순례자를 인도해 주었는데 그 침실의 이름은 평화<sup>Peace</sup>였다. 그곳에서 동이 틀 때까지 숙면을 취한 크리스천은 잠에서 깨어나 다음과 같은 노래를 불렀다.

"내가 지금 머물고 있는 곳이 어디인가?

순례자들을 사랑하시는 예수께서
그들을 긍휼히 여기사 마련하신 장소인가?
이렇게 예비해 주시고 이렇게 죄를 사하여 주시다니!
벌써부터 하늘나라 이웃에서 머물고 있도다."

아침이 되자 모두가 일어났다. 함께 모여서 좀 더 이야기를 나눈 뒤, 그들은 크리스천에게 이 집에 보존되어 있는 여러 가지 진기한 물건들을 구경한 후에 길을 떠나라고 말했다. 맨 처음에 그들은 크리스천을 서재로 인도해 주었는데 그곳에서 그들은 아주 오랜 옛날의 일들을 기록해 놓은 책들을 크리스천에게 보여 주었다. 기억하기론 그것은 이 집의 주인에 대한 족보였다. 거기에는 그가 아주 오랜 시대의 아들이요 영원 동안 항상 계신다는 것과(단 7:9) 그가 이제껏 행한 행적들이 자세히 기록되어 있었으며, 그가 불러 사역시킨 수백 명의 이름이 적혀 있었고, 오랜 세월과 자연의 온갖 천재지변에도 소멸되지 아니할 견고한 집에 그들을 머물게 하신 기록도 자세히 적혀 있었다.

그런 뒤, 그들은 그의 종들 몇몇이 행한 가치있는 공적들을 크리스천에게 읽어 주었다. 즉, 그들이 어떻게 왕국을 정복하고, 정의를 세우고, 약속을 얻었으

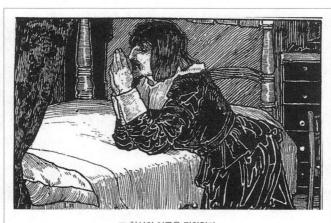

그 침실의 이름은 평화였다

사역자들이 행한 공적들을 읽어 주다

며, 사자들의 입을 막고, 맹렬히 타오르는 불길을 꺼버리고, 날카로운 칼날의
위험을 피했으며, 본래는 약한 자에서 강하게 되어 전투에서 용감하게 싸워 이
방 적군들을 패주시켰는가 하는 기록이었다(히 11:33-34).

　또 그들은 이 집의 또 다른 기록에 대하여 읽어 주었는데, 그 기록에는 이 집
의 주인이 세상의 어느 누구라 할지라도 심지어는 과거에 자신의 인격과 행위에
심한 모욕과 핍박을 가한 사람들이라 할지라도 아무런 차별 없이 그들을 영접하
여 기꺼이 은혜를 베풀어 주셨던 일들이 적혀 있었다.

　이 밖에도 여러 가지 유명한 사건들의 이야기를 기록한 책들이 여러 권 있었
는데 그들은 그것들을 일일이 크리스천에게 보여주었다. 그 중에는 동서고금을
막론하고 반드시 성취되고 이루어졌던 예언들이 기록되어 있었는데, 원수들에
게는 두려움과 놀라움이 되고 순례자들에게는 도움과 위로가 될 만한 가치있는
책들이었다.

　다음날 그들은 크리스천을 병기 창고로 데리고 가서 순례자들을 무장시키기
위해 집 주인께서 마련해 놓은 여러 가지 무기들 — 즉 칼, 방패, 투구, 갑옷, 모
든 기도(엡 6:18), 영원히 닳지 않는 신 등 — 을 구경시켜 주었는데, 그곳에는 주
님을 위해 사역하고자 하는 사람들이 하늘의 별처럼 많다고 하더라도 그들 모두

를 충분히 무장시킬 수 있을 만큼 많은 병기들이 마련되어 있었다.

다음으로, 그들은 주님의 일꾼들이 놀라운 일들을 행하는 데 사용한 몇 가지 도구들을 보여 주었다. 예를 들면, 모세의 지팡이(출 17:9), 야엘이 시스라를 죽일 때 사용했던 말뚝과 방망이(삿 4:21), 기드온이 미디안 군대와 싸워 그들을 물리칠 때 사용했던 빈 항아리와 나팔과 횃불(삿 7:16-23), 삼손이 눈부신 공적을 세울 때 사용한 턱뼈(삿 15:15), 가드 사람 골리앗의 이마를 쳐 죽일 때 다윗이 사용했던 물매와 돌(삼상 17:49), 또 주님께서 장차 심판하실 날에 죄인들을 멸하실 칼(렘 21:9; 살후 2:3-4)도 보여 주었다. 그들은 이러한 뛰어난 도구들뿐만 아니라 크리스천의 마음을 몹시 기쁘게 해준 많은 다른 것들도 보여주었다. 구경을 끝내자 그들은 다시 잠자리에 들었다.

다음날 아침, 크리스천이 다시 길 떠날 채비를 갖추고 있는 것을 나는 꿈속에서 볼 수 있었다. 그러나 그들은 하루만 더 묵고 가라고 간곡히 권하면서 만일 날씨가 맑으면 기쁨의 산들Delectable Mountains을 보여주겠노라고 했다. 그 산들은 지금 그가 묵고 있는 장소에서보다도 목적지인 천국의 안식처에 훨씬 가까운 곳에 있기 때문에 그에게 더 많은 위안을 줄 수 있을 것이라고 했다. 그리하여 그는 하루 더 묵고 가겠노라고 승낙했다.

오전이 지날 무렵이 되자

남쪽을 바라보는 크리스천

그들은 크리스천을 지붕 꼭대기로 안내해 주면서 남쪽을 바라보라고 말했다. 그가 남쪽을 바라다보았을 때, 저 멀리 한참 떨어진 곳에 매우 아름답고 보기 좋은 산들이 눈 앞에 전개되어 있었다. 울창한 산림, 포도밭, 모든 종류의 유실수가 있는 과수원들, 온갖 형형색색의 아름다운 꽃들, 끊임없이 솟아나는 샘물과 분수들 등등. 실로 표현하기 어려울 정도로 아름답고 유쾌한 절경이었다. 그 고장의 이름이 무엇이냐고 크리스천이 물었을 때 그들은 임마누엘의 땅Immanuel's Land이라고 가르쳐 주었다. 덧붙여서, 저 산은 이 집과 마찬가지로 으레 순례자들을 위한 휴식처로 마련되어 있는데, 산꼭대기에 가서 올려다보면 천국의 문이 보일 것이요, 그곳에서 살고 있는 양치기들도 눈에 뜨일 것이라고 설명해 주었다.

## 9. 겸손의 골짜기

그가 이제 떠나야겠다고 말하자 그들은 기꺼이 동의하면서도 출발하기 전에 우선 병기고에 한 번 더 가 보자고 권했다. 크리스천이 그들과 함께 창고에 다다르자 그들은 머리끝부터 발끝까지 크리스천의 몸을 꿰뚫을 수 없는 투구와 갑옷 등등으로 그를 무장시켜 주었는데 이는 길 가는 도중에 부딪칠 온갖 위험에 대비하기 위한 것이었다. 이렇게 중무장한 크리스천은 친구들과 함께 문으로 달려가서 그동안 순례자들이 지나가지 않았는지 물어보았다. 문지기가 한 순례자를 보았다고 대답하자 자애가 "혹 그가 누구인지 알고 계세요?" 하고 물었다.

**문지기**: "이름을 물어보았더니 믿음Faithful이라고 하더군요."

**크리스천**: "아, 제가 아는 사람입니다. 그는 저의 고향 사람이자 저와 가까이 살았던 이웃입니다. 그는 제가 태어난 곳에서 온 사람입니다. 그가 얼마 정도나 앞섰을까요?"

**문지기**: "지금쯤 산 아래턱까지 내려갔을 겁니다."

**크리스천**: "아, 착하신 문지기님, 주님께서 당신과 함께 하사 제게 베푸신 온

크리스천의 몸을 무장시켜 주다

갖 친절로 인하여 더욱 많은 은혜와 축복을 당신께 더해 주시기를! 여러 가지 친절을 베풀어 주서서 대단히 감사합니다."

인사를 마치고 크리스천이 출발하려고 하자 신중, 분별, 경건, 자애가 산 아래까지 동행하겠다고 나섰다. 그들은 산 아래턱에 다다를 때까지 이전에 하던 이야기들을 다시 계속하면서 함께 걸어갔다. 그러자 크리스천이 "올라올 때도 몹시 힘들고 어렵더니 내려가는 길도 몹시 위태롭군요" 하고 말했다. 그러자 분별이 대답하기를 "예, 물론이지요. 지금 당신께서는 겸손의 골짜기로 내려가고 있기 때문에 위태로운 것입니다. 도중에 미끄러지지 않도록 아주 조심하셔야 합니다"라고 말했다. 그러자 세 처녀가 이구동성으로 "그러니까 우리가 함께 나온거지요"라고 덧붙였다. 그는 아주 조심스럽게 내려갔지만 그래도 한두 번 미끄러지고야 말았다.

크리스천이 산 아래 다다랐을 때, 세 사람의 선한 동행자는 그에게 빵 한 덩어리와 포도주 한 병, 건포도 한 송이를 건네주었다. 그러고 나서 그는 그의 길을 갔다.

그런데 이 겸손의 골짜기에서 크리스천은 난관에 봉착하고 말았는데, 채 얼마 더 나아가기도 전에 한 추하게 생긴 괴물이 그에게 다가오는 것이었다. 이 괴물의 이름은 아볼루온Apollyon(무저갱의 사자, 계 9:11)이었으며 두려움에 사로잡힌 크리스천은 돌아서서 도망쳐 버릴까, 아니면 맞서볼까 망설이면서 마음이 몹시 산란해졌다. 그러나 다시 생각해 보니 가슴받이 갑옷만 입었지 등은 가리지 못했기 때문에 만일 돌아서서 도망간다면 마귀의 창에 관통될 가능성이 매우 크다는 것을 깨닫고 결국 용감하게 대항하기로 마음먹었다.

그리하여 크리스천은 마침내 아볼루온과 마주 서게 되었다. 그런데 그 마귀의 모습은 정말 보기만 해도 소름이 끼칠 정도로 흉칙하기 짝이 없었다. 몸은 물고기 같은 비늘로 덮여 있었고 — 이것이 또한 마귀의 자랑거리였다 — 등에는 용의 날개 같은 것이 솟아 있었으며, 발은 곰의 발과 같았고, 배에서는 시뻘건 불길과 검은 연기가 쏟아져 나오고 있었으며, 입은 사자의 입과도 같았다. 그는 크리스천에게 바짝 다가오더니 경멸하는 표정으로 그를 바라보면서 질문을 던지기 시작했다.

**아볼루온**: "너는 도대체 어디서 와서 어디로 가는 놈이냐?"

**크리스천**: "나는 모든 악의 소굴인 멸망의 도시에서 떠나 시온 산으로 가고 있는 사람이로다."

**아볼루온**: "그렇다면 내게 복종해야 할 신자들 중의 하나로구나. 왜냐하면 네 고향 근처의 모든 나라들은 내 것이고 나는 그들의 왕이며 신이기 때문이다. 그런데 너는 어찌하여 왕을 배반하고 달아나고 있느냐? 나는 네가 반성하여 다시 날 섬기기를 원한다. 만일 그렇게 하지 않는다면 지금 당장 한 방에 너를 거꾸러뜨리겠다."

**크리스천**: "네가 지배하는 나라에서 태어난 것은 사실이지만 너를 섬기는 일은 몹시 힘이 들었고 네가 주는 삯으로는 생명을 살 수가 없었다. 왜냐하면 '죄의 삯은 사망'이기 때문이다(롬 6:23). 그러기에 나도 성도가 된 후에 다른 분별력있는 사람들이 그러하듯이 나 자신을 개선해 보려는 여러 가지 방도를 찾고 있었다."

**아볼루온**: "쉽사리 자신의 신하를 잃어버리는 어리석은 왕이 없는 것과 마찬가지로 나도 너를 절대로 잃어버리지 않겠다. 그런데 네가 나를 섬기는 일과 그것에 대한 품삯에 대해서 불평을 하니 그런 염려는 버리고 안심하고 돌아가거라. 우리나라의 사정이 허락하는 대로 너를 후대해 준다고 여기서 확고하게 약속해 주마."

**크리스천**: "그러나 나는 이미 네가 아닌 다른 분, 즉 왕중의 왕이신 분께 바치기로 한 몸이니 어떻게 다시 네게로 돌아가는 것을 합리화할 수 있겠는가?"

**아볼루온**: "너는 지금 마치 '나쁜 곳에서 더 나쁜 곳으로 옮겨간다'는 속담처럼 어리석은 짓을 행하고 있다. 스스로 그놈(하나님)의 신하라고 자칭하면서 잠시 동안 그에게 봉사하다가 또다시 그를 속이고 내게로 돌아오는 놈들이 헤아릴 수 없이 많다. 네 놈도 머지않아 그렇게 될 테니 그때는 만사가 잘 해결되겠지."

**크리스천:** "나는 이미 그분께 신앙을 바치고 충성을 다하기로 맹세한 사람인
데 만일 다시 등을 돌리고 돌아간다면 반역자로 낙인찍혀 처형될 게 뻔하
지 않은가?"

**아볼루온:** "너는 이미 날 배반한 놈이지만 지금이라도 마음을 바꿔 내게로 돌
아온다면 기꺼이 용서해 주겠다."

**크리스천:** "내가 너에게 충성을 약속한 것은 내 나이 어렸을 때의 일이다. 뿐
만 아니라, 나는 지금 나의 왕의 깃발 아래 서 있다. 그분은 내가 너에게 맹
종했던 모든 죄악도 용서해 주실 수 있는 분이시다. 그러니 너 멸망의 왕 아
볼루온아! 잘 듣거라. 사실 나는 그분을 섬기는 일과 그분이 주시는 삯, 그
분의 종들, 그의 통치, 그의 나라를 너보다 훨씬 좋아하고 있다. 그러니 더
이상 나를 설득하려는 헛수고를 하지 말고 돌아가는게 좋을 것이다. 나는
하나님의 신하이며, 그를 따를 것이다."

**아볼루온:** "그렇게 흥분하지 말고 냉정하게 마음을 가다듬어 앞으로 네가 계
속 가던 길을 더 나아가고자 할 때 어떤 어려움에 부딪히게 될지를 생각해
보아라. 너도 알고 있다시피 그의 신하들은 모두 나와 나의 통치를 배반하
고 그에게로 떠나간 놈들이기 때문에 대부분 비참한 종말을 맞이하게 되었
다. 그들 중 얼마나 많은 사람들이 치욕적인 죽음을 맞게 되었는지 알고 있
기나 한가? 뿐만 아니라 너는 그를 섬기는 것이 나를 섬기는 것보다 더 낫
다고 생각하는 모양이지만 그는 그로부터 떠나 나의 손아귀에 들어온 그의
신하들을 구원하려고 나서는 일이 절대로 없다. 그러나 나는 나를 충실히
섬겼던 신하들을 그에게 잡혀 있는 상태라고 할지라도 그들을 나의 모든 권
력과 온갖 수단 방법을 다해 구원해 내고 만다. 그리고 그것은 세상 천하가
다 알고 있는 사실이다! 그러므로 지금 나는 너를 구원해 주려는 것이다."

**크리스천:** "그분께서 지금 당장 그의 신하들을 구원해 주지 않고 참으며 기다
리시는 이유는 의도적으로 그들의 하나님에 대한 사랑을 시험해 보기 위해
서다. 너는 그들이 결국 비참한 종말을 맞이하게 된다고 말하지만 그들은
그들의 종말을 가장 영광스러운 것으로 여기고 있다. 왜냐하면 그들은 현

세의 구원을 별로 기대하지 않는 반면 하나님(그들의 임금)께서 자신의 영광 혹은 천사들의 영광 가운데 이 땅에 오실 때 얻게 될 영원한 영광을 기대하 면서 기다리고 있기 때문이다."

**아볼루온:** "네가 이미 그분을 섬기는 데 불충실했거늘 어떻게 그로부터 품삯 을 받을 수 있다고 생각하는 거냐?"

**크리스천:** "마귀 아볼루온아, 어떤 점에서 내가 그분께 불충실했다는 말인 가?"

**아볼루온:** "우선 네가 길을 떠난 지 얼마되지 않아 낙심의 늪에 빠져 거의 질 식하게 될 뻔했을 때 결심이 흔들렸었고, 너의 하나님이 적당한 때에 네 짐 을 벗겨줄 때까지 한 길로 계속 나아갔어야 했는데 세속의 유혹에 넘어가 다른 길로 빠져들고 말았으며, 어리석은 잠에 빠졌다가 귀중한 증거들을 잃어버렸고, 사자의 으르렁대는 모습을 보자 속으로 돌아갈 생각을 품 지 않았더냐. 또 여행하는 도중에 보고 들은 것들을 이야기할 때의 네 모든 언행 속에는 내적인 자만심과 허영심이 있었다."

**크리스천:** "네가 한 말이 모두 사실이다. 더구나 네가 채 말하지 않은 많은 잘 못들이 더 있다. 그럼에도 불구하고 내가 섬기는 주님께서는 자비를 베푸 사 모든 걸 다 용서해 주신다. 그뿐만 아니라 너의 나라에서 너를 섬길 때 몸에 배어 버린 여러 가지 약점들로 인하여 난 늘 신음하고 슬퍼했지만, 하 나님께서는 그 모든 약점들마저도 용서해 주셨다."

그러자 아볼루온은 벌컥 화를 내면서 달려들 듯한 기세로 말했다.

**아볼루온:** "나는 네가 섬기는 그 왕과는 불구대천의 원수지간이다. 그의 인 격, 그의 율법, 그의 백성들까지 모두 미워하고 있다. 그래서 나는 너를 일 부러 방해하려고 이렇게 나온것이다."

**크리스천:** "마귀야, 공연히 나서지 말라. 지금 내가 걷고 있는 이 길은 하나 님의 길, 곧 거룩한 길이다. 그러니 네 자신이나 조심하거라."

"나의 대적이여, 나로 인하여 기뻐하지 말지어다 나는 엎드러질지라도 일어날 것이요."

그러자 아볼루온은 길 전체를 가로막으며 이렇게 말했다. "난 이런 일에 대해서는 무서울 것이 없으니 죽을 각오를 단단히 해 두거라. 내가 저 끝없는 지옥을 두고 맹세하노니 내 기필코 여기서 너의 영혼을 멸망시켜 한 발자국도 더 못 나가게 할 것이다."

이 말이 떨어지기가 무섭게 마귀는 불붙은 창을 크리스천의 가슴을 향해 던졌다. 다행히도 크리스천은 손에 방패를 쥐고 있었기 때문에 그것을 막아낼 수 있었다. 이제 분발해야 할 때가 이르렀다고 생각한 크리스천은 칼을 빼들었다. 그러자 아볼루온은 여러 개의 투창들을 우박처럼 한꺼번에 퍼부으면서 맹렬하게 돌격해 왔다. 크리스천은 있는 힘을 다해서 그 많은 창들을 피하려고 애썼으나 결국 머리와 손과 발에 부상을 입고 말았다. 이로 인하여 크리스천은 약간 뒤로 물러서게 되었다.

이때 아볼루온이 전력을 다해서 공격해 왔으나 크리스천은 다시 용기를 내어 사내답게 최선을 다해서 싸웠다. 이 치열한 싸움이 거의 반나절 이상 계속되었으므로 크리스천은 그만 기진맥진해지고 말았다. 몸의 여기저기에 부상을 입고 있었으므로 그 상처로 인해 점차 기력이 약해질 수밖에 없었기 때문이었다.

아볼루온은 마침 좋은 기회다 싶어 크리스천에게로 와락 달려들었다. 그가 거칠게 크리스천을 넘어뜨리는 바람에 크리스천의 손에서 검이 떨어져 나가고 말았다. 그러자 아볼루온은 "자, 이제 꼼짝 말아라" 하고 거칠게 소리지르며 크리스천을 마구 내리눌렀다. 그래서 크리스천은 거의 죽을 지경에 이르게 되었다.

크리스천은 절망에 빠져 신음했으나 하나님께서 그를 도우셔서 마귀가 최후의 일격을 가하려고 할 때 재빠르게 손을 뻗어 칼을 집어들 수 있었다. 그는 "나의 대적이여, 나로 인하여 기뻐하지 말지어다. 나는 엎드러질지라도 일어날 것이요"(미 7:8)라고 외치면서 온 힘을 다해 마귀를 칼로 찔렀더니 그는 치명상을 입은 듯 비틀거리며 뒤로 나자빠졌다.

이 모양을 본 크리스천은 "그럼 그렇지. 이 모든 일에 우리를 사랑하시는 주님으로 말미암아 우리가 넉넉히 이기느니라"(롬 8:37)고 외치면서 다시 반격하려

하자 아볼루온은 용의 날개를 펼쳐서 멀리 달아나 버렸고 그 이후로 크리스천은 다시는 그를 보지 못하였다(약 4:7).

이 전투는 나처럼 직접 보고 들은 사람이 아니고는 어느 누구도 상상하지 못할 정도로 무시무시한 포효와 고함소리와 불길이 오가는 소름끼치는 전투였다. 아볼루온은 싸우는 도중 내내 무시무시한 소리로 으르렁거리며 용 같은 노호를 발하고 있었고, 크리스천은 가슴속에서 우러나오는 한숨과 신음소리를 계속 발하고 있었다. 양쪽 날을 세운 칼로 마귀에게 치명적인 부상을 입힌 것을 확실히 알게 될 때까지 그는 한 번도 유쾌한 표정을 나타내지 않았으며, 마침내 마귀를 물리치고 나서야 미소를 지으면서 하늘을 올려다보았다. 정말 일찍이 보지 못한 가장 치열하고 무시무시한 전투 광경이었다.

> 힘의 상대가 도저히 되지 못한 전투였지만
> 크리스천은 천사처럼 싸워야 했노라.
> 아! 그러나 보라.
> 용감한 대장부의 재치있는 검과 방패 솜씨는
> 용과 같이 힘센 마귀를 물리쳐 버렸도다.

전투가 끝나자 크리스천은 "사자의 입으로부터 나를 구해 주시고 마귀 아볼루온과의 싸움에서 나를 도와주신 주님, 진심으로 감사를 드립니다" 하며 다음과 같은 찬송을 드렸다.

> "악마의 두목인 저 거대한 바알세불이
> 나를 파멸시키려고 중무장하고 와서
> 소름끼치는 분노를 품고 불꽃처럼 맹렬하게 달려들었으나
> 복받은 미가엘 천사장이 나를 도와주사
> 날선 검의 위력을 발휘함으로써
> 재빨리 저 못된 마귀를 쫓아 버렸도다.

그러므로 고마우신 주님께 영원한 찬송을 드리며

영원토록 그의 거룩한 이름에 찬양과 감사를 드리나이다."


그때 어떤 사람이 생명나무 잎을 가져다 크리스천에게 주었는데, 크리스천이 그것을 받아서 싸움 도중에 얻은 상처 위에 붙였더니 상처가 순식간에 씻은듯이 아물어 버렸다(계 22:2). 그는 또한 그 자리에 앉아서 아침에 그를 바래다준 세 처녀들한테 얻은 빵과 포도주를 먹었다. 이렇게 해서 다시 원기를 회복한 크리스천은 빼어든 검을 그대로 손에 쥔 채 여행을 계속했다. 앞으로 또 어떤 마귀들을 만나게 될지 모른다는 생각에서였으나 그 골짜기를 거의 다 지나갈 때까지 아볼루온은 물론 다른 마귀들의 습격도 받지 않았다.

그런데 이 골짜기를 다 지나자 또 하나의 골짜기가 나타났다. 그곳은 사망의 음침한 골짜기Valley of the Shadow of Death라는 곳이었는데, 천국에 이르기 위해서는 반드시 이 골짜기의 한가운데를 통과해야 하기 때문에 크리스천은 그곳을 지나가지 않을 수 없었다. 이 골짜기는 매우 고독하고 인적이 없는 곳으로서 일찍이 선지자 예레미야는 이곳을 "광야 곧 사막과 구덩이 땅, 건조하고 사망의 그늘진 땅, 사람이 그곳으로 다니지 아니하고 그곳에 사람이 거주하지 아니하는

어떤 사람이 생명나무 잎을 가져다주다

땅"(렘 2:6)이라고 묘사했다(시 23:4).

그런데 이 골짜기에서 크리스천은 아볼루온과의 치열한 싸움보다도 훨씬 더 심각한 난관에 부딪히게 되었다. 이제 그 난관을 아래에 기록하고자 한다.

## 10. 사망의 음침한 골짜기

나는 꿈속에서 크리스천이 사망의 음침한 골짜기의 경계선 근처에서 빠른 걸음으로 마주 다가오는 두 사람을 만나는 것을 보았다. 그들은 살기 좋은 천국에 대해서 나쁜 소문을 퍼뜨리는 악한 사람들의 자손들로서(민 13:30-33) 서둘러 돌아가고 있는 중이었다. 크리스천은 그들에게 다가가서 말을 걸었다.

**크리스천**: "어디로 가시는 길입니까?"

**두 사나이**: "돌아가는 중이요, 돌아가는 중이란 말입니다. 당신도 생명과 평화를 귀중하게 여기신다면 지금이라도 어서 돌아가시오."

**크리스천**: "왜요? 도대체 무슨 일입니까?"

**두 사나이**: "무슨 일이냐구요? 우리는 당신이 지금 걷고 있는 이 길을 갈 수 있는 데까지 가 보았지요. 그러나 만일 좀 더 갔더라면 되돌아오기는커녕 거리에서 죽고 말았을 겁니다. 이렇게 살아 돌아와서 당신들에게 소식을 전하지도 못할 뻔했지요."

**크리스천**: "대관절 무엇을 만났기에 그러시는 겁니까?"

"어서 돌아가시오"

**두 사나이:** "우리는 사망의 음침한 골짜기로 들어가기 바로 직전에 운 좋게 우리 앞에 놓여 있는 커다란 위험을 보게 되었습니다."

**크리스천:** "어떤 위험이었나요?"

**두 사나이:** "골짜기 자체가 역청처럼 온통 시커먼 구렁텅이인데 그 안에는 온 갖 귀신들, 사티로스satyrs (희랍신화의 반은 사람이고 반은 염소인 신)와 용들이 우 글거리고 있었습니다. 또한 골짜기로부터 고통스러운 울부짖음과 고함소 리가 계속 울려나왔는데 이것은 쇠사슬로 묶인 채 꼼짝못하고 구렁텅이 속 에 잡혀 말할 수 없이 비참한 지경에 놓인 인간들의 신음소리였습니다. 골 짜기 위에는 절망적인 혼돈의 구름이 넓게 깔려 있었고 죽음의 그림자가 그 어두운 날개를 펼치고 있었지요. 한 마디로 말해서, 구석구석마다 온 통 공포와 괴로움이 뒤섞인 채 질서라고는 전혀 찾아볼 수 없는 무서운 광 경이었습니다."

**크리스천:** "당신들이 말하는 위험을 저는 아직 보지 못했지만 제가 소망하는 안식처로 가는 길이 그래도 이 길밖에 없지 않습니까?"

**두 사나이:** "굳이 가시려거든 가 보십시요. 우리는 이 길을 택하지 않겠습 니다."

그들과 작별한 크리스천은 가던 길을 계속 나아갔다. 그러나 무엇에게든 습 격당할 우려가 있기 때문에 그의 손에는 아직도 칼이 들려 있었다. 그때 나는 꿈 속에서 골짜기가 계속되는 오른쪽에 엄청나게 깊은 도랑이 놓여 있는 것을 보았 다. 오랜 옛날부터 맹인이 맹인을 인도하려다가 불행히도 둘 다 빠져 죽었다는 곳이 바로 이 도랑이었다(시 69:14-15; 눅 6:39).

골짜기 왼쪽에는 대단히 위험한 수렁이 있었는데 아무리 선한 사람이라도 한 번 발을 헛디뎌 빠지기만하면 도저히 발바닥을 붙일 만한 밑바닥을 찾을 수 없 는 깊은 수렁이었다. 한때 다윗 왕도 이 깊은 수렁에 빠진 적이 있었는데 전능하 고 자비로우신 하나님께서 구원해 주시지 않았던들 그 속에서 질식해 죽었을 것 은 의심할 여지가 없다.

또한 골짜기에 뚫린 길은 한없이 비좁았으므로 선량한 크리스천이 겪는 고생은 극심하기 짝이 없었다. 칠흑같이 컴컴한 어둠 속에서 한쪽에 있는 도랑을 피하려고 애를 쓰다가는 반대쪽의 수렁에 빠질 위험이 있고, 또한 수렁을 피하려하다가 지극히 조심하지 않는 한 도랑으로 굴러 떨어지기 쉽기 때문이었다. 이렇게 고생하며 앞으로 걸어가는 크리스천의 입에서는 괴로운 탄식과 한숨소리가 끊임없이 새어나왔다. 이미 위에서 말한 여러 가지 위험 이외에도 컴컴한 어둠 속에서 좁은 길로 걸어가자니 한 발짝 한 발짝 딛을 때마다 어디를 또 무엇을 디뎌야 할지 종잡을 수 없어서 몹시 딱하고 두려운 처지였다.

그때 나는 이 골짜기의 중간쯤 되는 곳에 지옥의 입구가 있는 것을 보았는데 그것 또한 길가에 접해 있었다. 그것을 본 크리스천은 '아! 나는 이제 어쩌면 좋을까?' 하고 생각했다. 무시무시한 소음과 함께 번쩍번쩍 불꽃을 튀기면서 연기와 화염이 쏟아져 나오는데 이러한 것들은 아까 아볼루온의 경우와는 달리 크리스천의 칼을 두려워하지 않는 것들이었다. 그래서 그는 칼을 집어넣고 '모든 기도'(엡 6:18)라는 새로운 무기를 꺼내어 들고는 나에게도 들릴 정도로 큰 소리로 외쳤다. "여호와여, 주께 구하오니 내 영혼을 건지소서"(시 116:4).

이렇게 기도를 드리며 한참 동안이나 계속 걸어갔지만 불길은 끊임없이 그를 향해 달려들었고 처량한 목소리와 음산한 소음들이 여기저기서 그를 괴롭혔으므로 때때로 크리스천은 이렇게 계속 나가다가는 그의 몸이 갈가리 찢기거나 길 위의 진흙처럼 짓밟히지나 않을까 하는 생각이 들었다. 이 무시무시한 광경과 음산한 소음은 수 킬로미터를 걷는 동안에도 끊임없이 그의 주위에서 보이고 들렸다.

한 장소에 이르자 그는 한 무리의 마귀 떼가 그를 쫓아오는 것 같은 소리를 들었다. 그는 잠깐 멈추어 서서 어떻게 하는 것이 가장 좋은 방법인지를 생각하기 시작했다. 때때로는 그냥 돌아가는 것이 좋지 않을까 하는 생각이 반쯤은 들기도 했지만 이미 골짜기의 절반은 넘게 걸어왔으리라는 생각과 함께 그동안 수많은 위험들에 부딪혔으나 잘 이겨내고 여기까지 이르렀다는 생각도 떠올랐다. 또한 되돌아가는 것이 그냥 앞으로 나아가는 것보다 훨씬 더 위험할지 모른다는 생각

지옥문의 입구를 지나가다

이 들어 결국 계속 나아가기로 마음을 먹었다. 그러나 마귀들은 점점 더 그에게 가까이 다가왔다. 그들이 그의 바로 옆에까지 다가왔을 때 그는 우렁찬 목소리로 크게 고함을 질렀다. "나는 주 여호와의 능하신 행적을 믿고 걸어가리라"(시편 71:16). 그랬더니 그놈들은 전부 도망쳐 버렸고 다시는 나타나지 않았다.

나는 가엾은 크리스천이 자기 자신의 목소리조차도 구별하지 못할 정도로 정신이 혼미해졌다는 것을 알 수 있었다. 그가 불타오르는 지옥문의 입구를 지나갈 때 사악한 마귀 하나가 그의 뒤를 따라오면서 온갖 하나님을 모독하는 말들을 그의 귀에 소근거렸는데 그는 그 소리를 자기 자신의 마음속에서 우러나오는 생각이라고 착각했다. 그가 이전에는 그토록 사랑하고 존경하던 분을 이제 자기 스스로 비방하며 모독하고 있다는 생각이 이제껏 겪었던 그 어떤 고통보다도 더 심하게 그를 괴롭혔다. 아무리 비방하지 않으려고 애를 써도 소용이 없었고,

마귀 떼가 쫓아오는 것 같았다

귀를 막아 본다거나 그런 비방이 어디서 들려오는가를 분별해 낼 수 있는 힘마저 상실하고 있었다.

이처럼 아무런 위안도 얻을 수 없는 답답하고 울적한 마음으로 꽤 오랜 시간을 걸어가고 있을 때, 그는 앞서가는 어떤 사람이 "내가 사망의 음침한 골짜기로 다닐지라도 해를 두려워하지 않을 것은 주께서 나와 함께 하심이라"(시 23:4) 하고 외치는 소리를 들은 것 같았다. 이 소리를 들은 크리스천은 몹시 반갑고 즐거웠는데 그 이유는 이러했다.

첫째, 그 소리로 미루어 보건대 하나님을 경외하는 또다른 사람이 자신과 마찬가지로 이 골짜기를 걷고 있음을 알게 된 것이고, 둘째, 이렇게 어둡고 음침한 골짜기에서도 하나님께서는 그들과 함께 하셨다는 것과, 그가 하나님의 동행하심을 인지하지 못했던 것은 단지 이곳에 있는 여러 가지 장애물 때문인 것을 깨달았기 때문이며(욥 9:11), 셋째, 이렇게 계속 쉬지않고 나아가노라면 조만간 동료를 만나게 되리라는 희망이 생겼기 때문이었다.

그리하여 그는 계속 걸어가면서 앞서 가는 사람을 불렀으나, 그 사람 역시 자기 혼자만 길을 가고 있다고 생각했음인지 어떻게 대답해야 할지를 모르는 것 같았다. 얼마 안 가서 날이 밝아오기 시작하자 크리스천은 이렇게 외쳤다. "하나님께서 사망의 그늘을 아침으로 바꾸셨다"(암 5:8).

마침내 밝은 아침이 되었을 때 크리스천은 뒤를 돌아보았다. 되돌아가고 싶은 생각에서가 아니라 그가 컴컴한 어둠 속에서 어떠한 위험을 뚫고 지나왔는지를 밝은 아침 햇살 아래에서 똑똑히 보고 싶은 생각 때문이었다. 이제 그는 길 양쪽에 놓여 있는 더러운 도랑과 무시무시한 수렁을 좀 더 확실하게 볼 수 있었고, 그들 사이에 놓인 길이 얼마나 비좁고 위험한 것인가를 알 수 있었다. 또한 그는 구렁텅이 속에 있는 귀신, 사티로스, 용들을 멀리서 볼 수 있었는데, 날이 밝아오자 그들은 더 이상 따라올 수 없었다. 그는 성경에 기록된 대로 똑똑히 모든 것을 볼 수 있었다. "어두운 가운데서 은밀한 것을 드러내시며 죽음의 그늘을 광명한 데로 나오게 하시도다"(욥 12:22).

이제 크리스천은 고독하게 걸어온 그 모든 위험과 고통으로부터 구원받은 기쁨에 한껏 젖어 있었다. 얼마 전까지 그를 두렵게 만들었던 위험들이 이제는 밝은 햇빛 아래서 그 모습을 더 분명하게 드러냈기 때문에 그는 그것들을 훨씬 더 똑똑하게 볼 수 있었다. 그리하여 태양이 점점 떠오르자 크리스천은 또 한 번 하나님의 자비하심을 느낄 수 있었다.

그러나 여기서 안심하고 있을 수만은 없었다. 비록 사망의 음침한 골짜기가 몹시 위험했다고 할지라도, 그가 앞으로 가야 하는 길은 더욱더 위험하기 때문이었다. 지금 그가 서 있는 장소로부터 골짜기의 끝에 이르는 길까지에는 도처

"하나님께서 사망의 그늘을 아침으로 바꾸셨다."

에 덫과 함정들, 구렁텅이와 그물들이 수두룩히 깔려 있었고, 수렁과 깊은 구멍과 가파르게 경사진 곳이 셀 수 없을 정도로 많이 산재해 있었다.

그러므로 만일 골짜기를 지나올 때처럼 컴컴한 어둠이 깔려 있었더라면 그의 목숨이 천 개가 있다 하더라도 하나도 남아나지 못했을 것이었다. 그러나 이미 말했듯이 태양이 떠오르고 있었으므로 그는 용기를 내어 이렇게 말했다. "그의 등불이 내 머리에 비치었고 내가 그의 빛을 힘입어 암흑에서도 걸어다녔느니라"(욥 29:3).

이렇게 해서 그는 광명의 힘을 입어 골짜기 끝까지 이르렀다. 이제 내가 꿈속에서 보니 골짜기 끝에는 인간들 혹은 이전에 이 길을 걸어갔던 순례자들의 피와 뼈와 재와 산산이 부서진 몸뚱아리들이 여기저기에 널려져 있었다. 이런 것들이 널려져 있는 이유가 도대체 무엇인가 생각하는 중에 나는 바로 앞에 하나의 동굴이 있는 것을 발견하였다.

이 동굴에는 교황Pope과 이교도Pagan라는 두 거인이 옛날부터 살고 있었는데 그들은 온갖 권세와 폭정을 수단으로 지나가는 사람들을 잔인하게 학살했다. 그래서 그들의 뼈와 재와 피 등이 너저분하게 깔려 있었던 것이다. 그런데 크리스천이 별다른 위험을 겪지 아니하고 무사히 이곳을 통과하는 것을 보고 나는 다소 의아한 느낌이 들었다. 후에 알고보니 이교도는 이미 죽은 지 오래 됐고 교황은 지금까지 살아 있기는 하지만 나이가 너무 많은 데다가 젊은 시절에 저지른 심한 폭행 때문에 관절이 딱딱하게 굳어져서 지금은 굴 입구에 앉아 지나가는 사람들에게 이를 드러내며 손톱을 깨물 뿐 덤벼들지는 못하고 있었다.

　나는 크리스천이 그를 지나쳐 가는 것을 보았다. 동굴 입구에 앉아 있는 늙은 교황이 그에게 다가가지 못해 그에게 말로 "좀 더 많은 놈들이 불에 타 죽기 전까지 너희들은 결코 올바르게 고쳐지지 못할거다"라고 욕지거리를 했을 때, 그는 어쩔 줄 몰라 하는 것처럼 보였다. 하지만 그가 침착한 태도와 너그러운 표정으로 그 앞을 지나갔기 때문에 그는 아무런 해도 입지 않았다. 그러자 크리스천은 찬송을 불렀다.

> "오, 얼마나 놀라운 세상인가! (이 말밖에는 표현할 길이 없네)
> 이곳에서 만난 모든 재난으로부터
> 내가 이렇듯 보호받을 수 있다니!
> 오, 그 많은 재난으로부터 나를 구원해 주신
> 손길을 찬송하라!
> 내가 이 골짜기를 지나는 동안
> 암흑과 마귀와 지옥과 죄악의 위험이 나를 에워쌌으며
> 수많은 함정과 구덩이와 덫과 그물이 내 앞에
> 수두룩히 놓여 있어
> 어리석고 미련한 내가 덫에 걸리거나 함정에 빠지거나
> 구덩이에 빠질 위험이 컸는 데도 불구하고
> 이렇게 건강하게 살아왔으니
> 예수께 영광 돌려 면류관을 드리세."

교황과 이교도라는 두 거인을 지나가다

## 11. 크리스천과 믿음의 만남

계속 길을 가던 크리스천은 한 언덕에 다다르게 되었는데 이 언덕은 순례자들이 올라가 앞을 내다볼 수 있게 일부러 쌓아올린 것이었다. 그래서 크리스천도 언덕 위로 올라가 앞을 내다보았더니 저 앞에서 믿음<sup>Faithful</sup>이 여행을 재촉하고 있는 모습을 볼 수 있었다. 크리스천은 큰 소리로 " 여보세요. 잠깐 기다려 주세요. 저와 함께 길을 갑시다. " 이 말을 듣고 믿음이 뒤를 돌아보자 크리스천은 다시 한 번 소리를 질렀다. "기다려요, 기다려요. 제가 당신을 따라잡을 때까지만 말입니다." 그러나 믿음은 "기다릴 수가 없어요. 저는 제 생명을 구하려고 급히 가는 길입니다. 피의 원수가 제 뒤를 따라오고 있습니다."

이 말을 듣고 다소 화가 난 크리스천은 있는 힘을 다 내어 급히 달려가서 믿음을 따라잡았을 뿐 아니라 그를 앞질러 버렸다. 그리하여 앞서가던 자가 뒤에 서고 뒤에 가던 자가 앞서게 되었다. 동료를 앞질러 버렸다는 자만심으로 의기양양한 미소를 머금던 크리스천은 발 밑을 주의해 보지 않았기 때문에 갑자기 미끄러져서 길 위에 넘어지고 말았다. 믿음이 따라와서 그를 일으켜 줄 때까지 그는 일어날 수 없었다.

꿈에 보니 그들은 매우 사이좋게 함께 걸어가면서 순례 여행 도중에 그들에게 일어났던 모든 일들에 대해 다정한 대화를 나누고 있었다. 크리스천이 먼저 이야기를 시작했다.

**크리스천:** "존경하고 친애하는 형제 믿음 씨, 제가 당신을 따라잡아 만나게 된 것이 몹시 기쁩니다. 하나님께서 우리의 마음을 녹여 주시어 이렇게 함께 여행할 수 있도록 도와주신 것에 감사드립니다."

**믿음:** "경애하는 친구여, 사실은 우리가 살던 도시를 떠나올 때부터 당신과 함께 가려고 생각했는데 당신이 그만 먼저 떠난 바람에 할 수 없이 저도 이렇게 먼 길을 혼자 떠나오게 되었습니다."

**크리스천:** "당신이 절 따라서 순례 여행을 떠나기 전에 얼마 동안이나 멸망의 도시에서 머물러 있었습니까?"

**믿음:** "당신이 우리의 도시를 떠나자마자 가까운 장래에 하늘로부터 유황불이 떨어져 내려 온 도시가 잿더미가 돼 버릴 거라는 굉장한 소문이 순식간에 퍼져 버렸습니다. 그래서 저도 더 이상 지체할 수가 없어 길을 떠나온 것입니다."

**크리스천:** "뭐라구요? 이웃 사람들이 그런 말을 했단 말씀입니까?"

**믿음:** "그렇습니다. 한동안 그 이야기가 모든 사람의 입에 오르내렸지요."

**크리스천:** "아니, 그렇다면 어째서 당신 이외의 사람들은 위험을 피하여 도시를 떠나오지 않았습니까?"

**믿음:** "이미 말씀드린 바와 같이 이야기는 많이 돌았지만 그것을 확실하게 믿는 사람은 별로 없었습니다. 당신에 대한 이야기가 한참 열띤 논쟁을 일으키고 있을 때 몇몇 사람들이 당신과 당신의 '필사적인 도피' — 그들은 당신의 순례여행을 이런 식으로 불렀지요 — 를 조소하는 것을 들었습니다. 그러나 저는 우리의 도시가 하늘에서 내려온 유황불로 인하여 멸망당할 것이라는 이야기를 믿었기 때문에 — 지금도 여전히 믿고 있습니다 — 도망쳐 나왔습니다."

크리스천은 갑자기 미끄러져서 길 위에 넘어지고 말았다

**크리스천:** "혹시 유순이라는 이웃 사람에 대해서 들어 본 적이 있습니까?"

**믿음:** "예, 들었지요. 듣자하니 그는 당신을 따라나섰다가 낙심의 늪에 빠졌다고 하더군요. 그는 늪에 빠졌던 일을 눈치 채지 못하게 하려고 노력했지만 그의 몸 여기저기에 묻은 진흙으로 미루어 그가 빠진 것이 틀림없다고 저는 생각했지요."

**크리스천:** "이웃 사람들은 그에게 무어라고 하던가요?"

**믿음:** "그는 도시의 모든 계층의 사람들로부터 몹시 조롱을 받았지요. 어떤 사람들은 그를 비웃을 뿐만 아니라 멸시하기까지 했으므로 그는 직장을 구하기가 몹시 힘들었습니다. 그는 지금 당신을 따라 도시를 떠났을 때보다 일곱 배나 더 어려운 지경에 놓여 있습니다."

**크리스천:** "그런데 사람들은 그가 저버린 길을 멸시하면서도 왜 그를 괴롭히는 걸까요?"

**믿음:** "아! 그들은 이렇게 말하지요. '그놈은 변절자이고 자신의 소임에 진실하지 못했으니 목 매달아 버리자!'라고요. 그가 도중에 마음을 바꾸어 돌아서 버렸기 때문에 하나님께서 진노하사 그의 원수들까지도 그를 멸시하게 함으로써 하나의 교훈으로 삼으시려는가 봅니다"(렘 29:18, 19).

**크리스천:** "도시에서 떠나오기 전에 그와 만나서 이야기를 나누어 보신 적은 없습니까?"

**믿음:** "거리에서 한 번 그를 만나긴 했지요. 하지만 그는 자신이 한 일을 부끄러워한 탓인지 저를 외면하고 지나갔기 때문에 이야기를 나누지는 못했습니다."

**크리스천:** "참 안됐군요. 처음에 그와 함께 길을 떠날 때는 저도 그에게 희망을 가지고 있었는데, 이제 도시가 멸망하는 날 그도 함께 멸망해 버리지 않을까 두렵군요. 왜냐하면 참된 속담에서도 말했듯이 그는 마치 '개가 토한 것을 다시 먹고 돼지가 씻은 후에 다시 더러운 구덩이에서 뒹구는 격'이 되었기 때문입니다."

**믿음:** "저도 그가 당신이 말한 것처럼 멸망당할까봐 두려워하고 있지만 누가

그렇게 되는 것을 감히 막을 수 있겠습니까?"

**크리스천:** "그럼, 믿음 씨. 그에 대한 이야기는 이만하기로 하고 우리에게 직접 관계되는 이야기나 나누기로 합시다. 이제 당신이 여기까지 오는 길에서 무엇을 보고 겪었는지 이야기해 주십시오. 반드시 무언가 만났으리라고 여겨집니다. 그렇지 않다면 오히려 이상한 일이지요."

**믿음:** "당신은 오는 도중에 낙심의 늪에 빠졌던 모양인데 저는 다행히 빠지지 않고 무사히 좁은 문까지 올 수 있었습니다. 단지 도중에 바람둥이<sup>Wanton</sup>라는 못된 여자를 만나 하마터면 큰일날 뻔했지요."

**크리스천:** "당신이 그 여자의 그물에 걸려들지 않았다니 참으로 다행스러운 일입니다. 요셉도 그 여자 때문에 곤욕을 겪었으나 당신처럼 필사적으로 피했지요. 요셉은 하마터면 목숨을 잃을 뻔했는데 당신에게는 그 여자가 뭐라고 하던가요?"

**믿음:** "당신도 물론 어느 정도 알고는 계시겠지만 그녀가 온갖 교태로 아양을 떨고 아첨하는 모습이란 상상할 수도 없을 지경입니다. 그녀는 온갖 쾌락과 향락을 다 주겠노라고 약속하면서 길을 떠나 자기와 함께 가자고 끈질기게 유혹하더군요."

**크리스천:** "하지만 그녀가 참된 양심의 만족을 주겠다고 약속하지는 않았겠지요."

**믿음:** "당신은 제가 말하는 뜻을 알고 계시는군요. 모든 것이 다 육신과 정욕의 만족이지요."

**크리스천:** "당신이 그녀의 유혹을 피할 수 있었던 것에 대해 하나님께 감사드립니다. '여호와의 노를 당한 자는 거기 빠지리라'(잠 22:14)고 했지요."

**믿음:** "아니, 그러나 저는 제가 전적으로 그녀를 피했는지 아닌지를 잘 모르겠습니다."

**크리스천:** "설마 당신이 그 여자의 욕망을 만족시켜 주진 않았을 텐데?"

**믿음:** "물론 몸을 더럽히지는 않았지요. 마침 전에 읽은 책의 한 구절이 생각나더군요. '그녀의 발걸음은 스올로 나아가나니…'(잠 5:5). 그래서 그녀의

바람둥이를 만난 믿음

현란한 외모에 유혹되지 않으려고 눈을 감아 버렸습니다. 그랬더니 그녀는 온갖 욕을 퍼부으며 물러갔고 저는 제 갈 길을 계속 갔습니다."

**크리스천:** "오는 도중에 다른 습격을 받지는 않았습니까?"

**믿음:** "곤고산이라는 산의 중턱에 이르렀을 때 나이가 매우 지긋한 한 남자를 만났는데 그는 저에게 제가 누구며 어디로 가느냐고 묻더군요. 그래서 저는 순례자이며 천국으로 가는 길이라고 말했지요. 그랬더니 그 노인이 '보아하니 당신은 정직한 사람 같은데 내가 주는 월급을 받으면서 나와 함께 살지 않겠소?' 하고 권하지 않겠어요? 그래서 저는 그가 누구며 어디 사느냐고 물어보았지요. 그랬더니 이름은 첫 사람 아담Adam the First이며(고전 15:45) 기만의 도시Town of Deceit에서 살고 있다고 대답하더군요. 그래서 저는 다시, 그가 시킬 일은 무엇이며 품삯은 얼마 정도인가 물어보았습니다. 그러자 일은 많은 쾌락들뿐이고 품삯은 그가 죽은 후에 상속인이 되는 것이라고 말하더군요. 어떤 집에서 어떻게 살며 다른 종들을 거느리고 있느냐고 물었더니, 자기의 집은 아름다운 곳으로 세상의 온갖 맛있는 것들이

갖추어져 있고 종들은 전부 자신의 자손들이라고 했습니다. 그래서 자식들은 몇 명이나 되느냐고 물었더니, 아들은 없고 딸만 셋이 있는데 그들의 이름은 '육신의 정욕Lust of the Flesh', '안목의 정욕Lust of the Eyes', '이생의 자랑Pride of Life'이며 제가 원하기만 한다면 그들 모두와 결혼해도 좋다고 하더군요(요일 2:16). 또한 얼마 동안 제가 그와 함께 살기를 원하느냐고 물었더니 자기가 죽을 때까지 계속 같이 살자고 하더군요."

**크리스천:** "그래서 결국 당신과 그 노인 간에는 어떤 결론이 내려졌습니까?"

**믿음:** "처음엔 그가 옳은 말을 하는 걸로 생각하여 그 노인과 함께 가고 싶다는 생각이 들더군요. 그런데 그와 이야기하면서 그의 이마를 바라보니, '옛 사람과 그 행위를 벗어 버리라'고 쓰여 있더군요."

**크리스천:** "그래서 어떻게 했습니까?"

**믿음:** "그가 지금은 온갖 유혹과 아첨을 할지라도 제가 그의 집으로 함께 따라가기만 하면 틀림없이 저를 노예로 팔아 버릴 것이라는 예감이 퍼뜩 들더군요. 그래서 저는 그에게, 아무리 그런 말로 꾀어도 결국 집까지 함께 따라가지는 않을 테니 말을 삼가라고 했지요. 그랬더니 그는 욕설을 마구 퍼부으면서 제 뒤로 사람을 하나 딸려 보내 가는 도중에 몸과 마음을 한껏 괴롭혀 주겠노라고 악담을 하더군요. 제가 그를 떠나려고 그로부터 등을 돌리려는 순간, 그는 저의 몸을 움켜쥐었습니다. 어찌나 세게 비틀며 끌어당기던지 마치 몸의 한쪽이 떨어져 나가는 것 같았습니다. 그때 저는 '오호라 나는 곤고한 사람이로다'(롬 7:24)라고 외치면서 쉬지 않고 달려 산 위로 올라갔습니다. 마침내 산의 중턱쯤에 이르렀을 때 뒤를 돌아보니 한 사나이가 바람처럼 빨리 제 뒤를 쫓아오는 것이 눈에 띄더군요. 결국 그는 정자 한 채가 서 있는 부근에서 저를 따라잡았습니다."

**크리스천:** "아, 그 정자 말이군요. 그곳은 제가 피곤해서 잠시 쉬려고 앉았다가 그만 잠에 빠져 버리는 바람에 가슴에 품었던 두루마리를 잃어버렸던 곳이에요."

**믿음:** "아! 그런데 형제여, 제 말을 좀 끝까지 들어 주세요. 그 남자는 저를 따

아담이 믿음의 몸을 움켜쥐다

라잡자마자 다짜고짜 저를 내려쳤습니다. 그 바람에 전 땅에 나동그라져서 한동안 죽은듯이 정신을 잃고 말았지요. 마침내 제가 어렴풋이 정신을 차렸을 때 그에게 왜 이토록 심하게 구느냐고 했더니, 그는 최초의 인간인 아담의 유혹에 보이지 않게 마음이 끌렸던 죄 때문이라고 하면서 또 한 번 제 가슴을 세차게 내리쳤습니다. 그 바람에 전 또다시 벌렁 뒤로 나자빠져서 전처럼 정신을 잃은 채 죽은듯이 그의 발꿈치 밑에 쓰러져 있었습니다. 다시 정신을 차렸을 때 저는 자비를 베풀어 달라고 간절하게 소리쳤습니다만 그는 자비를 베푸는 방법을 알지 못하노라고 하면서 다시 저를 내리쳐 쓰러뜨려 버렸어요. 어떤 사람이 그의 곁을 지나가면서 그를 만류하지 않았더라면 아마 그는 저를 죽여버렸을 것입니다."

**크리스천:** "그를 만류한 사람이 누구였습니까?"

**믿음:** "처음에는 알아보지 못했지만 옆으로 지나가실 때 보니 손과 옆구리에 구멍이 나 있는 것으로 보아 그분이 바로 주님이라는 것을 알아차릴 수 있었지요. 그래서 전 계속 산 위로 올라갈 수 있었습니다."

**크리스천:** "당신을 뒤쫓아와서 때린 사람은 모세입니다. 그는 어떤 사람이든 지 용서해 주는 법이 없고 그의 율법을 어긴 사람들에게 자비를 베푸는 아 량도 모르는 사람이지요."

**믿음:** "그것은 저도 잘 알고 있습니다. 그를 만나게 된 것이 이번이 처음은 아니니까요. 제가 고향에서 평안하게 살고 있을 때 저를 찾아와서 이곳에 계속 머물러 있으면 집 전체를 몽땅 태워 버리겠다고 말한 사람이 바로 그 였으니까요."

**크리스천:** "혹 당신이 모세와 만났던 언덕의 꼭대기에 집이 하나 서 있는 것 을 보지 못하셨습니까?"

**믿음:** "물론 보았지요. 그 앞에 있는 사자들도 보았습니다. 사자들이 잠을 자 고 있었던 것 같은데, 때가 바로 정오라서 그랬던 것 같습니다. 해질 때까 지는 아직 시간이 많이 남아 있어서 문지기 앞을 지나쳐 산 아래로 바로 내 려갔습니다."

**크리스천:** "문지기가 당신이 그냥 지나가는 것을 보았다고 하더군요. 그런 데 당신이 한 번 그 집을 방문했더라면 좋을 뻔 했습니다. 그들은 당신이 죽 을 때까지 잊지 못할 매우 희귀하고 값진 것들을 당신에게 보여 주었을 테 니까요. 참, 그런데 겸손의 골짜기에서는 아무도 만나보지 못했습니까?"

**믿음:** "만났지요. 불만이라는 사람을 만났는데 그는 자기와 함께 돌아가자고 저를 열심히 설득했습니다. 이유인즉 겸손의 골짜기에는 아무리 봐도 명예 로운 것이 없기 때문이라나요? 또한 제가 그리로 가는 것은 교만^Pride, 오만 ^Arrogancy, 자만^Self-Conceit, 세상 영광^Worldly-Glory 등 다른 많은 친구들을 배 반하는 행위라고 하더군요. 그리고 제가 만약 이 골짜기를 계속 헤쳐 나가 면 그들은 제 어리석은 행위로 인해 기분이 몹시 상할 거라고 말했습니다."

**크리스천:** "그래서 어떻게 대답해 주었습니까?"

**믿음:** "그가 언급한 그 모든 사람들은 저를 자신들의 친족이라고 정당하게 주 장할 수는 있지만 ― 혈통 관계로는 사실이긴 합니다만 ― 제가 이 순례자 의 길에 들어선 후로부터 그들은 저를 부인했고, 저도 그들을 부인했으니,

믿음을 때린 사람은 모세였다.

그들은 이제 저와 혈통 관계가 전혀 없는 사람들과도 같다고 했습니다. 더구나 이 골짜기에 대한 그의 생각은 무척 빗나간 것이라고 말해 주었지요. '겸손은 존귀의 앞잡이요, 교만은 패망의 선봉이다'(잠 15:33; 16:18)라고 했으니, 그러므로 저는 당신이 가장 가치있다고 주장하는 세상적인 것들을 선택하기보다는 참된 현자들이 숭상하는 하늘의 영광을 구하기 위해 이 골짜기를 계속 나아가겠노라고 말했습니다."

**크리스천:** "그 골짜기에서 또 다른 사람은 만나보지 못했습니까?"

**믿음:** "또 있었지요. 수치Shame라는 이름의 친구를 만났는데 제가 순례여행 도중에 만난 사람 중에서 그처럼 이름이 걸맞지 않은 사람은 없었을 것이라고 생각합니다. 다른 사람들 같으면 얼마만큼 논쟁을 한 뒤에 다소 마음을 돌리거나 단념하고 마는데 이 철면피 같은 인간은 그저 막무가내였으니까요."

**크리스천:** "아니, 도대체 그가 무슨 말을 하던가요?"

**믿음:** "무슨 말이냐구요? 글쎄, 그 작자는 종교 그 자체를 부정하면서 사람

이 종교에 마음을 두는 것 자체가 가련하고 비열하고 무기력한 일이라고 말했습니다. 그는 부드러운 양심이라는 것 자체가 사내답지 못한 것이며, 사람이 자신의 말과 행동을 살펴 시대가 말하는 용감한 정신이 가진 자유를 삼가는 것은 자신을 뭇사람들의 조롱감으로 만드는 행위라고 말했습니다. 또한 그는, 오직 소수의 권세가 있고 부유하고 지혜로운 사람들만이 제 의견에 동의할 것이며, 어느 누구도 바보가 되라고 설득당하지 않는 이상, 확실히 알지도 못하는 것들을 위해 스스로 세상의 모든 쾌락을 버리지는 않을 것이라고 말했습니다(요 7:48; 고전 1:26; 3:18; 빌 3:7-9). 게다가 그는 옛부터 순례자가 되는 사람들은 모두 비천하고 낮은 신분을 가진 사람들로서 자신이 살고 있는 현세조차 알지 못할 뿐더러 자연과학을 전혀 이해하지 못하는 무식한 자들이라고 놀리는 것이었습니다. 그밖에도 여기서 제가 다 말하지도 못할 정도로 많은 것들을 말했는데, 예를 들자면 설교를 들으면서 울며 슬퍼하는 것은 수치스러운 행동이며, 예배가 끝나고 집으로 돌아가면서도 한숨짓고 괴로워하는 것도 우스꽝스러운 짓이라고 말하더군요. 사소한 잘못을 저지르고 나서 이웃 사람들에게 용서를 비는 것이라든지, 조금이라도 돈을 빌리면 반드시 갚는 것 등 모두가 수치스러운 일이라는 겁니다. 더구나 종교는 위대한 사람이 사소한 악행 ─ 악행이란 말을 쓰지 않고 좀 더 근사한 말을 쓰기는 했지만 ─ 여하튼 조그만 실수만 저질러도 비난할 뿐 아니라, 같은 종교를 믿는 사람들을 믿음의 형제들이라고 하여 비천한 사람들일지라도 받아들이고 존경하니 이 또한 수치스러운 일이 아니냐고 했습니다."

**크리스천:** "그래서 당신은 그에게 뭐라고 말해 주었습니까?"

**믿음:** "처음엔 뭐라고 말해야 할지 몰라서 다소 당황했지요. 그의 논증은 제 얼굴이 벌겋게 상기될 만큼 저를 몰아붙였습니다. 그 수치란 놈이 저의 이러한 낌새를 알아차려서 하마터면 제가 그에게 당할 뻔했지만 저는 이내 마음을 진정시키고 생각하기 시작했습니다. '사람 중에 높임을 받는 그것은 하나님 앞에 미움을 받는 것이니라'(눅 16:15)라는 성경 말씀을 상기하면서

수치가 한 말을 다시 생각해 보니 그는 인간에 대한 이야기만 했지 하나님과 하나님의 말씀에 대한 이야기는 한 마디도 하지 않았다는 것을 깨달았습니다. 좀 더 깊이 생각해 보니 최후의 심판날에 우리의 영원한 생명과 죽음을 결정하는 것은 세상의 허세가 아닌 지극히 높으신 분의 지혜와 율법이라는 것을 기억해 낼 수 있었습니다. 그러므로 이 세상의 모든 인간들이 하나님의 말씀에 거역한다 할지라도 하나님의 말씀이 가장 옳고 아름다운 것임을 재삼 확신했습니다. 하나님께서는 그를 믿는 신앙과 온유한 양심을 더 즐겨 받으신다는 것을 생각해 볼 때 천국을 위하여 세상에서 바보 취급 당하는 사람들이야말로 가장 현명한 사람들이며, 하나님을 사랑하고 따라가는 가난한 사람들이 세상에서 존경받으면서 하나님을 미워하는 위대한 영웅이나 부자들보다 더 영적으로 부유한 사람들임을 깨닫게 되었지요.

그래서 저는 '수치야, 물러가라. 너는 나의 구원을 방해하려는 원수로다. 내가 하나님의 뜻을 어기고 너를 환영할까 보냐? 그렇게 한다면 주님이 강림하시는 날 내가 무슨 낯으로 하나님을 뵐 수 있겠는가? 만일 내가 지금 하나님의 종으로서 그의 길을 따르는 것을 부끄러워한다면 어찌 축복을 바랄 수 있으리요(막 8:38)?'라고 소리를 질렀습니다. 그런데 정말이지 이 수치란 놈은 대단히 뻔뻔스러운 악한이었습니다. 제가 어떻게든지 그를 뿌리쳐 버리려고 애를 썼으나 그 놈은 악착같이 제게 달라붙어 뒤쫓아오면서 제 귀에다 입을 바싹 대고 종교의 여러 가지 약점들을 끊임없이 속삭였습니다. 그래서 저는 단호하게 그놈에게 말했습니다. '네가 아무리 이런 수작을 계속해 보아자 결국 헛수고일 뿐이야. 나는 네가 경멸하고 비난하는 것들을 가장 존경하고 있으며 또한 거기서 영광을 구하고 있으니까 말이다.'

마침내 저는 그 지긋지긋하게 성가신 놈을 떼어 버리고 이렇게 노래 부르기 시작했습니다.

'하늘의 부르심에 순종하는 사람들이
겪어야 할 시련은 많고 많도다.

육체에 해당되는 시험들이 오고 가고
또 새로이 오고 가나니
우리는 지금 아니면 다른 때에 그것들에
사로잡혀 정복당한 뒤 버림받을 것이다.
오! 순례자여, 하늘 가는 나그네들이여,
그러니 우리 모두 경계하고 조심하여
장부답게 모든 시련을 물리치자.' "

**크리스천:** "형제여, 당신이 그토록 용감하게 그자를 물리쳐서 정말 기쁩니다. 당신이 말씀하신 대로 그자는 도대체 이름에 걸맞지 않은 자입니다. 그는 자신의 행동을 부끄럽게 여기기는커녕 길거리에서까지 우리를 따라다니며 모든 사람들 앞에서 우리에게 모욕을 주려고 했으니 말입니다. 말하자면 그는 우리로 하여금 선한 것을 부끄럽게 생각하도록 하려고 온갖 애를 쓴 지독한 자이지요. 그가 대담하지 못한 자였다면 감히 그런 일을 하려는 엄두도 내지 못했을 텐데. 우리 함께 마음을 모아 그자를 대항합시다. 그의 허세에도 불구하고 그는 어리석은 자일 뿐 아무것도 아닙니다. '지혜로운 자는 영광을 기업으로 받거니와 미련한 자의 영달함은 수치가 되느니라'(잠 3:35)고 솔로몬도 말했지요."

**믿음:** "우리는 수치를 대항하는 일에 그리고 세상에 진리를 널리 알리는 일에 하나님의 도우심을 간구해야 합니다."

**크리스천:** "옳은 말씀입니다. 그런데 그 골짜기에서 또 다른 사람을 만나 보셨습니까?"

**믿음:** "아니, 만나지 못했습니다. 수치와 헤어진 후 나머지 길을 걷는 동안, 그리고 사망의 음침한 골짜기를 지나는 동안에도 내내 햇볕이 쨍쨍 빛나고 있었으니까요."

**크리스천:** "그것 참 다행입니다. 저의 경우는 당신과 전혀 달랐습니다. 그 골짜기에 들어서자마자 저는 아볼루온이라는 무시무시한 악마를 만나 그와

오랜 시간 격투를 벌였습니다. 정말이지 저는 그놈한테 죽임을 당할 줄로 생각했습니다. 특히 그놈이 절 넘어뜨린 뒤, 저를 깔고 앉아 마구 짓누를 때는 온몸이 산산조각나는 줄 알았습니다. 그리고 그가 저를 던져 제가 칼을 놓쳤을 때, 그는 자신만만하게 저를 죽이겠다고 장담하기도 했습니다. 그때 저는 하나님께 호소했는데 사랑이 충만하신 그분은 제 외침을 들으사 온갖 고통 가운데서 저를 구원해 주셨습니다. 제가 사망의 음침한 골짜기에 들어설 때부터 중간 지점에 이를 때까지는 빛이 없고 몹시 컴컴했습니다. 그래서 죽을 뻔한 고비를 여러 번 넘겼었는데, 새벽이 되면서 태양이 떠올라와 남은 절반 이상의 길은 훨씬 수월하게 걸어올 수 있었지요."

## 12. 믿음과 수다쟁이

꿈속에서 보니 두 사람은 계속 함께 걸어가고 있었다. 믿음이 문득 옆을 바라보다가 그들과 한참 떨어져 걷고 있는 수다쟁이Talkative를 보게 되었다. 이곳의 길은 상당히 넓어서 그들 모두가 함께 걸어갈 수 있었다.

**믿음:** "친구여, 어디로 가십니까? 혹시 천국으로 가시는 길입니까?"

**수다쟁이:** "예, 그리로 가는 길입니다."

**믿음:** "아, 그럼 잘 됐군요. 우리 모두 사이좋게 동행합시다."

**수다쟁이:** "기꺼이 그렇게 하지요. 당신들의 동행이 되겠습니다."

**믿음:** "그렇다면 이리로 오십시오. 함께 걸어가면서 유익한 이야기로 시간을 보냅시다."

**수다쟁이:** "당신이든 혹은 다른 사람이든 함께 유익한 이야기를 나눈다는 것은 제겐 퍽 반가운 일입니다. 그처럼 선하고 값있는 일에 관심을 갖고 있는 사람을 만나게 되어 무척이나 기쁘군요. 솔직히 말해서 여행 도중에 무료함을 달래기 위해 무익한 잡담을 나누길 좋아하는 사람은 많아도 가치 있는 이야기로 시간을 보내려는 사람은 별로 없습니다. 그런 사람들이 별로

없다는 것은 제게 늘 걱정거리였습니다."

**믿음:** "참으로 슬퍼할 만한 일이지요. 입과 혀를 하늘에 계신 하나님에 관한 얘기를 하는 것보다 더 가치있게 사용할 수 있는 일이 어디 있겠습니까?"

**수다쟁이:** "당신이 그렇게 확신이 넘치는 훌륭한 말씀을 하시는 걸 보니 참 기쁘군요. 제가 한 마디 더 거들자면, 사실 하나님에 관한 이야기보다 더 유쾌하고 유익한 일이 도대체 어디 있겠습니까? 사람이 경탄할 만한 것들에 대해서 기쁨을 느낄 수 있다면 그처럼 유쾌한 일은 정말 없을 것입니다. 예를 들어, 사람이 역사 혹은 신비한 것들에 대한 이야기로 기쁨을 찾는다거나, 기적에 대한 이야기들, 기이한 이야기들, 혹은 징조에 관한 이야기들을 즐겨 한다면 성경처럼 재미있고 유익하게 기록되어 있는 책을 어디서 찾을 수 있겠습니까?"

**믿음:** "옳은 말씀입니다. 우리는 그러한 일들을 이야기함으로써 유익을 얻어야 하며, 그것이 바로 우리가 지향하는 바가 되어야 합니다."

**수다쟁이:** "그게 바로 제가 말씀드리고자 했던 바입니다. 그러한 대화는 사람들에게 많은 지식을 주기 때문에 가장 유익하지요. 예를 들면, 세상적인 것들이 모두 헛되다든지, 하늘에 관한 것들이 우리의 영육에 유익이 된다는 것 등. 물론 이러한 것들은 보편적인 것들이지만 특별히 유익한 것들을 말하자면, 거듭나야 한다는 필요성, 인간이 하는 일의 불충분성, 그리스도의 의로우심이 인간의 구원에 필요하다는 점 등입니다. 뿐만 아니라 우리는 이러한 이야기들을 나눔으로써 회개하는 것, 믿음을 갖는 것, 기도하는 것, 고통받는 것 등등이 과연 어떠한 의미를 갖고 있는지 배우게 되며, 또한 복음이 주는 위대한 약속과 위로가 무엇인가를 깨닫게 되어 위안을 얻게 됩니다. 더 나아가 우리는 이런 이야기들을 통하여 그릇된 견해들을 물리치고, 진리를 밝혀 주며, 어리석은 사람들을 깨우쳐 줄 수 있는 능력까지 배우게 될 것입니다."

**믿음:** "옳습니다. 당신으로부터 이러한 이야기들을 듣게 되어 참으로 기쁩니다."

**수다쟁이:** "아! 그러나 영원한 생명을 얻기 위해서는 믿음이 필요하다는 것과 영혼에 은혜가 작용해야 한다는 것을 아는 사람은 거의 없습니다. 이러한 것들을 이해하지 못하기 때문에 대개는 율법에 의지해 살고 있는데, 이처럼 율법에만 의지해 사는 사람은 결코 천국을 차지할 수 없습니다."

**믿음:** "잠깐 실례합니다만 그와 같은 하늘에 대한 지식은 하나님의 선물입니다. 어느 누구도 인간 자체의 근면한 노력과 단순한 이야기만으로는 성스러운 하늘의 지식을 얻을 수 없습니다."

**수다쟁이:** "저 역시 그것을 잘 알고 있는 바입니다. 하늘에서 주신 바 아니면 인간은 아무것도 얻을 수 없으니까요(요 3:27). 모든 것은 은혜로 되는 것이지 행위로 되지는 않습니다(딤후 1:9). 그것을 증명하기 위해서라면 백 개의 성경 구절이라도 인용하여 당신에게 설명할 수 있습니다."

**믿음:** "그렇다면 이제 한 가지 주제를 정해 놓고 그것에 대해서 대화를 나누면 어떻겠습니까?"

말만 하고 행함이 없는 수다쟁이

**수다쟁이:** "당신이 원하는 대로 택하십시오. 그것이 우리에게 유익하기만 하다면 하늘에 관한 이야기나 세상에 대한 이야기, 혹은 도덕에 관한 이야기, 복음에 대한 이야기, 거룩한 것, 세속적인 것, 과거에 대한 것, 미래에 대한 것, 외국에 대한 것, 우리나라에 대한 것, 본질적이거나 혹은 부수적인 것 등 무엇에 대한 것이든 이야기할 수 있습니다."

이제 믿음은 수다쟁이에 대해 경탄을 금치 못하면서 크리스천 쪽으로 다가가─이제껏 크리스천은 혼자서 말없이 길을 걷고 있었다─조용히 속삭이기 시작했다. "참으로 용감하고 훌륭한 동행자가 생겼습니다! 틀림없이 이 사람은 매우 뛰어난 순례자가 될 것입니다."

**크리스천:** "(이 말을 듣고 조심스럽게 미소를 지으면서) 당신이 지금 그토록 감탄하고 있는 사람은 스무겹이나 되는 혀를 가지고 그를 잘 알지 못하는 사람들을 감언이설로 속여 넘길 것입니다."

**믿음:** "그렇다면 당신은 그를 알고 있습니까?"

**크리스천:** "알다 뿐이겠습니다! 그자가 자기 자신에 대해 알고 있는 것보다 제가 그자를 더 잘 알고 있을겁니다."

**믿음:** "그럼 이 사람은 누구입니까?"

**크리스천:** "그의 이름은 수다쟁인데 우리 동네에 살던 사람입니다. 당신이 그를 모르고 있다니 좀 이상한데, 아마도 우리 동네가 크기 때문인가 봅니다."

**믿음:** "그는 누구의 자제이며 우리 도시의 어디쯤에 살고 있습니까?"

**크리스천:** "그는 달변達辯, Saywell의 아들인데 말 많은 동네Prating-Row에 살고 있으며 말 많은 동네의 수다쟁이라면 누구나 잘 알고 있지요. 말 재주는 참 좋지만 알고 보면 보잘것없는 사람입니다."

**믿음:** "글쎄요. 제게는 꽤 훌륭한 사람으로 보이던데요."

**크리스천:** "그를 자세히 알지 못하는 사람들에게는 그렇게 보이지요. 멀리서 보기에는 그럴싸하게 보이지만 가까이서 대하면 대할수록 추잡한 사람입

니다. 당신이 그가 퍽 훌륭한 사람이라고 말씀하시니까 제가 어떤 화가의 그림을 볼 때가 생각이 나는군요. 그 그림을 멀리서 보았을 때는 아주 멋져 보이더니 가까이 가서 보니까 점점 형편없어 보이더군요."

**믿음:** "당신이 웃으면서 말씀하시는 걸 보니까 아마 농담을 하고 계시는가 봅니다."

**크리스천:** "천만의 말씀입니다. 비록 미소를 짓기는 했지만 이런 문제에 대해서 농담을 해서는 안 된다는 것을 하나님께서 명하고 계십니다. 더구나 근거없이 남을 비방한다면 하나님께서 용서하지 않을 것입니다. 저 사람에 대해서 좀 더 자세하게 알려 드리겠습니다. 지금 당신과 더불어 이야기를 나눈 것 같이 저 사람은 언제 어디서나 어떤 사람이든 붙들어 놓고 아무 이야기나 이것저것 마구 지껄여대는 사람입니다. 술좌석에 앉아서도 아무나 붙들고 이야기를 시작하는 데 술이 많이 들어가면 들어갈수록 더욱더 이야기가 많아지지요. 종교라는 것은 사실상 그의 마음 안에도, 집에도, 대화 중에도 존재하지 않습니다. 그는 단지 혀끝으로만 이야기할 따름이며 그의 종교관은 결국 횡설수설 떠벌이는 것에 지나지 않습니다."

**믿음:** "정말 그렇습니까? 그렇다면 제가 단단히 속았군요."

**크리스천:** "속았지요! 틀림없이 속으신 것입니다. '그들은 말만 하고 행하지 아니하도다'(마 23:3)라는 말씀을 명심하십시오. '하나님의 나라는 말에 있지 아니하고 오직 능력에 있음이라'(고전 4:20)는 말씀도 잘 새겨 두세요. 저 사람은 기도와 회개, 신앙과 거듭남 등에 관하여 말하고 있지만 사실상 말로만 그칠 뿐입니다. 저는 그의 집을 방문한 적도 있었고 고향에서나 타향에서나 그를 죽 관찰해 왔으므로 그에 대해서 제가 하는 말은 어디까지나 사실입니다. 그의 가정은 계란 흰자위가 맛이 나지 않듯이 종교의 참맛이 나지 않는 가정입니다. 그의 집에서는 기도나 회개의 징조가 도무지 보이지 않으며 차라리 그의 짐승들이 그보다 더 하나님을 잘 섬긴다고 보아야 할 것입니다. 저 사람이야말로 종교를 더럽히고 욕되게 하고 수치스럽게 만드는 존재입니다. 그가 살고 있는 동네의 어디를 가나 그를 좋게 말하는

사람들을 거의 볼 수 없고, 그로 인하여 종교 자체도 비난을 받고 있습니다. 그를 아는 모든 사람들은 그를 가리켜 '밖에서는 성자요, 집에서는 악마'라고 하며, 그의 불쌍한 하인들이나 가족들은 표리가 다른 그의 언행으로 고초를 겪고 있습니다. 그는 지독한 구두쇠에 욕쟁이입니다. 그가 하인들을 너무나도 부당하게 대우 하기 때문에 그들은 어떻게 처신해야 할지 혹은 그를 어떻게 대해야 할지 몰라 늘 당황하고 있습니다.

저 사람과 거래를 해본 사람들은 그와 거래하기보다는 차라리 잔인하고 포악하다는 터키 사람들과 거래하는 것이 훨씬 낫겠다고 말합니다. 오히려 터키 상인들과 거래하는 것이 더 공정한 거래가 되리라고 생각하기 때문이지요. 저 수다쟁이는 가능하기만 하면 사람들을 압도하고, 그들의 재산을 사취합니다.

그뿐만 아니라 그의 아들들조차도 자신의 행적을 따르도록 가르치고 있는데, 만일 자식들 중 어느 하나라도 약한 담력을 소유한 바보라고 판단되면 ― 온유하고 선량한 양심의 소유자를 그는 바보같은 약자라고 부르지요 ― 바보니 멍청이니 하고 모욕을 주면서 결코 그들에게 일을 맡기지도 않고 남 앞에서 칭찬해 주는 일도 절대로 없답니다.

제 의견을 솔직히 말하자면, 그는 자신의 추악한 일상 생활로 많은 사람들을 구렁텅이에 빠뜨렸고 또 빠뜨릴 것입니다. 만일 하나님께서 막지 아니하시면 더 많은 사람들이 파멸에 이르게 될 것입니다."

**믿음:** "아! 형제여, 저는 당신의 말을 믿지 않을 수 없습니다. 당신이 그를 잘 알고 있다고 말했기 때문이 아니라 당신이 크리스천다운 양심으로 사람들을 정직하게 평가하기 때문입니다. 당신이 악의를 가지고 그런 말을 했다고 생각할 수가 없습니다. 사실상 당신이 말한 그대로일 거라고 믿습니다."

**크리스천:** "저도 당신처럼 그를 잘 알지 못했더라면 저도 그의 본색을 파악하지 못하고 그에게 경탄했을 것입니다. 종교를 배척하는 무리들의 입으로부터 이런 말을 들었더라면 저는 그것을 악의에 찬 비방으로 여겼을 것입니다. 악한 사람들의 입에서 선한 사람들의 명성이나 기업을 혹평하는 일

"밖에서는 성자요, 집에서는 악마"인 수다쟁이

이 흔히 있으니까요. 하지만 제가 직접 알고 있는 이러한 모든 악한 행위들만 가지고도 그가 얼마나 사악한 자라는 것을 증명할 수 있습니다. 선한 사람들은 그를 부끄럽게 여기고 있어 그를 형제 혹은 친구라고 부르지 않습니다. 그를 알고 있는 사람들은 그의 이름만 들어도 얼굴을 붉히며 그를 아는 것을 수치로 여기고 있지요."

**믿음:** "아, 이제 말과 실제 행동은 별개의 문제임을 깨달았습니다. 이제부터 이러한 구별을 좀 더 명확히 할 수 있도록 한층 주의를 기울이겠습니다."

**크리스천:** "참으로 말과 행동은 영혼과 육체가 서로 다르듯이 별개의 것들이지요. 영혼이 없는 육신이 죽은 시체인 것과 마찬가지로 행동이 따르지 않는 말도 역시 죽어 있는 시체에 불과합니다. 종교의 정신은 곧 실행하는 데에 있습니다. '하나님 아버지 앞에서 정결하고 더러움이 없는 경건은 곧 고아와 과부를 그 환난 중에 돌보고 자기를 지켜 세속에 물들지 아니하는 그것이니라'(약 1:27)라고 성경에 씌어 있지요. 그러나 수다쟁이는 이것을 깨

닫지 못하고 단지 말하는 것만으로도 진실한 기독교인이 될 수 있다고 생각함으로써 자기 자신의 영혼을 속이고 있습니다. 듣는 것은 단지 씨를 뿌리는 작업에 불과하고, 말은 마음과 생활 속에 참된 열매가 맺어졌다는 것을 증명하기에 충분치 않습니다. 최후의 심판날이 이르렀을 때 사람들은 제각기 그들이 거둔 열매의 성과에 따라 심판받게 된다는 것을 우리는 명심해야 합니다. 그날에 이르러 심판자께서는 '너는 믿었느냐?' 하고 묻지 아니하시고 '너는 진실로 행했느냐? 혹은 말만 하고 다녔느냐?' 하고 물으실 것이며 그 행함의 여부에 따라서 심판을 내리실 것입니다.

이 세상 최후의 날은 추수하는 날로 비유될 수 있습니다. 당신도 알다시피 추수할 때 농부는 열매 이외의 것에 관심을 두지 않습니다. 믿음에 의하지 아니한 것도 받아들여질 수 있다는 뜻이 아니라 심판 날에 이르러 저 수다쟁이의 허황된 거짓말이 얼마나 쓸모없고 헛된 것인지를 당신에게 알려주기 위해 이러한 비유를 말하는 것입니다."

**믿음:** "당신의 말씀을 들으니 모세가 깨끗한 짐승에 대하여 설명했던 것이 생각나는군요. 깨끗한 짐승이란 굽이 갈라져 쪽발이 되고 새김질하는 것을 일컬음이요, 굽만 갈라졌거나 새김질만 하는 짐승을 말하는 것이 아니라던 말씀 말입니다(렘 11:36; 신 14:7). 토끼는 새김질은 하나 굽이 갈라져 있지 않으므로 깨끗하지 않다고 말씀하셨는데 이는 수다쟁이와 너무나 유사한 비유입니다. 그는 세상적인 지식을 이용하여 말만으로 새김질을 하지만, 행위는 죄인의 길에서 떠나지 못하므로 개나 곰의 발처럼 굽이 갈라지지 않은 부정한 자라 해야 할 것입니다."

**크리스천:** "제가 아는 한 당신은 그 구절들의 참된 뜻을 말씀하셨습니다. 제가 한 마디 더 보태지요. 사도 바울은 말만 하기 좋아하는 사람들을 가리켜 '소리 나는 구리와 울리는 꽹과리와 같다'(고전 13:1-3)고 하셨고, 다른 곳에서는 이 말을 좀 더 쉽게 설명하여 '생명 없는 것이 소리를 내는 것과 같다'고 했지요(고전 14:7). 생명이 없는 것들, 즉 진실한 신앙과 복음의 은혜를 받지 못한 사람들은 비록 그들의 혀가 천사의 목소리로 많은 것을 이야

기할지라도 생명의 자손들과 결코 천국에서 함께 살 수는 없을 것입니다."

**믿음:** "그렇지요. 처음부터 저 사람과 동행하는 것을 그다지 달갑게 생각하지는 않았지만 이제는 아주 진절머리가 나는군요. 어떻게 하면 저 사람을 떨쳐 버릴 수 있을까요?"

**크리스천:** "저의 충고를 받아들여 제가 말하는 대로 하십시오. 그렇게 하면 하나님께서 그의 마음을 감동시켜 마음을 돌리게 하지 않는 한 그도 역시 당신과 동행하는 데 진절머리를 낼 테니까요."

**믿음:** "자, 그럼 어떻게 했으면 좋겠습니까?"

**크리스천:** "다시 그에게로 가서 종교의 능력에 대하여 진지한 토론을 나누자고 제의해 보십시오. 그는 틀림없이 찬성하며 많은 이야기를 하려 들 텐데 그때 참된 종교의 능력이 그의 마음이나 가정이나 대화 속에 명백히 들어 있는지를 확실하게 물어보세요."

**믿음:** (그러자 믿음은 다시 수다쟁이에게로 가까이 다가가서 말을 건넸다.) "오랫동안 실례했습니다. 그래, 지금 기분은 어떻습니까?"

**수다쟁이:** "고마워요, 좋습니다. 지금까지 우리가 이야기를 계속 했더라면 꽤 많은 이야기를 나누었을 텐데 중단하게 되어 아쉽습니다."

**믿음:** "글쎄, 당신만 원하신다면 다시 이야기를 시작하십시다. 무엇에 대해 이야기할지 화제는 저에게 맡긴다고 하셨으니까 이런 것을 얘기했으면 합니다. 하나님의 구원의 은혜가 사람의 마음속에 들어갔을 때, 어떻게 그 변화가 나타날까요?"

**수다쟁이:** "아, 그러면 사물의 능력에 대해서 이야기해 보자는 말씀이군요. 아주 좋은 화제를 택하셨습니다. 기꺼이 당신께 대답해 드리지요. 간단하게 요점만 말씀드리자면, 우선 하나님의 은혜가 가슴에 충만하게 되면 죄에 대한 반발의 소리가 크게 일어날 것이고, 둘째로…"

**믿음:** "아니, 잠깐만요. 당신이 한 말을 다시 한 번 더 짚어봅시다. 제 생각에는 하나님의 은혜가 영혼으로 하여금 죄를 혐오하게 만든다는 표현이 더 적합할 것 같습니다."

**수다쟁이**: "아니, 죄에 반발하는 소리와 죄를 혐오하는 생각 사이에 도대체 무슨 차이가 있단 말씀입니까?"

**믿음**: "아! 큰 차이가 있지요. 사람은 단지 전략상 죄를 비난하는 소리를 할 수 있지만 진실로 죄 그 자체를 미워하려면 죄악을 대적하는 경건한 반감에 의하지 아니하고는 할 수 없는 것입니다. 저는 사람들이 강단 위에서는 큰 소리로 죄를 비난하지만, 그들의 마음이나 가정에서는 그들의 발언대로 행동하지 않는 것을 많이 보았습니다. 보디발의 아내는 마치 자신이 정숙하고 경건한 것처럼 큰 소리로 외쳤지만 기꺼이 요셉과 더불어 부정한 짓을 행하려 들었습니다(창 39:15). 그것은 마치 어떤 어머니가 무릎에 앉힌 아이를 향해 못된 아이니 버릇없는 녀석이라고 막 비난하다가도 어느새 아이를 껴안고 입 맞추는 것과 같습니다."

**수다쟁이**: "제가 보기에 당신은 억지로 남의 흠을 찾아내려고 애쓰고 있는 것 같습니다."

**믿음**: "아닙니다. 결코 그렇지 않아요. 저는 단지 현상을 옳게 판단하고자 할 뿐입니다. 자 그럼, 마음속에 나타나는 은혜의 작용의 두 번째는 뭐라고 생각하십니까?"

**수다쟁이**: "복음의 신비에 대한 풍성한 지식입니다."

**믿음**: "그것이 은혜가 나타나는 첫 번째 표지가 되었어야 할 텐데. 그러나 첫째 표지이건 마지막 표지이건 그것 역시 헛된 것입니다. 왜냐하면 복음의 신비에 대하여 아무리 많은 지식을 획득한다 할지라도 지식 그 자체만으로는 영혼에 적용하는 은혜의 혜택이 될 수 없으니까요. 사람이 모든 지식을 소유하고 있다 할지라도 그는 결국 허무한 존재이고, 결과적으로 지식만으로는 하나님의 자녀가 될 수 없습니다. 그리스도께서 제자들에게 '내가 너희에게 행한 것을 너희가 아느냐?'고 물으셨을 때 제자들이 '네' 하고 대답하자 예수께서는 덧붙여 말씀하시길 '너희가 이것을 알고 그대로 행하면 복이 있으리라' 하셨습니다(요 13:12, 17). 즉 예수께서는 진리를 아는 것이 아닌 그것을 실천하는 것에 복을 내리십니다. '주인의 뜻을 알면서도 주인

의 뜻대로 행하지 않는 종'(눅 12:47)이 있듯이 행함이 따르지 않는 지식도 많이 있기 때문입니다. 천사처럼 많은 것을 알고 있으면서도 참된 크리스천이 되지 못하는 사람이 많으니 당신이 말씀하시는 표지는 옳지 않은 것 같습니다. 사실 안다는 것은 말하기 좋아하고 허풍떨기 좋아하는 사람들을 만족시킬 뿐입니다. 하나님을 기쁘게 하는 일은 아는 대로 행함에 있습니다. 그렇다고 해서 참된 지식이 없는 마음도 얼마든지 좋다는 이야기는 아닙니다. 지식이 없는 마음은 공허하기 때문에 지식은 물론 필요합니다. 그런데 지식에는 여러 가지가 있습니다. 단순히 사색으로만 만족하는 지식도 있고, 신앙 및 사랑의 은혜와 함께 동반하는 지식도 있지요. 전자는 말만 하기를 좋아하는 사람들이 흔히 과시하는 지식이고, 후자는 사람의 마음을 움직여 진실로 하나님의 뜻에 맞는 행동을 하도록 이끌어 주는 지식입니다. 그러므로 진정한 크리스천이라면 후자의 지식을 소유하지 못하고는 참 만족을 얻을 수 없을 것입니다. '나로 하여금 깨닫게 하여 주소서. 내가 주의 법을 준행하며 전심으로 지키리이다'(시 119:34)."

**수다쟁이:** "당신은 또다시 제 흠만 잡으려 하십니다. 그런 말은 덕이 되지 못합니다."

**믿음:** "그렇다면 은혜의 작용이 나타나는 표지를 또 하나 말씀해 주십시오."

**수다쟁이:** "아니, 그만두겠습니다. 우리 둘의 의견이 서로 일치되지 않을 게 뻔하니까요."

**믿음:** "만일 당신이 말하기를 원하지 않으신다면, 제가 의견을 제시해도 괜찮겠습니까?"

**수다쟁이:** "좋을 대로 하십시오."

**믿음:** "마음속에 은혜의 작용이 나타나는 사람은 그 자신은 물론 옆에 있는 사람들에게까지 영향을 미치지요. 은혜를 친히 소유한 사람에게는 다음과 같은 효과가 나타납니다. 그들은 은혜의 작용으로 인하여 자신의 죄의식을 절실히 깨닫게 되고, 특히 본성의 타락함과 불신앙의 죄를 인식하게 되지요. 즉, 예수 그리스도를 믿는 것으로 하나님의 자비를 얻지 못하면 결

국 정죄받게 되리라는 것을 깨닫게 된다는 것입니다(요 16:8, 9; 롬 7:24; 막 16:16).

이와 같은 방향으로 사물을 보고 느낌으로써 그는 죄에 대한 슬픔과 부끄러움을 인식하게 될 뿐만 아니라, 평생 동안 구주와 가까이 살아가야 할 절대적인 필요성도 느끼게 됩니다. 동시에 하나님의 약속이 이루어질 것을 목마름과 갈급함으로 추구하고 또 기다리게 됩니다(시 38:18; 렘 31:19; 갈 2:16; 행 4:12; 마 5:6; 계 21:6).

이처럼 구주를 믿는 믿음의 강하고 약한 정도에 따라 그의 기쁨과 평화, 경건한 것을 사모하는 마음, 구주를 좀 더 알고자 하는 소망의 정도가 좌우되며, 이 세상에서 주님께 봉사하고자 하는 열성이 좌우됩니다. 그러나 마음에 은혜를 간직하고 있는 사람이 자신의 말과 행동에 변화가 일어나는 것을 발견하기는 하면서도 그러한 변화를 가져오는 원인이 곧 은혜에 의한 것임을 스스로 깨닫고 인식하는 경우는 극히 드뭅니다. 왜냐하면 그는 지금 부패된 상황에 처해 있고, 이성의 잘못된 남용으로 인하여 그의 마음은 이러한 사실에 대해 그릇된 판단을 내리게 되기 때문입니다. 그러므로 이러한 변화가 은혜에 의한 것임을 확고하게 인식하기 위해서는 먼저 건전한 판단력이 요구됩니다.

그러므로 사람들에게 나타나는 은혜의 효과는 다음과 같습니다.

1. 그리스도에 대한 신앙을 체험적으로 고백하는 것입니다(롬 10:10; 빌 1:27; 마 5:19).

2. 그러한 고백에 실제로 부합하는 삶을 영위하는 것입니다. 즉 경건한 생활, 경건한 마음, 경건한 가정(만일 그가 가정을 가지고 있다면), 경건한 일상 생활의 대화 등을 통하여 자신의 모든 것을 경건하고 깨끗하게 하면 대개는 자신도 모르는 사이에 죄를 미워하게 됩니다. 가정 내에서도 이러한 죄에 대한 혐오감 때문에 암암리에 죄를 멀리하게 되고, 마침내 온 세상에 경건함을 증진시키되 위선자나 지껄이기 좋아하는 사람들처럼 단지 입으로만 하는 것이 아니라 하나님의 말씀이 지닌

능력에 의지하여 믿음과 사랑으로 순종하고 실천함으로써 경건함을 이룹니다(요 14:15; 시 50:23; 겔 20:43; 마 5:8; 롬 10:9, 10; 빌 3:17-20).

자, 선생님, 제가 방금 은혜의 작용과 그 나타나는 효과에 대하여 간략하게 설명하였는데 혹시 이의가 있으시면 말씀해 주십시오. 만일 이의가 없으시다면 당신께 두 번째 질문을 하고 싶습니다만."

**수다쟁이:** "아니, 지금 전 반대할 입장이 아니라 단지 듣기만 하는 입장에 처해 있으니 어서 두 번째 질문이나 해 보시지요."

**믿음:** "두 번째 질문은 이렇습니다. 은혜의 작용에 대한 제 설명 중에 첫 번째 것을 당신도 경험해 본 적이 있으십니까? 당신의 생활과 당신의 하는 말이 서로 잘 부합되고 있습니까? 혹시 당신의 종교는 행위와 진실 안에 서 있기보다는 말과 혀끝에만 존재하지는 않습니까? 이 질문에 대답하실 때에는 부디 하늘에 계신 하나님께서 아멘 하고 인정해 주시리라 믿는 것만 말해 주시고, 당신의 양심이 안에서 당신을 시인하는 것 이외에는 말하지 말아 주십시오. '옳다 인정함을 받는 자는 자기를 칭찬하는 자가 아니요 오직 주께서 칭찬하시는 자니라'(고후 10:18). 뿐만 아니라 당신의 일상 생활이나 이웃들은 당신이 거짓말을 하고 있다고 증명해 주는데 당신 혼자서만 이렇다 저렇다 장황하게 떠벌이는 것도 크나큰 죄악임을 명심해 주십시오."

**수다쟁이:** (이 말을 듣고 처음에 얼굴을 붉히던 수다쟁이는 곧 마음을 다시 완악하게 고쳐먹고는 이렇게 대답했다.) "믿음 씨, 당신은 지금 경험이니 양심이니 하나님이니 하는 말들을 장황하게 늘어 놓으면서 당신이 한 말의 정당성을 하나님께 호소하고 있군요. 저는 이런 식의 대화를 기대하지 않았고 당신이 말한 그따위 질문들에 대해서도 대답할 기분이 전혀 나지 않습니다. 당신이 교리문답을 하는 사람이 아닌 이상 제가 당신 질문에 꼭 대답해야 할 의무도 없고, 설사 당신이 그렇다 하더라도 당신이 제 심판관이 되는 것은 거부하는 바입니다. 어째서 그런 질문을 제게 하는지 그 이유를 좀 말해 주시겠습니까?"

**믿음:** "제가 본 당신은 말하기만을 앞세운, 말밖에 가진 것이 아무것도 없는 사람이기 때문입니다. 그뿐 아니라 솔직히 말씀드린다면 당신의 종교는 단

지 혀끝에서만 맴돌 뿐이라는 것과 당신이 입으로 한 고백과 행동이 서로 일치하지 않는다는 소문도 여러 번 들었습니다. 그들의 말에 의하면 당신은 크리스천들의 오점입니다. 당신의 경건하지 못한 행동으로 인하여 종교가 더 나쁜 인식을 받게 되고, 당신의 사악한 속임수에 넘어간 사람이 벌써 여럿이며, 앞으로도 당신으로 인하여 멸망의 위기에 처할 사람들이 더 많아질 것이라고 하더군요. 당신의 종교는 술집과 탐욕과 부정한 짓과 헛된 맹세와 거짓말과 잡담 등 온갖 좋지 않은 것들과 함께 결합되어 있습니다. 한 명의 매춘부가 여성들 전체에게 수치가 된다는 속담이 있듯이 당신도 모든 성도들의 수치가 된다는 평판이더군요."

**수다쟁이**: "말하기 좋아하는 세상 사람들의 중상모략을 있는 그대로 받아들여 그처럼 성급하게 사람을 판단하는 것을 보니 저와 함께 이야기할 자격이 없는 사람같군요. 자, 그러니 이만 헤어집시다. 잘 가시구려."

그때 크리스천은 믿음에게로 다가와서 말을 꺼냈다.

**크리스천**: "그 사람과의 대화가 결국 어떻게 될 것인지 제가 말했지 않습니까. 당신의 말과 그자의 정욕은 서로 어울려 나갈 수 없습니다. 그는 자신의 생활을 개선하는 것보다 당신과 동행하기를 거부하는 쪽을 선택했습니다. 그러니 그냥 가게 내버려 두십시다. 손해보는 것은 결국 그 사람 자신이니까. 기분이 크게 상하지 않는 한 아마도 그는 계속 이야기를 하려 들었을 텐데 스스로 떠나가 버렸으니 우리는 괴로움을 면하게 된 셈입니다. 그와 계속 동행했더라면 단지 오점만 남겨 주었을 겁니다. 또한 사도도 말하기를 '경건의 모양은 있으나 경건의 능력은 부인하는 자니 이같은 자들에게서 돌아서라'(딤후 3:5)고 하였지요."

**믿음**: "하지만 저는 그 사람과 잠시 이야기를 나누게 된 것이 잘된 일이라고 생각합니다. 그가 제 말을 다시 생각해 볼 수 있을지도 모르니까요. 여하튼 저는 그 사람에게 명백하게 이야기해 주었으니까 설사 그자가 멸망한다 하더라도 제게는 책임이 없습니다."

**크리스천:** "그처럼 명백하게 그의 잘못된 종교관을 지적하고 참된 진리를 말씀해 주신 일은 참 잘하신 일입니다. 요즘에는 당신처럼 성실하게 신의로써 사람들을 대하는 사람이 매우 적기 때문에 종교가 많은 사람들에게 좋지 못한 인상을 주고 있습니다. 말하기만 좋아하는 바보들은 말로만 종교를 믿으면서 방탕하고 허영에 찬 말들만 지껄입니다. 그들은 경건한 사람들의 회중에서도 이렇게 행함으로써 세상을 놀라게 하고, 기도교를 더럽히며, 신실한 자들을 슬프게 만듭니다. 말만 앞세우는 사람들을 다룰 때는 모든 사람들이 당신처럼 명백하고 신실하게 다루어 주었으면 좋겠습니다. 그렇게 하면 말보다는 실천함으로써 하나님을 믿게 되거나, 아니면 경건한 성도들과 사귀는 것이 너무 부담스러워 떠나 버리거나 양자택일을 하게 될 것입니다."

그러자 믿음이 다음과 같은 노래를 불렀다.

> "처음엔 날개를 펼쳐 올리며 득의양양하던 수다쟁이!
> 얼마나 용감하게 말을 했던가!
> 모든 사람들을 그의 능변 앞에 굴복시킬 듯이
> 도도하던 수다쟁이!
> 믿음이 흉금을 터놓고 진실을 이야기하자
> 둥근 달이 이지러지듯 그의 기세도 기울어
> 결국은 떠나 버렸네.
> 누구에게나 흉금 터놓고 진실을 이야기할 때
> 다 그처럼 될 것이라."

이렇게 해서 그들은 계속 함께 길을 걸어가면서 오던 도중에 보고 겪은 이야기를 서로 나누며 무료함을 달랬다. 그렇지 않았더라면 광야를 지나가는 길이 무척이나 지루하고 피곤했을 것이다.

## 13. 허영의 시장

광야를 거의 다 벗어날 무렵, 우연히 뒤를 돌아보게 된 믿음은 그가 알고 있는 사람 하나가 그들을 뒤따라오고 있다는 것을 알게 되었다. 믿음은 함께 걷고 있던 크리스천에게 말했다. "아, 형제여, 저기 오시는 분이 누구라고 생각하십니까?"

이 말을 듣고 크리스천은 유심히 뒤를 돌아보고 나서 말했다. "저분은 저의 좋은 친구이신 전도자라는 분입니다."

"아, 그렇지요. 저분은 제게도 좋은 친구이십니다. 저더러 좁은 문으로 가라고 일러주신 분이 바로 저분이니까요" 하고 믿음도 기쁜 얼굴로 맞장구를 쳤다.

이때 그들에게 가까이 다가온 전도자가 인사를 했다.

**전도자:** "사랑하는 두 분들 안녕하십니까? 당신들과 당신들을 도와준 분들도 모두 화평하시길 빕니다."

**크리스천:** "어서 오십시오. 전도자님! 진심으로 환영하는 바입니다. 당신의 얼굴을 다시 뵈오니 저의 영원한 생명과 복락을 위하여 친절하고 끈기있게 도와주셨던 일이 새삼스레 기억에 되살아나는군요."

**믿음:** "이렇게 와 주신 것을 천만 번 감사하는 바입니다. 오, 고마우신 전도자님, 당신이 이처럼 동행해 주시는 것이 저희 같은 순례자들에게는 얼마나 고맙고 바람직한 일인지요!"

**전도자:** "자, 친구분들, 우리가 작별한 뒤로 두 분께서는 어떻게 지내셨습니까? 도중에 어떤 일들을 만났으며 그 일들을 어떻게 처리하셨습니까?"

그러자 믿음과 크리스천은 전도자에게 도중에 있었던 모든 일들을 이야기해 주고 그 모든 어려움들을 어떻게 극복하여 이곳까지 이르게 되었는지를 상세히 들려주었다.

**전도자:** "당신들이 그 모든 시련을 극복하고 승리자가 되셨으니 무척 기쁘군요. 여러 가지 많은 약점들을 가지고 있음에도 불구하고 이 길을 오늘에 이

르기까지 계속 걸어오셨으니 더욱 감격스럽습니다. 정말이지 당신들이 중도에 포기하지 않고 여기까지 오신 일은 저뿐만 아니라 당신들을 위해서도 대단히 기쁜 일입니다. 씨는 제가 뿌렸고 당신들이 거두었으니 머지않아 때가 이르면 뿌린 자와 거둔 자가 다같이 기뻐할 날이 올 것입니다. 즉 '피곤하지 아니하면 때가 이르매 거두리라'(갈 6:9; 요 4:36) 하신 말씀처럼 인내로 끝까지 견디면 머지않아 반드시 거둘 때가 올 것입니다. 면류관은 바로 당신들 앞에 있고 영원히 썩지 아니하는 것이니 '너희도 얻도록 이와 같이 달음질하라'(고전 9:24)는 말씀처럼 면류관을 얻기 위하여 계속 달려나가십시오. 이 면류관을 얻으려고 길을 떠나 꽤 멀리까지 간 사람들이 많이 있었지만 갑자기 다른 사람이 중간에 끼어들어 그들로부터 면류관을 빼앗는 일도 종종 있었습니다. 그러니 당신들이 가진 것을 굳게 잡아 아무도 당신들의 면류관을 빼앗지 못하게 해야 합니다(계 3:11). 당신들은 아직도 마귀의 세력권에서 완전히 벗어나지 못했으니 죄에 대항해서 싸우기는 했으나 피투성이가 되어 죽을 정도로 무시무시한 경험은 별로 하지 못한 셈입니다(히 12:4). 그러니 보이지 아니하는 것을 보이는 것처럼 확고하게 믿고 굳건히 나아가야 합니다. 이 세상의 속된 것들에 마음을 두어 쓸데없는 동요가 일어나지 않도록 노력해야 하며, 무엇보다도 여러분들 자신의 영혼과 마음을 살펴 육신의 정욕에 사로잡히지 않도록 주의해야 합니다. 왜냐하면 '만물보다 거짓되고 심히 부패한 것은 마음이라'(렘 17:9)는 말씀처럼 마음에서 우러나오는 정욕은 이 세상의 그 어느 것보다도 거짓되고 사악한 것이기 때문입니다. 얼굴을 부싯돌같이 굳게 하십시오(사 50:7). 하늘과 땅의 모든 권세가 여러분들 편에 서 있습니다."

크리스천은 그의 권고에 대하여 깊이 감사하면서 남은 나그네 길에 도움이 될 수 있는 이야기들을 좀 더 해주시기를 간청했다. 그들 두 사람은 전도자가 예언자이며, 앞으로 그들에게 일어날지 모를 여러 가지 일들과 그런 난관들을 극복할 수 있는 방법들까지 가르쳐 줄 수 있는 분임을 잘 알고 있었기 때문이었다. 믿음

또한 크리스천과 함께 간청했으므로 전도자는 다음과 같이 이야기를 계속했다.

**전도자**: "나의 형제들이여, 당신들은 복음에 기록된 참 말씀들 가운데에 당신들이 하나님 나라에 들어가기 위해서는 많은 환난을 겪어야 한다는 것과(행 14:22), 어느 도시에 가나 결박과 환난이 당신들을 기다린다는 것(행 20:23), 또 그러한 이유 때문에 여러 가지 어려움을 당하지 아니하고서는 순례의 길을 계속 갈 수 없음을 잘 알고 있을 것입니다. 지금까지 겪은 환난들을 봐서도 제 말이 사실인 것을 잘 아시겠지만, 당신들은 앞으로도 더 많은 환난들을 겪을 것입니다. 이제 보시는 바와 같이 광야를 거의 벗어나 왔으므로 머지않아 하나의 소도시가 눈에 뜨일 것입니다. 그 도시에 들어서면 사방에서 당신들을 죽이려드는 마귀들이 공격해 올 것인데 당신들 중의 한 사람 혹은 두 사람 모두가 피로써 당신들이 믿고 있는 하늘의 복음을 증언해야만 할 것입니다. 그러나 죽음을 무릅쓰고 믿음을 지키려는 자에게 하나님께서는 생명의 관을 씌워 주실 것이며(계 2:10), 그 고통은 이루 형언할 수 없겠지만 죽은 자의 영광은 살아서 여행을 계속하는 자의 영광보다 더욱 클 것입니다. 왜냐하면 그는 산 자보다 먼저 천국에 도착할 수 있을 뿐 아니라 살아 남아서 계속 길을 가는 도중에 만나게 될 여러 가지 고통에서 벗어날 수 있기 때문입니다. 이제 당신들이 그 도시에 들어서게 되면 제가 여기서 말씀드린 일들이 이루어짐을 알게 될 터이니, 제가 한 말을 명심하고 사내답게 용감히 행하십시오. 그리고 당신들의 영혼을 하나님 곧 신실하신 창조주께 의탁하십시오."

나는 꿈에서 그들이 광야를 벗어나자마자 금세 하나의 마을이 나타나는 것을 보았는데, 그 마을의 이름은 허영<sup>Vanity</sup>이었으며 그 마을에는 허영의 시장<sup>Vanity Fair</sup>이 열리고 있었다. 이 시장은 연중 내내 열리는 시장이었는데, 이 시장이 열리고 있는 마을 자체가 허영보다도 더 경박한 곳일 뿐만 아니라 사고 팔리는 많은 물건들이나 모여드는 사람들조차도 모두 허영에 가득 차 있었다. 그곳은 "모든 것이 다 헛되도다"라고 한 어떤 현자의 옛말 그대로였다(전 11:8; 1:2, 14; 2:11,

17; 사 40:17)(헛됨과 허영은 같은 단어 vanity임 — 역주).

그런데 이 시장은 요즘에 새로 열린 시장이 아니고 오래 전부터 존속해 오던 시장인데 그 기원을 설명하면 이렇다. 약 5천년 전에, 지금처럼 정직하고 경건한 순례자들이 있었다. 순례자들이 이 허영의 도시를 반드시 통과해야 한다는 것을 알아챈 바알세불과 아볼루온(계 9:11), 군대Legion(막 5:9)는 그들의 동료들과 함께 음모를 꾸미며 이 허영의 도시 안에다 온갖 종류의 허영을 사고파는 시장을 세워놓고 연중무휴로 장을 열기로 했다.

그리하여 이 시장에서는 이런 것들이 팔렸다. 집, 토지, 명당자리, 무역물자들, 직위, 명예, 승급, 귀족 칭호들, 국가들, 왕국, 욕정, 향락 등등이 거래되고, 또한 모든 종류의 쾌락을 위하여 매춘부들, 포주들, 아내, 남편, 아이들, 주인, 하인, 생명, 피, 육체, 영혼, 은, 금, 진주를 비롯한 각종 보석 등등 온갖 것들이 다 있었다.

게다가 이 시장에는 언제나 마술사들, 사기꾼들, 도박꾼들, 바보들, 악한들, 불량배들 등 온갖 종류의 쾌락과 악에 젖은 사람들이 술렁거리고 있었다. 또한 도둑질, 살인, 간통, 거짓 맹세, 피 묻은 것들과 같은 무시무시한 것들도 언제든지 무료로 구경할 수 있었다.

임시로 열리는 다른 장터들처럼 이 시장도 같은 종류의 물건들이 팔리는 몇 가지 특별 구역과 거리들로 분류되어 있었다. 제각기 특유한 이름의 광장들, 거리들, 골목들(나라와 왕국들)이 늘어 서 있었으므로 자신이 원하는 물건들을 쉽사리 발견할 수 있었고 영국 거리, 프랑스 거리, 이탈리아 거리, 스페인 거리, 독일 거리에서는 제각기 그 나라 특유의 많은 사치품들과 허영을 팔고 있었다.

다른 시장들처럼 이 시장에도 주요 거래 상품이 있었다. 여기에서는 로마의 상품들이 큰 인기를 얻고 있었는데, 영국인들과 그밖의 몇몇 사람들만 로마 제품에 대한 반감을 가지고 있었다.

앞에서 이미 말한 것처럼 천국으로 가려면 반드시 허영의 상품으로 가득 찬 이 도시를 통과해야 함으로 천국을 향하여 가는 사람이 이 거리를 거쳐 가지 않으려 할 때에는 세상 밖으로 나가는 수밖에 없었다(고전 5:10). 만왕의 왕이신 예수께서도 자신의 나라인 천국으로 가실 때 이 도시를 지나가셨는데 때마침 장이 성대하게 열리고 있는 판이었다.

내가 생각하건대 이 도시의 주인인 바알세불은 예수를 유혹하여 온갖 허영을 사도록 권고하였고, 만일 예수께서 이 거리를 지나가시면서 그 마귀의 권고를 존중하여 따랐더라면 마귀는 그를 허영의 거리의 주인으로 삼았을 것이다(마 4:8-9; 눅 4:5-8). 예수께서는 존경받으실 만한 귀한 분이었으므로 바알세불은 예수를 이 거리 저 거리로 데리고 다니며 잠깐 동안에 이 세상의 모든 왕국들을 보여주면서 어떻게 하면 이 축복받은 사람을 유혹하여 시장에 널려 있는 허영을 흥정하고 살 수 있게 만들 수 있을까 궁리했다. 그러나 예수께서는 이러한 온갖 상품들에 전혀 마음을 두지 않으시고 허영에 대해서는 한 푼의 돈도 허비하지 않으신 채로 그 도시를 떠나가셨다. 이처럼 이 허영의 시장은 아주 오래 전에 세워진 것으로 오랜 기간 동안 변함없이 유지되어 온 매우 거대한 시장이었다.

이미 말했듯이 이들 두 순례자들은 이 도시를 반드시 통과해야만 했다. 하지만 그들이 시내에 발을 들여놓자마자 어찌된 일인지 시장에 모인 사람들이 여기저기서 웅성거리기 시작하더니 이윽고 도시 전체가 그들 두 순례자들로 인해 떠들썩하게 되었다. 이렇게 야단법석이 일어나게 된 데에는 몇 가지 이유가 있었다.

첫째로, 이 순례자들이 입고 있는 의복은 시장에서 거래되고 있는 옷들이나 이곳 사람들이 입고 있는 옷들과는 판이하게 달랐다. 그리하여 시장에 모여 있는 사람들은 이상한 눈초리로 두 사람을 훑어보면서 더러는 그들을 보고 바보니 미친 놈이니 이방인들이니 하면서 욕을 하고 놀려댔다.

둘째로, 그곳에 모인 사람들은 두 순례자의 의복뿐만 아니라 말씨까지도 이상하게 여겼다. 순례자들은 당연히 가나안 말을 썼기 때문에 이 시장에서 그들의 말을 알아듣는 사람은 거의 없었다. 세상 말을 쓰는 시장 주민들은 순례자들이 시장의 이쪽 끝에서 저쪽 끝에 이르기까지 그들을 마치 야만인들처럼 여겼다.

셋째로, 시장의 상인들이 이 두 순례자를 불쾌하게 여긴 까닭은 이들이 시장에 쌓인 온갖 허영의 물건들을 경시하여 조금도 거들떠보지 않았기 때문이었다.

허영의 시장

상인들이 물건을 팔아 달라고 그들을 부르기라도 하면 순례자들은 두 손으로 귀를 틀어막고 "내 눈을 돌이켜 허망한 것을 보지 말게 하소서"(시 119:37)라고 부르짖었다. 그들의 모든 거래와 매매는 모두 하늘 나라에 있다는 표시를 하면서 하늘을 우러러 보았다.

두 순례자들의 거동을 바라보며 비웃고 있던 한 상인이 "무엇을 사고자 하십니까?" 하고 그들에게 말을 걸자, 그들은 정색을 하고 상인을 바라보면서 "우리는 진리를 구하고 있습니다"(잠 23:23)라고 대답했다. 이 대답으로 인하여 그들에 대한 조롱은 더욱 심해졌다. 어떤 사람들은 그들을 놀리며 시비를 거는가 하면, 어떤 사람들은 거친 욕을 하면서 그들을 때려눕히자고 선동하기도 했다. 마침내 일이 점점 커져서 시장 전체가 떠들썩하게 들끓고 큰 혼란과 소동이 벌어지고 말았다. 바야흐로 이러한 소식은 시장의 주인에게 알려져서 그는 곧장 가장 믿을 만한 친구들에게 위임하여, 어떻게 이들 두 나그네가 시장 전체를 온통 소란하게 만들었는지 조사를 하도록 했다. 그리하여 두 순례자들은 심문을 받기 위해서 재판정으로 끌려갔고, 그들 앞에 앉은 몇몇 심문관들은 그들이 어디에서 떠나 어디로 가는 길이며, 이상스러운 의복을 입은 채 시장에서 어떤 일을 했는지 캐묻기 시작했다.

허영의 도시 주민들

순례자들은 심문관들에게 자신들은 그들의 영원한 본향인 하늘의 예루살렘을 향해 가는 중인 순례자들이자 이방인이라고 말했다(히 9:11-16). 그들은 이 도시에 들어온 이후 주민들에게나

지상의 상인들에게 아무런 나쁜 짓도 하지 않았노라고 대답했다. 다만 혹시 상인들을 불쾌하게 한 일이 있다면, 어떤 사람이 무엇을 사겠느냐고 물었을 때 단지 진리만을 구하노라고 대답한 일밖에 없으니 조용히 여행을 계속할 수 있게 해달라고 간청했다.

그러나 이들을 재판하도록 임명을 받은 심문관들은 그들의 말을 믿지 아니하고, 정신병자들이 아니고서야 시장의 모든 질서와 주민들을 온통 혼란에 빠지게 할 리가 없다고 생각했다. 그리하여 심문관들은 두 순례자들을 데려가 마구 때리고 온통 흙투성이로 만든 후 옥에 가두어 시장에 있는 모든 사람들에게 구경거리가 되게 하였다.

감옥에 갇힌 순례자들은 얼마 동안 이곳 사람들의 구경거리로서 온갖 놀림, 경멸, 분풀이, 욕설의 대상이 되었으나 이 시장의 주인은 그들이 겪는 온갖 수난들을 보면서도 그냥 웃기만 하고 있었다. 그러나 참을성 많은 두 순례자들은 욕지거리를 축복으로, 나쁜 말을 좋은 말로, 박해를 친절로 갚아주었다.

그러자 시장에 있는 사람들 중 좀 더 사려깊고 편견이 적은 사람들은 스스로 상황을 살펴보고는 순례자들에게 계속 박해를 가하는 행동은 오히려 더 비열한 행동이라고 비난하기 시작했다. 그러자 많은 사람들이 더욱 분개하여 그들을 보고 옥 안에 있는 자들과 똑같이 나쁜 놈들이라고 욕을 하면서 그들도 공모자나 마찬가지이니 똑같은 처벌을 받아야 한다고 대들었다.

사람들은 바보니 미친 놈이라 불렀다.

그러나 순례자들을 동정하는 사람들은 자기들이 보기엔 두 사람의 언행이 점잖고 온건하여 어느 누구도 해칠 사람들이 아니라고 주장하면서, 오히려 이 장터에서 물건을 파는 상인들 중에는 지금 부당하게 형벌을 받고 있는 이 두 사람들보다 더 큰 벌을 받아야 할 사람들이 많이 있다고 대답하였다. 이렇게 하여 — 옥중에 있는 순례자들은 사람들 앞에서 매우 지혜롭고 침착하게 처신하고 있는 반면에 — 시장 사람들은 자기네들끼리 양 편으로 갈라져서 서로 욕지거리를 주고받기 시작했다. 그것은 급기야 싸움으로까지 번져 많은 사람들이 다치게 되었다.

그러자 불쌍한 두 순례자들은 다시 재판관들 앞에 끌려가서는 시장에서 지금 막 일어난 소동까지도 그들의 잘못이라는 판결을 받았다. 그들은 실컷 두들겨 맞고 나서 쇠사슬과 족쇄로 묶인 채 시장의 여기저기로 끌려다녔다. 이 두 순례자를 옹호한 시장 사람들에게 본보기를 보여주기 위한 것이었다. 그러나 이토록 심한 고통 중에서도 두 순례자들은 더욱 현명하고 신중하게 처신하여 그들에게 퍼부어지는 수치와 경멸을 온유함과 인내로써 받아들였다. 그리하여 그들의 편에 서는 사람들의 수효가, 비록 반대편과 비교해 볼 때 매우 적은 숫자이기는 하나, 늘어가기 시작했다. 이러한 현상은 더욱더 시장 주인의 분노를 자아냈다. 마침내 그는 결박 정도로는 시장의 주민들을 모욕한 죄와 거리를 소란으로 몰아넣은 난동을 처벌하기에 부족하니 그들을 사형시킬 수밖에 없다고 결론 내렸다. 최종적으로 명령이 내려질 때까지 다시 감옥에 가두라는 지시가 내려지자 그들은 감방 안으로 끌려가 쇠고랑을 차게 되었다.

그들은 여기에서 비로소 그들의 신실한 친구인 전도자가 그들에게 이야기해 준 것들을 다시 기억에 떠올렸다. 전도자가 장차 이 도시에서 그들에게 일어나리라고 예언했던 것들은 그들이 가야할 길과 겪어야할 고난에 대해 더 큰 확신을 주었다. 이러한 고통이 다 정해진 뜻이라고 믿고 그들은 서로를 위로하면서 최선을 다하리라고 다짐했다. 이들은 또한 앞으로 닥쳐올 더 큰 고난이 누구의 운명이든 간에 그것이 곧 자신의 최고 행복이라 여기면서 내심으로는 제각기 자신이 그 운명에 선택되기를 바라고 있었다. 그들은 모든 만물을 주재하시는 전지전능하신 하나님께 그들 자신을 맡긴 채 현재 처해 있는 상황에 큰 만족을 느끼면서 이곳 주인의 처분을 기다리고 있었다.

이제 곧 그들은 최후 판결을 받기 위해 다시 재판관들 앞에 불려가 심문을 받게 될 참이었다. 마침내 때가 이르자 그들은 원수들 앞으로 끌려나가 심판을 받게 되었는데, 재판장 이름은 선 혐오 경Lord Hate-Good이었다. 고소장들은 형식적으로는 다소 차이가 있었으나 내용은 다 같은 것들이었으며 다음과 같이 기록되어 있었다. "이 피고인들은 고발자들의 원수인 동시에 그들이 경영하는 상업의 방해자들이다. 그들은 시장에 혼란을 일으키고 분열을 조장하여 고발자들의 왕이 제정한 법률을 업신여기고 경멸하며 그들 멋대로 가장 위험한 의견에 동조하는 당파를 만든 죄를 범했다"고 적혀 있었다.

그때 믿음이 그들의 심문에 대하여 대답하기 시작했다. 그는 단지 지극히 높은 자보다도 더 높으신 하나님께 대적하는 자만을 대적했을 뿐이며, 소동을 일으켰다고 하지만 본디 평화를 신조로 여기는 사람으로서 선동을 할 까닭이 없고, 우리의 의견에 동의하는 파당을 만들었다고 하나 사람들이 다만 우리의 진실됨과 결백함을 알게 됨으로써 일어난 일이므로 그들은 단지 악에서 떠나 선을 택했을 따름이라고 대답했다. 게다가 "당신네들의 왕을 경멸했다고 하지만 당신들의 왕인 바알세불은 우리 주 하나님의 원수이므로 그와 그의 신하들을 배격하지 않을 수 없습니다" 하고 그는 담대히 말했다.

그러자 바알세불의 편에

옥에 갇힌 채 구경거리가 된 순례자들

시기와 미신과 아첨

서서 피고인들을 반박하고자 하는 사람이 있으면 출두해서 증언하라는 지시가 내려졌다. 세 명의 증인이 나섰는데 그들의 이름은 시기<sup>Envy</sup>와 미신<sup>Superstition</sup>과 아첨<sup>Pickthank</sup>이었다. 이들은 지금 재판정에 서 있는 피고인들을 알고 있느냐는 질문을 받은 후에 그들의 왕의 입장에서 피고인들의 유죄를 입증하라는 요청을 받았다. 그러자 시기가 앞으로 나와 말하기 시작했다.

**시기:** "재판장님, 저는 오래 전부터 이 사람을 알고 있었으며 이 존엄한 법정 앞에서 맹세코 거짓 없는 증언을 하겠습니다. 이 사람으로 말하자면…"

**재판장:** "잠깐, 선서부터 먼저 하시오."

그리하여 그는 법정에서 서약을 하고 난 뒤에 다시 말하기 시작했다.

**시기:** "재판장님, 이 사람은 매우 그럴듯한 이름을 가지고 있음에도 불구하고 사실은 우리나라에서 가장 비열한 인간들 중의 한 사람입니다. 그는 왕이건 백성이건 법률이건 관습이건 아랑곳하지 않고 무시해 버리면서 그자가 신봉하는 소위 신앙과 경건의 규칙들이라 불리는 불충스러운 사상들을 모든 사람들에게 전파하고 감염시키고자 하는 악한입니다. 특히 제가 언젠가 그로부터 직접 들은 바에 의하면, 그가 신봉하는 기독교의 원리와 우리 '허영의 거리' 관습들과는 아주 정반대의 것이어서 결코 서로 화합할 수

는 없다는 것입니다. 이것만 보아도, 재판장님, 그는 우리가 지닌 모든 칭찬할 만한 관습들뿐만 아니라 그것을 지키는 우리마저 비난하고 정죄하고 있는 놈입니다."

**재판장:** "그밖에 더 할 말은 없는가?"

**시기:** "재판장님. 말씀드릴 것은 많지만 법정을 지루하게 할 것 같아서 이상 마치렵니다. 그러나 다른 증인들께서 제시한 증거만으로 이자를 사형시킬 만한 증거가 불충분하다면 다시 한 번 보충 증언을 하겠습니다."

그래서 재판장은 시기에게 대기하고 있으라고 명한 후 다음으로 미신이라는 증인을 불러세워 피고인의 얼굴을 자세히 보라고 했다. 또한 그들의 왕인 바알 세불의 편에 서서 피고에게 반박할 것이 있으면 무엇이든 다 말하라고 명했다. 그리하여 미신은 선서를 하고 난 후에 증언을 시작했다.

**미신:** "재판장님. 저는 일찍이 이 사람과 친분을 가져본 적도 없고 앞으로도 역시 사귀고 싶은 마음이 전혀 없습니다마는, 요전날에 그와 잠시 이야기를 나누어 본 결과 그가 아주 못된 녀석임을 알게 되었습니다. 그가 말하는 것을 들으니 우리의 종교는 아주 무가치한 것으로 하나님을 기쁘시게 할 수 없다는 겁니다. 재판장님께서도 잘 아시겠지만 이자가 말한 대로라면 우리는 모두 헛되이 신을 섬기고 있으며 여전히 죄악에 빠져 있고 결국은 저주를 받아 지옥에 떨어지게 될 것입니다. 제가

사치 경

말하고자 하는 점이 바로 이것입니다."

다음으로는 아첨Pickthank이 선서를 했다. 그러자 재판장은 그들의 왕인 바알세불의 편에 서서 피고인에게 반박할 말이 있으면 무엇이든지 하라고 명령했다.

**아첨:** "재판장님, 그리고 여기 모이신 신사 여러분, 저는 오래 전부터 이 자를 잘 알고 있으며 또한 그가 말하지 말아야 할 것을 말하는 것도 여러번 들었습니다. 그자는 우리의 고귀한 대왕이신 바알세불을 비방하였고 그분의 존경할 만한 친구들인 옛사람 경Lord Old Man, 음란 경Lord Carnal Delight, 사치 경Lord Luxurious, 허영 경Lord Desire-of-Vain-Glory, 색욕 경Lord Lechery, 탐욕 경Sir Having-Greedy 등을 비롯한 여러 귀족들을 경멸하는 말을 하기도 했습니다. 그리고 만일 도시 주민들의 생각이 자기와 일치하기만 하면, 그 귀족들을 이 마을에서 더 이상 살지 못하도록 내쫓아야 한다고 말한 적도 있습니다. 뿐만 아니라 지금 이자를 재판하기 위해 대왕께서 임명하신 재판장님까지도 하나님을 거역하는 악당이라고 비방하였고 그밖에도 온갖 악담과 욕설을 하여 우리 마을에 사는 대부분의 귀족들을 제멋대로 비방했습니다."

아첨의 말이 끝나자 재판장은 법정에 서 있는 피고인을 가리키며 말했다. "변절자요, 이단자요, 반역자인 이 악한아! 선량하고 정직한 증인들이 너를 반박하여 불리한 증언을 하는 것을 전부 잘 들었는가?" 그러자 믿음은 대답했다.

**믿음:** "제 자신을 변호하기 위하여 몇 마디 말씀드려도 좋겠습니까?"

**재판장:** "이 악당 같으니, 너는 더 이상 살 가치가 없는 놈이야. 지금 당장 그 자리에서 죽여 버려야 마땅하겠지만 세상 사람들에게 우리가 얼마나 관대한가를 보여 주기 위해 너에게 몇 마디 변명할 기회를 주겠다."

**믿음:** "우선 시기 씨가 말한 것에 대한 답변부터 시작하겠습니다. 저는 세상의 어떤 법률이나 규칙, 관습, 사람들일지라도 하나님의 말씀에 어긋나는

음란 경

것은 기독교 정신에 어긋나는 것이라는 말 이외에는 결코 다른 것을 말한 적이 없습니다. 만일 제 말에 잘못된 점이 있다면 저를 납득시킬 만한 설명을 해 주십시오. 그렇게 해 주신다면 여기 당신들 앞에서 기꺼이 제가 한 말을 취소하겠습니다. 둘째로, 미신이 저를 반박하여 증언한 것에 대해서 말씀드리자면 하나님을 경배하기 위해서는 신성한 믿음이 필요하며, 그것을 얻기 위해서는 하나님의 뜻을 보여 주는 신성한 계시가 있어야 합니다. 그러므로 무엇이든지 하나님의 신성한 계시에 부합하지 않는 것을 믿으면서 하나님을 경배한다는 것은 단지 인간적인 신앙에 불과할 뿐 영생의 은혜를 얻을 수 있는 참된 신앙이 되지 못할 것입니다. 셋째로, 아첨 씨가 말한 것에 대해서 말씀드리자면 ― 제가 비방을 했느니 헐뜯었느니 하는 따위의 말은 제쳐두고 ― 이 도시의 임금과 소위 귀족들이라고 불리는 그의 신하들은 이 마을이나 이 나라보다는 오히려 지옥이 더 어울린다고 생각합니다. 그러하오니 주여, 저를 긍휼히 여겨 주시옵소서!"

그러자 재판장은 배심원들에게 말했다. 그때까지 배심원들은 옆에 대기하여 재판의 진행 상황을 관망하고 있었다. "배심원 여러분, 여러분도 알다시피 이 사람은 우리 도시에서 커다란 난동을 일으킨 장본인입니다. 여러분은 덕망 높은 신자들이 그에게 반박하여 여러 가지로 증언하는 것을 들으셨을 것입니다. 또한 지금 그의 답변과 자백을 들으셨으니 이제 그를 교수형에 처하느냐 아니면 살려 두느냐 하는 것은 여러분의 생각과 판단에 달려 있습니다. 그런데 여러분이 판단을 내리시기 전에, 먼저 여러분들에게 우리나라의 법률에 대해 설명해 드릴 필요가 있다고 생각합니다.

우리 군주이신 바알세불의 신하들 중 하나였던 바로Pharaoh 왕 시대에 제정된 법률은, 이단 종교를 믿는 사람들이 번성하고 자라나 너무 강하게 될 것을 억제하기 위하여 그들의 사내 자식을 모두 강에 내던져 죽게 하였고(출 1:22), 또 역시 대왕님의 신하였던 느브갓네살 왕의 통치 하에서는 누구든지 백성들 가운데 그가 금을 부어 만든 우상 앞에 엎드려 경배하지 아니하면 즉시 훨훨 타는 풀무에 던져 타 죽게 하는 법령이 있었으며(단 3:4-6), 다음으로 다리우스 왕 때에도 어떤 기간을 정하여 그 기간 동안 누구든지 왕 이외에 어떤 다른 신에게나 우상에

재판장

게 경배하고 의지하면 사자굴에 던져 넣기로 되어 있었습니다(단 6:7-9).

그런데 이제 반역자인 피고는 생각뿐만 아니라 — 물론 생각으로 반역하는 것도 용서할 수 없지만 — 언행으로도 이 모든 법령들을 위반했습니다. 그러므로 이자의 죄악은 결코 용서할 수 없습니다. 바로가 옛날에 그러한 법령을 제정하게 된 동기를 말하자면, 실제로 범죄가 아직 나타나지는 않았지

유죄 판결하는 배심원들

만 머지않아 범죄가 일어날지도 모른다는 우려에서 그것을 미연에 방지하기 위해 정한 것인데 지금 이자의 범죄는 매우 명백하게 드러나 있습니다. 느브갓네살 왕과 다리우스 왕의 법률에 비추어 보아도 여러분이 보다시피 이 피고인은 우리의 종교에 거역하여 함부로 비방했고, 그 스스로 자백한 반역죄만을 생각해 보아도 마땅히 사형 선고를 내리는 것이 당연하다고 생각합니다."

그리하여 배심원들은 의견을 모으기 위해 잠시 퇴정했는데, 그들의 이름은 맹목 씨Mr. Bilnd-Man, 불량 씨Mr. No-Good, 악의 씨Mr. Malice, 호색 씨Mr. Love-Lust, 방탕 씨Mr. Live-Loose, 성급 씨Mr. Heady, 자만 씨Mr. High-Mind, 증오 씨Mr. Enmity, 거짓말쟁이 씨Mr. Liar, 잔인 씨Mr. Cruelty, 빛 혐오 씨Mr. Hate-Light, 완고 씨Mr. Implacable 등이었다. 그들은 이미 제각기 마음속에 피고를 반박하는 유죄 판결에 동의하고 있었으므로 만장일치로 유죄 판결을 결정짓고 나서 재판장에게 보고했다.

그들 중에 배심원 맹목 씨가 맨 먼저 나와서 "이놈은 이단자임이 분명합니다"라고 말하자, 다음으로 불량 씨가 "이런 놈은 이 세상에서 아주 없애 버려야 합니다" 하고 말하였고, 악의 씨는 "그렇소. 이런 놈의 얼굴은 쳐다보기도 싫소" 하고 맞장구쳤다. 이번에는 호색 씨가 "나는 이자를 참을 수 없소"라고 말하자, 방탕 씨가 "저도 마찬가지입니다. 저놈은 저의 언행을 언제나 비방하고 악평했습니다"라고 말하였다. 드디어 성급 씨는 "저놈을 교수형에 처합시다. 교수형이요"라고 외쳤고, 자만 씨는 "저 빌어먹을 녀석 같으니"라고 한 마디 내뱉었으며, 증오 씨는 "저놈을 보기만 해도 적개심과 분노가 끓어 오릅니다" 하고 말했다. 거짓말쟁이 씨는 "저놈은 사기꾼이요"라고 말했고, 잔인 씨는 "교수형에 처하는 것도 저놈에게는 과분한 일이오"라고 외쳤으며, 빛 혐오 씨는 "저놈을 어서 죽여 없애 버립시다"라고 했다. 마지막으로 완고 씨는 "이 세상을 저에게 다 준다해도 저놈과는 같은 하늘 아래서 살 수 없습니다. 그러니 어서 저놈을 사형 선고에 처합시다" 하고 말했다.

이렇게 해서 그들은 그들의 결정을 곧 실행에 옮겼다. 그리하여 믿음은 법정에서 끌려가 이전에 있던 감옥으로 돌아가서 일찍이 없었던 가장 참혹한 사형에 처해지는 선고를 받았다. 그들은 믿음을 감옥에서 끌어내어 그들의 법률에 따라 채찍으로 매질을 가한 뒤 주먹으로 실컷 때리고 칼로 그의 몸을 난도질했다. 그런 뒤 그들은 또 다시 그를 돌로 친 다음 그를 대검으로 찔렀다. 그러고는 그를 화형틀에 묶은 뒤에 불에 타서 재가 되도록 내버려 두었다. 이렇게 믿음은 그의 종말을 맞이했다.

그런데 나는 수많은 군중들 뒤로 두 필의 말이 이끄는 마차 한 대가 그를 기다리고 있다가 그의 고통스러운 환난이 끝나자마자 곧장 그를 태워가지고 나팔 소리를 울리며 구름 사이를 헤쳐나가 지름길로 천국문에 이르는 것을 보았다.

이렇듯 믿음의 사형 집행은 즉각적으로 이루어졌으나 크리스천은 집행유예를 받고 다시 감옥으로 보내졌다. 그곳에서 크리스천은 얼마 동안 감금되어 있었는데, 세상 만물들을 통치하고 지배하시는 하나님께서 배심원들과 관리들의 노여움을 장악하시어 그는 감옥에서 벗어나 가던 길을 계속 나아갈 수 있게 되었다.

믿음의 순교

선한 믿음이여, 그대는 충실하게
하나님에 대한 믿음을 세상 앞에 밝혔으니
그분의 축복이 그대와 함께 있을지어다.
믿음 없는 자들이 속세의 환락으로 인하여
지옥의 고통 속에 울부짖고 있을 때에
찬송하라 믿음이여, 그대의 이름은 영원히 남으리니
그들이 비록 그대를 죽였으나 그대는 오히려
참 생명을 얻었도다.

## 14. 크리스천과 소망

그런데 이제 꿈속에 보니 크리스천이 홀로 걸어가지 아니하고 한 동행자와 함께 걷고 있었다. 그 사람의 이름은 소망$^{Hopeful}$이었는데, 그는 허영의 시장에서 크리스천과 믿음이 극심한 고통 가운데서도 꿋꿋한 언행으로 이를 극복하는 태도를 지켜보고 감동을 받아서 스스로 소망이라는 이름을 짓고 형제로서 언약을 맺은 다음 그와 동행하기를 요청한 자였다. 이렇게 해서 하나님의 진리를 증거하기 위하여 한 사람이 죽자 또다른 한 사람이 그의 재 가운데서 일어나 크리스천의 순례길에 동행하게 되었다. 소망은 또한 크리스천에게, 머지않아 허영의 도시에 사는 많은 사람들이 천국을 향한 순례의 길에 따라 나서게 될 것이라고 말해 주었다.

다시 꿈속에 보니 그들이 허영의 도시 경계선 밖으로 벗어나자마자 급히 그들보다 앞서가고 있는 한 사람을 따라잡는 것을 보았는데, 그 사람의 이름은 사심$^{By-Ends}$이었다. 크리스천과 소망은 그에게 말을 걸었다. "선생님, 고향은 어디이며 어디까지 가시는 길입니까?" 하고 묻자 그는 미사여구$^{Fair\ Speech}$라는 도시에서 떠나 하늘나라를 향하여 가는 길이라고 대답했다. 하지만 자신의 이름은 밝히지 않았다.

**크리스천:** "미사여구라는 도시에서 오셨다구요. 그곳에도 선한 것들이 있습니까(잠 26:25)?"

**사심:** "그러면 얼마나 좋겠습니까?"

**크리스천:** "죄송합니다만, 선생님, 성함을 어떻게 불러야 할까요?"

**사심:** "두 분과는 초면입니다. 물론 두 분에게도 제가 초면일 것입니다. 이 길로 가신다면 기꺼이 동행해 드리겠지만, 그렇지 않다면 저 혼자서 가도 무방합니다."

**크리스천:** "그 미사여구라는 도시는 저도 전에 들은 적이 있는데 굉장히 부유한 동네라고 하던데요."

**사심:** "네, 그렇습니다. 제 친척들 중에도 큰 부자들이 무척 많이 있으니까요."

**크리스천:** "실례입니다만, 그곳에 사시는 친척들이 누구누구입니까?"

**사심:** "마을 주민들 거의 전체가 제 친척이라 해도 과언이 아니지요. 변절 경Lord Turn-About, 기회주의자 경Lord Time-Server, 미사여구 경Lord Fair-Speech(이분의 조상의 성을 따라 마을의 이름을 지었지요)과는 특히 가깝습니다. 뿐만아니라 능글능글 씨Mr. Smooth-Man, 양다리 씨Mr. Facing-Both-Ways, 무관심 씨Mr. Anything도 저의 친척들입니다. 그리고 우리 교구의 목사로 일하고 계신 두 말 씨Mr. Two-Tongue 는 제 외삼촌이십니다. 사실대로 말씀드리자면, 지금 저는 이렇게 교양을

소망

갖춘 훌륭한 신사가 되어 있지만, 본디 저의 증조부께서는 뱃사공이셨습니다. 증조부는 한 쪽을 바라보면서 다른 쪽으로 배를 젓는 것으로 유명하셨는데, 저 역시 지금 가진 재산의 대부분을 증조부와 같은 일을 하면서 모았습니다."

**크리스천:** "결혼은 하셨습니까?"

**사심:** "물론이지요. 제 아내는 현숙한 어머니의 따님인 만큼 매우 정숙하고 덕있는 여인입니다. 아내는 가식 여사<sup>Lady Feigning</sup>의 딸로서 매우 전통 있는 명문 귀족의 후예이며, 뛰어난 교양과 예의범절을 갖추고 있어서 높은 왕족으로부터 비천한 농부들에 이르기까지 제각기 적절한 예의와 태도로 대하는 방법을 잘 알고 있지요. 사실상 우리는 종교에 지나치게 엄격한 신자들과 다소 다른 점이 있기는 하지만 그것은 단 두 가지의 매우 사소한 차이일 뿐입니다. 첫째, 우리는 시대적인 사조와 흐름에 결코 역행하려는 법이 없습니다. 둘째, 우리는 종교가 순탄한 길을 가며 명예롭게 빛날 때에는 늘 열심히 종교를 믿곤 합니다. 또 태양이 밝게 비추고 사람들이 주님을 찬양할 때는, 주님과 동행하는 것을 무척 좋아합니다."

그러자 크리스천은 동행인이었던 소망에게 가서 말했다. "제 생각에 저 사람이 바로 미사여구의 사심인 것 같습니다. 그게 사실이라면 우리는 이 부근에 사는 사람들 중 가장 악한 자와 동행하게 되었군요."

그러자 소망이 말했다. "그자한테 직접 물어보세요. 제 생각에는 자신의 이름을 부끄러워할 자가 아닐 것 같습니다."

그리하여 크리스천은 다시 사심에게로 다가가 함께 거닐면서 말을 건넸다. "선생님, 선생님은 마치 이 세상의 모든 일들을 잘 알고 있는 것처럼 말씀하시는데, 제 추측이 빗나가지 않는다면 선생님이 누구인지 대강 짐작이 갑니다. 혹 미사여구 마을에서 오신 사심 선생이 아니신가요?"

**사심:** "사실 그것은 제 이름이 아니고 저와 잘 어울리지 못하는 사람들이 제게 붙여 놓은 별명입니다. 저보다 앞서 살다간 사람들도 이런 몰지각한 일

들을 묵묵히 참고 견딘 것처럼 저도 그것을 하나의 질책으로 알고 달게 참을 뿐입니다."

사심

**크리스천:** "남들이 그런 별명을 지어 부르게끔 선생님께서 뭔가 근거를 만들어 주신 게 아닐까요?"

**사심:** "절대로, 절대로 그런 일은 없습니다. 제가 그런 이름을 얻을 만한 일을 한 게 있다면, 항상 시대의 흐름을 빠르게 파악하고 판단하는 능력을 사용해 이익을 얻었다는 것뿐입니다. 솔직히 말해서 이것은 신의 축복입니다. 그러니 누구든 악의를 가지고 저를 비난해서는 안될 것입니다."

**크리스천:** "저는 일찍부터 선생님이 바로 소문으로 들었던 그 사람이 아닐까 생각했습니다. 제 생각을 솔직히 말씀 드리자면, 그 별명이야말로 선생님께 가장 잘 어울리는 별명이 아닌가 싶습니다."

**사심:** "당신이 그렇게 생각한다니 어쩔 수 없네요. 그래도 저와 계속 동행하시면, 제가 꽤 괜찮은 친구라는 것을 알게 되실 겁니다."

**크리스천:** "만일 당신이 우리와 함께 가고자 하신다면 당신은 당신의 시대 사조와 경향을 거슬러 올라가야 합니다. 이렇게 하는 것은 당신의 뜻과는 맞지 않을 것이며, 또한 당신은 종교가 비단옷을 입고 있을 때와 마찬가지로 누더기를 걸치고 있을 때라도 변함없이 믿고 따라야 하며, 주님께서 갈채와 환호를 받으며 거리를 걸어가실 때나 쇠고랑을 차고 경멸의 대상이 될 때나 변함없이 굳게 주님을 의지하고 믿어야 합니다."

**사심:** "당신이 제 신앙에 대해서 강요하려 한다거나 지배하려 해서는 안 됩니

다. 그건 제 자유에 맡기시고 함께 길이나 갑시다.”

**크리스천:** “당신이 제가 제안한 대로 하지 않으신다면 한 발자국도 같이 할
수 없습니다.”

**사심:** “저의 옛 원칙들은 해롭기는커녕 오히려 유익합니다. 때문에 저는 절
대로 그것들을 버릴 수가 없습니다. 제가 당신들과 동행하는 것을 원치 않
으신다면 당신들이 따라오기 전처럼 저 혼자라도 갈 수 있습니다. 혹 누군
가 따라오는 사람이 생긴다면 그와 함께 즐거이 동행하면 되니까요.”

이제 크리스천과 소망은 사심을 남겨두고 한참 앞질러 가고 있었다. 그들 중
하나가 뒤를 돌아보니 세 명의 남자들이 사심의 뒤를 쫓아오고 있었다. 그들이
사심의 옆에까지 다가오자 사심은 정중하게 인사를 했고, 그들도 예절을 갖추
어 답례를 했다. 이 세 남자들의 이름은 세상욕심 씨<sup>Mr. Hold-World</sup>, 돈 사랑 씨<sup>Mr.</sup>
<sup>Money-Love</sup>, 그리고 구두쇠 씨<sup>Mr. Save-All</sup>였는데, 사심이 이전부터 잘 알고 지내던
사람들이었다. 이들은 어린 시절부터 함께 자란 소꿉친구로서 북부지방의 탐욕
군<sup>County of Coveting</sup> 내에 위치한 상업도시인 애리愛利, Love-Gain 시의 축재<sup>Mr. Gripe-</sup>
<sup>Man</sup> 선생에게서 함께 가르침을 받은 동창생들이었다. 축재 선생은 그들에게 폭
력, 사기, 아첨, 거짓말을 사용하거나, 종교의 탈을 쓰는 행위를 통해 이득을 얻
는 방법을 가르쳐 주었고, 그들 네 신사들은 이 선생으로부터 많은 기술을 배우
고 익혀서 이제는 제각기 자신의 힘으로도 그런 기술들을 가르치는 학교를 설립
하여 운영할 수 있게 되었다.

내가 이미 말했던 것처럼 그들 네 사람이 서로서로 인사를 나누고나자 돈 사
랑 씨가 사심 씨에게 말을 건넸다.

**돈 사랑:** “앞서 가고 있는 저 사람들은 누구입니까?”

그때까지도 크리스천과 소망이 함께 앞서서 걸어가고 있는 것이 눈에 띄었
기 때문이었다.

**사심:** “먼 지방에서 온 사람들인데 자기들 고집대로 저런 모양을 하고 순례의
길을 가고 있는 사람들이지요.”

**돈 사랑:** "허, 참, 그들이나 우리들이나 당신이나 다 같이 천국을 향한 순례의 길을 가는 사람들인데 왜 좀 더 기다려서 함께 즐거운 동반자가 되지 않으려 하는건가요?"

돈 사랑 씨

**사심:** "그러게 말입니다. 하지만 저 사람들은 대단히 강직하고 고집불통이어서 자신들의 생각만 내세우고 남의 의견은 멸시해 버리기 때문에, 그들이 주장하는 모든 난관들을 기꺼이 뛰어넘지 않는 한 함께 동행하기를 거부하고 있답니다."

**구두쇠:** "그건 좋지 못한 성격이로군요. 우리는 '지나치게 의롭다'(전 7:16)는 말씀을 읽은 적이 있거니와 너무 고지식한 성격의 사람들은 사람을 판단할 때 자신들의 주장을 내세워 자신들 이외의 사람들을 비난하고 정죄하지요. 그런데 어떤 점에서 당신과 그들의 견해가 달랐나요?"

**사심:** "그들은 고집스러운 생각으로 온갖 역경을 무릅쓰고라도 순례 여행을 계속해야 한다고 주장했습니다. 하지만 저는 순풍과 밀물을 기다려 더 쉽고 안전하게 여행하는 것이 좋다고 의견을 내세웠지요. 또한 그들은 하나님을 위해서라면 온갖 어려움과 죽음을 무릅쓰고라도 나서려는 데 반해 저는 가능한 한 모든 수단과 방법을 이용하여 제 생명과 재산을 보호하려는 것이 또 하나의 차이점입니다. 게다가 그들은 모든 세상 사람들이 그들을 반박하더라도 옳다고 여기는 자신들의 생각을 굳게 지키려고 고집하는 데

반해 저는 당시의 시대 조류에 맞추어 제 신변의 안전이 보장되는 한 종교를 지키려 할 뿐이고, 그들은 누더기를 걸치고 모욕을 당하더라도 종교와 신앙을 따르려 하나 저는 종교가 황금 신발을 신고 태양빛 아래서 만인의 갈채를 받을 때만 종교를 따르려 하고 있답니다."

**세상욕심:** "선하고 지혜로운 사심 형제여! 당신이 생각하는 견해를 끝까지 지키시오. 사람이 자신이 가지고 있는 것을 지킬 수 있는 자유가 있음에도 불구하고 그것을 잃어버리는 것은 아주 어리석은 행위입니다. 우리는 뱀처럼 지혜롭게 행동하십시다(마 10:16). 햇빛이 빛날 때에 건초를 만드는 것이 지혜로운 행위이며, 꿀벌의 행동을 관찰해 보더라도 겨우내 조용히 누워 기다리다가 유쾌한 마음으로 이득을 얻을 수 있을 때만 일어나서 활동하지 않습니까? 하나님께서는 때로는 비를 주시고 때로는 햇빛이 환히 빛나는 청명한 날을 주시는데, 그들이 비록 역경에도 순례길을 강행하는 바보

구두쇠 씨

들이라 할지라도 우리는 지혜롭게 기다렸다가 청명한 날을 택하여 행동하면서 만족을 얻도록 합시다. 제 생각에는 하나님의 선하신 축복이 확실히 보장되는 종교가 제일입니다. 하나님께서는 이 세상에서 우리에게 많은 것을 베푸시고 허락해 주셨으니 우리로 하여금 베푸신 것들을 잘 보존하여 하나님께 영광을 돌리는 것이 이치에 맞는 일이 아닐까요? 아브라함과 솔로몬은 종교를 가져도 부자가 되었지요. 물론 욥은 '네 보화를 티끌로 여기라'(욥 22:24)고 했지만 당신이 설명해

주신 것이 사실이라면 저기 앞서가는 사람들은 욥과 같이 선하고 지혜로운 사람이기는커녕 지극히 어리석은 사람들일 겁니다."

**구두쇠:** "그 점에 대해서는 우리 모두 의견이 일치되었다고 생각하니 더 이상 언급할 필요가 없습니다."

**돈 사랑:** "그 말씀이 옳습니다. 더 이상 왈가왈부할 필요가 없어요. 우리는 보다시피 성경 말씀도 믿고 지혜로운 이성의 판단과 도리도 믿지만 그렇지 못한 자들은 자신의 타고난 자유도 모르고 자신의 안전성도 지키지 못하는 어리석은 자들이니까요."

**사심:** "형제들이여, 보다시피 우리는 모두 순례 여행 도중에 있습니다. 기분 나쁜 이야기는 집어치우고 즐거운 이야기로 무료함을 달래기 위해서 제가 한 가지 문제를 내겠습니다. 가령 어떤 사람, 곧 목사든 상인이든 관계없이 이 세상에서 행복과 부귀영화를 누릴 수 있는 좋은 기회가 눈앞에 놓여 있는데 무슨 수를 써서라도 그것을 얻기 위해서 최소한 외견상으로나마 전에는 관심을 보이지 않았던 종교의 몇 가지 요점들에 대해 비상한 열성을 보였다고 한다면, 이러한 방법으로 자신의 목적을 달성하는 일이 잘못된 일입니까, 혹은 올바르고 정당한 일입니까?"

**돈 사랑:** "당신이 제시하신 문제의 의도가 무엇인지 알겠습니다. 여러분께서 허락해 주신다면 그 질문에 대한 제 답변을 드리고자 합니다.

　첫째로, 목사에 대해서 말하자면 매우 훌륭한 자격을 지닌 목사이기는 하나 너무 봉급이 적으므로 더 많은 보수를 받기 위한 욕심이 나서 한층 더 열심히 공부하고 설교도 더욱 열렬하게 하면서 신자들의 취향이나 기질이 요구하는 대로 자신이 주장해 오던 몇 가지 주장들을 수정한다고 할지라도 ─ 그가 목사로서 그의 사명과 직업에 충실한 이상 ─ 그는 충분히 그렇게 할 만한 타당한 이유가 있다고 생각하며, 이미 말한 것보다 더한 일들을 하더라도 역시 정직한 사람이라고 할 수 있을 것입니다. 그 이유를 제시하자면,

　　1. 그가 보수를 더 받고자 하는 마음은 ─ 결코 비합법적이라고 볼 수 없으니까 ─ 합법적인 것이며, 또한 하나님의 섭리에 의해서 놓여진 기

회이므로 그가 할 수 있는 한 노력하여 더 큰 소득을 올리고자 하는 것은 양심을 문제 삼을 필요가 없다고 봅니다.

2. 더구나 그가 보수를 더 받기 위해서 좀 더 열심히 공부하고 좀 더 열성있게 설교하여 결국 그가 더 훌륭한 사람이 되고 성직자로서의 재능을 더욱 개선하게 되므로 이는 하나님의 뜻에 합당한 일입니다.

3. 다음으로 성도들의 변화하기 쉬운 기질에 적응하여 이제껏 주장해 오던 그 나름의 원칙들을 수정하는 일에 대해서 말하자면, 첫째, 그의 성질이 자아 희생적이며, 둘째, 그가 온화하고도 남의 마음을 끄는 힘을 가지고 있으며, 셋째, 그렇기 때문에 더욱더 목사로서 합당한 인물이 될 것입니다.

4. 그러므로 결론적으로 말하면, 적은 보수를 받는 목사가 많은 보수를 받으려고 노력한 행위 그 자체를 탐욕으로 볼 수 없으며, 오히려 그로 인해 더 열심히 연구하고 더 부지런히 노력하여 목사로서의 소임을 다하고 선을 행할 기회를 잡은 일은 매우 칭찬받을 만한 일이라고 보아야겠지요.

이번에는 질문의 두 번째 부분인 상인에 대하여 말하겠습니다. 한 장사꾼이 본래 가난하여 조그마한 가게밖에 가질 수 없던 중에 종교를 갖게 됨으로써 장사가 더 잘 되고, 부유한 여자와 결혼하게 된다든지, 혹은 더 많은 고객을 끌 수 있게 되었다든지 하는 일은 매우 합법적이라고 말할 수밖에 없습니다. 왜냐하면,

1. 신앙을 갖는다는 것은 그 동기가 어떻든 간에 덕행이 되는 것이며,

2. 부유한 딸을 아내로 맞이한다든지 더 많은 고객을 자신의 상점으로 유치하는 것은 비합법적이라고 볼 수 없으며,

3. 뿐만 아니라 신앙을 얻음으로 인하여 좋은 사람들로부터 좋은 것들을 얻는다든가, 그 자신이 선한 사람이 되고 선한 아내와 선한 고객들을 맞이하게 됨은 모두 좋은 일들입니다. 그러므로 이 모든 좋은 것들을 얻기 위해서 종교를 갖는다는 것 역시 선하고 유익한 계획입니다."

사심 씨의 질문에 대한 돈 사랑 씨의 대답은 모여 있는 사람들로부터 대대적인 박수 갈채를 받았다. 그러므로 목적 달성을 위하여 종교를 갖는 것은 건전하고도 유익한 일이라는 데에 만장일치로 결론을 맺었다. 이러한 주장을 반박할 수 있는 사람은 아무도 없을 것이라고 생각한 그들은 크리스천과 소망 씨가 아직도 부르면 들릴 만한 거리에서 앞서가고 있었으므로 이 문제를 가지고 그들을 공박하기로 작정했다. 그들이 전에 사심 씨의 말을 공박하고 반대했으므로 네 사람은 이들을 따라가 따져 봐야겠다고 의견을 모았다.

그들이 함께 소리를 지르자 두 사람은 걸음을 멈추고 그들이 따라오기를 기다렸다. 그들은 두 사람을 따라잡기 위해 급히 가면서, 이번에는 사심 씨가 문제를 제기할 게 아니라 세상욕심 씨가 나서서 문제를 제시하여 공박하기로 결정을 보았다. 그 까닭은 조금 전에 사심 씨와 두 사람은 말다툼을 하고 헤어졌기 때문에 사심 씨가 또다시 문제를 끄집어 내면 적개심의 남은 불꽃을 부채질할 우려가 있었기 때문이었다.

마침내 그들은 두 사람을 따라잡았다. 간단한 인사를 나누고 난 후, 세상욕심 씨는 크리스천과 그의 동료인 소망 씨에게 예의 그 문제를 제시하면서 답을 해 보라고 했다.

**크리스천:** "믿음이 있는 자라면 어린 아이라도 그런 문제 수만 개쯤은 대답하고도 남을겁니다. 사람이 단지 빵을 얻기 위하여 예수님을 따르는 것조차 불법이라 하였거늘(요 6:26) 예수님과 종교를 이용하여 현세의 쾌락과 유익을 얻는다는 것이 얼마나 혐오할 만한 일인가요! 이교도들이나 위선자들, 악마나 마녀들이 아니라면 그 같은 행위는 찾아볼 수 없을 것입니다. 그런 생각이나 행위가 이교도의 그것에 속하는 이유를 설명하자면, 옛날에 하몰과 세겜이 야곱의 딸과 가축에 탐을 내었으나 오직 유대인들처럼 할례를 받아야만 그들에게 접근할 수 있음을 알게 되었을 때, '그들이 모두 할례한 것처럼 우리도 모든 남자들이 할례를 받는다면 그들의 가축과 짐승과 재산 및 그밖의 모든 것이 다 우리 것이 되지 않겠느냐?'고 말했습니다. 결국 그들은 야곱의 딸과 가축을 얻고자 하는 그들의 목적 달성을 위해서 종교를

하나의 방편으로 이용하고자 했지요. 그 다음에 어떻게 되었는지 더 알고 싶다면 성경을 펴들고 그 대목 전체를 읽어 보십시오(창 34:20-23). 위선자들인 바리새인들도 역시 이런 류의 무리들이었지요. 그들이 드리는 장황하고 기나긴 기도는 짐짓 신앙을 가장하는 겉치레에 불과했고 그들의 본래 목적은 과부의 집을 노리고 차지하는 데 있었습니다. 결국 하나님께서는 그들의 거짓되고 사악한 행위에 대한 심판으로써 다른 사람들보다 더 무거운 정죄 판결을 내리셨습니다(눅 20:46-47).

마귀인 유다 역시 이런 식의 종교를 갖고 있던 사람이었습니다. 돈주머니를 얻으려고 예수님을 배반한 후 그 돈을 소유하려 했으나 결국 버림받고 내던져져서 영원한 지옥의 자식이 되고 말았지요. 마술사였던 시몬도 역시 이런 식의 종교를 얻고자 했으나 돈을 벌기 위한 수단으로써 했기 때문에 베드로의 입으로부터 정죄 선고를 받은 것입니다(행 8:19-22). 이 세상의 부귀영화를 얻기 위해 종교를 믿는 자는 결국 이 세상의 부귀를 위하여 종교를 버리게 될 것입니다. 분명히 말하지만, 유다는 이생의 재물이 탐나서 종교를 믿었다가 결국 이생의 재물을 위하여 그의 스승인 예수를 팔아넘겼습니다.

그러므로 질문에 대한 대답을 당신들이 하던 것처럼 긍정적으로 받아들인다거나 옳다고 시인하는 것은 모두가 이교적이요, 위선적이고 마귀적인 망상일 뿐만 아니라 그런 생각을 품고 행하는 자는 제각기 그 행한 바에 따라 정죄를 받게 될 것입니다."

이 말을 듣고 그들은 서로서로 얼굴만 쳐다볼 뿐 크리스천의 말에 어떻게 반박할지를 몰라 한동안 침묵이 흘렀다. 더구나 소망 씨도 역시 크리스천의 대답을 묵인하니 더욱더 무거운 침묵이 흘렀다. 사심 씨를 비롯한 그의 동료들은 머뭇머뭇거리면서 뒤에 남고 크리스천과 소망이 앞서 걸었다. 그러자 크리스천은 동료인 소망에게 이렇게 말했다. "저들이 사람의 선고에도 대꾸하지 못할진대 어찌 하나님의 선고에 맞설 수 있겠습니까? 한낱 질그릇에 불과한 저 같은 사람의 말에도 힘없이 입을 다무는 저들이 무시무시한 심판의 불길로 질책을 당할 때는 어찌 견딜 수 있겠습니까?"

사심 씨 일행보다 다시 앞서 걷게 된 크리스천과 소망은 안락安樂, Ease이라고 불리는 멋진 평원에 이르렀다. 편안하고 기쁜 마음으로 평원을 걸어갔지만 초원이 너무 작은 탓에 그들은 그곳을 금세 지나가버리고 말았다. 그 평원의 저편 끝에는 돈Lucre이라고 불리는 조그만 언덕이 있었는데, 그곳에는 은광Silver Mine이 있었다. 전에도 이 길을 가던 사람들 중에 더러는 희귀한 금속인 은을 보려고 옆길로 들어서서 은광의 입구까지 가까이 다가섰다가 그만 발 밑에 디딘 땅이 꺼져버리는 바람에 죽임을 당하거나 혹은 불구자가 되어 평생을 고생스럽게 보내는 자들이 부지기수였다.

다시 꿈에 보니 은광으로 올라가는 행길에서 약간 떨어진 곳에 데마Demas(사도 바울의 제자로 세상을 사랑하여 배교한 자. 딤후 4:10)라는 사람이 서서 지나가는 사람들을 유혹하고 있었다. 데마는 크리스천과 소망을 보더니 말을 걸었다.

**데마:** "이쪽으로 와 보세요. 당신들께 보여 드릴 게 있습니다."

**크리스천:** "도대체 무엇이길래 가던 길을 바꾸어서까지 보고 가라고 권하고 있습니까?"

**데마:** "여기에 한 은광이 있는데 몇몇 사람들이 귀한 보물을 얻기 위해서 땅을 파고 있답니다. 당신들도 오시기만 하면 별로 힘들이지 않고도 많은 재물을 얻을 수가 있지요."

**소망:** "우리도 한 번 가봅시다."

**크리스천:** "난 가지 않겠소. 전부터 이 은광에 대한 이야기를 들어왔는데, 앞서 가던 많은 사람들이 은광의 갱 속으로 굴러 떨어져서 죽임을 당했을 뿐만 아니라 재물이라는것은 본디 그것을 탐하는 자들을 패망시키기 위한 함정이지요."

말을 마치고 나서 크리스천은 큰 소리로 데마에게 물었다. "그곳은 위험하지 않습니까? 수많은 순례자들의 여행을 방해해 오지 않았습니까?"

**데마:** "조심성 있는 사람이라면 별로 위험하지 않습니다."

그러나 이 말을 하면서 그는 얼굴을 붉혔다.

**크리스천:** "소망 씨. 우리는 한 발자국도 이 길에서 벗어나지 말고 가던 길을 계속 가기로 합시다."

**소망:** 사심이 우리처럼 초청을 받게 되면 그는 영락없이 은광을 보려고 발길을 돌릴 것입니다."

**크리스천:** "그자의 사고방식이 원래 그러하니까 의심할 여지도 없이 그 쪽으로 갈 것이며 백이면 백 죽임을 당하고 말 것입니다."

이때 데마가 다시 그들에게 말을 걸었다. "왜 이곳으로 와서 구경하지 않으십니까?" 그러자 크리스천이 담대하고 솔직하게 말을 했다.

**크리스천:** "여보시오, 데마 씨. 당신은 이미 스스로 올바른 길에서 벗어나 다른 길로 들어섰기 때문에 하나님으로부터 정죄하심을 받아 바른 길로 인도하시는 이 길의 주인과 원수가 되었는데 어찌하여 우리들마저 당신과 같은 정죄를 받도록 유혹하려는 것입니까?(딤후 4:10) 뿐만 아니라 만일 우리가 조금이라도 하나님의 뜻을 어기고 옆 길로 들어선다면, 우리의 주인이신 그분께서는 이 일을 감찰하시어 장차 우리가 떳떳하게 서야 할 심판대 위에서 우리로 하여금 커다란 부끄러움을 당하게 하실 것입니다."

그러자 데마는 다시 소리질러 말하기를, 자기도 같은 순례자들 중의 하나인 만큼 잠시만 기다려 준다면 함께 가겠노라고 말했다. 그러자 크리스천이 이렇게 물었다.

**크리스천:** "당신의 이름은 도대체 무엇입니까? 제가 아까 불렀던 것처럼 데마가 당신의 이름이 아닌가요?"

**데마:** "그렇습니다. 제 이름은 데마이며 아브라함의 자손입니다."

**크리스천:** "저는 당신을 잘 알고 있지요. 게하시가 당신의 증조부이고 유다가 당신의 아버지이며 당신도 또한 선조들의 발자취를 따라왔습니다(왕하 5:20; 마 26:14; 27:3-5). 당신이 하는 일은 마귀의 장난과도 같으며, 당신의

데마

아버지는 반역자로서 스스로 목매어 죽고 말았지만, 당신도 그보다 나은 보상을 받을 가치가 없는 사람입니다. 우리가 하나님 앞에 서게 될 때는 당신의 이러한 행동을 있는 그대로 고해 드릴 테니 그리 아십시오."

이렇게 말하고 나서 크리스천과 소망은 다시 갈 길을 재촉했다. 이 무렵 사심과 그의 일행이 이곳에 나타났는데, 데마의 유혹을 받고 단번에 넘어간 그들은 주저하지 않고 은광 쪽으로 달려갔다. 그런데 그들이 갱의 언저리에서 내려다보다가 그만 구덩이 속으로 빠지고 말았는지, 혹은 은을 캐려고 갱 속으로 내려갔는지, 구덩이 밑에서 쉴 새 없이 뿜어나오는 습한 독가스에 숨이 막혀 죽었는지 어쨌는지 확실히 알 수는 없지만 다시 행길 위에 나타나지 않은 것은 확실한 일이었다.
그러자 크리스천은 노래를 불렀다.

"사심과 데마는 서로 뜻이 맞아서

한 쪽이 부르면 다른 한 쪽이 달려간다네.

그들은 탐욕스러운 마음을 함께 나누다가

온갖 세상 영화에 빠져 버린 탓으로

천국 향해 가는 길을 영영 떠나 버렸다네."


꿈에 보니 평원의 바로 맞은 편에 두 순례자가 이르게 되었는데, 행길의 바로 옆에 꽤 오래된 비석이 하나 서 있었다. 두 순례자는 비석의 모양이 이상스럽게 생겨서 마음이 끌리게 되었다. 그 비석은 마치 한 여인이 돌기둥으로 변한 것 같은 모습을 하고 있었다. 그들은 한참 동안 비석 앞에 서서 유심히 들여다보았으나 그게 무엇인지 확실하게 알 수 없었다.

마침내 소망이 그 비석의 머리에 이상한 문체로 쓰여진 글귀를 발견했는데 언어학자가 아닌 이상 그 뜻을 헤아릴 수가 없었으므로 학문이 있는 크리스천을 불러 그 글귀의 의미가 무엇인지 풀어 달라고 부탁했다. 글자들을 맞추어 보며 한동안 조심스럽게 살펴보던 크리스천은 그 글귀가 "롯의 처를 기억하라"(눅 17:32)는 말임을 깨닫고는 그것을 동료인 소망에게 읽어 주었다. 그들은 이 소금 기둥이야말로 롯의 아내가 멸망이 임박한 소돔으로부터 화를 피하려고 성을 빠져나올 때 두고 온 재물에 대한 탐욕스러운 마음을 버리지 못하고 뒤를 돌아보다가 그만 소금 기둥이 된 유적임에 틀림없다고 결론을 내렸다(창 19:26). 뜻밖에도 놀라운 광경을 보게 된 그들은 다음과 같은 이야기를 주고받았다.


**크리스천:** "아, 형제여, 참 적절한 시기에 이것을 보게 되었군요. 데마가 은 광을 보러 오라고 우리를 유혹한 후에 때맞춰 이것을 발견했으니 말입니다. 만일 데마의 유혹에 당신이 끌렸던 것처럼 우리가 그곳으로 갔더라면, 우리도 정녕 이 여인처럼 기둥으로 남아서 뒤에 오는 사람들의 구경거리가 되었을 것입니다."

**소망:** "제가 그토록 어리석었던 것이 참으로 유감스럽군요. 하마터면 저도

소금 기둥이 된 롯의 아내를 발견하다

롯의 아내처럼 될 뻔했는데 이렇게 벗어나게 되었으니 무척 다행스러운 일입니다. 솔직히 말해서 그녀의 죄와 제가 저지른 죄는 별 차이가 없지 않습니까? 그녀는 뒤를 돌아보았을 따름이고 전 가서 보고 싶어했으니까요. 무한하신 하나님의 은혜를 찬양할 일이오나 일찍이 그런 생각이 제 마음속에 들어 있었음은 참으로 부끄러운 일입니다."

**크리스천:** "우리가 여기에서 본 것을 마음속에 잘 명심하여 장차 다가올 앞날에 도움이 되도록 하십시다. 이 여인은 소돔의 멸망이라는 심판은 벗어날 수 있었으나 마음속의 탐욕으로 인한 또 다른 심판에 의해 벌을 받게 된 것이지요."

**소망:** "과연 옳은 말씀이십니다. 이 여인은 우리 두 사람에게 경고와 본보기가 될 것입니다. 경고라 함은 이 여인이 저지른 죄와 같은 죄를 범하지 않도록 경계하라는 것이요, 본보기라 함은 이러한 범죄를 예방하지 못하는 경우에는 형벌이 내려진다는 것을 보여 주는 심판의 표시라는 점이지요. 이와 마찬가지로 고라와 다단과 아비람과 그들을 따르던 250여 명이 그들의 죄로 말미암아 멸망을 당했는데 이것도 역시 후세 사람들에게 경고를 줄 수 있는 표적과 본보기가 될 것입니다(민 26:9-10). 그런데 무엇보다도 한 가지 생각에 잠기게 하는 의문점이 있군요. 재물을 탐내던 한 여인이 단지 뒤를 돌아본 것만으로도 — 성경을 읽어 보면 그녀는 가던 길에서 단 한 발자국도 옆 길로 벗어나지 않았습니다 — 소금 기둥으로 변하는 심판을 받았고, 조금만 눈을 들어 바라보면 어쩔 수 없이 그 여인에 대한 심판의 본보기가 보일 정도로 가까운 거리에 있는데, 데마와 그 일당들은 어떻게 그렇게 당당하고 태연한 모습으로 재물을 탐하면서 행인들을 유혹하고 있는지 이해가 안 되는군요."

**크리스천:** "그것은 참 이상한 일입니다. 그러나 그것은 그들이 이미 자포자기했다는 뜻이 아닐까요? 그들을 무엇에 비유하면 적합할까요? 재판관 앞에서 소매치기하고, 교수대 아래서 남의 지갑을 훔치는 자들과 같겠지요. 소돔 사람들은 악하여 하나님 앞에 큰 죄인이었다(창 13:13)고 하지요. 그

들을 그렇게 부르는 것은 하나님이 소돔 땅을 에덴 동산과 같은 곳으로 만들어주셨는데도 불구하고 하나님께 죄를 지은 까닭입니다. 그래서 이것이 하나님의 진노를 크게 유발시켜 하늘에서 가장 뜨거운 불의 형벌이 내리게 된 것입니다. 따라서 하나님 목전에서까지 범죄하는 자들, 또 그 본보기들이 바로 그들 앞에서 경고를 하는데도 불구하고 계속 범죄하는 자들은 가장 가혹한 심판을 받게 될 것입니다."

**소망:** "맞습니다. 우리들, 특별히 제가 이런 본보기가 되지 않았다는 것은 하나님의 크신 자비입니다. 이것은 우리로 하여금 하나님께 감사를 드리게 하고, 그분을 두려워하게 하며, 항상 롯의 아내를 기억하게 합니다."


## 15. 절망 거인에 잡힌 순례자들

내가 보매 그들이 길을 가다가 쾌적한 강가에 이르렀는데, 다윗 왕은 이 강을 가리켜 "하나님의 강"이라 불렀고, 요한은 "생명수의 강"이라 불렀다(시 46:4; 겔 47:1; 계 22:1). 강둑을 따라 길을 걸으면서 크리스천과 그의 동료는 큰 기쁨을 느꼈다. 그들은 강물을 마시기도 했는데, 그 물맛은 아주 시원해서 그들의 지친 마음에 활기를 주었다.

한편 이 강 양편에는 각종 열매를 맺는 푸른 나무들이 서 있었는데, 그 잎사귀들은 배탈을 예방하고, 여행으로 인해 피가 불결해진 자들이 자칫 걸리기 쉬운 각종 질병들을 막아 주므로 그들은 이 잎들을 따서 먹었다.

또 강 양편에는 아름답고 탐스러운 백합화들이 피어 있는 초원이 있었는데, 그 초원은 사시사철 푸른 빛을 잃지 않았다. 그들은 이 초원에 누워 잠을 잤다. 왜냐하면 이곳은 그들이 안심하고 쉴 수 있는 곳이기 때문이었다(시 23편; 사 14:30).

잠이 깨어 일어나면, 그들은 나무 열매를 따 먹고 강물을 마신 다음, 다시 누워 잠을 잤다. 이렇게 그들은 며칠 밤낮을 지냈다. 거기서 그들은 다음과 같이

하나님의 강, 생명수의 강

노래했다.

> "보라, 수정 같은 강물이 흐르는 모습을.
> 이 강물은 순례자들을 위로하기 위해 대로를 따라
> 흐르도다.
> 푸르른 초원은 향기로운 내음을 풍기며
> 그들을 위해 진미를 내도다.
> 이 나무들에서 나는 감미로운 열매와 잎사귀들을 보면
> 누구라도 자기의 것을 다 팔아 이 밭을 사리라."

아직 여행이 끝나지 않았으므로 계속 길을 가기로 결심한 그들은 열매와 잎을 먹고 강물을 마신 뒤 길을 재촉하였다.

이제 내가 꿈에서 보니, 그들이 얼마 가지 않아 강과 강이 갈라지는 곳이 나타났다. 여기서 그들은 적잖이 실망했지만 길을 벗어나려 하지는 않았다. 그런데 강에서 멀어지면 멀어질수록 길은 더 험해졌고, 그들의 발은 여행으로 인해 부르텄다. 순례자들의 마음도 길로 인해 매우 낙심되었다(민 21:4).

그들은 계속 나아가면서 길이 더 좋아지기를 바랐다. 그러다가 그들 앞쪽으로 초원 하나가 나타났는데, 이 초원은 길 왼편에 있었으며, 그리로 들어가는 층계식 문도 하나 있었다. 이 초장은 곁길 초원By-Path Meadow이라 불리는 곳이었다.

크리스천이 그의 친구에게 말했다. "만약 이 초원이 우리 길을 따라 놓여 있다면, 그 안으로 들어가서 가는 게 어떻겠소?"

크리스천이 계단식 문에 올라가서 보니 울타리 건너편에도 길을 따라 난 오솔길이 있었다.

**크리스천:** "제가 바라던 대로 여기 편한 길이 있습니다. 자, 착한 소망 씨, 우리 함께 이리로 건너갑시다."

**소망:** "하지만 이 길이 만약 우리를 바른 길에서 벗어나게 하면 어떡하지요?"

**크리스천:** "그럴 것 같지는 않아요. 보세요. 이 길이 본래 길을 따라 뻗어 있
　　지 않습니까?"

그리하여 소망은 그의 뒤를 따라 계단식 문을 넘어갔다. 그들이 울타리를 넘
어 오솔길로 들어서니, 과연 아주 편한 길이 나타났다.

이때 앞을 바라본 그들은 한 사람이 자기들처럼 그 길을 가고 있는 것을 보았
다. 그 사람의 이름은 헛된 확신<sup>Vain-Confidence</sup>이었는데, 크리스천 일행은 그를
불러 이 길이 어디로 통하느냐고 물었다.

그가 대답했다. "천성문으로 통하지요."

**크리스천:** "그것 보세요. 제가 그럴거라고 하지 않았습니까? 이제 우리가 올
　　바로 가고 있다는 사실을 알겠지요?"

이리하여 크리스천과 소망은 그를 따라 갔고, 그는 그들 앞서 나아갔다. 그러
나 밤이 찾아와 주위에 짙은 어둠이 깔리자, 그들은 앞서 나아가던 사람의 모습
을 볼 수 없게 되었다. 헛된 확신은 혼자 앞으로 나아가다가 자기 앞에 있는 길을
보지 못하고 깊은 웅덩이에 빠져 버렸는데(사 9:16), 이 웅덩이는 그 땅의 주인이
괜히 잘난 체하는 바보들을 잡기 위해 파놓은 것이었다. 헛된 확신은 구덩이에
떨어지자마자 몸이 갈가리 찢어지고 말았다.

크리스천과 소망은 그가 떨어지는 소리를 듣고는 무슨 일이 일어났느냐고 물
었다. 그러나 대답은 없고 신음소리만 들려 왔다.

이에 소망이 말했다. "여기가 어딥니까?"

크리스천은 자기가 친구를 잘못 인도하지는 않나 생각하면서 잠자코 있었
다. 그러자 갑자기 천둥 번개가 치고 비가 억수같이 퍼붓더니, 물이 길 위로 철
철 넘치기 시작했다.

그러자 소망이 속으로 신음소리를 내면서 말했다. "그냥 제길을 따라 갔어
야 하는 건데!"

**크리스천:** "이 길이 잘못된 곳으로 빠질지 누가 생각이나 했겠습니까?"

**소망:** "저는 처음부터 이럴 것 같아서 당신에게 부드럽게 주의를 주었던 것입니다. 좀 더 분명하게 주의를 주었으면 하는 생각도 했지만, 당신이 저보다 연장자라서 참았지요."

헛된 확신

**크리스천:** "착한 형제여, 이제부터는 거리낌 없이 말하십시오. 제가 당신을 잘못 인도해서 이런 급박한 위험에 처하게 했으니 미안합니다. 제발 저를 용서해 주십시오. 나쁜 의도로 이렇게 한 것은 결코 아닙니다."

**소망:** "형제여, 안심하십시오. 당신을 용서해 드리겠습니다. 그리고 상황도 좋아지리라고 믿습니다."

**크리스천:** "이렇게 자비로운 형제와 함께 있으니 얼마나 기쁜지 모르겠습니다. 하지만 우리는 여기 있으면 안 됩니다. 돌아가도록 힘써 봅시다."

**소망:** "예, 그렇지만 이제는 제가 앞에 가겠습니다."

**크리스천:** "아닙니다. 괜찮다면 제가 앞서 가겠습니다. 저 때문에 우리가 곁길로 들어섰으니, 위험을 당해도 제가 먼저 당해야 마땅하지요."

**소망:** "아닙니다. 당신은 마음이 상해 있기 때문에 또다시 길을 잃을지도 모르니 앞서 가시면 안 됩니다."

이때 그들은 어디선가 자신들을 격려하기 위해 들려오는 음성을 들었다. "큰 길 곧 네가 전에 가던 길을 마음에 두라, 돌아오라"(렘 31:21).

그러나 이즈음에는 물이 몹시 불어나 뒤로 돌아가기가 매우 위험했다. (그때 나는 길 안에 있다가 바깥으로 나가는 것보다 길 밖에 있다가 안으로 들어오는 일이 훨씬 더 어렵다는 생각을 하였다.) 그럼에도 불구하고 두 사람은 뒤로 돌이켜 과감히 나아갔다. 그러나 날이 몹시 어둡고 홍수는 높이 밀어닥쳤으므로, 그들은 돌아가다가 아홉 번 내지 열 번 정도 물에 빠져 죽을 뻔하였다.

그들은 무진 애를 다 써보았지만 그 밤 안으로는 계단식 문에 다시 도달할 수 없었다. 그리하여 마침내 두 사람은 조그만 은신처 안에 들어가 거기서 불을 피우고 앉아 날이 밝기를 기다렸다. 그들은 몹시 지쳐 있었기 때문에 곧 잠이 들고 말았다.

그런데 거기서 멀지 않은 곳에 의심의 성<sup>Doubting Castle</sup>이라 불리는 성이 하나 있었는데, 그곳 영주는 절망 거인<sup>Giant Despair</sup>이었다. 두 사람이 잠든 곳은 바로 이 거인의 땅이었다.

아침 일찍 일어나 자기 땅을 살피던 거인은 자기 땅에서 자고 있는 크리스천과 소망을 붙들었다. 거인은 무시무시하면서도 또렷한 목소리로 그들에게 일어나라고 명한 후 물었다. "너희는 어디서 온 누구인데 내 땅에 들어와 있느냐?"

절망 거인

그들은 거인에게 말했다. "우리는 순례자들인데 길을 잃었습니다."

거인이 말했다. "너희는 이 밤에 내 땅에 넘어 들어와 이곳을 짓밟고 함부로 잠을 잤으니 나와 함께 가야 되겠다."

거인은 그들보다 힘이 세었으므로 두 사람은 할 수 없이 그에게 끌려갔다. 그들은 자신들의 잘못을 알고 있었기 때문에 조용히 따라갔다.

거인은 그들을 앞세워 끌고 가서는 자기 성의 아주 어두운 지하 감옥에 두 사람을 가두었는데, 그 감옥은 더럽고 악취가 심해 몹시 견디기 어려웠다. 여기서 그들은 수요일 아침부터 토요일 저녁까지 한 조각의 빵이나 한 모금의 물도 못 먹고 누워 있었다. 그곳은 빛도 없을 뿐 아니라, 말을 걸어 볼 사람도 찾을 수 없었다. 이렇게 그들은 지독한 처지에 빠져, 친구나 아는 사람 하나 없이 갇혀 있었다(시 88:8). 여기서 크리스천은 갑절로 큰 슬픔을 느끼고 있었다. 왜냐하면 이러한 고난에 빠지게 된 것이 모두 자기의 고집 때문이라고 여겨졌기 때문이었다.

절망 거인에게는 아내가 한 명 있었는데, 그녀의 이름은 자포자기<sup>Diffidence</sup>였다. 잠자리에 들자 거인은 아내에게 자기가 행한 일, 즉 자기 땅을 침범한 두 사람을 붙잡아 지하 감옥에 던져 넣은 일을 이야기하였다. 그리고 나서 거인은 그녀에게 그들을 어떻게 처리하면 좋겠느냐고 물었다. 아내는 거인에게 그들이 누구이며 어디서 와서 어디로 가는지 물었다. 거인이 대답을 해 주자, 그녀는 남편에게 아침에 일어나 그들을 무자비하게 때리도록 충고해 주었다.

아침이 되자마자 거인은 무지막지한 돌능금나무 몽둥이를 들고 지하 감옥으로 내려갔다. 그는 그들에게 욕설을 퍼붓더니 그들을 개에게 하듯이 무섭게 때리기 시작했다. 두 사람은 그 매를 감당하지 못하고 바닥에 쓰러지고 말았다. 이에 거인은 그들이 자신들의 고초에 대해 슬퍼하고 애곡하도록 놓아두고 물러갔다. 두 사람은 하루 종일 한숨과 쓰디쓴 탄식 속에서 시간을 보냈다.

그날 밤 거인과 아내는 다시 그들에 관해 이야기를 나누었다. 아내는 그들이 아직 살아 있다는 말을 듣고는, 남편에게 그들이 스스로 목숨을 끊도록 설득하라고 충고하였다.

아침이 오자 거인은 예전과 같이 단호한 자세로 그들에게 내려갔다. 그들이 전날 매맞은 상처로 인해 몹시 아파하는 것을 본 거인은 그들에게 말했다. "너희가 여기서 빠져나갈 길은 없으니, 그 고통을 끝낼 수 있는 유일한 방법은 칼이나 밧줄이나 독약을 사용해 스스로 목숨을 끊는 것뿐이다. 너희는 살아 있는 게 얼마나 고통스러운지 알면서도 왜 굳이 목숨을 부지하려고 하느냐?"

거인이 크리스천과 소망을 잡다

그러나 두 사람은 거인에게 자신들을 풀어 달라고 말했다. 이에 거인은 험상궂은 표정을 지으면서 그들에게로 달려들었다. 기세로 보아 거인은 자기가 직접 그들의 목숨을 끝내 주려는 것이 틀림없었다. 그러나 갑자기 발작이 일어나 — 거인은 화창한 날이면 때때로 발작을 일으키곤 했다 — 잠시 동안 손을 쓸 수 없게 되자 거인은 예전처럼 자기 처소로 물러갔다.

그러자 옥에 갇힌 두 사람은 거인의 권유를 따라야 좋을지 따르지 말아야 좋을지 서로 의논하기 시작했다.

**크리스천:** "형제여, 우리가 어떻게 해야 할까요? 우리가 지금 살고 있는 삶은 비참하기 짝이 없습니다. 저로서는 이렇게 계속 살아야 좋을지 아니면 스스로 목숨을 끊어야 좋을지 알 수가 없군요. '이러므로 내 마음이 뼈를 깎는 고통을 겪으니 차라리 숨이 막히는 것과 죽는 것을 택하리이다'(욥 7:15). 이 지하 감옥보다는 무덤이 제게 더 편하겠어요. 거인의 말을 따르도록 할까요?"

**소망:** "참으로 우리의 현재 형편은 비참하기 이를데 없습니다. 저로서도 이렇게 영원토록 사느니 차라리 죽는 편이 더 낫겠어요. 하지만 우리 한 번 곰곰이 생각을 해 봅시다. 우리가 가고자 하는 나라의 주님께서는 '살인하지 말라'고 명하셨습니다. 우리는 결코 다른 사람을 살해해서는 안 됩니다. 하물며 우리가 거인의 권유대로 우리 자신을 죽이는 일은 결코 할 수

없습니다.

　뿐만 아니라 다른 사람을 죽이는 자는 그의 몸만 죽이는 셈이 되지만, 자기 자신을 죽이는 자는 자기의 몸과 영혼을 동시에 죽이는 셈이 됩니다. 형제여, 당신은 무덤이 편할 거라고 말했지만, 살인자가 가는 곳은 필경 지옥이라는 사실을 잊으셨습니까? 살인자에게는 영생이 없습니다.

　이제 또다시 생각을 해 봅시다. 모든 법이 절망 거인의 손에 쥐여져 있는 것은 아닙니다. 내가 듣기에, 우리 말고도 여러 사람들이 거인에게 붙잡혔었지만, 그의 손에서 빠져나온 사람도 많이 있다고 하였습니다. 누가 압니까, 세상을 지으신 하나님께서 혹시 절망 거인을 죽게 하시거나, 거인이 아무 때든 옥에 자물쇠 채우는 일을 잊거나, 조만간 그가 우리 앞에서 다시 발작을 일으켜 사지를 못 쓰게 되는 일이 생길는지요? 만약 거인이 다시 우리 앞에서 발작을 일으킨다면, 저는 용기를 내어 어떻게 해서든 도망칠 작정입니다. 어리석게도 아까 그러지 못한 것이 너무나 후회스럽습니다. 하지만, 형제여, 조금만 더 참고 기다려 봅시다. 우리가 즐겁게 풀려날 날이 올지도 모르니까요. 부디 살인자는 되지 맙시다.”


소망은 이러한 말로 자기 형제의 마음을 가라앉혀 주었다. 그리하여 그들은 어둠과 슬픔과 괴로움 속에서 또 하루를 보냈다.

　저녁 때가 되자 거인은 갇힌 자들이 자기 권유대로 했는지 알아보기 위해 다시 지하 감옥으로 내려왔다. 그러나 그들은 모두 아직 살아 있었다. 두 사람은 빵 한 조각 물 한 모금 먹지 못한 데다 심하게 맞아 크게 다친 탓에 간신히 숨만 쉬고 있었지만, 분명히 살아 있었다.

　그들이 살아 있는 것을 본 거인은 격노하며 말했다. “너희가 내 권고를 무시하였으니 태어나지 않은 것만 못하게 만들어 주리라.”

　이 말에 두 사람은 몸을 덜덜 떨었는데, 내가 보니 크리스천은 기절한 듯하였다. 그러나 잠시 후 다시 정신을 차린 크리스천은 그들이 조금 전에 거인의 권유를 따라야 할 것인지 말아야 할 것인지에 관해 의논했던 사실을 상기했다. 이

제 크리스천이 다시 망설이는 빛을 보이자, 소망이 재차 그에게 격려의 말을 하였다.

　　**소망:** "형제여, 당신은 여기까지 오면서 얼마나 용감하게 행동하였습니까? 아볼루온이 당신을 무너뜨릴 수 없었고, 사망의 음침한 골짜기에서 당신이 보고 듣고 느낀 그 어떤 것들도 당신을 막을 수 없었습니다. 당신은 지금껏 얼마나 많은 역경과 공포와 경악스러운 일들을 겪어 왔습니까? 그런데 이제 당신은 두려워하고만 있을 것입니까? 당신도 보다시피, 천성적으로 훨씬 약한 저도 당신과 함께 이 지하 감옥에 갇혀 있습니다. 저도 당신처럼 거인에게 매를 맞았고, 음식을 못 먹었고, 또 캄캄한 암흑 속에서 신음하고 있습니다. 그러니 조금만 더 참아 봅시다. 당신이 허영의 시장에서 얼마나 사나이답게 행동했는지 기억해 보세요. 거기서 당신은 쇠사슬이나 철창, 심지어 처절한 죽음까지도 두려워하지 않았습니다. 그러니 그리스도인답지 못한 수치를 드러내지 말고 할 수 있는 한 끝까지 참아 봅시다."

　　밤이 되매 거인은 다시 그의 아내와 함께 잠자리에 들었다. 아내는 거인에게 갇힌 자들이 그의 권유를 따랐는지 물어보았다.

　　거인이 대답했다. "그자들은 지독한 고집불통들이야. 스스로 목숨을 끊느니 모든 고생을 참고 견디겠다는거야."

　　그러자 아내가 말했다. "내일 그들을 성 뜰로 끌어내어 당신이 처치한 자들의 뼈와 해골을 보여 주도록 하세요. 그리고 한 주일 이내에 그들도 자기네 동료들처럼 갈가리 찢기게 될 거라고 알려 주세요."

　　아침이 되자 거인은 다시 감옥으로 내려가 두 사람을 끌고 성 뜰로 나갔다. 그리고 아내가 말한 대로 그들에게 뼈들을 보여 주며 말했다. "이 뼈의 임자들도 한때 너희처럼 순례자들이었다. 그들도 너희처럼 내 땅을 침범했었기에, 내가 갈가리 찢어 주었다. 이제 너희도 열흘 안에 이런 꼴이 될 것이다. 자, 다시 너희 토굴 안으로 들어가거라."

　　그리고 나서 거인은 그들이 감옥으로 돌아갈 동안 내내 그들을 때렸다. 그들은 예전처럼 토요일을 온종일 탄식하면서 보냈다.

밤이 오자 잠자리에 든 절망 거인과 그 아내 자포자기는 갇힌 자들에 관해 다시 의논을 하기 시작했다. 늙은 거인은 자기의 매질과 권유가 그들을 죽음에 이르게 하지 못할까봐 걱정하였다.

그러자 거인의 아내가 대답했다. "혹시 누군가가 와서 자기네들을 구출해 주거나 도둑이라도 들어와서 그 덕분에 탈출할 기회를 얻고자 하는게 아닐까요?"

거인이 말했다. "그렇다면 여보, 내가 아침에 그들을 한번 다그쳐 보리라."

토요일 한밤중쯤 되었을 때, 두 사람은 기도를 하기 시작하였는데, 그 기도는 거의 날이 샐 때까지 계속되었다. 아침이 되기 직전에, 착한 크리스천은 반쯤 놀란 표정으로 갑자기 격렬하게 말을 토하기 시작했다. "아이구, 내가 멍청이지, 자유롭게 도망칠 길이 있는데도 그동안 이 악취나는 토굴에 갇혀 있었다니! 제 가슴에 약속이라 불리는 열쇠가 하나 있는데, 그 열쇠는 의심 성에 있는 모든 자물쇠를 열 수 있다고 들었습니다."

소망이 말했다. "그것 참 반가운 소식이군요. 착한 형제여, 어서 그 열쇠를 꺼내 열어 봅시다."

이에 크리스천은 가슴에서 열쇠를 꺼내 감옥 문을 열기 시작했다. 그가 열쇠를 넣어 돌리자 자물쇠 고리가 빠지면서 문이 열렸다. 크리스천과 소망은 옥을 빠져나와 성 뜰로 통하는 바깥 문까지 왔다. 이 문도 크리스천의 열쇠로 쉽게 열렸다. 마지막으로 그들은 철로 된 성문에 이르렀는데, 성문의 자물쇠는 매우 단단하였지만 그 문도 열쇠로 열 수 있었다.

그들은 재빨리 탈출을 하기 위해 성문을 급히 열어젖혔다. 그러나 성문이 열리면서 나는 삐그덕 소리에 그만 절망 거인이 잠에서 깨어나고 말았다. 거인은 자기의 포로들을 뒤쫓으려고 급히 일어났지만, 다시 발작이 일어나는 바람에 사지를 움직일 수가 없었다. 이리하여 거인은 그들을 잡을 수 없었다.

성에서 도망친 두 사람은 다시 왕의 대로*大路로 돌아왔다. 이제 그들은 거인의 관할권에서 벗어났으므로 안심할 수 있었다.

계단식 문을 넘어온 그들은 나중에 오는 사람들이 절망 거인의 손에 빠지지

크리스천과 소망이 의심의 성을 탈출하다

않도록 하기 위해 어떤 조치를 취하면 좋을까 의논을 하기 시작했다. 결국 그들은 문 옆에 기둥을 하나 세우고 그 위에 다음과 같은 문장을 새겨 넣기로 합의를 보았다. "이 계단식 문 너머에 있는 길은 의심의 성으로 가는 길인데, 그 성의 주인 절망 거인은 천국의 임금님을 멸시하고 거룩한 순례자들을 죽이려 하는 자이다."

그리하여 이후에 오는 많은 사람들은 거기에 쓰여진 글을 읽고 위험을 피할 수 있었다. 두 사람은 이 일을 마친 후 다음과 같이 노래했다.

"우리가 가던 길에서 벗어나니
그곳은 금단의 땅이었다네.
뒤에 오는 자들은 그리로 넘어가
거인의 포로가 되지 않도록 조심할지니
그의 성은 의심의 성이요, 그의 이름은 절망이라네."

### 16. 기쁨의 산의 목자들

계속 길을 가던 그들은 기쁨의 산<sup>Delectable Mountains</sup>에 도착하였는데, 그 산지는 우리가 앞서 언급했던 산의 주인에게 속한 땅이었다. 산에 올라가 보니 그곳에는 정원과 과수원과 포도원과 샘들이 있었다. 그들은 물을 마시고 몸을 씻은 다음 포도원에 들어가 마음껏 과실을 따 먹었다.

이 산들의 꼭대기에는 양을 먹이는 목자들이 있었다. 목자들은 왕의 대로 옆에 서 있었으므로, 순례자들은 그리로 가서 지팡이에 기댄 채 — 지친 순례자들은 서서 다른 사람들과 말할 때 보통 이런 자세를 취한다 — 그들에게 물었다. "이 기쁨의 산은 누구의 소유며, 당신들이 치고 있는 양들은 누구의 것입니까?"

**목자들:** "이 산지는 임마누엘님의 땅으로, 그의 도성이 바라다보이는 영역

내에 있지요. 그리고 이 양들도 그분의 것입니다. 그분은 양들을 위해 목
숨을 버리셨답니다."

**크리스천:** "이 길이 천성으로 가는 길입니까?"

**목자들:** "올바로 오셨습니다."

**크리스천:** "천성까지는 얼마나 남았나요?"

**목자들:** "어떤 사람들은 너무 멀어 못가지만, 거기 갈 사람들은 다 갑니다."

**크리스천:** "그 길이 위험합니까, 안전합니까?"

**목자들:** "안전하게 행하는 자들에게는 안전합니다. '그러나 죄인은 그 길에
걸려 넘어지리라'"(호 14:9).

**크리스천:** "이곳에는 지치고 피곤한 순례자들을 위해 쉴 만한 곳이 있습니
까?"

**목자들:** "이 산의 주인님께서는 '나그네 대접하기를 잊지 말라'(히 13:1, 2)고
우리에게 분부하셨습니다. 그래서 우리는 여러분들을 위해 좋은 장소를 마
련해 놓고 있습니다."


내가 꿈에 보니, 목자들은 그들이 여행자임을 깨닫고는 그들에게 여러 가지
질문을 던졌다(두 사람은 다른 곳에서도 그러하였듯이 이 질문들에 대해 모두 답변을 하였다).
그들이 던진 질문은, 어디서부터 왔느냐? 어떻게 이 길을 가게 되었느냐? 어떤
식으로 이 길을 견디며 왔느냐? 그런 것이었다. 목자들이 이렇게 질문을 하는 이
유는, 그 산까지 도달한 사람들은 극히 적었기 때문이었다.

두 사람의 대답을 들은 목자들은 즐겁고 매우 사랑스러운 표정으로 둘을 보며
말했다. "이 기쁨의 산에 참 잘 오셨습니다."

목자들의 이름은 지식Knowledge, 경험Experience, 경계Watchful, 성실Sincere이었
는데, 그들은 두 사람의 손을 잡고 자기네 장막으로 인도한 후 음식이 차려져 있
는 식탁에 함께 앉아 식사를 하였다.

그리고 나서 목자들은 말했다. "우리는 당신들이 여기 잠시 머물면서 우리와
좀 더 친해지고, 또 이곳 기쁨의 산에서 나는 좋은 음식물들로 몸과 마음을 위로

기쁨의 산의 목자들

한 후 떠나셨으면 합니다."

두 사람은 기꺼이 머물겠노라고 말한 다음 처소로 쉬러 들어갔다. 밤이 이미 매우 깊었기 때문이었다.

그 다음에 내가 꿈에 보니, 아침이 되자 목자들은 크리스천과 소망을 찾아와 함께 산으로 산책을 나가자고 청하였다. 그리하여 그들은 목자들과 함께 잠시 산책을 하였는데, 가는 곳마다 아름다운 풍경으로 장관을 이루고 있었다.

그때 목자들이 서로 말을 주고 받았다. "우리가 이 순례자들에게 놀라운 것을 좀 보여 줄까요?"

그렇게 하기로 결론을 본 목자들은 그들을 데리고 먼저 오류Error라고 불리는 산꼭대기로 올라갔다. 그 산은 매우 가파른 모습을 하고 있었다. 거기서 목자들은 순례자들에게 아래를 내려다보라고 말했다. 그들이 보니 꼭대기에서부터 떨어져 산산조각 난 사람들의 시체가 밑바닥에 널려 있었다.

오류라고 불리는 산꼭대기

크리스천이 말했다. "이것은 무슨 의미입니까?"

목자들이 대답했다. "당신은 몸의 부활이 이미 지나갔다고 떠드는 후메내오와 빌레도(딤후 2:17, 18)의 말을 듣고 오류에 빠졌던 자들에 관해 들어 보지 못했습니까?"

"들은 적이 있지요." 그들이 대답했다.

목자들이 말했다. "이 산 밑바닥에 떨어져 산산조각 나 있는 저 사람들이 바로 그들입니다. 당신들이 보다시피, 저들을 오늘날까지 매장시키지 않은 채 남겨둔 것은 다른 사람들이 산 가까이 오거나 기어오르고자 할 때 경고를 주기 위해서입니다."

또 내가 보니, 목자들이 그들을 데리고 다른 산에 올라갔는데, 그 산의 이름은 조심<sup>Caution</sup>이었다. 저 멀리를 바라보라는 목자들의 말에 그들이 그곳을 바라보니 여러 사람들이 무덤 사이에서 오르락내리락하고 있었다. 그 사람들은 맹인임에 틀림없었다. 왜냐하면 그들은 때때로 무덤에 걸려 넘어지곤 하고 또 그러면서도 거기서 빠져나오지 못하고 있었기 때문이었다.

이에 다시 크리스천이 물었다. "이것은 무슨 의미입니까?"

목자들이 대답했다. "혹시 이 산 바로 밑에서 길 왼편 초원으로 들어가는 계단식 문을 보셨습니까?"

그들이 대답했다. "봤지요."

목자들이 말했다. "그 문 너머로 나 있는 길을 따라 가면 곧장 의심의 성이 나오는데, 그곳 주인은 절망 거인이지요. (무덤 사이에서 헤매는 자들을 가리키며) 저 사람들은 당신들처럼 순례길을 떠나 그 계단식 문까지 오기는 왔습니다. 그런데 거기서 올바른 길은 매우 험하기 때문에, 그들은 초원에 나 있는 길로 넘어 들어갔다가 절망 거인에게 붙잡힌 것입니다. 거인은 그들을 의심의 성으로 끌고가 얼마 동안 지하 감옥에 가두었다가, 결국엔 그들의 눈을 뽑고는 저 무덤으로 데려가 온종일 그곳을 헤매게 한 것입니다. 그리하여 지혜자의 말이 응한 셈이 되었습니다. '명철의 길을 떠난 사람은 사망의 회중에 거하리라'"(잠 21:16).

그러자 크리스천과 소망은 눈물을 글썽이며 서로를 바라보았지만 목자들에게는 아무 말도 하지 않았다.

또 내가 꿈에 보니, 목자들이 그들을 어떤 낮은 바닥으로 데려갔는데, 그곳에는 언덕 쪽으로 문이 하나 나 있었다. 목자들은 그 문을 열고 순례자들에게 안을 들여다보라고 말했다. 그들이 보니 안에는 짙은 어둠과 연기가 자욱하였다. 그리고 그들은 불이 타는 듯한 소음과 고통당하는 자들의 울부짖는 소리를 들었으며, 유황 냄새 같은 것을 맡았다.

무덤 사이에서 오르락내리락하는 맹인들

**크리스천**: "이것은 무슨 의미입니까?"

**목자들**: "이것은 지옥으로 가는 샛길인데, 위선자들이 주로 가는 길이지요. 예를 들면, 에서처럼 자기의 출생 권리를 파는 자들이나 유다처럼 자기 스승을 파는 자들, 알렉산더처럼 복음을 모욕하는 자들, 아나니아와 그 아내 삽비라처럼 거짓말하고 속이는 자들이 들어간답니다."

**소망**: "그 사람들도 한결같이 지금 우리처럼 순례자 모습을 하고 있었겠죠? 그렇지 않습니까?"

**목자들**: "예, 그렇습니다. 뿐만 아니라 꽤 오랫동안 그래 왔습니다."

**소망**: "저 사람들은 당시에 얼마나 멀리까지 왔다가 저렇게 비참한 상황에 빠졌습니까?"

**목자들**: "어떤 사람들은 꽤 멀리까지 왔고, 어떤 사람은 이 산에까지도 미치지 못했었습니다."

그러자 순례자들은 서로를 바라보며 말했다. "우리는 강하신 분에게 부르짖어 힘을 달라고 할 필요가 있군요."

**목자들**: "예, 그리고 그 힘을 얻게 된다면, 그것을 사용할 필요도 있습니다."

이제 순례자들은 계속 길을 나아가기를 원하였고, 목자들도 그들의 소원을 받아들였다. 그리하여 그들은 산지의 끝부분까지 함께 걸어갔다.

그때 목자들이 서로 말했다. "이 순례자들이 우리의 망원경을 볼 수 있는 기술을 갖고 있다면, 그들에게 천성문을 보여 주는 게 어떻겠소?"

순례자들이 그 제안을 받아들이자 목자들은 그들을 청명Clear이라 부르는 높은 산으로 데려가 망원경을 주었다. 두 사람은 망원경을 들여다보았다. 그러나 목자들이 마지막으로 보여 준 광경이 생각나, 그들의 손은 부들부들 떨렸다. 장애물 때문에 그들은 망원경으로 사물을 똑똑히 볼 수 없지만, 이를 통해 대문 같은 것과 그곳의 영광을 약간 볼 수 있었다.

그리고 나서 순례자들은 다음과 같은 노래를 부르며 길을 떠났다.

"이렇듯 목자들을 통하여 비밀이 계시되었으니
이 비밀은 다른 사람들에게는 감추인 것이라.
만약 누구든 깊은 것, 감추인 것, 신비로운 것을
보고 싶거든
이 목자들에게 오시오."

그들이 길을 떠나고자 할 때, 목자 중 한 사람은 그들에게 길 안내도를 주었다. 또 한 사람은 그들에게 아첨쟁이를 주의하라고 일러주었다. 세 번째 목자는 마법의 땅에서 잠들지 않도록 주의하라고 당부하였다. 네 번째 목자는 하나님께서 그들을 지켜 주시길 바란다고 말했다. 그리고 나서 나는 잠을 깨었다.


## 17. 무지와 작은 믿음

내가 다시 잠들어 꿈에서 보니, 그 두 순례자가 천성으로 가는 큰 길을 따라 산을 내려가고 있었다. 이 산 바로 앞 왼쪽에는 자만의 지방Country of Conceit이라는 곳이 있었다. 그 지방과 순례자들이 가고 있는 큰길 사이에는 그 둘을 이어주는 꼬부랑 샛길이 하나 있었다. 거기서 그들은 쾌활해 보이는 한 젊은이를 만났는데, 그의 이름은 무지Ignorance이며 자만의 지방에서 오는 길이었다.

크리스천이 그에게 어디서 오며 어디로 가는지 물었다.

**무지:** "저는 저 왼쪽으로 조금만 가면 있는 지방에서 태어났습니다. 그리고 이제 천성을 향해 가고 있는 길이지요."

**크리스천:** "그런데 어떻게 그 문까지 도달할 생각입니까? 거기까지 가려면 어려움이 많이 있을 텐데요."

**무지:** "다른 선한 사람들이 하듯이 할 겁니다."

**크리스천:** "하지만 당신은 그 문 앞에 이르렀을 때 무엇을 보이면서 열어 달라고 부탁할 것입니까?"

**무지:** "저는 주님의 뜻을 알고 있습니다. 그리고 이제껏 저는 착하게 살아왔습니다. 다른 사람의 돈을 한 번도 떼어먹은 적이 없으며, 늘 기도하고 금식하고 십일조를 바치고 자선을 베풀었으며, 천국으로 가기 위해 고향을 떠나왔습니다."

**크리스천:** "그러나 당신은 이 길 어귀에 있는 좁은 문을 통해 들어오지 않고 저 구부러진 오솔길을 따라 들어왔습니다. 그래서 당신이 자신을 어떻게 생각하든 심판의 날이 오면 천국에 들어가기는커녕 도둑이요 강도라고 책망받지나 않을까 두렵습니다."

**무지:** "신사분들, 당신들은 저에게 낯선 사람들입니다. 당신들은 당신네 나라의 종교를 따르십시오. 저는 우리나라의 종교를 따르겠습니다. 저는 우리 모두 잘 되기를 바랍니다. 그리고 당신이 말한 그 문에 관해서는 세상이 다 알고 있으며, 그 문이 우리나라에서 매우 멀리 떨어져 있다는 사실도 알지요. 우리 지방 사람들 중에서 그 문으로 가는 길을 아는 이가 있는지 저는 잘 모르겠는데, 그들은 자기네들이 아는지 모르는지에 관해 상관하지 않습니다. 왜냐하면 당신들도 보다시피 우리는 저렇게 훌륭하고 상쾌하고 푸른 오솔길을 통해 이리로 질러 들어올 수 있으니까요."

그가 멋도 모르고 지혜로운 체하는 것을 보고 크리스천은 소망에게 나직이 속삭였다. "스스로 지혜롭게 여기는 자를 보신적이 있으십니까? 그보다 미련한 자에게 오히려 희망이 있습니다(잠 26:12). 우매한 자는 길을 갈 때에도 지혜가 부족하여 각 사람에게 자기가 우매함을 말합니다(전 10:3). 자, 우리가 어떻게 할까요? 여기서 그와 이야기를 더 나눌까요, 아니면 지금은 그가 우리의 말에 대해 혼자 생각하도록 놔두고 앞서 가다가, 후에 다시 멈춰 우리가 어느 정도 그를 도울 수 있는지 알아볼까요?"

그러자 소망이 말했다.

"무지로 하여금 이제 잠시 동안 우리의 말을

생각하도록 합시다.

또 그가 좋은 권면 받기를 거절하지 못하게 합시다.

가장 큰 이득이 무엇인지 모르도록 해서는 안 되니까요.

이해력 없는 자들도 물론 하나님께서 만드셨지만

그런 자들은 구원 받을 수 없다고 주께서 말씀하셨답니다."

소망은 또 이렇게 덧붙였다. "제 생각에, 그에게 한꺼번에 다 이야기해 주는 것은 좋지 않아 보입니다. 지금은 그냥 앞서 가다가 그가 알아들을 만한 때에 다시 이야기해 보도록 하죠."

그리하여 두 사람은 계속 길을 갔고, 무지는 뒤에 처져 걸어갔다. 그들이 무지를 앞서 나간 지 얼마 되지 않아, 두 사람은 아주 어두운 길에 들어서게 되었는데, 거기서 그들은 한 사람이 일곱 가닥의 강한 밧줄에 묶인 채 일곱 귀신에게 끌려오는 것을 보았다. 귀신들은 그를 예전에 순례자들이 보았던 언덕 옆 문으로 끌고 가고 있었다(마 12:45; 잠 5:22).

이를 본 착한 크리스천과 그 동료 소망은 벌벌 떨기 시작했다. 그러나 귀신들이 그를 끌고 지나가자, 크리스천은 그가 혹시 아는 사람이 아닌지 알기 위해 자세히 살펴보았다. 크리스천은 그가 배교 마을Town of Apostasy에 살던 변절Turn-Away 같다고 생각했다. 그러나 그는 마치 현장에서 붙잡힌 도둑처럼 고개를 푹 숙이고 있었기 때문에 크리스천은 그의 얼굴을 똑똑히 볼 수 없었다.

하지만 소망은 그가 지나간 다음에 그의 뒤를 보았는데, 그 사람의 등에는 "음란한 신앙고백자요 저주 받을 배교자"라고 써 있었다.

그때 크리스천이 친구인 소망에게 말했다. "그러고 보니 이 근처에 산다는 한 착한 남자의 이야기가 생각납니다. 그 사람의 이름은 작은 믿음Little-Faith이었습니다. 비록 믿음은 작았지만, 그럼에도 불구하고 그는 착한 사람이었지요. 그의 고향은 성실Sincere이란 도시였답니다. 자초지종을 말하자면 이렇습니다. 이 길

어귀에는 넓은 문에서부터 내려오는 작은 샛길이 하나 있는데, 그 길은 죽은 자의 오솔길Dead-Man's Lane이라고 불린답니다. 그렇게 부르는 이유는 살인자들이 보통 그 길을 이용하기 때문입니다.

우리와 마찬가지로 순례길을 가고 있던 작은 믿음은 우연히 거기 앉아 잠이 들고 말았습니다. 그때 넓은 문에서 내려오는 오솔길에 세 명의 포악한 건달들이 나타났는데, 그들의 이름은 겁쟁이Faint-Heart, 불신Mistrust, 범죄Guilt로서 한 형제들이었습니다. 그 건달들은 작은 믿음이 있는 것을 보고 속력을 내어 달려왔습니다. 마침 이때 그 착한 사람은 막 잠에서 깨어나 다시 여행을 시작하려던 참이었습니다. 건달들은 그의 뒤를 쫓아가면서 무시무시한 목소리로 그에게 서라고 위협을 했습니다. 이 소리에 작은 믿음은 백지장처럼 하얗게 되어 싸울 힘도 도망칠 힘도 다 잃고 말았습니다.

그러자 겁쟁이가 말했습니다. '네 돈지갑을 내 놔라.'

작은믿음

그러나 작은 믿음은 돈을 잃기 싫었기 때문에 머뭇머뭇거렸습니다.

이에 불신이 그에게 달려들어 호주머니에 손을 푹 찔러 넣더니 돈 주머니를 끄집어 냈습니다.

그러자 작은 믿음이 소리쳤습니다. '강도야! 강도야!'

이에 범죄가 손에 들고 있던 커다란 곤봉으로 작은 믿음의 머리를 내리쳤습니다. 그것을 맞고 작은 믿음은 피를 철철 흘리면서 넙죽 엎어져 버렸습니다.

그동안 강도들은 그 곁에 서 있었습니다. 그러나 마침내 누가 오는 소리를 듣고는 그가 혹시 좋은 확신 Good-Confidence 이란 도시에 살고 있는 대은혜 Great-Grace 가 아닌가 두려워하여, 소리를 죽이고는 그 착한 사람을 혼자 남겨둔 채 돌아가고 말았습니다. 그러자 작은 믿음은 땅에서 일어나 얼른 제길로 달려갔답니다. 이것이 이야기의 전부입니다."

**소망:** "하지만 그자들이 작은믿음의 가진 재산을 다 빼앗아가지 않았습니까?"

**크리스천:** "아닙니다. 그의 보석을 감추었던 곳은 그들이 뒤지지 않았기 때문에 그것들은 무사했지요. 그러나 제가 들은 바에 의하면, 그 착한 사람은 자기 생활비의 대부분을 잃어버렸기 때문에 많은 고생을 했답니다. 강도들이 가져가지 않은 것으로는 제가 방금 이야기한 대로 보석들과 또 얼마 안되는 잔돈이 있었는데, 그 잔돈으로는 여행을 끝까지 해 나가기에 충분하지 못했지요(벤전 4:18). 제가 잘못 전해 들은 것이 아니라면, 그는 길을 가면서 목숨을 부지하기 위해 구걸을 해야 했답니다. 그가 한사코 자기 보석들을 팔려 하지 않았기 때문이지요. 그는 구걸과 그 외 할 수 있는 여러 가지 일을 하면서 나머지 대부분의 길을 굶주린 배를 안고 갔답니다."

대은혜

**소망:** "하지만 그가 천국문에 들어갈 때 제출해야 할 증명서를 강도들이 훔쳐가

지 않았다는 것은 놀랍지 않습니까?"

**크리스천:** "놀랍지요. 강도들이 그것을 빠뜨리고 가기는 했지만, 작은 믿음이 그것을 잘 숨겨서 그렇게 된 것은 결코 아닙니다. 왜냐하면 그는 강도들이 오는 것을 보고 하도 낙담하여 어떤 것을 숨길 만한 힘과 재주를 발휘할 수 없었기 때문입니다. 그러므로 작은 믿음이 그 좋은 것을 잃어버리지 않은 이유는 자기 노력 때문이라기보다는 선하신 섭리 덕분이라 할 수 있습니다"(딤후 1:14; 벧후 2:9).

**소망:** "그래도 그가 보석들을 잃어버리지 않았으니 마음에 위안이 되었겠군요."

**크리스천:** "만약 그가 보석을 사용했더라면, 더 큰 위안을 얻을 수 있었을 것입니다. 그러나 제게 이야기를 전해 준 사람의 말에 의하면, 그는 나머지 길을 갈 동안 그 보석들을 거의 사용하지 않았다고 합니다. 이는 그가 돈을 잃어버렸을 때 받은 충격 때문이지요. 실제로 그는 나머지 여행을 할 때 대개는 그 보석을 잊고 지냈습니다. 그러다 가끔 보석이 생각나면 그것으로 마음의 위안을 삼기 시작했지요. 그렇지만 곧 돈을 잃어버렸던 생각이 되살아나 그는 온통 거기에 사로잡히곤 했답니다."

**소망:** "저런, 불쌍한 사람! 이것은 그에게 큰 슬픔이 아닐 수 없었겠네요."

**크리스천:** "큰 슬픔이다마다요! 만약 우리가 그 사람처럼 낯선 곳에서 강도를 만나 돈을 빼앗기고 상처를 입었다고 생각해 봅시다. 정말 슬프지 않겠습니까? 그 불쌍한 사람이 슬픔으로 죽지 않은 것이 이상할 정도입니다. 제가 듣기에, 그는 나머지 길을 거의 슬프고 쓰디쓴 불평만 하면서 갔다 합니다. 그는 만나는 사람마다 붙들고, 자기가 어디서 어떻게 강도를 만났으며, 누가 그 짓을 했는지, 자기가 무엇을 빼앗기고 어떻게 상처를 입었는지, 그리고 하마터면 목숨까지도 빼앗길 뻔했다는 이야기를 하였답니다."

**소망:** "그런데 왜 그는 그런 어려움을 당하면서도 자기 보석을 팔거나 저당하여 여행 중에 쓸 물건을 사지 않았을까요."

**크리스천:** "당신은 마치 이 시대에 대해 아무것도 모르는 사람처럼 말하는군

강도를 만난 작은 믿음

요. 그 사람이 보석을 저당하면 무엇을 받을 수 있겠습니까? 또 보석을 판다면 누구에게 팔겠습니까? 그가 강도 당한 지역에서는 그의 보석이 전혀 귀하게 여겨지지 않았습니다. 그리고 그는 보석을 팔아서 생계를 유지하고 싶은 마음도 없었습니다. 실제로, 그가 천국 문 앞에 도달했을 때 보석이 없으면 그 안으로 들어갈 수가 없습니다. 그는 이 사실을 잘 알고 있었지요. 그렇게 되느니, 차라리 수만 명의 강도들에게 수모를 당하는 편이 더 낫다고 생각했을 것입니다.”

**소망:** “내 형제여, 왜 당신은 그리도 신랄하게 말씀하십니까? 에서는 죽 한 그릇을 얻기 위해 자기의 가장 큰 보석인 장자권을 팔았습니다(히 12:16). 만약 에서가 그랬다면, 작은 믿음이라고 그렇게 못할 이유가 없지 않습니까?”

**크리스천:** “물론 에서는 자기의 장자권을 비롯해 거기 속한 여러 권리들을 팔아 버렸습니다. 이렇게 함으로써 그는 망령된 자들과 같이 주된 축복에서

제외되고 말았습니다. 그러나 에서와 작은 믿음 두 사람은 차이가 있으며, 그들의 재산도 서로 다르다는 사실을 염두에 두어야 합니다. 에서의 장자권은 상징적인 것이지만 작은 믿음의 보석은 그렇지 않았습니다. 에서는 자기 배를 하나님으로 삼고 있었지만, 작은 믿음은 그렇지 않았습니다. 에서는 육신적 미각을 만족시키는 데 급급했지만 작은 믿음은 그렇지 않았습니다. 또 에서는 자기 정욕을 채우는 것 외에는 아무것도 몰랐습니다. '내가 죽게 되었으니 이 장자의 명분이 내게 무엇이 유익하리요?'(창 25:32) 그러나 작은 믿음은 비록 믿음은 작았지만, 이 작은 믿음 덕분에 그러한 방종을 멀리할 수 있었고, 장자권을 판 에서처럼 자기 보석들을 팔지 않고 이를 보면서 기쁨을 얻을 수 있었던 것입니다.

당신은 어디서건 에서가 믿음을 갖고 있었다는 말씀을 읽어 본 적이 있습니까? 아마 없을 것입니다. 그에게는 작은 믿음조차도 없었습니다. 그러므로 그가 다만 육체에 따라 행동하고 ─ 믿음이 없는 자는 이럴 수밖에 없습니다 ─ 자기의 장자권과 영혼과 그의 모든 것을 지옥의 악마에게 팔아 버린다 할지라도 놀랄 것은 별로 없습니다. 왜냐하면 이는 마치 발정한 암나귀의 경우와 같기 때문입니다. '그 성욕의 때에 누가 그것을 막으리요'(렘 2:24). 그들은 일단 마음이 정욕에 붙잡히면 물불을 가리지 않고 행합니다.

그러나 작은 믿음은 전혀 다른 기질을 갖고 있었습니다. 그의 마음은 신성한 것들을 사모했습니다. 또 그의 삶은 영적인 것과 하늘에서 내려오는 것들로 유지되었습니다. 그러니 이런 기질을 가진 사람이 설사 꼭 사야 할 것이 있다 할지라도 자기의 보석을 팔아 헛된 것들로 그 마음을 채우려 할 리가 있겠습니까? 사람이 건초더미로 자기 배를 채우기 위해 돈을 쓰겠습니까? 혹은 산비둘기를 설득해 수탉처럼 썩은 고기만 먹고 살도록 할 수 있겠습니까? 믿음 없는 자는 육신적 정욕 때문에 자기의 가진 바와 또 자기 자신까지도 완전히 팔아 버리거나 저당잡힐 수 있을지 몰라도, 믿음 곧 구원의 믿음을 갖고 있는 자는 아무리 작은 믿음을 갖고 있을지라도 그런 일을 하지 않습니다. 그러니 내 형제여, 그런 생각은 당신의 잘못입니다."

**소망:** "잘못을 인정합니다. 하지만 당신의 엄격한 생각이 저를 거의 화나게 만들었습니다."

**크리스천:** "저는 그저 당신을 머리 위에 알껍데기를 붙이고 한 번도 안 가본 길을 이리저리 왔다 갔다 하는 새에 빗댔을 뿐입니다. 하지만 그 이야기는 이제 넘어갑시다. 토론한 내용을 곰곰이 생각하다 보면 우리의 관계는 온전히 회복될 것입니다."

**소망:** "그렇지만 크리스천, 제게 이런 생각이 듭니다. 그 세 명의 강도도 다만 겁쟁이들에 불과했습니다. 그렇지 않았다면 그들이 누군가 다가오는 소리에 도망을 쳤겠습니까? 그런데 작은믿음은 왜 좀 더 대범한 마음을 갖지 못했을까요? 그들과 한 번 싸움을 벌여 보고, 정 대책이 없으면 그때 항복해도 되었을 텐데요."

**크리스천:** "그들이 겁쟁이라고 많은 사람들이 말하지만, 실제로 그러한지 시험해 본 사람들은 별로 없습니다. 그리고 대범한 마음을 언급하셨는데, 작은믿음에게는 그러한 마음이 전혀 없었습니다. 내 형제여, 지금 말씀하시는 것을 들으니, 그런 일을 당하면 마치 한 번 싸워볼 것처럼 이야기하시는 군요. 하지만 지금 당신은 배가 부르고 그자들이 우리로부터 멀리 떨어져 있으니까 그런 생각을 하는 것이지, 만약 그들이 실제로 우리 앞에 나타난다면 생각이 달라질 겁니다. 그리고 다시 또 생각해 봅시다. 그들은 행인을 터는 강도에 불과하지만, 그들이 섬기는 왕은 밑없는 구덩이, 곧 무저갱의 주인입니다. 그 왕은 필요하면 친히 자기 부하들을 돕기 위해 나타나기도 하는데, 그의 음성은 우는 사자의 소리와 같지요(벤전 5:8). 저도 이 작은 믿음 씨가 당한 일과 비슷한 일을 당한 적이 있는데 참 무시무시한 일이었지요. 그 세 악한이 달려들자 저는 그리스도인답게 저항하기 시작했지요. 그런데 그자들이 소리를 지르자 그들의 주인이 나타났습니다. 그때 저는 속담에 이른 대로, 제 생명을 헐값에 넘겨 버리려고 했습니다. 그러나 하나님의 도우심으로 저는 증거의 갑옷을 입게 되었지요. 그전부터 저는 하나님의 도구로 쓰임받아 왔지만, 사나이답게 처신하는 것이 얼마나 힘든 일인

지는 그때 처음 알았습니다. 싸움에 직접 참가해 보지 않고서는 어느 누구도 자신이 어떻게 싸울 것이라고 자신있게 말할 수 없습니다."

**소망:** "그렇지만 당신도 알다시피 그자들은 대은혜라는 사람이 오는 줄 생각하고는 도망가지 않았습니까?"

**크리스천:** "그렇습니다. 대은혜가 나타나면 그들뿐 아니라 그들의 주인도 종종 도망을 칩니다. 놀랄 일이 아니지요. 왜냐하면 그는 우리 임금님의 전사니까요. 그런데 작은 믿음과 임금님의 전사 간에는 차이점이 있습니다. 임금님께 복종하는 자들이 모두 그의 전사가 되는 것은 아닙니다. 어떤 이들은 아무리 노력해도 전사들이 거두는 전공 같은 것을 결코 세울 수 없습니다. 어린 아이가 다윗처럼 골리앗을 물리칠 수 있다고 여깁니까? 또 굴뚝새에게 황소와 같은 힘이 있을 수 있다고 여깁니까? 어떤 이들은 강하고, 어떤 이들은 약합니다. 어떤 이들은 큰 믿음을 갖고 있고, 어떤 이들은 작은 믿음을 갖고 있습니다. 작은 믿음 씨는 약한 사람이었기 때문에 난관에 부딪혔던 것입니다."

**소망:** "작은 믿음 대신에 대은혜 씨가 있었으면 좋았을 것을."

**크리스천:** "설사 그가 있었을지라도 몹시 힘겨웠을 것입니다. 왜냐하면 대은혜 씨가 아무리 무기를 잘 쓴다 할지라도, 그가 그들을 칼끝으로 겨누고 있을 때에만 그들을 막을 수 있습니다. 그러나 겁쟁이와 불신과 또 한 사람이 그를 포위한다면 일은 몹시 어려워집니다. 그들은 그의 발을 걸어 넘어뜨리려 할 테니까요. 사람이 쓰러지면 무엇을 할 수 있겠습니까?

대은혜 씨의 얼굴을 자세히 살펴보면 상처와 흉터들이 많이 있는데, 그것들이 제가 한 말의 좋은 증거들이 됩니다. 예, 저는 언젠가 그가 이런 말을 하는 것을 들었습니다(당시 그는 전투 중이었습니다). '우리가 힘에 겹도록 심한 고난을 당하여 살 소망까지 끊어졌도다'(고후 1:8). 이 불한당들과 그 동료들이 다윗을 얼마나 고통스럽게 하고 고민하게 하고 화나게 했는지 아십니까? 헤만과 히스기야도 큰 전사였습니다. 이들도 그들의 공격을 물리치기 위해 무진 애를 써야 했는데, 그럼에도 불구하고 적들은 그들의 전투복을 다 망가뜨렸지요. 베드로도 한때 자기가 주님을 위해 할 수 있는 일이면 무엇이든 하겠다고 나서곤 했습니다. 그래서 어떤 사람들은 그를 가리켜 사도들의 대장이라고 부르기도 했지만, 불한당들이 그를 요리조리 통제함으로써 결국 그는 보잘것없는 소녀까지 두려워하게 되었습니다.

그들의 왕은 그들의 호각 소리에 늘 귀를 기울이고 있습니다. 그래서 소리를 못 듣고 지나치는 적이 없습니다. 악한들이 곤경에 처하면, 가능한 한 그는 그들을 돕기 위해 달려 옵니다. 그 왕에 관해서는 이렇게 이야기합니다. '칼이 그에게 꽂혀도 소용이 없고 창이나 투창이나 화살촉도 꽂히지 못하는구나. 그것이 쇠를 지푸라기 같이, 놋을 썩은 나무 같이 여기니 화살이라도 그것을 물리치지 못하겠고 물맷돌도 그것에게는 겨 같이 되는구나. 그것은 몽둥이도 지푸라기 같이 여기고 창이 날아오는 소리를 우습게 여기는도다'(욥 41:26-29).

이러한 경우에 사람이 무엇을 할 수 있겠습니까? 그러나 사람에게 욥의 말馬이 있고 또 그 말을 탈 수 있는 용기와 기술이 있으면, 그는 큰 일을 성취할 수도 있습니다. 그 말에 관해서는 이렇게 기록되어 있습니다. '말의 힘을 네가 주었느냐? 그 목에 흩날리는 갈기를 네가 입혔느냐? 네가 그것으로 메뚜기처럼 뛰게 하였느냐? 그 위엄스러운 콧소리가 두려우니라. 그것이 골짜기에서 발굽질하고 힘 있음을 기뻐하며 앞으로 나아가서 군사들을 맞되 두려움을 모르고 겁내지 아니하며 칼을 대할지라도 물러나지 아니하니 그의 머리 위에서는 화살통과 빛나는 창과 투창이 번쩍이며, 땅을 삼킬듯이 맹렬히 성내며 나팔 소리에 머물러 서지 아니하고 나팔 소리가 날 때마다 힝힝 울며 멀리서 싸움 냄새를 맡고 지휘관들의 호령과 외치는 소리를 듣느니라'(욥 39:19-25).

그러나 우리 같은 하인들은 원수와 만나기를 바라지도 말고, 다른 사람들이 곤경 당한 이야기를 들을 때도 우리라면 더 잘 할 수 있었으리라고 으스대지도 맙시다. 그리고 우리가 남자답다는 생각에 스스로 흐뭇해하지도 맙시다. 왜냐하면 그러한 자는 대개 시험을 당할 때 더 큰 어려움을 당하기 마련이니까요. 제가 앞에서 언급했던 베드로는 허황된 마음의 충동을 받아 다른 모든 사람은 다 주를 버릴지라도 자기만은 주를 위하여 싸우겠다고 말하며 으스댔지만, 저 들에 의해 베드로만큼 희롱당하고 쫓김당한 사람이 어디 있겠습니까?

그래서 왕의 대로에 그러한 강도들이 나타났다는 말을 들을 때, 우리는 두 가지 일을 해야 합니다. 첫째로, 우리는 무장을 하고 방패를 확실히 챙겨야 합니다. 작은 믿음 씨가 리워야단Leviathan의 공격을 받을 때 그를 무찌를 수 없었던 것은 이런 무장이 없었기 때문입니다. 실제로 우리가 무장을 하지 않을 때 마귀는 전혀 우리를 두려워하지 않습니다. 능숙한 기술을 갖춘 이는 이렇게 말합니다. '모든 것 위에 믿음의 방패를 가지고 이로써 능히 악한 자의 모든 불화살을 소멸하리라'(엡 6:16).

두 번째로, 우리는 임금님의 동행하심과 보호하심을 간청해야 합니다. 이 덕분에 다윗은 사망의 음침한 골짜기로 다닐 때 기뻐할 수 있었고, 모세는 하나님 없이 행군하느니 차라리 그가 서 있는 곳에서 죽는 편이 낫겠다고 말했습니다(출 33:15). 오 내 형제여, 만약 주께서 우리와 함께 가 주시기만 한다면 수만 명의 원수가 우리에게 달려든다 할지라도 두려워할 필요가 어디 있겠습니까? 그러나 그가 함께 계시지 아니하면 제아무리 으스대는 조력자라도 죽임을 당하게 될 것입니다(시 3:6; 27:1-3 사 10:4).

저도 전에 여러 번 전쟁을 치른 적이 있습니다. 그런데 가장 선하신 그의 도우심을 통해 보시다시피 지금까지 제가 살아 있기는 하나, 저는 제가 사나이답다고 자랑할 수 없습니다. 우리가 아직 모든 위험을 다 벗어나지는 못했겠지만, 제가 바라기는 이제 더 이상 원수들의 공격을 받지 않았으면 좋겠습니다. 그러나 사자와 곰이 아직 저를 삼키지 못하였으니, 하나님께서는 할례 받지 않은 블레셋인들로부터도 저를 건져 주실 것입니다"(삼상 17:37).

그리고 나서 크리스천은 다음과 같이 노래하기 시작했다.

"불쌍한 작은 믿음 씨! 강도들에게 둘러싸여

강도를 당했구려.

믿는 자들은 누구나 이 일을 기억하고

더 큰 믿음을 갖도록 하시오.

그리하면 수만 명이 달려들어도 능히 물리칠 수 있으며

누구라도 당신을 이길 수 없을 것이라오."

그들은 계속해서 길을 갔고 무지는 그 뒤를 따랐다. 한참 가다 보니 그들이 가는 길에서부터 또 한 길이 나 있는데, 그 길도 역시 곧게 놓여 있는 것처럼 보였다. 크리스천과 소망은 두 길이 모두 자기들 앞에 곧게 놓여 있는 것 같았으므로 어느 길로 가야 할지 몰라 잠시 서서 생각을 하기로 했다.

그들이 길에 관해 생각하고 있을 때, 피부는 검지만 매우 흰 겉옷을 입은 사람이 다가와서 물었다. "왜 여기 서 계신 건가요?"

그들이 대답했다. "우리는 천국으로 가고자 하는데, 어느 길로 가야 할지 몰라서 그럽니다."

그 사람이 말했다. "저를 따라 오십시오. 저도 그리로 가는 참입니다."

그리하여 크리스천과 소망은 그를 따라 나섰다. 그러나 그들은 자기네가 가고자 하던 성에서부터 점점 빗나가게 되었고, 얼마 안 있어 그들의 얼굴은 성과 정반대 방향을 향하게 되었다. 그렇지만 두 사람은 계속 그를 따라갔다.

마침내 아무것도 모르고 따라가던 그들은 그물이 감춰져 있는 곳까지 들어갔다. 그물이 덮치자 그들은 거기에 갇혀 꼼짝도 할 수 없었다. 이때 검은 자의 등에서부터 흰 겉옷 자락이 떨어져 내렸다. 그제서야 두 사람은 자신들이 어떤 처지에 빠졌는지 깨닫게 되었다. 그들은 도저히 스스로는 거기서 빠져나갈 수 없었기 때문에 한동안 누워서 엉엉 소리내어 울었다.

그리고 나서 크리스천이 그의 친구에게 말했다. "제가 또 실수를 범했군요. 목자들이 우리에게 아첨꾼들을 조심하라고 일러 주었는데 옛 현인의 말씀이 오늘날 우리에게 응했군요. '이웃에게 아첨하는 것은 그의 발 앞에 그물을 치는 것

그물에 갇힌 순례자들

이니라'(잠 29:5)."

> **소망**: "목자들은 우리가 길을 잘 찾을 수 있도록 안내도도 주었지요. 그런데 우리는 그 안내도를 보는 것도 잊어버리고 '멸망시키는 자의 길'에 들어서게 되었군요. 여기서 다윗은 우리보다 더 지혜로웠습니다. 그는 이렇게 말했으니까요. '사람의 행사로 논하면 나는 주의 입술의 말씀을 따라 스스로 삼가서 포악한 자의 길을 가지 아니하였나이다'(시 17:4)."

이렇게 한참 그들은 그물 속에서 통곡을 하고 있었다. 그러자 한 빛나는 이가 손에 조그만 줄로 만든 채찍을 들고 다가오는 것이 눈에 띄었다. 그는 두 사람이 있는 곳까지 와서는, 그들이 어디서 왔으며 거기서 무엇을 하고 있느냐고 물었다.

두 사람은 대답했다. "우리는 시온을 향해 가는 불쌍한 순례자들인데, 흰 옷을 입은 검은 사람이 우리에게 자기를 따르라고 하기에 그를 따라 여기까지 왔다가 이렇게 되었습니다."

그러자 채찍을 든 사람이 말했다. "그자는 아첨쟁이Flatterer라는 사람으로서 '거짓 사도요, 자기를 광명의 천사로 가장하는 자'입니다"(고후 11:13, 14; 단 11:32).

그리고 나서 그는 그물을 찢어 두 사람을 풀어 준 다음에 말했다. "내가 당신들을 도로 데려다 줄 테니 나를 따르시오."

그리하여 두 사람은 그의 인도를 받아 얼마 전에 아첨쟁이를 만났던 곳까지 나오게 되었다. 이때 그 사람이 순례자들에게 물었다. "당신들은 지난 밤 어디서 묵었습니까?"

그들이 대답했다. "기쁨의 산에 있는 목자들의 집에서요."

그가 또 물었다. "목자들이 당신에게 길 안내도를 주지 않았습니까?"

그들이 말했다. "주었습니다."

그가 말했다. "그러면 여기 서 있을 때 안내도를 꺼내어 보지 않았습니까?"

그들이 대답했다. "보지 않았습니다."

"왜요?" 그가 물었다.

그들이 말했다. "깜빡 잊었습니다."

그가 다시 물었다. "목자들이 당신들에게 아첨쟁이를 조심하라고 일러주지 않던가요?"

그들이 대답했다. "일러주었습니다. 하지만 그렇게 말을 잘하는 이가 바로 아첨쟁이일 줄은 상상도 못했습니다"(롬 16:17, 18).

그때 내가 꿈에 보니, 그가 두 사람에게 엎드리라고 명하였다(신 29:2). 그들이 엎드리자, 그는 그들을 혹독하게 채찍질하면서 그들이 걸어야 하는 선한 길이 어떤 것인지 가르쳐 주었다(대하 6:26, 27).

그는 그들을 채찍질하며 말했다. "무릇 내가 사랑하는 자를 책망하여 징계하노니 그러므로 네가 열심을 내라 회개하라"(계 3:19).

그리고 나서 그는 두 사람에게 자기의 길을 가도록 명하면서, 목자들이 가르쳐 준 길 이외에는 가지 않도록 주의하라고 일러주었다.

이리하여 두 사람은 그의 친절에 감사한 후 가벼운 마음으로 올바른 길을 가면서 노래를 불렀다.

> "천성 길을 가는 자들이여, 이리로 와서
> 곁길로 갔던 순례자들이 어떤 삶을 치렀는지 보시오.
> 그들은 꽁꽁 얽어매는 그물에 걸렸나니
> 이는 그들이 선한 충고를 가볍게 여기고
> 잊었기 때문이라오.
> 그들이 물론 구조되기는 했으나,
> 보시오, 게다가 채찍질까지 당했으니
> 그대들은 이를 보고 조심하시오."

## 18. 무신론자와 마법의 땅

얼마 후에 그들은 한 사람이 저 앞에서 유유히 혼자 대로를 따라 자기들을 향해 오는 것을 발견하였다. 크리스천이 그의 친구에게 말했다. "저 너머에 한 사람이 시온을 뒤에 두고 우리를 향해 오는군요."

**소망:** "제 눈에도 보이는군요. 이제 정신을 바짝 차립시다. 그도 아첨쟁이 같은 사람일지 모르니까요."

그 사람은 점점 다가와 마침내 그들은 서로 만나게 되었다. 그의 이름은 무신론자Atheist였는데, 그는 두 사람에게 어디로 가느냐고 물었다.

**크리스천:** "우리는 시온 산을 향해 가고 있습니다."

그러자 무신론자는 한바탕 너털 웃음을 웃었다.

**크리스천:** "왜 그렇게 웃으십니까?"

**무신론자:** "당신들이 그렇게 우스꽝스러운 여행을 한다고 하니, 얼마나 무지 몽매한 사람들인가 생각되어 웃었습니다. 여러분들은 고통스러운 여행을

해 왔지만 아무것도 못 얻게 될 것입니다."

**크리스천:** "여보세요. 왜 당신은 우리가 아무것도 못 얻을 것이라고 생각합니까?"

**무신론자:** "얻는다구요? 이 세상에는 당신들이 꿈꾸는 그런 곳은 어디에도 없단 말입니다."

**크리스천:** "그렇지만 내세에는 있습니다."

**무신론자:** "제가 집, 곧 제 고향에 있을 때, 저도 당신이 지금 말하는 것 같은 소리를 들었습니다. 그때부터 20년 간 저는 그 도성을 찾아 헤매었지만, 제가 출발하던 첫날에 본 것 이상의 것을 본 적이 없습니다"(전 10:15; 렘 17:15).

**크리스천:** "우리는 그러한 곳을 찾을 수 있다고 들었고 또 믿습니다."

**무신론자:** "만약 제가 집에 있을 때에 믿지 않았다면, 그 성을 찾으러 거기까지 가지도 않았을 것입니다. 하지만 저는 아무것도 찾지 못했습니다. 만약 그런 곳이 있다면 제가 틀림없이 찾았을 것입니다. 왜냐하면 저는 당신들보다 훨씬 더 멀리 갔었으니까요. 이제 저는 돌아가렵니다. 그리고 존재하지도 않는 성을 찾아 나서느라 예전에 버리고 왔던 것들을 다시 찾아 좀 즐겨 봐야겠습니다."

무신론자

그러자 크리스천이 그의 동료 소망에게 말했다. "저 사람의 말이 정말일까요?"

**소망:** "조심하십시오. 그는 아첨꾼들 중 하나입니다. 우리가 전에 이러한 친구들의 말

을 듣다가 얼마나 큰 대가를 치렀는지 기억하십시오. 뭐라구요? 시온 산이 없다구요? 우리가 기쁨의 산에서 그 성의 문을 보지 않았습니까? 또한 우리가 지금 믿음으로 행하고 있지 않습니까?(고후 5:7) 채찍을 든 사람에게 다시 신세를 지지 않으려거든 계속 나아갑시다. 당신이 마땅히 제게 다음과 같은 훈계를 해야 할 텐데 오히려 제가 말하게 되는군요. '내 아들아, 지식의 말씀에서 떠나게 하는 교훈을 듣지 말지니라'(잠 19:27; 히 10:39). 내 형제여, 청컨대 그의 말을 듣지 마십시오. 그리고 믿음으로 영혼의 구원을 이룹시다."

**크리스천:** "내 형제여, 당신에게 그렇게 물은 것도 당신 신앙의 진실성을 의심해서가 아니라, 당신의 입장을 명확히 밝히게 하고 정직한 당신 마음의 열매를 드러내 놓게 하기 위해서였습니다. 저 사람은 이 세상 신에 눈이 멀었습니다. 우리는 진리에 대한 믿음이 있으니 계속 앞으로 나아갑시다. '모든 거짓은 진리에서 나지 않습니다'(요일 2:21)."

**소망:** "이제 저는 하나님의 영광을 바라는 소망 안에서 즐거움을 느낍니다."

그리하여 두 사람은 그를 떠나갔고, 무신론자는 그들을 비웃으면서 자기 길로 갔다.

내가 꿈에 보니, 그들이 어떤 지방에 도착했는데, 그곳은 낯선 사람이 그곳 공기를 마시면 자연히 졸립게 되는 곳이었다.

여기서 소망은 잠에 겨워 발걸음이 둔해지기 시작했다. 그리하여 소망은 크리스천에게 말했다. "웬일인지 매우 졸립기 시작합니다. 거의 눈을 뜰 수가 없어요. 그러니 여기 누워 한숨 자고 갑시다."

크리스천이 말했다. "절대 안 돼요. 일단 잠들면 우린 다시 깨어날 수가 없습니다."

**소망:** "왜요? 잠은 수고한 자에게 달콤한 것입니다. 우리가 낮잠을 자고 나면 기운이 회복될지도 몰라요."

**크리스천:** "당신은 목자 중 한 사람이 우리에게 마법의 땅^Enchanted Ground을 조심하라고 일러 준 것을 기억하지 못합니까? 그는 우리에게 여기서 결코

마법의 땅에서 졸리워 하는 소망과 깨우는 크리스천

잠들면 안 된다고 주의를 주었습니다. '그러므로 우리는 다른 이들과 같이 자지 말고 오직 깨어 정신을 차릴지라'(살전 5:6)."

**소망:** "제 잘못을 인정합니다. 만약 제가 혼자 여기 있었더라면, 저는 잠을 자다가 큰 위험을 당하고 말았을 것입니다. 저는 지혜자가 한 말이 옳다는 것을 알겠습니다. '두 사람이 한 사람보다 나으니'(전 4:9). 지금까지 당신이 동행해 주심은 제게 큰 자비였습니다. 당신은 당신의 노고에 합당한 보상을 받을 것입니다."

크리스천이 말했다. "자, 이제 졸음을 막기 위해 좋은 말이나 주고 받으며 갑시다."

**소망:** "좋고말고요."

**크리스천:** "어디서부터 시작할까요?"

**소망:** "하나님께서 인도하는 대로 따르지요. 하지만 원하신다면 당신이 먼저 시작을 하십시오."

**크리스천:** "우선 당신에게 이 노래를 불러 드리지요."

> "성도들이 졸리워 하거든 이리로 보내어
> 우리 두 순례자가 하는 이야기를 들으라고 하시오.
> 예, 그들로 하여금 어떻게든 배우게 하고
> 그럼으로써 졸립고 흐물거리는 눈을 바로 뜨게 하시오.
> 성도들의 교제는 잘만 유지되면
> 그들을 깨어 있게 하고 지옥도 물리칠 수 있다오."

그리고 나서 크리스천은 말을 하기 시작했다. "당신에게 한 가지 묻겠습니다. 어쩌다가 이 길을 나서게 되었습니까?"

**소망:** "어떻게 해서 영혼의 유익을 추구하게 되었냐는 말씀이시죠?"

**크리스천:** "예, 바로 그 말입니다."

**소망:** "매우 오랫동안 저는 우리 시장에서 전시되고 또 팔리는 물건들에 도취되어 있었습니다. 만약 제가 여전히 그 가운데 있었다면, 그 물건들은 저를 파멸과 죽음으로 몰아넣었을 것입니다."

**크리스천:** "그 물건들이란 어떤 것입니까?"

**소망:** "세상의 모든 보화와 부귀지요. 또한 저는 떠들고 흥청거리고 술마시고 욕하고 거짓말하고 추잡한 일 행하고 안식일 범하는 것을 무척 좋아했지요. 그런 일들은 모두 제 영혼을 파괴시키는 것들이었지요. 그러다가 마침내 저는 당신과, 또 허영의 시장에서 자기의 믿음과 선한 생활을 지키기 위해 순교한 사랑스러운 믿음 씨를 통해 하나님의 말씀을 듣고 또 생각하는 가운데 '이 일들의 마지막은 사망이요', '이로 말미암아 하나님의 진노가 불순종의 아들들에게 임한다'는 사실을 깨닫게 되었지요"(롬 6:21-23; 엡 5:6).

**크리스천:** "당신은 즉각 이러한 확신에 따라 살게 되었습니까?"

**소망:** "아니요. 처음에는 죄가 악하다는 사실과 죄를 저지름으로써 저주가 온다는 사실을 인정하려 하지 않았습니다. 그러나 제 마음이 말씀으로 흔들리기 시작한 이후부터 저는 죄에 눈을 돌리지 않으려고 열심히 노력해 왔지요."

**크리스천:** "하나님의 복되신 성령이 당신에게 역사하기 시작한 후에도 죄를 계속 지은 이유는 무엇입니까?"

**소망:** "그 이유들은 다음과 같습니다. 첫째로, 저는 그것이 제게 임하시는 하나님의 역사인 줄 몰랐습니다. 저는 하나님께서 죄를 깨닫게 하심으로써 죄인의 회심 역사를 시작하신다는 사실을 알지 못했습니다. 둘째로, 죄는 여전히 제 육체에 달콤하게 느껴졌고, 저는 그것을 떠나기 싫어했습니다. 셋째로, 저는 옛 친구들과 어떻게 결별해야 할지 말할 수 없었습니다. 그들과 어울리면서 함께 행동하는 것이 제게는 매우 바람직해 보였기 때문입니다. 넷째로, 죄의식이 저를 덮칠 때는 심히 고통스럽고 마음이 아파 견딜 수가 없었습니다. 예, 정말 제가 지은 죄들을 마음에 기억조차 하기 어

려웠습니다."

**크리스천:** "그래도 당신은 때때로 마음의 고통으로부터 벗어날 수 있었던 것 같군요."

**소망:** "그렇습니다. 하지만 그 일이 다시 마음에 떠오를 때면, 저는 전과 같은, 아니 전보다 더 심한 고통에 빠지곤 했지요."

**크리스천:** "당신의 죄를 다시금 생각나게 만드는 것은 대체 어떤 것들이었습니까?"

**소망:** "많이 있었지요. 예를 들면, 거리에서 착한 사람을 만날 때나, 성경책을 읽을 때, 제 머리가 아프기 시작할 때, 제 이웃 중 어떤 사람이 병들었다는 소식을 들을 때, 죽은 자들을 위해 울리는 조종 소리를 들을 때, 제 자신의 죽음에 관해 생각할 때, 어떤 사람이 갑자기 죽었다는 소식을 들을 때, 특히 제 자신이 곧 심판을 받게 된다는 생각이 들 때 그러하지요."

**크리스천:** "이러한 일들로 인해 죄 의식이 들 때 그것을 쉽게 떨쳐 버릴 수 있었습니까?"

**소망:** "아니요. 죄 의식이 제 양심을 하도 굳세게 붙들었기 때문에 그럴 수 없었습니다. 그리고 이러한 때 만약 제가 죄로 되돌아갈 생각이라도 하면 — 제 마음은 죄에서 돌이켰지만 가끔 그런 생각이 들긴 했었습니다 — 고통은 두 배로 커지곤 했습니다."

**크리스천:** "그런 때는 어떻게 했습니까?"

**소망:** "제 생활을 좋게 고치도록 노력해야 한다는 생각을 했지요. 그렇게 하지 않으면 저주를 면하지 못하리라는 생각이 들었기 때문입니다."

**크리스천:** "그래서 고치려고 노력해 봤습니까?"

**소망:** "예, 저는 죄뿐 아니라 죄악된 친구들을 피하고 여러 가지 종교적 의무들을 수행했지요. 예를 들면, 기도나 성경 읽기, 울며 회개하기, 이웃들에게 진리의 말씀 전하기 등이었습니다. 제가 행한 것들이 하도 많아 여기서 다 열거를 할 수 없습니다."

**크리스천:** "그렇게 함으로써 고통에서 벗어날 수 있었습니까?"

**소망:** "예, 잠시 동안은요. 하지만 결국 고통은 다시금 저를 엄습해 왔기 때문에 저의 개혁은 별로 소용이 없게 되었지요."

**크리스천:** "생활을 개혁한 이후, 어떤 생각이 들었습니까?"

**소망:** "여러 가지 것들이 마음에 떠올랐지요. 특히 다음과 같은 말씀들이 생각났습니다. '우리의 의는 다 더러운 옷 같으며'(사 64:6), '너희도 명령 받은 것을 다 행한 후에 이르기를 우리는 무익한 종이라 우리가 하여야 할 일을 한 것뿐이라 할지니라'(눅 17:10), '율법의 행위로써는 의롭다 함을 얻을 육체가 없느니라'(갈 2:16). 그때부터 저는 다음과 같이 혼자 따져 나가기 시작했지요. '만약 내 의가 다 더러운 누더기에 불과하다면, 또 율법의 행위로써는 아무도 의롭다 함을 얻지 못한다면, 그리고 우리가 모든 일을 행하고도 유익을 얻지 못한다면, 그러면 율법으로 하늘 나라에 간다는 생각은 어리석은 생각이다.' 저는 계속해서 생각을 했습니다. '한 사람이 어떤 가게 주인에게 100파운드의 빚을 진 다음, 후에 모두 갚았다고 하자. 그런데 만약 이 옛날 빚이 장부에서 지워지지 않은 채 그대로 남아 있다면 어찌되랴? 가게 주인은 그를 고소해서 빚을 갚을 때까지 감옥에 가둘지도 모른다.'"

**크리스천:** "그러면 당신은 그 생각을 어떻게 자신에게 적용시켰습니까?"

**소망:** "저는 자신에 관해 이렇게 생각했지요. '나는 많은 죄를 지었기 때문에 하나님의 회계 장부에 빚이 많이 올라 있다. 그리고 지금 나의 이 개혁된 생활로는 그 빚을 청산할 수 없다. 그러므로 나는 조용히 지금의 개선된 생활에 관해 생각을 해 봐야 한다. 그렇다면 과연 나는 예전에 지은 범죄 때문에 내게 닥친 저주를 어떻게 벗어날 수 있단 말인가?'"

**크리스천:** "매우 좋은 적용입니다. 계속 이야기하십시오."

**소망:** "제가 생활을 개선한 후에도 계속 저를 괴롭혀 온 또 다른 것이 있었습니다. 그것은 다름 아니라 제가 시야를 좁혀 제 최선의 행위만을 바라보는데도 불구하고 거기서 여전히 죄를 발견한다는 것이었습니다. 그 죄는 새로운 죄로서, 제 최선의 행위와 함께 뒤섞여 있었습니다. 그래서 저는 다

음과 같이 결론내릴 수밖에 없었습니다. '나는 지금껏 나 자신과 내 의무들에 대해 어리석은 자부심을 가져 왔지만, 설사 나의 예전 생활에 전혀 흠이 없었다 치더라도, 오늘 하루 동안 내가 지은 죄는 나를 지옥으로 보내기에 충분하다.'"

**크리스천:** "그래서 당신은 무슨 일을 했습니까?"

**소망:** "무엇이든요! 믿음을 만나 제 마음이 깨어지기 전까지 제가 한 일은 이루 다 말할 수가 없습니다. 믿음과 저는 잘 아는 사이였는데, 그는 저에게 죄 없으신 분의 의를 덧입지 않는 한 자신의 의나 세상 의로는 구원 받을 수 없다고 말해 주었습니다."

**크리스천:** "그의 말이 진실처럼 여겨졌습니까?"

**소망:** "만약 제가 자신의 개선된 삶을 기뻐하고 거기서 만족을 얻고 있을 때 그가 그런 말을 했다면, 저는 그의 노고에도 불구하고 그를 바보라고 놀렸을 것입니다. 그러나 당시에 저는 자신의 부족함을 알고 있었고, 또 제 최선의 행실 속에 끼어들어 있는 죄의 실체를 알고 있었기 때문에 그의 의견에 끌리지 않을 수 없었지요."

**크리스천:** "그런데 그가 처음 당신에게 그런 말을 할 때 정말 그의 말대로 죄를 전혀 짓지 않은 사람이 있을 수 있다고 생각했습니까?"

**소망:** "솔직히 말해, 처음에는 그 이야기는 이상하게 들렸습니다. 하지만 그 형제와 잠시 더 이야기를 나눈 후 그에 대해 온전한 확신을 갖게 되었지요."

**크리스천:** "당신은 그 사람이 누구인지, 또 어떻게 하면 그에 의해 의롭다 함을 얻을 수 있는지 물었습니까?"(롬 4장; 골 1장; 히 10장; 벧후 1장)

**소망:** "물었지요. 그랬더니 그분이 곧 지극히 높으신 이의 오른편에 거하고 계신 주 예수님이라고 가르쳐 주더군요. 그리고 그분을 믿고 의롭다 하심을 얻되, 그가 육체로 이 땅에 거하실 동안 친히 행하신 일들과 그가 나무에 달려 고난 당하신 사실도 믿어야 한다고 말했습니다. 그때 저는 그분의 의가 어떻게 하나님 앞에서 다른 사람을 의롭다 할 수 있느냐고 물었습니다.

그랬더니 그가 대답하기를, 예수님은 전능하신 하나님으로서, 그의 행위와 그의 죽으심은 자기 자신을 위한 것이 아니라 저를 위한 것이요, 그의 행위들과 그 행위의 가치는 그를 믿는 자들에게 전가된다고 하였습니다.”

**크리스천:** “그래서 당신은 어떻게 했습니까?”

**소망:** “저는 그분이 저를 구원하고 싶어하지 않으시는 줄로 여기고 그를 믿지 않겠다고 말했지요.”

**크리스천:** “그랬더니 믿음이 당신에게 뭐라고 했습니까?”

**소망:** “그는 저에게 직접 가서 그를 만나 보라고 했습니다. 저는 주제넘은 짓은 하지 않겠다고 말했지요. 그랬더니 그분이 저를 초청했기 때문에 그것은 주제넘은 짓이 아니라고 하더군요(마 11:28). 믿음은 제가 더욱 선선히 나아올 수 있도록 용기를 복돋우기 위해 예수님의 말씀이 담긴 책을 주면서, 그 책에 담긴 글은 하늘과 땅이 다 없어질 때까지 일점일획이라도 없어지지 않을 것이라고 했습니다(마 24:35). 그래서 저는 그분에게 나아가려면 어떻게 해야 하느냐고 물었지요. 그는 무릎을 꿇고(시 95:6; 렘 29:12, 13; 단 6:10) 마음과 뜻을 다해 아버지께 그를 계시해 달라고 기도해야 한다고 하더군요. 그때 저는 다시 그분께 청원을 드리려면 어떻게 해야 하느냐고 물었지요. 그는, 속죄소 위에서 그분을 발견할 수 있는데(출 25:22; 레 16:2; 히 4:16), 그분은 오래 전부터 거기 계시면서 자기를 찾는 자들에게 죄 사함을 주신다고 하였습니다.

저는 믿음에게 그분을 찾아가서 무슨 말을 해야 할지 모르겠다고 말했습니다. 그러자 그는 이렇게 말하라고 가르쳐 주더군요. ‘하나님, 불쌍히 여기소서, 저는 죄인이로소이다. 저로 하여금 예수 그리스도를 알게 하시고 또 믿게 하옵소서. 그의 의가 없으면 또 제가 그의 의를 믿지 아니하면, 저는 결국 내쫓김을 당할 것입니다. 주여, 저는 당신이 자비의 하나님이시요, 당신의 아들 예수 그리스도를 보내사 세상의 구주가 되게 하셨다고 들었습니다. 뿐만 아니라 저와 같이 불쌍한 죄인들을 위해(저는 참으로 죄인입니다!) 아들을 기꺼이 바치셨다는 사실도 압니다. 그러니 주여, 지금 당신의 아들 예수 그리스도를 통해 제 영혼을 구원하시어 당신의 크신 은혜를 나타내시옵소서. 아멘.'"

**크리스천**: "그래서 당신은 하라는 대로 했습니까?"

**소망**: "예, 하고 또 하고 또 했습니다."

**크리스천**: "아버지께서 당신에게 아들을 계시해 주시던가요?"

**소망**: "첫 번째 할 때도 안 해 주시고, 두 번째 할 때도, 세 번째 할 때도, 네 번째 할 때도, 다섯 번째 할 때도, 여섯 번째 할 때도 안 해 주셨습니다."

**크리스천**: "그래서 어떻게 했나요?"

**소망**: "어떻게 했느냐구요? 저는 정말 어떻게 해야 할지 몰랐습니다."

**크리스천**: "기도를 그만둘 생각은 하지 않았습니까?"

**소망**: "했지요. 아마 수백 번은 했을 것입니다."

**크리스천**: "그런데 왜 그만두지 않았나요?"

**소망**: "이 그리스도의 의가 없으면 세상이 결코 저를 구원해 줄 수 없다는 말이 진실이라고 믿어졌기 때문입니다. 그리고 기도를 그만두면 꼭 죽을 것만 같았습니다. 그래서 죽을 때 죽더라도 은혜의 보좌 앞에서 죽기로 한 것이죠. 그러한 가운데 '비록 더딜지라도 기다리라'(합 2:3)는 말씀이 마음에 떠올라 아버지께서 아들을 계시해 주실 때까지 기도를 계속하게 되었지요."

**크리스천**: "하나님께서 그를 어떻게 계시해 주셨나요?"

**소망**: "저는 그분을 육체의 눈이 아닌 마음의 눈으로 보았지요(엡 1:18, 19). 자초지종을 이야기하자면 다음과 같습니다. 어느 날 저는 아주 서글픔에 빠져 있었는데, 제 생전 그렇게 서글펐던 때는 없었던 것처럼 생각됩니다. 이렇게 서글퍼진 이유는 제 죄가 얼마나 크고 추악한지 다시금 새로이 알게 되었기 때문이었습니다. 그때 저는 다만 지옥과 제 영혼의 영원한 저주만을 바라고 앉아 있었는데, 갑자기 하늘에서부터 주 예수께서 내려오시는 모습이 마음으로 보였습니다. 그는 제게 말씀하셨습니다. '주 예수 그리스도를 믿으라. 그리하면 네가 구원을 받으리라'(행 16:30, 31).

그러자 제가 대답했습니다. '주여, 저는 큰 죄인, 아주 큰 죄인입니다.'

그가 대답하셨습니다. '내 은혜가 네게 족하도다.' 그때 저는 '내게 오는 자는 결코 주리지 아니할 터이요 나를 믿는 자는 영원히 목마르지 아니하리라'(요 6:35)는 말씀을 통해 믿는 것과 오는 것이 하나라는 사실을 깨닫게 되었습니다. 누구든지 그에게 나아오는 자, 즉 그리스도의 구원을 얻기 위해 진심과 애정을 갖고 달려 나오는 자는 참으로 그리스도를 믿는 자라는 사실을 안 것입니다.

이에 제 눈에서는 눈물이 왈칵 쏟아졌습니다. 저는 그에게 계속 물었습니다. '하지만 주여, 저 같이 큰 죄인도 받아 주시고 구원해 주실 수 있으십니까?' 그가 말씀하셨습니다. '내게 오는 자는 내가 결코 내쫓지 아니하리라'(요 6:37).

제가 다시 말했습니다. '하지만 주님, 제가 당신께 가더라도 저의 믿음이 온전히 당신 위에 놓여질지 어떻게 알 수 있습니까?' 그러자 그가 대답하셨습니다. '미쁘다. 모든 사람이 받을 만한 이 말이여, 그리스도 예수께서 죄인을 구원하시려고 세상에 임하셨다 하였도다', '그리스도는 모든 믿는 자에게 의를 이루기 위하여 율법의 마침이 되시니라', '예수는 우리가 범죄한 것 때문에 내 줌이 되고 또한 우리를 의롭다 하시기 위하여 살아나셨느니라', '그는 우리를 사랑하사 자기 피로 우리 죄를 씻으셨느니라', '그는 하나님과 우리 사이의 중보시라', '그가 항상 살아 계셔서 그들을 위하여 간구하심이라'(딤전 1:15; 롬 10:4; 롬 4:25; 히 7:25).

이 말씀들을 통해 저는 그의 인격 안에 있는 의義와 또 그의 피를 통한 내 죄의 보속을 바라야 함을 깨달았습니다. 그리고 예수께서 아버지의 율법에 순종하시사 그 징벌을 당하신 것은 자기 자신을 위해서가 아니라 그의 구원을 받아들이고 이에 감사하는 자들을 위해서라는 것도 깨닫게 되었습니다. 그러자 저의 마음은 기쁨으로 가득 차게 되었고 제 눈에는 눈물이 가득 고였으며, 제 가슴은 예수 그리스도의 이름과 그 백성과 그 길에 대한 사랑으로 울렁거리게 되었습니다."

**크리스천:** "참으로 당신 영혼에 대한 그리스도의 계시였군요. 그런데 이로

인해 당신의 영에 특별히 어떤 변화가 있었는지 말해 주시겠습니까?"

**소망:** "이를 통해 저는 세상이 아무리 자기 의를 주장해도 이는 저주 받은 상태임을 알게 되었습니다. 그리고 하나님 아버지께서는 비록 정의로운 분이시지만 자기에게 나오는 죄인들을 공의롭게 의롭다 하실 수도 있는 분임을 알았습니다. 또 이로 인해 저는 예전의 사악한 생활을 심히 부끄러워하게 되었습니다. 뿐만 아니라 저는 제 자신의 무지를 깊이 느끼게 되었습니다. 왜냐하면 그 이전까지는 생각도 할 수 없었던 것들을 깨달았기 때문이었습니다. 예수 그리스도의 아름다움을 깨달았고, 거룩한 생활에 대한 사랑이 일어났습니다. 그리고 주 예수의 명예와 영광을 위해 무언가 하고 싶어졌습니다. 예, 만약 제 몸에 100갤런의 피가 있다면, 이것을 주 예수님을 위해 다 쏟아 부어 드릴 수도 있겠다는 생각이 들었습니다."

## 19. 순례자들과 무지의 재회

그때 내가 꿈에서 보니, 소망이 고개를 돌려 무지가 뒤따라 오는 것을 보았다. 그가 크리스천에게 말했다. "보세요. 저 멀리 뒤에서 그 젊은 친구가 빈둥거리며 오네요."

**크리스천:** "예, 저에게도 보입니다. 그는 별로 우리들과 함께 가고 싶어하지 않는 것 같군요."

**소망:** "하지만 그가 우리들과 여기까지 함께 왔을지라도 그에게 해로운 일은 없었으리라고 여겨지는데요."

**크리스천:** "옳습니다. 그렇지만 그는 분명 다르게 생각하고 있을 것입니다."

**소망:** "저도 그렇게 느껴집니다만, 그래도 그를 기다려 봅시다."

그리하여 두 사람은 무지가 오기를 기다렸다.

크리스천이 무지에게 말했다. "어서 오세요, 친구, 왜 이렇게 뒤로 처져서 오십니까?"

**무지:** "저는 혼자 걷기를 즐기는 편입니다. 좋은 친구들과 함께가 아니라면 여럿이 같이 가는 것보다는 혼자가 훨씬 낫지요."

이에 크리스천이 소망에게 나직이 말했다. "그가 우리와 동행하는 걸 좋아하지 않을 거라고 제가 말했죠?"

그러나 그는 다시 말했다. "그렇지만 여기는 호젓한 곳이니 함께 이야기나 하며 가는 게 좋을 것 같군요."

크리스천은 말머리를 무지에게 돌리며 말했다. "자, 한 번 이야기해 봅시다. 지금 하나님과 당신 영혼 사이의 관계는 어떠합니까?"

**무지:** "좋다고 봅니다. 왜냐하면 저는 모든 선한 것들에 대해 항상 동의를 하고 있거든요. 걸으면서도 그런 생각을 하면 마음에 위안이 옵니다."

**크리스천:** "어떤 선한 것들에 대한 동의입니까? 좀 말해 주십시오."

**무지:** "예를 들면 하나님과 천국이 있다는 데 대한 동의지요."

**크리스천:** "그런 동의는 귀신들과 저주받은 영혼들도 합니다"(약 2:19).

**무지:** "하지만 저는 그것들을 동의할 뿐 아니라 원하기도 하지요."

**크리스천:** "여기 오기를 싫어하는 많은 사람들도 그렇게는 합니다. '게으른 자는 마음으로 원하여도 얻지 못하느니라'(잠 13:4)."

**무지:** "그렇지만 저는 하나님과 천국을 위해 모든 것을 버렸습니다."

**크리스천:** "거기에 대해선 의심이 갑니다. 왜냐하면 모든 것을 버린다는 것은 어려운 일이니까요. 그보다 어려운 일은 별로 많지 않습니다. 그런데 당신은 어떻게 자신이 하나님과 하늘 나라를 위해 모든 것을 버렸다고 생각하게 되었습니까?"

**무지:** "제 마음이 제게 그렇게 말했습니다."

**크리스천:** "지혜자가 이르기를, '자기의 마음을 믿는 자는 미련한 자라' 하였습니다"(잠 28:26).

**무지:** "악한 마음의 말은 그러하지만, 제 마음은 선한 마음입니다."

**크리스천:** "그것을 어떻게 입증할 수 있습니까?"

**무지:** "천국에 대한 소망은 제 마음에 위로를 줍니다."

**크리스천**: "그것은 자기 기만일 수도 있습니다. 왜냐하면 사람의 마음은 소망할 근거도 없는 것들을 소망해도 위로를 얻을 수 있으니까요."

**무지**: "그러나 제 마음과 생활은 잘 일치됩니다. 그러므로 저의 소망은 든든한 근거를 갖고 있는 것이죠."

**크리스천**: "누가 당신의 마음과 생활이 잘 일치된다고 말했습니까?"

**무지**: "제 마음이 제게 말해 주었습니다."

**크리스천**: "제가 도둑인지 아닌지 제 친구에게 물어보라고 한다더니, 당신 마음이 당신에게 그렇게 말했다구요? 이 문제에 관한 증거는 오직 하나님의 말씀만이 할 수 있는 것이요, 다른 것들의 증거는 아무 소용이 없습니다."

**무지**: "하지만 선한 생각을 하면 선한 마음이 아닙니까? 또 하나님의 계명에 따라 살면 선한 생활이 아닙니까?"

**크리스천**: "예, 선한 생각을 하면 선한 마음이고, 하나님의 계명에 따라 살면 선한 생활입니다. 그러나 그렇다고 생각하는 것과 실제로 그렇게 행하는 것은 전적으로 별개의 문제죠."

**무지**: "그렇다면 당신은 무엇이 선한 생각이고, 무엇이 하나님의 계명에 따라 사는 생활이라고 보십니까?"

**크리스천**: "선한 생각에는 여러 종류가 있지요. 자기 자신을 존중하는 생각, 하나님을 존중하는 생각, 그리스도를 존중하는 생각, 다른 것들을 존중하는 생각 등."

**무지**: "우리 자신을 존중하는 선한 생각이란 어떤 것입니까?"

**크리스천**: "하나님의 말씀과 일치되게 생각하는 것이죠."

**무지**: "그러면 우리 자신에 대한 생각은 언제 하나님의 말씀과 일치를 이룹니까?"

**크리스천**: "우리가 우리 자신에 대해 말씀이 행하는 판단과 동일한 판단을 행할 때지요. 좀 더 자세히 설명하면 이렇습니다. 하나님의 말씀은 자연 상태의 인간에 관해 다음과 같이 말합니다. '의인은 없나니 하나도 없으며, 선을 행하는 자도 없도다', '여호와께서 사람의 죄악이 세상에 가득함과 그의

마음으로 생각하는 모든 계획이 항상 악할 뿐임을 보시고', '사람의 마음
이 계획하는 바가 어려서부터 악함이라'(롬 3:10, 12; 창 6:5; 8:21). 그러므
로 우리가 자신에 관해 이러한 생각들을 가지면, 우리의 생각은 선한 생각
입니다. 왜냐하면 그런 생각은 하나님의 말씀을 따르는 것이기 때문이죠."

**무지:** "제 마음이 그렇게 나쁘다는 걸 전 믿을 수 없습니다."

**크리스천:** "그러므로 당신은 당신 생활에서 자신에 관해 결코 선한 생각을 갖
고 있는 것이 아닙니다. 제가 계속 이야기를 해 나가겠습니다. 말씀은 우리
마음에 대한 판단을 하듯이 우리 생활 방식에 대한 판단도 합니다. 우리의
마음과 생활 방식에 대한 생각이 그 말씀의 판단과 일치될 때, 두 가지가 다
선하다고 할 수 있는 것입니다."

**무지:** "설명을 좀 더 해 주십시오."

**크리스천:** "하나님의 말씀에 이르기를, 인간의 길은 구부러진 길이니 선하지
않고 패역하다고 하였으며, 또 인간은 본성적으로 선한 길에서 떠나 그 길
을 알지 못한다고 하였습니다(시 125:5; 잠 2:15; 롬 3:17). 어떤 사람이 자신
의 길을 이와 같이 생각할 때, 즉 지각 있고 겸손하게 자신의 길을 생각할
때, 그는 자신의 길에 관해 선한 생각을 갖고 있다 할 수 있습니다. 왜냐하
면 그제서야 그의 생각과 하나님의 말씀의 판단이 일치되기 때문입니다."

**무지:** "하나님에 관한 선한 생각은 무엇입니까?"

**크리스천:** "우리 자신에 관한 이야기를 할 때도 말했듯이, 하나님에 관한 우
리의 생각이 그에 관한 하나님의 말씀과 일치될 때, 그 생각은 선합니다.
즉, 우리가 말씀에서 가르치는 대로 하나님의 존재와 속성에 관해 생각할
때 그러합니다. 그의 존재와 속성에 관해서는 제가 여기서 길게 이야기할
수 없습니다. 다만 우리와 연관시켜 하나님의 속성을 간단히 말씀드리자
면, 그는 우리 자신보다도 우리를 더 잘 아시며, 우리가 우리 자신 속에서
아무것도 발견하지 못할 때도 우리 속에서 죄를 보실 수 있습니다. 또 그는
우리의 가장 깊은 생각을 아시며, 우리의 마음을 속속들이 환히 들여다보실
수 있습니다. 우리의 모든 의는 그의 코 앞에서 악취를 풍길 뿐이며, 아무리

그의 이름은 무지였고, 그는 정말 무지했다

우리가 최선의 행위를 다한다 해도 그의 앞에 자신 있게 설 수는 없습니다."

**무지:** "당신은 제가 하나님을 저보다 더 멀리 보지 못하시는 분으로 여기는 바보인 줄 아십니까? 그리고 저는 제 최선의 행위를 통해 하나님께 나아가려는 짓 따위는 하지 않습니다."

**크리스천:** "그렇다면 당신은 어떻게 하나님께 나아가야 한다고 여기십니까?"

**무지:** "간단히 말해서, 의롭다 하심을 얻기 위해 그리스도를 믿어야 한다고 여깁니다."

**크리스천:** "그래요? 당신은 그리스도의 필요성을 깨닫지 못하면서도 그리스도를 믿어야 한다고 생각하십니까? 당신은 자신의 근본적인 결함과 실제적인 결함을 전혀 깨닫지 못하고 있습니다. 당신 자신과 당신 행위에 대해 그런 견해를 갖고 있으면, 하나님 앞에서 의로움을 주시는 그리스도의 개인적 의가 필요하지 않게 되지요. 그런데도 당신은 자신이 그리스도를 믿고 있다고 말하는 겁니까?"

**무지:** "하지만 저는 모든 것을 잘 믿고 있습니다."

**크리스천:** "어떻게 믿고 있습니까?"

**무지:** "저는 그리스도께서 죄인들을 위해 죽으셨음을 믿습니다. 그리고 그의 율법에 대한 저의 순종을 은혜롭게 받아 주심으로써 저를 하나님 앞에서 의롭다 하시고 저주에서 건져 주실 것을 믿습니다. 다시 말해서, 그리스도께서는 자신의 공로를 통하여 저의 종교적 행실들이 아버지께 열납되게 하시며, 이로써 저를 의롭게 만드시리라는 것입니다."

**크리스천:** "그러한 당신의 신앙 고백에 대해 답을 해 봅시다. 첫째로, 당신은 환상적인 믿음을 갖고 있습니다. 왜냐하면 그런 믿음은 하나님의 말씀 어디에도 기록되어 있지 않기 때문입니다. 둘째로, 당신은 거짓된 믿음을 갖고 있습니다. 왜냐하면 당신은 그리스도의 개인적 의로부터 의로움을 취해 그것을 당신 자신에게 적용시키고 있기 때문입니다. 셋째로, 이 믿음은 그리스도를 당신 인격에 대한 칭의자<sup>Justifier</sup>가 아니라 당신 행위에 대한 칭의자로 만듭니다. 그러면 당신의 행위가 당신 인격보다 중요한 셈이 되므로,

이러한 믿음은 거짓된 것입니다. 넷째로, 따라서 이 믿음은 기만적인 것이며, 전능하신 하나님의 심판날에 당신은 이로 인해 진노를 받게 될 것입니다. 왜냐하면 진정으로 의롭다 함을 주는 믿음은 영혼으로 하여금 율법에 의해 상실된 자신의 위치를 깨닫고 그리스도의 의로 달려가 거기서 피난처를 찾게 만드는 것이기 때문입니다. 여기서 그리스도의 의란 하나님으로 하여금 당신의 순종을 받아들이사 의롭다 함을 주시도록 만드는 은혜의 행위가 아니라, 우리에게 요구되는 바를 우리를 위해 행하시고 또 당하시는 가운데서 이루어지는 율법에 대한 그의 개인적 순종입니다. 진정한 믿음은 이러한 의를 받아들입니다. 또 이 의의 치마폭에 의해 영혼은 그 수치를 가리게 됩니다. 그리고 이를 통해 우리는 하나님 앞에 흠 없이 설 수 있으며, 영접함을 얻고, 정죄를 모면할 수 있습니다."

**무지:** "뭐라구요? 당신은 그리스도께서 우리 없이 다만 그의 인격 안에서 모든 일을 이루셨다고 주장하는 것입니까? 그런 독단적인 착상은 열망의 고삐를 느슨하게 만들며 우리로 하여금 우리가 원하는 대로 살게 만들 것입니다. 우리가 어떻게 살아가든, 믿기만 하면 그리스도의 개인적 의에 의해 의로움을 얻게 될 테니까요."

**크리스천:** "당신의 이름처럼 참 무지하군요. 당신의 그 대답이 이를 입증해 줍니다. 당신은 의로움을 주는 의가 어떤 것인지, 또 어떻게 하면 믿음으로써 당신의 영혼을 하나님의 무서운 진노로부터 구할 수 있는지 모르고 있군요. 예, 당신은 이 그리스도의 의를 믿는 믿음의 참 구원의 능력에 대해서도 모르고 있습니다. 그 힘은 우리의 마음을 그리스도 안에서 하나님께 굴복하게 만들며, 그의 이름과 그의 말씀, 그의 길과 백성을 사랑하게 합니다. 당신은 무지하게도 이런 생각을 전혀 하지 못하시는군요."

**소망:** "그에게 하늘로부터 계시되는 그리스도를 본 적이 있는지 물어보세요."

**무지:** "뭐라구요? 당신은 계시 정말 좋아하는군요. 저는 당신들처럼 계시 운운하는 사람들은 정신이 약간 나갔다고 믿어요."

**소망:** "아니 왜요? 그리스도는 하나님 안에 감추어져 있어 육체의 자연적 이

해력으로는 그를 파악할 수 없기 때문에, 하나님 아버지께서 그를 계시해 주시지 않으면 사람들을 통해서는 그를 알고 구원에 이를 수가 없습니다."

**무지:** "그건 두 분이 믿는 방식이지 제가 믿는 방식이 아닙니다. 제가 가진 믿음 역시 두 분의 믿음 못지않다고 생각합니다. 단지 제 머리에는 당신들처럼 변덕스러운 생각이 많지 않다는 게 차이라면 차이겠죠."

**크리스천:** "한 마디만 더 하게 해 주십시오. 당신은 이 문제를 그렇게 가벼이 말해서는 안 됩니다. 제가 단언하건대, 방금 제 선한 친구도 이야기했듯이, 아버지의 계시 없이는 어느 누구도 예수 그리스도를 알 수 없습니다. 영혼을 그리스도께 굳건히 붙어 있게 하는 믿음도 — 올바른 믿음일 때 그러합니다 — 그의 넘치도록 크신 능력이 없으면 일을 할 수 없습니다(마 11:27; 고전 12:3; 엡 1:17-19). 불쌍한 무지 씨, 제가 보기에 당신은 이 믿음의 역사에 관해 무지한 것 같군요. 공상에서 깨어나 자신의 추악함을 바로 보고 주 예수님께로 피해 가십시오. 그리하면 그의 의, 곧 하나님의 의를 통해 — 왜냐하면 예수님은 곧 하나님이시기 때문입니다 — 당신은 저주에서 벗어나게 될 것입니다."

**무지:** "당신들은 어서 빨리 가십시오. 저는 도저히 당신들과 함께 갈 수 없습니다. 당신들이 앞으로 나아갈 동안, 저는 잠시 뒤에 머물러 있어야겠습니다."

이에 그들이 말했다.

> "아, 무지여, 당신은 아직도 어리석음을 못 버리는가?
>  열 번이나 주어진 선한 충고를 무시하다니.
>  그대가 만약 이를 거절한다면
>  오래지 않아 악한 일을 당하게 되리니
>  아직 시간이 있을 때 기억하시오, 두려워 말고 서시오.
>  선한 충고를 잘 받아 간직하고 귀를 기울이시오.
>  그러나 만약 당신이 이를 경홀히 여긴다면

우리가 장담하건대,

무지 씨, 당신은 길 잃은 자가 될 것이오."


그리고 나서 크리스천은 자기 친구에게 말했다. "자, 나의 친구 소망이여, 우리는 다시 우리끼리 걸어가야 할 것 같습니다."

그리하여 내가 꿈에 보니, 그들은 멀찍이 앞서 가고, 무지는 뒤에서 절름거리며 따라갔다.

크리스천이 다시 자기 동행에게 말했다. "저 불쌍한 사람 때문에 마음이 몹시 상하는군요. 그는 틀림없이 몹쓸 일을 당하게 될 겁니다."

**소망:** "저런! 우리 마을에도 저런 형편의 사람들이 많이 있었습니다. 집집마다 거리마다 있었고, 순례자들 중에도 있었습니다. 우리 가운데도 그렇게 많은데 저 사람이 태어난 곳에는 오죽 많겠습니까?"

**크리스천:** "그들이 보지 않으려고 눈을 가렸다는 말씀이 참으로 맞군요. 이제 우리끼리니 말인데, 당신은 저런 사람들에 대해 어떻게 생각하십니까? 저들은 죄의식이라든가 위태로운 자신의 상태에 대한 두려움 같은 것을 전혀 느끼지 않을까요?"

**소망:** "당신이 연장자니까 대답해 주시지요."

**크리스천:** "제 생각에는 그들도 가끔 그런 것을 느낄 것 같습니다. 하지만 본성적으로 무지한 저들은 그런 자책감들이 자신의 유익을 도모하기 위한 것인지 알지 못합니다. 그래서 그런 죄의식들을 떨쳐 버리려고 필사적으로 애쓰고, 또 일부러 자기 마음을 계속 설득하는 것이죠."

**소망:** "당신의 말처럼, 저도 두려움이 인간의 유익을 도모하고 그들이 순례 길을 올바로 시작할 수 있게 도와준다는 데에 동의합니다."

**크리스천:** "그 두려움이 올바른 두려움이라면 의심의 여지 없이 그렇지요. 그래서 말씀에 이렇게 기록되어 있지 않습니까? '여호와를 경외하는 것이 지혜의 근본이라'(욥 28:28; 시 111:10; 잠 1:7; 9:10)."

**소망:** "올바른 두려움이란 어떤 것일까요?"

**크리스천:** "참되고 올바른 두려움이란 다음 세 가지 면에서 생각해 볼 수 있습니다. 첫째로, 그 두려움은 죄에 대한 깨달음에서부터 생겨나는데, 이런 죄의식은 결과적으로 구원을 낳게 됩니다. 둘째로, 그 두려움은 영혼으로 하여금 구원을 위해 그리스도를 굳게 붙들도록 합니다. 셋째로, 그 두려움은 영혼으로 하여금 하나님을 크게 경외하게 하며, 그의 말씀과 길을 열심으로 지키게 하고, 거기서 벗어나 좌로나 우로 치우치는 일을 못하게 막지요. 즉, 하나님을 모욕하는 일이나 화목을 깨는 일, 성령을 슬프게 하는 일, 원수로부터 비난 받을 만한 일들을 피하게 합니다."

**소망:** "맞습니다. 참 올바른 말씀을 하셨어요. 그런데 우리가 마법의 땅을 거의 벗어난 걸까요?"

**크리스천:** "왜요? 이 대화가 지루합니까?"

**소망:** "천만에요. 하지만 우리가 어디쯤 와 있는지 궁금한데요."

**크리스천:** "아직 3km 정도 더 가야 합니다. 이제 다시 우리가 하던 이야기로 돌아갑시다. 무지한 자들은 이렇게 두려움으로 이끄는 죄의식이 자기네 유익을 도모하기 위한 것인 줄 모르고, 이를 떨쳐 버리려 필사의 노력을 하지요."

**소망:** "그들은 죄의식을 떨쳐 버리려 어떤 노력을 하나요?"

**크리스천:** "첫째로, 그들은 죄의식이 실제로 하나님으로부터 옴에도 불구하고 이를 마귀로부터 오는 것처럼 여깁니다. 그래서 그 죄의식이 자신들을 멸망시킬 것처럼 생각하고 이를 거부합니다. 둘째로, 그들은 이 두려움이 자신들의 믿음을 해칠까봐 걱정합니다. 애석한 일은 그들이 자신들에게 전혀 믿음이 없다는 사실을 모른다는 것입니다. 그래서 그들은 마음을 완악하게 먹고 그 두려움을 거부합니다. 셋째로, 그들은 아무것도 두려워해서는 안 된다는 주제넘은 생각을 갖고 있습니다. 그래서 두려움이 있어도 그렇지 않은 척 가장합니다. 넷째로, 그들은 이 두려움이 자신들의 알량하고 낡은 자존심을 손상시킬까봐 온 힘을 다해 이를 막으려 합니다."

**소망:** "이 중 어떤 것은 실감이 갑니다. 저도 제 자신의 모습을 깨닫기 전까

지는 그렇게 했으니까요."

크리스천: "자, 이제 우리 이웃 무지에 관한 이야기는 이 정도로 하고, 다른 유익한 얘기로 넘어가 봅시다."

소망: "좋습니다. 하지만 이번에도 당신이 먼저 시작하십시오."

크리스천: "당신은 10년쯤 전에 종교적으로 앞장 서서 활동하던 임시 Temporary라는 사람을 아십니까?"

소망: "알다마다요! 그는 정직의 도시에서 3km쯤 떨어진 은혜없음Graceless 이란 곳에서 배반Turnback이란 사람과 이웃하여 살았지요."

크리스천: "맞습니다. 그들은 한 지붕 아래서 살았지요. 그 사람은 한때 크게 각성한 적이 있었습니다. 제가 알기로, 그는 당시에 자기 죄와 그로 인해 야기될 보응에 관해 약간의 깨달음이 있었던 것 같습니다."

소망: "저도 그렇게 생각합니다. 우리 집은 그의 집에서 5km도 채 안 떨어져 있었는데, 그는 종종 저를 찾아와 많은 눈물을 흘리곤 했지요. 진정으로 저는 그를 불쌍히 여겼으며 그에 대한 소망도 적잖이 갖고 있었습니다. 하지만 주여 주여라고 외치는 사람들이 다 같은 사람들은 아니더군요."

크리스천: "그는 언젠가 저를 찾아 와서는 자기도 순례길을 가기로 결심했다고 말했지요. 그러나 갑자기 그는 자기구원Saveself이란 사람과 친해지더니 저와 사이가 멀어지게 되었습니다."

소망: "이제 우리가 그에 관해 이야기를 하게 되었으니, 그를 비롯한 여러 사람들이 갑자기 되돌아서는 이유를 좀 생각해 보고 싶습니다."

크리스천: "예, 그건 큰 유익이 될 것입니다. 형제가 한 번 말해 보시지요."

소망: "제 판단으로는, 거기에는 네 가지 이유가 있다고 봅니다.

첫째로, 그들의 양심은 깨우침을 받았지만, 그들의 마음은 아직 변화되지 않았기 때문입니다. 그러므로 죄책감이 약해지자 종교심도 희박해져 자연히 다시 옛 길로 돌아가게 된 것입니다. 우리가 개를 볼 때 그렇지요. 개는 병이 들면 자기의 먹었던 것을 다 토해내고 말지요. 그러나 개는 자기의 자유 의사로 이렇게 하는 것이 아니라 — 만약 개에게도 자유 의사가 있다면

— 배가 아프기 때문에 이렇게 하는 것입니다. 그러다가 병이 낫고 배가 편안해지면, 자기가 토해낸 것들에 대해 완전히 욕심이 끊어진 것이 아니므로 다시 그 토설물들을 먹어 치웁니다. 그러므로 다음과 같은 말씀은 사실입니다. '개가 그 토하였던 것에 돌아가고'(벧후 2:22). 그러므로 그들은 오직 지옥의 고통에 대한 의식과 두려움 때문에 하늘 나라에 대해 열심을 내다가, 지옥에 관한 의식과 저주의 두려움이 시들해지자 하늘 나라와 구원에 대한 열망도 시들해진 것입니다. 죄책감과 두려움이 사라지면, 하늘 나라와 행복에 대한 욕망도 사라지고 그들은 다시 옛날 길로 되돌아가게 됩니다.

둘째로, 또다른 이유는 그들이 비천한 두려움에 사로잡혀 있기 때문입니다. 이 비천한 두려움이란 사람에 대한 두려움을 말하는 것입니다. '사람을 두려워하면 올무에 걸리게 되거니와'(잠 29:25). 그리하여 그들은 지옥의 화염이 그들의 귓가에서 이글거릴 때에는 하늘 나라에 대해 열렬한 것 같아 보이지만 그 공포가 약해지면 다른 생각을 하게 됩니다. 즉 모든 것을 내어 버리는 모험을 하지 말고 — 왜냐하면 그들은 이것이 어떤 것인지 모르기 때문입니다 — 적어도 피할 수 있는 불필요한 고통은 피하는 편이 현명하다는 생각입니다. 그리하여 그들은 다시 세상에 빠지게 되는거죠.

셋째로, 종교에 의지한다는 수치심이 그들이 나아가는 데에 걸림돌이 되기도 합니다. 교만하고 오만한 자들의 눈에 종교는 천박하고 치욕스러워 보입니다. 그러므로 지옥에 대한 느낌과 진노에 대한 두려움이 사라지면 다시 옛날 길로 치닫게 되는 것입니다.

넷째로, 죄책감을 느끼고 두려운 생각을 갖는다는 것은 그들에게 몹시 우울한 일입니다. 그래서 그들은 그런 생각이 들기 전까지는 자신의 비참함에 대해 잘 생각하려 하지 않습니다. 그런 생각이 들면 의로우신 자에게로 도피하여 안전함을 얻으면 되는데, 제가 앞에서 잠깐 언급하였듯이, 그들은 죄책감과 두려움을 느끼기 싫어하기 때문에 일단 하나님의 진노와 공포에 대한 각성이 사라지면, 다시 마음을 완악하게 먹고 더욱더 자신들을 완악하게 만드는 길로 애써 나아갑니다."

**크리스천:** "당신이 참 잘 지적해 주었습니다. 정말로 그 모든 근본적인 원인은 마음과 의지에 변화가 없기 때문입니다. 그러므로 그들은 마치 판사 앞에 서 있는 죄인 같다고 할 수 있습니다. 죄인들은 두려워 떨면서 마치 마음으로 깊이 회개하는 것처럼 보입니다. 그러나 근본적으로 그 두려움은 교수대에 대한 두려움이요, 자기가 지은 죄에 대한 혐오감이 아닙니다. 그러므로 이들이 다시 자유를 얻게 되면, 도둑과 사기꾼 기질이 되살아나게 됩니다. 반면 만약 그들의 마음이 진정으로 변화되면, 그렇게 하지 않습니다."

**소망:** "제가 그들이 되돌아가는 이유를 이야기했으니, 당신은 그들이 되돌아가는 양상에 관해 이야기해 주시겠습니까?"

**크리스천:** "기꺼이 그러죠. 우선 그들은 자기가 가지고 있던 하나님에 관한 기억과 죽음, 장래의 심판에 관한 생각들을 떨쳐 버립니다. 그리고 나서 그들은 점차 개인적인 의무들, 예를 들면 골방 기도나 정욕의 절제, 경성함, 죄에 대한 탄식 등을 소홀히 하게 됩니다. 그리고 그리스도인들 간의 생기 있고 따뜻한 교제를 끊어 버리지요. 이후에 그들은 점차 설교 듣는 일이나 성경 읽는 일, 경건 모임에 참석하는 일 같은 공적인 의무들을 저버리게 됩니다. 그리고 나서 그들은 경건한 사람들에 대해 험담을 하기 시작하고, 종교가 갖고 있는 몇몇 약점들을 보고는 종교색을 뒤로 던져 버립니다. 그 다음에 육신적이고 느슨하고 음탕한 자들과 어울려 사귀기 시작하지요. 그들은 그렇게 육신적인 관습을 은밀히 행하다가 정직하다고 여겨지는 자들 안에서 이런 은밀한 모습을 발견하게 되면 이에 더욱 힘입어 죄를 더욱 담대히 행하려고 합니다. 이 후에 그들은 공개적으로 작은 죄들을 범하기 시작합니다. 그래서 마음이 굳어지면 완전히 본색을 드러내게 됩니다. 은혜의 기적이 일어나지 않는 한, 그들은 다시 비참의 깊은 소용돌이 속에 휘말리게 되며, 자기 기만 속에서 영원히 멸망을 당하게 됩니다."

## 20. 천성에 들어간 순례자들

꿈에 내가 보니, 이제 순례자들은 마법의 땅을 벗어나 뿔라$^{Beulah}$(회복된 이스라엘을 상징. 사 62:4) 땅에 들어갔다. 그곳의 공기는 매우 맑고 상쾌했으며, 길은 그 지방을 똑바로 가로지르고 있었다(아 2:10-12). 그들은 거기서 잠시 앉아 피로를 풀었다. 그곳에는 새들이 계속 노래를 하였고, 땅은 꽃으로 덮여 있었으며, 비둘기의 울음 소리도 들려 왔다. 또 이 땅에서는 해가 밤낮으로 빛났다. 이곳은 사망의 음침한 골짜기 너머에 있었고, 절망 거인의 손이 미치지 않았으며, 의심의 성에서 보이던 것들은 전혀 보이지 않았다.

여기서 그들은 자신들이 가고자 하는 성의 모습을 잘 볼 수 있었다. 그리고 그들은 이곳에 살고 있는 사람들도 몇 명 만났다. 이곳은 천국의 경계선에 있었기 때문에 빛나는 자들이 자주 걸어다녔다. 이곳은 또한 신랑과 신부 사이의 서약이 새로이 갱신되는 곳이기도 했다. 참으로 여기서는 "신랑이 신부를 기뻐함같

여기서 그들은 자신들이 가고자 하는 성의 모습을 잘 볼 수 있었다

이 그 하나님이 그들을 기뻐하셨다"(사 62:5).

여기서 그들은 곡식과 포도주의 궁핍을 느끼지 않았다. 이곳에는 그들이 순례 중에 구하였던 것들이 풍성히 있었기 때문이었다. 여기서 그들은 천성에서부터 울려 나오는 커다란 음성을 들을 수 있었다. "너희는 딸 시온에게 이르라. 보라, 네 구원이 이르렀느니라. 보라, 상급이 그에게 있고 보응이 그 앞에 있느니라"(사 62:11). 이곳에 사는 사람들은 자신들을 가리켜 "거룩한 백성, 주님의 구속 받은 자, 주께서 찾으신 자" 등으로 불렀다.

이제 그들은 이 땅을 걸으면서 예전에 천성으로부터 멀리 떨어진 곳을 걸을 때보다 더 큰 기쁨을 느꼈다. 또 천성에 가까이 가면 갈수록 그곳의 모습을 좀 더 뚜렷이 볼 수 있었다. 그곳은 진주와 여러 보석들로 세워져 있었으며 거리는 모두 금으로 포장되어 있었다.

이렇게 천성이 지닌 자연적 영광과 또 거기에서 반사되는 태양빛 때문에 크리스천은 상사병에 걸려 버렸다. 소망도 그 병 때문에 한두 번 발작을 일으켰다. 그리하여 그들은 격통을 참지 못하고 거기 잠시 누워서 외쳤다. "너희가 내 사랑하는 자를 만나거든 내가 사랑하므로 병이 났다고 하려무나"(아 5:8).

병이 차도를 보여 약간 힘을 얻을 수 있게 되자, 그들은 계속 길을 걸어 점점 더 천성에 가까이 나아 갔는데, 도중에 보니 과수원과 포도원과 정원이 있고 그 문은 큰 길 쪽으로 활짝 열려 있었다. 두 사람이 이곳을 지나는데 과수원지기가 길가에 서 있었다. 순례자들이 그에게 물었다. "이 훌륭한 포도원과 정원은 누구의 것입니까?"

그가 대답했다. "이것들은 임금님의 소유인데, 임금님께서는 스스로 즐기시기 위해, 그리고 순례자들의 휴식을 위해 이것들을 가꾸시지요."

그리고 나서 과수원지기는 그들을 포도원 안으로 청해 들이고는 맛좋은 과일들로 목을 축이도록 권하였다(신 23:24). 또한 그는 두 사람에게 왕의 산책로와 정자들을 보여 주었다. 그들은 기뻐하면서 정자에 누워 잠을 잤다.

내가 꿈에 보니, 그들은 잠을 자면서 여행을 할 때보다 더 많은 이야기를 나누었다. 내가 이를 기이히 여기며 보고 있는데, 과수원지기가 내게 말했다. "왜

과수원지기가 길가에 서 있었다

이 일에 대해 기이히 여기십니까? 이 포도원의 포도는 사람을 아주 달콤하게 잠
들게 하므로 잠을 자면서도 그들의 입술이 말할 수 있게 만드는 성질을 갖고 있
습니다."

잠에서 깨어난 그들은 이제 천성(천국)으로 올라가자고 말했다. 그러나 순금
으로 된 천성에 반사되는 태양빛이 너무 강렬했기 때문에 특별히 제작된 기구로
맨눈을 가리지 않고는 천성을 똑바로 볼 수가 없었다(계 21:18; 고후 3:18).

내가 보니, 천성을 향해 나아가던 그들은 금처럼 빛나는 옷을 걸치고 빛처럼
밝은 얼굴을 가진 두 사람을 만났다. 그 두 사람은 순례자들에게 어디서부터 오
느냐고 물었다. 그들이 대답을 하자 두 사람은 또다시 그들이 어디에 유숙했으
며, 도중에 어떤 어려움과 위험, 또 위안과 즐거움을 겪었는지 물었다.

그들이 대답하자 두 사람이 말했다. "당신들은 두 가지 어려움만 더 겪으면
천성에 들어갈 수 있습니다."

크리스천과 소망은 그 사람들에게 자기들과 함께 가 달라고 청하였다. 그들

은 그러마고 말한 후 이렇게 덧붙였다. "그러나 천국에 들어가는 일은 당신 자신들의 믿음으로 성취해야 합니다."

이제 내가 꿈에 보니, 그들은 천성문이 보이는 곳까지 도달했다. 그런데 다시 보니, 천성문과 그들 사이에는 강이 하나 가로놓여 있는데, 이를 건너갈 수 있는 다리는 보이지 않았고 강은 매우 깊었다. 이 강을 본 순례자들은 넋이 빠져 버렸다. 그러나 그들과 함께 간 사람들이 말했다. "당신들은 이 강을 건너야 합니다. 그렇지 않으면 천성문에 도달할 수 없습니다."

순례자들이 그들에게 물었다. "문으로 가는 다른 길은 없습니까?"

그들이 대답했다. "있습니다만, 지금까지 두 사람 외에는 그 길을 통해 들어간 사람이 없습니다. 곧 에녹과 엘리야만이 그리로 들어가도록 허락 받았는데, 세상의 기초가 생긴 이후 마지막 나팔이 울릴 때까지 그 이외 사람들은 그리로 들어가지 못할 것입니다."

그러자 순례자들은 깊이 낙담을 하며 — 크리스천이 특히 그랬다 — 이 길을 물끄러미 바라보았다. 그러나 어디를 봐도 그 강을 벗어날 만한 길을 찾을 수 없었다.

이에 그들이 다시 두 사람에게 물었다. "물이 아주 깊습니까?"

이 경우에 더 이상 그들을 도와줄 수 없었던 두 사람이 대답했다. "아니요, 당신들이 저곳 임금님을 얼마나 믿느냐에 따라 더 깊어질 수도 있고 더 얕아질 수도 있습니다."

그러자 순례자들은 서로를 바라보며 말했다. "이제 강으로 들어갑시다."

물로 들어간 크리스천은 자기 몸이 점점 빠져들자 친구인 소망을 보며 외쳤다. "큰 물이 나를 둘렀고 주의 파도와 큰 물결이 다 내 위에 넘쳤나이다"(욘 2:3).

그러자 소망이 말했다. "내 형제여, 기운을 내십시오. 제 발은 땅에 닿는 것 같습니다. 괜찮습니다!"

크리스천이 말했다. "아, 친구여, 죽음의 슬픔이 저를 둘러싸니, 저는 젖과 꿀이 흐르는 땅을 보지 못할 것 같군요."

이와 함께 칠흑 같은 어둠과 공포가 크리스천을 덮쳐 그는 앞을 전혀 볼 수 없

순례자들이 강을 건너다

게 되었다. 그는 거의 정신을 잃었기 때문에 그가 순례 도중 만났던 여러 가지 달콤한 추억들을 기억할 수도 없었고 말할 수도 없었다. 다만 그가 하는 말을 들어 보면, 그의 마음속에 강을 건너다가 빠져 죽어 천성문에 도달하지 못할 것 같은 두려움이 가득 차 있는 것을 발견할 수 있었다. 그리고 그는 순례자가 되기 이전과 이후에 지은 죄들로 인해 몹시 괴로워하고 있었고 오랫동안 이야기 들어 친숙한 꼬마도깨비와 귀신들의 환상에도 시달리고 있었다.

소망은 자기 형제의 머리를 물 밖에 내어 놓으려고 무진 애를 썼지만, 크리스천은 때때로 물 속에 완전히 잠겨 버렸고, 잠시 후 반쯤 죽은 상태로 다시 올라오곤 하였다.

소망은 그를 위로하기 위해 무진 애를 쓰면서 말했다. "형제여, 저기 천성문이 보입니다. 사람들이 우릴 영접하려고 서 있군요."

그러나 크리스천은 이렇게 대답했다. "그들이 기다리는 것은 당신입니다. 제가 당신을 안 이후로 당신은 늘 소망을 갖고 있었지요."

**소망:** "당신도 갖고 있지 않습니까?"

**크리스천:** "아, 형제여, 제가 올바르게 행했다면 지금쯤 그가 일어나사 저를 도와주셨을 것입니다. 그러나 제 죄로 인해 그는 저를 올무 가운데 몰아넣으시고 절 떠나셨습니다."

**소망:** "내 형제여, 당신은 악한 자들에 관한 성경 말씀을 잊으셨습니까? '그들은 죽을 때에도 고통이 없고 그 힘이 강건하며 사람들이 당하는 고난이 그들에게는 없고 사람들이 당하는 재앙도 그들에게는 없나니'(시 73:4, 5). 이 강을 건너면서 당신이 느끼는 불안과 고초는 결코 하나님께서 당신을 버리셨다는 표지가 아니라, 당신이 지금까지 받아온 그의 선대를 기억하고 있는지 또 환난 때에 그에 의지하여 사는지 시험하시는 것입니다."

그러자 내가 꿈에 보니 크리스천이 잠시 생각에 잠겼다. 그에게 소망은 이렇게 덧붙였다. "기운을 내십시오. 예수님께서 당신을 온전하게 하십니다."

그때 크리스천이 큰 음성으로 외쳤다. "아, 제 눈에 다시 그가 보입니다. 그가 제게 말씀하십니다. '네가 물 가운데로 지날 때에 내가 함께 할 것이라. 강을 건널 때에 물이 너를 침몰하지 못할 것이라'(사 43:2)."

이에 두 사람은 새로이 용기를 가다듬었고, 그후에 원수는 그들이 강을 건너갈 때까지 돌처럼 잠잠히 있었다. 그리하여 크리스천은 곧 설 땅을 찾았고, 나머지 강물은 아주 얕아져서 쉽게 강을 건널 수 있었다.

건너편 강둑에 올라섰을 때, 그들은 다시 두 명의 빛나는 사람들이 기다리고 있는 것을 보았다. 그 사람들은 순례자들이 올라오는 것을 보고 인사하며 말했다. "우리는 섬기는 영으로서 구원 받을 상속자들을 섬기라고 보내심 받은 자들입니다"(히 1:14).

이리하여 그들은 천성문으로 나아갔다. 그 성은 높은 산 위에 서 있었지만, 순례자들은 두 사람이 팔로 그들을 잡고 인도한 덕분에 쉽게 그리로 올라갈 수 있었다. 또한 그들은 강가에 그들의 육체의 겉옷을 벗어 놓고 왔다.

그리하여 그들은 매우 빠른 속도로 천성에 올라갔다. 천성터는 구름보다 더

두 명의 빛나는 사람들이 기다리고 있었다

높은 곳에 있었지만 그들이 워낙 빠른 속도로 올라갔으므로 많은 시간이 걸리지 않았다. 무사히 강을 건너고 또 자신들을 접대해 주는 영광의 동반자들을 만나 마음이 평안해진 그들은 위로 올라가면서 즐거운 이야기를 나누었다.

그들이 빛나는 자들과 나눈 이야기는 그곳의 영광에 관한 이야기였다. 빛나는 자들은 그곳의 아름다움과 영광을 감히 표현할 수 없다고 말했다.

그들은 말했다. "여러분이 가는 곳은 시온 산, 곧 살아 계신 하나님의 도성인 하늘의 예루살렘으로, 천만 천사와 온전하게 된 의인의 영들이 있는 곳입니다(히 12:22, 23). 당신들은 지금 하나님의 낙원으로 가고 있는데, 거기서 여러분은 생명 나무를 볼 것이며 결코 시들지 않는 열매를 먹게 될 것입니다. 그리고 여러분이 거기 도착하면 흰 옷을 받게 되고 임금님과 매일 함께 걸으며 이야기를 나눌 것입니다(계 2:7; 3:4, 5; 22:5). 거기서 여러분은 아래 세상에서 보았던 것들, 예를 들면 슬픔과 병고, 괴로움과 죽음을 다시 보지 않을 것입니다. '이는 예전 것들이 다 지나갔기 때문입니다'(사 65:16). 당신들은 이제 아브라함과 이삭과 야곱과 선지자들과, 하나님께서 장차 올 악에서부터 건져내사 이제 침상에 누워 쉬게도 하시고 그의 의로우심 안에서 걷게 하시는 이들을 만나게 될 것입니다."

그때에 순례자들이 물었다. "우리는 그 거룩한 곳에서 무엇을 해야 합니까?"

두 사람이 대답했다. "거기서 당신들은 지금까지 겪은 모든 고초의 대가로 평안을 얻을 것이며 모든 슬픔의 대가로 즐거움을 누리게 될 것입니다. 또 당신들은 당신들이 뿌린 씨앗, 곧 기도와 눈물과 임금님을 위해 당한 모든 고난의 열매를 거둘 것입니다(갈 6:7, 8). 여러분은 금면류관을 쓰고, 거룩하신 분을 영원토록 보며 기뻐할 것입니다. '이는 거기서 당신들이 그의 참모습 그대로 볼 것이기 때문입니다'(요일 3:2).

또한 당신들은 거기서 임금님을 끊임없이 찬양하고 소리 높여 감사함으로써 그를 섬기게 될 것입니다. 세상에 있을 동안 당신들은 그를 섬기고 싶어했지만 육신의 연약함 때문에 많은 어려움을 겪어 왔습니다. 거기서 당신들의 눈은 기쁨으로 그를 볼 것이며, 당신들의 귀는 전능하신 분의 즐거운 음성을 들을 것입니다. 그리고 당신들은 거기서 당신들보다 앞서 그리로 간 친구들을 다시 만나는 기쁨을 누릴 것이며, 즐거움으로 큰 상급을 받게 될 터인데, 이 상급은 당신들 뿐 아니라 당신들 뒤를 따라 이 거룩한 곳으로 오는 모든 사람들에게 주어질 것입니다. 또 여러분은 영광과 위엄으로 옷을 입고, 영광스러운 임금님과 함께 마차에 오를 것입니다.

그가 나팔 소리와 함께 구름 가운데서 바람 날개를 타고 재림하실 때, 여러분은 그와 함께 있을 것입니다. 또 그가 심판의 보좌 위에 앉으실 때 당신들도 그 곁에 앉을 것입니다. 그가 천사들이든 인간들이든, 불의한 사역자들에 대해 판결을 내리실 때, 당신들도 배심원으로 그 판결에 참여할 것입니다. 그리고 그가 천성에 다시 돌아오실 때, 당신들도 나팔 소리와 함께 돌아와 영원히 그와 함께 있을 것입니다"(살전 4:13-17; 유 14, 15; 단 7:9, 10; 고전 6:2, 3).

그들이 천성문을 향해 나아가는데 보니, 한 무리의 천군들이 그들을 맞으러 나왔다. 두 빛나는 자들이 그 천군들에게 말했다. "이 사람들은 세상에 있을 때 우리 주님을 깊이 사랑하고 그의 거룩하신 이름을 위해 모든 것을 버린 자들입니다. 주께서 우리에게 이들을 모셔오라 명하시기에, 여행을 마친 이분들이 기쁨으로 구속자의 얼굴을 뵙도록 하려고 모셔가는 길입니다."

그러자 친구들이 큰 소리로 외쳤다. "어린 양의 혼인 잔치에 청함을 받은 자들은 복이 있도다"(계 19:9).

이때 왕의 나팔수들도 여러 명 나와 그들을 맞이했다. 이어 희고 빛나는 옷들을 걸친 나팔수들의 아름답고 우렁찬 곡조가 곧 온 천국에 울려 퍼졌고, 그들은 큰 함성과 나팔소리로 순례자들을 환영했다. 그리고 나팔수들은 그들을 빽빽이 둘러쌌다. 어떤 이는 앞에 서고 어떤 이는 뒤에 섰으며, 어떤 이는 오른편에 서고 어떤 이는 왼편에 서서 ─ 마치 그들은 순례자 일행을 위쪽으로 호위해 올라가는 것 같았다 ─ 올라가면서 계속 아름답고 높은 곡조로 나팔을 불었다. 이 광경을 보는 순례자들은 마치 온 천국이 자기들을 맞으러 나온 듯한 생각에 빠졌다.

그들이 걸어 올라가는 동안 나팔수들은 계속하여 즐거운 음악 소리와 함께 여러 가지 표정과 몸짓을 하였는데, 이것은 크리스천과 그의 형제가 자기네 동료가 된 것을 반기고, 또 그들과 만나게 되어 기쁘다는 환영의 표시였다. 이렇게 두 사람은 천사들을 보고 그들의 아름다운 음악 소리를 들음으로써 채 천국에 닿기도 전에 천국을 만끽하였다.

이제 그들은 천성을 환히 볼 수 있게 되었는데, 그 성 안에서는 그들을 환영하기 위해 종소리가 요란히 울려왔다. 그러나 무엇보다도 그들은 좋은 친구들과 함께 영원토록 자기 거처에서 살게 되었다는 생각에 기쁨을 감출 수 없었다. 아, 어떤 말로 그들의 영광스러운 기쁨을 표현할 수 있겠는가!

그리하여 순례자들은 천성문 앞에 이르렀다. 그 문 위에는 금으로 이렇게 써 있었다. "그의 계명을 지키는 자는 복이 있으니 이는 그들이 생명나무에 나아가며 문들을 통하여 성에 들어갈 권세를 받으려 함이로다"(계 22:14).

그때 내가 꿈에서 보니, 빛나는 자들이 그들에게 대문에서 사람을 부르라고 일렀다. 그들이 사람을 부르자 대문 위에서 에녹, 모세, 엘리야 같은 이들이 머리를 내밀었는데, 어디선가 이런 음성이 들려왔다. "이 순례자들은 이곳 임금님에 대한 사랑 때문에 멸망의 성을 떠나 여기까지 온 자들이니라."

대문 위에 에녹, 모세, 엘리야가 머리를 내밀었다

그리고 나서 순례자들은 길을 처음 떠날 때 받았던 증명서를 사람들에게 주었다.

사람들이 이를 받아 왕에게 갖다 드리자, 왕이 그것을 읽고 나서 말했다. "이 사람들이 어디 있느냐?"

사람들이 대답했다. "문 밖에 서 있습니다."

왕은 대문을 열어 주라고 명한 후 말했다. "의로운 나라가 들어오게 할지어다"(사 26:2).

이제 내가 꿈에 보니, 그 두 사람이 성 안으로 들어가는데, 그리로 들어가자마자 그들의 몸은 변화되었고 의복은 황금같이 빛났다. 또 사람들이 수금과 면류관을 가져와 그들에게 주었다. 수금은 찬양하는 데 쓰는 것이었고, 면류관은 영예의 상징이었다.

그때 내가 꿈에 들으니, 온 성의 종들이 다시 기쁨으로 울려대기 시작했다.

사람들이 그들에게 말했다. "우리 주님의 기쁨에 참예하십시오."

또 내가 들으니, 그들이 큰 음성으로 노래를 부르기 시작했다. "보좌에 앉으신 이와 어린 양에게 찬송과 존귀와 영광과 능력을 세세토록 돌릴지어다"(계 5:13).

대문이 활짝 열려 내가 안을 들여다보니, 성은 마치 태양처럼 빛났다. 또한 거리는 금으로 포장되어 있었고, 그곳을 거니는 사람들은 머리에 금면류관을 쓰

왕은 대문을 열어 주라고 명했다

고, 손에는 종려나무 가지와 노래하는데 쓰는 황금 수금을 들고 있었다.

거기에는 또한 날개를 가진 자들도 있었는데, 그들은 쉬임없이 "거룩, 거룩, 거룩, 우리 주님이시여"라는 말로 서로 화답하였다. 이후에 문이 닫혔는데, 그곳을 들여다본 나도 거기 들어가 살고 싶은 생각이 간절해졌다.

내가 이 모든 것을 눈여겨보고 나서 뒤로 고개를 돌려 보니, 무지가 강가로 다가오는 것이 눈에 띄었다. 그러나 그는 크리스천과 그 친구가 당한 것과 같은 어려움을 겪지 않고도 손쉽게 강을 건널 수 있었다.

왜냐하면 헛된 소망Vain-Hope이란 뱃사공이 노를 저어 그를 건네 주었기 때문이었다.

강을 건넌 무지는 크리스천 일행들처럼 성문을 향해 올라가기 시작했다. 그러나 그에게는 마중 나와서 조금이라도 격려의 말을 해 주는 사람이 없었으므로 그는 혼자 그리로 올라갔다.

성문에 이른 그는 문 위에 쓰여진 것을 읽은 다음, 문이 곧 열리리라 기대하면서 두드리기 시작했다.

뱃사공 헛된 소망

그러나 성문 위에서 머리를 내민 사람들은 그에게 물었다. "당신은 어디서 왔으며 무슨 일을 해 왔습니까?"

그가 대답했다. "나는 주 앞에서 먹고 마셨으며, 주는 또한 우리를 길거리에서 가르치셨나이다"(눅 13:26).

그러자 사람들은 왕께 가지고 가서 보여 줄 증명서가 있느냐고 그에게 물었다. 무지는 그런 것이 있는지 자기 품 속을 뒤져 보았지만 아무것도 찾을 수 없었다. 이에 그들이 말했다. "당신은 없군요."

무지는 유구무언이 되었다.

사람들이 왕에게 나아가 말했지만, 왕은 그를 보러 내려오지 않고, 다만 크리스천과 소망을 천성으로 인도해 왔던 두 빛나는 사람에게 무지의 손발을 꽁꽁 묶어 밖에 내던지도록 명하였다.

그러자 그들은 그를 데리고 공중으로 날아가, 내가 예전에 언덕 옆에서 보았던 문에 이르러서는 그를 안으로 집어넣어 버렸다.

그 문은 지옥으로 통하는 길이었는데, 멸망의 도시에서 뿐 아니라 하늘 나라 문에서도 그리로 가는 통로가 있었다. 이때 나는 꿈에서 깨어났다.

천국에서 지옥으로 통하는 문에 집어넣다

## 결론

이제 독자들이여, 내 꿈 이야기를 다 그대들에게 했노라.
그대들이 혹시 이 꿈을 해석하여 나에게나
그대들 자신에게나 이웃들에게 일러줄 수 있겠는지 보라.
그러나 잘못 해석하지 않도록 주의하라.
그렇게 되면 유익 대신 해로움을 받으리라.

잘못 해석하면 악을 당하리니
내 꿈 바깥에서 유희하면서 극단에 치우치지 않도록 주의하라.
나의 이 비유를 조롱하거나 이 때문에 서로 반목하지 말라.
소년들과 어리석은 자들뿐 아니라 당신 자신을 위해서도 이를 보라.

만약 그대가 내 말의 내용을 잘 모르겠거든
커튼을 걷고 내 베일 안으로 들어와
내 은유를 펼쳐 보고 실수하지 말라.
거기서 만약 그대가 나의 뜻을 깨닫는다면
그것이 정직한 마음에 큰 도움이 될 줄을 알리라.

만약 그대가 여기서 쓰레기 같은 것을 발견한다면
그것은 버리고 황금만 취하라.
만약 나의 황금이 광석 안에 싸여 가려 있으면 어찌할까?
이를 그대가 쓸데없다고 던져 버린다면
나는 다시 꿈을 꿀 수밖에 없다.

# 천로역정

## 제2부

THE
Pilgrim's Progress
FROM
THIS WORLD
TO
That which is to Come:
Delivered under the Similitude of a
DREAM,
Wherein is Discovered
The Manner of his setting out,
His Dangerous JOURNEY,
AND
Safe Arrival at the Desired Country

By JOHN BUNYAN

# 제 2 부
## 저자의 머리말

나의 작은 책이여, 이제 가라.

나의 첫 번째 순례자가 얼굴을 비추었던 곳마다 찾아가 문을 두드리라.

안에서 누구냐고 묻거든 크리스티아나가 왔다고 대답하라.

만약 그들이 들어오라고 청하거든 들어가라.

그대 아이들과 함께 들어가

그 아이들이 누구며 어디서부터 오는지 요령 있게 설명하라.

아마 그들은 아이들의 모습과 이름만으로도

이들이 누군지 알지도 모른다.

그러나 그들이 모르면 다시 이렇게 물으라.

예전에 그들이 크리스천이란 순례자를 대접한 적이 없는지,

만약 그런 적이 있었고

또 그의 순례로 인해 기쁨을 얻었다고 대답하면

그들에게 일러주라.

우리가 그의 가족들, 곧 아내와 아들들이라고,

그리고 우리가 집과 가정을 떠나

내세를 얻기 위해 순례자가 되었다고 말해 주라.

또 자신들이 길에서 당한 고난과 밤낮으로 당한 환난들과

뱀을 밟은 일과 마귀와 싸운 일, 악한들을 이겨낸 일들을 일러주라.

그 다음에는 순례길에 대한 사랑 때문에

그 길의 수호자가 된 담대하고 용감한 자들의 이야기도 들려주라.

그들이 아버지의 뜻을 행하기 위해
어떻게 이 세상을 거부하였는가를.
또 가서 순례자들이 순례를 통해 얻은
멋진 것들을 말해 주라.
그들이 얼마나 임금님의 사랑과 돌보심을 받았는지
또 얼마나 훌륭한 거처를 얻게 되었는지
그들은 비록 거친 바람과 파도를 만났지만
결국 훌륭한 평안을 얻게 되었으니
이는 그들이 주님과 순례길을 굳게 붙든 연고라.

이 말을 들으면 그들은, 나의 첫 순례자에게 그리하였듯이
그대의 손을 붙잡고 또 품에 안으며
그대와 그 동행자들에게
순례자를 사랑하는 이들이 보여 주는
호의를 베풀며
맛있는 음료와 음식을 대접하리라.

## 이의 1
하지만 내가 진짜 당신의 책이란 걸
사람들이 믿어 주지 않으면 어찌하리이까?
당신의 순례자와 그의 이름을 도용해
진짜처럼 가장한 책들이
누구의 손과 집에 들어갔는지 모르는데요.

## 대답
최근 나의 순례자를 도용해
자기 책에 나의 제목을 붙이는 자가 있는 게 사실이다.

어떤 이들은 나의 이름과 제목의 절반을 따와

자기 책에 꿰어 놓기도 한다.

하지만 그것들이 누구의 책이든 간에

그 특징들을 살펴보면

내 책이 아님을 금방 알 수 있다.

만약 그대를 의심하는 자를 만나거든

그대는 현재 아무도 사용하지 않고

쉽게 흉내 낼 수도 없는 그대 자신만의 특유한 언어로 말해 주라.

그런데도 그들이 계속 그대를 의심하여

그대를 떠돌아 다니면서

버릇없이 전국을 더럽히는 집시로 여기거나

확실치도 않은 일로 착한 사람을 속이려는 자처럼 여긴다면

나를 부르라. 그리하면 그대가 순례자임을

내가 증거하리니 나의 순례자는 오직 그대뿐이요,

앞으로도 그러하리라고 증거하리라.


## 이의 2

그러나 사람의 생명과 육체를 파멸시키고자 하는 귀신에 사로잡힌 자를

방문하게 될지도 모릅니다.

내가 그런 집 문에서 순례자들에 관해 물었다가

오히려 귀신들의 화를 더욱더 촉발시키면 어이하리이까?


## 대답

내 책이여, 그런 자들과 싸우지 말라.

그런 귀신들은 아무것도 아니니 두려워할 필요도 없다.

내 순례자의 책은 지금껏 여러 바다와 땅을 여행하였지만

내가 알기에 그 책이 업신여김 받거나 문전박대 당한 적은 없다.

어느 나라에서건, 또 빈부를 막론하고.
서로를 죽이며 싸우는 프랑스나 플란더스 지방에서도
내 순례자는 친구요 형제로 평가받았다.
네덜란드에서도 그렇다는 이야기를 들었다.
어떤 이들에게는 내 책이 금보다 더 귀하게 여겨졌다 한다.
스코틀랜드와 거친 아일랜드 사람들도
내 순례자가 그들과 친숙하다는 데 동의할 것이다.
선진국인 뉴잉글랜드에서는 그 책이
매우 사랑스러운 용모로 단장되었다.
그 얼굴과 몸체가 돋보이도록 하기 위해
다듬어지고 새로 옷입혀지고 보석들로 장식되었다.
그리하여 내 순례자는 근사하게 거리를 활보하게 되었고
수많은 사람들이 그를 칭송하고 노래한다네.


그대가 고향 가까이 오면 올수록 내 순례자가 전혀 두려워하거나
부끄러워할 이유가 없음을 알리라.
온 도시와 농촌이 그를 환영하면서 반기리니
내 순례자가 지나갈 때
그들이 미소를 띨 것이며
어떤 모임에 모습을 나타내든 그리하리라.


용감한 멋쟁이들은 내 순례자를 껴안고 사랑하며
부피 큰 책들보다 더 귀하게 평가하리라.
그리고는 기쁨으로 말하리라.
내 종달새의 다리 하나가
솔개 한 마리보다 낫다고.

젊은 신사 숙녀들도
내 순례자에게 적잖은 친절을 보인다.
그들의 캐비닛 안에, 가슴 안에, 마음 안에
내 순례자가 들어 있다.
이는 그가 멋진 수수께끼를
건전한 운율로 전달해 주어, 이를 읽는 고통보다
갑절이나 되는 유익을 그들에게 주기 때문이다.
내가 감히 단언하건대, 어떤 이는 그를
금보다 훨씬 귀히 여긴다네.

어린아이들까지도 길을 걷다가
나의 거룩한 순례자를 만나면
그에게 인사하며 축복하고 말하기를
당신은 오늘날의 유일한 젊은이라고 하리라.

그를 전혀 만나보지 못한 이들도 자기의 들은 바에 대해 감탄하면서
그와 한 번 만나 자신이 이미 잘 알고 있는
그 순례 이야기들에 관해 듣기를 심히 갈망한다네.

처음에는 그를 사랑하지 않고 바보 멍청이라고 부르던 이들도
이제 그를 보고 그의 말을 들은 다음에는
그를 칭찬하면서 자기의 사랑하는 자들에게 그를 보낸다네.

그러니 나의 책 제2부여,
네 얼굴을 드러내는 데 두려워 말라.
네 앞서 간 순례자에게 호감을 가진 자 중에
네게 해를 끼칠 자는 아무도 없으리니,

이는 뒤에 가는 너도 앞선 자 못지않게
젊은이에게나 늙은이에게나
비틀거리는 자에게나 든든한 자에게
선하고 풍부하고 유익한 것을 줄 수 있기 때문이라네.


**이의 3**
하지만 어떤 이들은 순례자가 너무 크게 웃는다고 흉보고
어떤 이들은 그의 머리가 혼미하다고 말합니다.
어떤 이들은 그의 말과 이야기가 너무 막연해
도저히 감을 잡을 수 없다고 불평합니다.


**대답**
사람이란 웃을 때도 눈물이 나고, 울 때도 눈물이 나는 법.
어떤 것들은 마음을 아프게 하면서도
동시에 환상으로 사람을 선웃음치게 만드는 성질을 갖고 있다.
야곱이 양치는 라헬을 보았을 때
그는 입맞추면서 동시에 소리내어 울었다.


어떤 이들은 그의 머리가 구름낀듯 혼미하다 말하나
이는 다만 그의 지혜가 담요로 자신의 모습을 감추고
사람의 마음을 움직여
찾고자만 하면 얼마든지 찾을 수 있는 것을 찾게 만들려는 의도요
모호한 말로 감추는 듯이 보이는 것은
경건한 마음을 더욱 매혹시켜
그 구름 같은 문구에 담긴 내용을 연구하게 하려는 것이라.


내 생각에는 막막한 비유가

더욱 호기심을 유발시켜
비유를 사용하지 않은 책보다
마음과 생각을 더 굳세게 사로잡는다.


그러니 나의 책이여, 용기를 잃지 말고
주저함 없이 네 길을 가라.
보라, 너는 원수에게로 보냄을 받는 것이 아니라
너희 순례자들과 그 말을 받아 주고 영접할
친구들에게 보내는 것이라.
반면에 나의 첫 순례자가 숨겨 두었던 것을
나의 용감한 두 번째 순례자인 그대가 드러낼 것이요,
크리스천이 잠그고 간 것을
사랑스러운 크리스티아나가 열쇠로 열 것이라.


**이의 4**

그러나 당신의 첫 번째 방법을 좋아하지 않는 자들,
곧 이를 한낱 소설로만 여겨 티끌처럼 던져 버리는 자들을 만나면
내가 뭐라고 말하리이까?
그들이 나를 업신여기듯 나도 그들을 업신여기리이까?


**대답**

나의 크리스티아나여, 행여 그런 자들을 만나거든
아주 이상한 태도로 인사하거나
그들에게 맞서 같이 욕하지 말라.
그들이 찡그리거든 부디 그대는 그들에게 미소를 보내라.
그들이 멸시하고 책잡는 것은
아마 본성 때문이거나 악의에 찬 보고 때문이리니.

어떤 이들은 고기를 싫어하고 치즈도 싫어하며
자기 친구와 집과 가정을 싫어한다.
어떤 이들은 돼지를 보고 놀라며,
병아리를 꺼려하고 닭을 싫어하는 대신
뻐꾸기나 올빼미를 더 좋아한다.


나의 크리스티아나여, 그러한 자들은 자기 좋은 대로 놓아 두고
그대를 보고 좋아할 자들을 찾으라.
결코 싸우지 말고 지극히 겸손한 자세로
순례자다운 면모를 그들에게 보이라.
나의 작은 책이여, 이제 그대를 환영하고 영접하는 자들에게 가서
다른 이들에게는 감춰 두었던 것들을 보여 주고
그것이 그들에게 복이 되기를 빌며
그들이 나나 그대보다 더 좋은 순례자로 선택되기를 빌라.
다시 말하노니, 모든 사람에게 나아가서 그대가 누구인지 말하라.
나는 크리스티아나요, 나와 같이 있는 이 네 소년들은
나의 아들들이라고 말하라.
또 순례자가 받게 될 몫이 무엇인지도 가르쳐 주라.
그리고 가서 그대와 함께 순례길을 가고 있는 이들이
누구인지 말해 주라.


여기 내 이웃 자비심 양이 있으니
그녀는 나와 오랫동안 함께 순례길을 온 사람이라.
와서 이 처녀의 얼굴을 보고
게으름뱅이와 순례자를 구별하는 법을 배우라 하라.
뒤뚱거리는 어린 처녀들은 하나님을 따르고
노망한 늙은 죄인들은 하나님의 진노의 막대기에 맡겨지니

이는 마치 젊은이들은 호산나! 외치고
늙은이들은 조소하던 때와 같구나.


그 다음에는 그대가 만난 정직 노인 이야기를 해 주라.
흰 머리카락에 순례자의 땅을 밟아가는 이 사람이
얼마나 담백한 마음을 지니고 있으며
얼마나 열심히 십자가를 지고
그의 선하신 주님을 따라갔는가를 말해 주라.
혹시 머리가 희끗한 몇몇 사람들이
이를 통해 그리스도와 사랑에 빠지게 되고
죄를 애통해하게 될지도 모르니까.


그리고 두려움 씨가 어떻게 순례길을 갔는지 말해 주라.
그가 외로이 두려움 속에서 울며 보낸 긴 시간과
결국 즐거운 상급을 얻게 된 일을.
그는 비록 영이 심히 약한 사람이었으나
착한 심성을 지녔기에 생명을 유업으로 얻었도다.


또한 심약 씨에 관한 이야기도 해 주라.
앞서기보다는 늘 뒤에서 가고자 하는 그가
살해 당할 뻔한 위험에서
담대 씨에 의해 생명을 다시 얻게 된 이야기를.
이 사람은 비록 은혜가 약했지만 진심이 있는 자이니
누구든 그의 얼굴에서 참된 경건함을 읽을 수 있으리라.


그 다음에는 주저 씨에 관해 일러주라.
그는 지팡이를 짚고 다녔으나 흠이 별로 없었던 사람이라.

심약 씨와 그가 얼마나 서로 사랑했는지
또 그들의 의견이 얼마나 잘 일치했는지 일러주라.
그들은 천성적으로 약했으나
때때로 한 사람은 노래하고 한 사람은 춤을 출 수 있었다네.

진리의 용사에 관한 이야기를 잊지 말라.
그는 아주 젊었으나 용기 있는 사람이었다.
그의 영은 지극히 담대해서 아무도 그의 얼굴을 숙이게 할 수 없었다.
그리고 사람들에게 말하라
그가 어떻게 담대와 힘을 합하여
의심의 성을 무너뜨리고 절망 거인을 죽였는지.

또한 낙심 씨와 그의 딸 질겁 양을 간과하지 말라.
그들이 뒤집어 쓴 외투를 보면 (어떤 이들에게는)
그들이 마치 하나님으로부터 버림받은 사람들 같이 보이지만
조용히 순례길을 걸어 마침내
순례자들의 주님이 그들의 친구임을 발견하였다네.

내 책이여, 그대는 이 일을 세상에 알리고 나서
돌이켜 이 줄들을 튕기라.
이 줄들은 튕기기만 해도 훌륭한 음악을 만들어
절름발이가 춤추게 하고 거인이 떨게 하나니,
그대 가슴에 간직하고 있는 수수께끼들을
자유로이 제시하고 설명해 주라.
그리고 나머지 나의 신비로운 문구들을 남겨 두어
민첩한 상상력을 지닌 자들로 하여금 유익을 얻게 하라.

이제 이 작은 책이 이 책과 나를 사랑하는 자들에게 축복이 되기를,

그리하여 이를 산 자들에게서

괜스레 돈만 버렸다는 말이 나오지 않게 되기를 비노라.

그리고 이 두 번째 순례자가

선한 각 순례자들의 마음에 꼭 드는 열매를 맺고,

방황하는 자들을 설득하여

그들의 마음과 발걸음을 옳은 길로 돌이키게 하기를

저자는 진심으로 기도하노라.

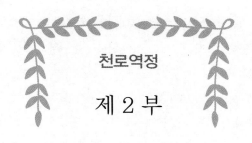

천로역정

# 제 2 부

## 1. 크리스티아나 가족의 순례 시작

친애하는 동료들이여, 얼마 전에 나는 여러분에게 순례자 크리스천이 천국을 향해 나아가는 위험스러운 여정을 꿈에서 본 대로 이야기해 드렸는데, 이를 통해 나는 큰 즐거움을 얻었고 여러분은 유익을 얻었을 줄로 안다. 그때에 나는 크리스천의 아내와 자식들에 관해 본 바를 이야기했으며, 그들이 크리스천과 함께 순례길을 떠나기 싫어했음을 밝힌 바 있다. 크리스천이 그들을 버리고 혼자 순례길을 갈 수밖에 없었던 이유는 멸망의 도시에 그들과 함께 머무름으로써 당하게 될 멸망의 공포가 너무 컸기 때문이다. 그는 멸망의 위험을 무릅쓰고 싶지 않았기 때문에 내가 여러분에게 보여드린 대로, 그들을 버려두고 순례길을 떠났다.

그 후 여러 가지 업무에 시달리느라 내가 늘 다니곤 하던 곳, 즉 크리스천이 살던 그 장소에 가 볼 수 없었기에, 나는 그의 남은 가족들이 이후 어떻게 되었는지에 관해 물어볼 기회를 지금껏 얻지 못하고 있었다. 그래서 여러분에게도 그들에 관한 이야기를 해 주지 못하였었는데, 최근에 볼 일이 생겨 나는 다시 그 곳에 내려가게 되었다. 그 장소에서 1km쯤 떨어진 숲 속에 숙소를 정한 나는 잠을 자면서 다시 꿈을 꾸었다.

꿈에 나는 한 노신사가 내가 누워 있는 곳 가까이로 지나가는 것을 보았다. 그가 가는 길은 내가 여행하고자 하는 길과 어느 정도 일치하는 부분이 있어서 (내 생각에 그러했다) 나는 일어나 그와 동행을 하였다. 우리는 함께 걸으면서 흔히 여행자들이 하는 대로 대화를 나누게 되었는데, 그러다가 우연찮게 크리스천과 그의 여행에 관한 이야기가 나오게 되었다. 그 노인과의 대화는 다음과 같이 시작되었다.

나는 말했다. "선생님, 우리가 가는 길 저 왼편 아래에 있는 도시가 무슨 도시입니까?"

그러자 현명Sagacity이라는 이름의 그 노인은 이렇게 대답했다. "저 곳은 멸망의 도시인데, 인구가 많은 곳이지만 매우 심술궂고 게으른 사람들만 살고 있지요."

내 생각에도 그곳이 멸망의 도시로 여겨졌으므로 나는 이렇게 말했다. "나도 한 번 저 도시를 지나가 본 적이 있는데, 당신의 평가가 옳습니다."

**현명:** "옳고 말고요! 저기에 살고 있는 사람들에 관해 좋게 말하고 싶은 생각이야 간절하지만, 사실이 그러니 할 수 없지요."

나는 말했다. "선생님, 당신은 참으로 악의가 없는 분이시군요. 그래서 선한 일을 듣고 말하는 것으로 낙을 삼으시는 분임을 알 수 있겠습니다. 한 가지 여쭙겠는데, 혹시 얼마 전에 저 도시에 살던 크리스천이라는 사람이 더 고상한 곳을 향해 나아가기 위해 순례길에 오른 일을 들어 보셨습니까?"

**현명:** "들다마다요! 뿐만 아니라 그가 여행 중에 만나고 겪은 여러 가지 훼방과 고난, 전쟁, 사로잡힘, 부르짖음, 신음, 놀라움, 두려움 등에 관해서도 다 들었지요. 저 도시에는 크리스천에 관한 소식이 전역에 다 전해졌습니다. 그런데 그에 관한 이야기는 들으면서도 그의 순례 기록을 구해서 보려

는 집은 별로 없습니다. 내가 생각하기에, 이 모험에 가득 찬 여행은 그의 길을 따라가고 싶어하는 사람들을 많이 만들어 낸 것 같습니다. 비록 그가 여기 있을 동안에는 모든 사람들로부터 바보라는 소리를 들었지만, 떠나가고 없는 지금 그는 모든 사람들로부터 높이 칭찬을 받고 있으니까요. 이는 그가 현재 천국에서 행복하게 살고 있다는 소문 때문인 것 같습니다. 그들은 그의 위험을 무릅쓸 엄두는 못내면서도 그가 얻은 이득에 군침을 흘리는 것이지요."

내가 말했다. "만약 그들에게 참되게 생각할 수 있는 능력이 있다면, 그들은 크리스천이 현재 어디서 어떻게 잘 살고 있는지 깨달을 수 있을 것입니다. 그는 지금 생명 강가에 살면서 수고나 슬픔이 없이 지내고 있습니다. 그곳에는 어떠한 고난도 없기 때문이죠. 그런데 사람들은 그에 관해 무슨 이야기들을 합니까?"

**현명**: "이야기요? 사람들은 그에 관해 기이한 이야기들을 하지요. 어떤 이는 이르기를, 그가 지금 흰 옷을 입고 다니며(계 3:4; 6:11) 목에는 금사슬을 하고, 머리에는 진주가 달린 금면류관을 쓰고 있다고 합니다. 또 다른 이는 이르기를, 그가 그의 여정에서 종종 나타났던 빛나는 자들과 함께 살고 있는데 마치 이웃처럼 거기서 그들과 친근하게 지내고 있다고 합니다(슥 3:7). 게다가 믿을 만한 소식에 의하면, 그가 사는 곳의 왕께서 이미 그에게 궁정 안에 매우 호화롭고 안락한 거처를 하사해 주셨다고 하며, 크리스천은 매일 왕과 함께 먹고 마시고 산책하고 대화하면서 그곳 모든 이의 재판장이신 왕의 호의와 총애를 받고 있다고 하더군요. 뿐만 아니라, 일부 사람들의 예측인데요, 그 나라의 주관자인 왕의 아들께서 머지않아 이곳으로 오사, 왜 그의 이웃들이 크리스천을 그렇게 박대했는지, 또 그가 순례자가 되고자 함을 알고는 왜 그렇게 그를 조롱했는지 혹시 그들이 이유를 댈 수 있으면 그 이유를 알아보시려고 내려오실 것이랍니다(유 15).

그들의 말에 따르면, 크리스천은 지금 왕자님의 사랑을 크게 받고 있기 때문에, 왕자님은 그가 순례자가 되었을 때 사람들로부터 당한 불경한 일들에 많은 관심을 갖고 계시며, 그 모든 일들을 마치 왕자 자신이 당하신 것처럼 판단하실 것이라고 합니다. 크리스천이 온갖 위험을 무릅쓰고 왕자님을 사랑했으니 왕자님께서 그렇게 하시는 것도 놀라운 일이 아니지요"(눅 10:16).

나는 단호히 말했다. "참 잘된 일입니다. 우선 그 불쌍한 크리스천이 이제 모든 수고를 그치고(계 14:13), 눈물의 대가로 기쁨을 거두고(시 126:5, 6) 원수의 사정권射程圈 밖으로 벗어나 미워하는 자들의 손이 미치지 못하는 곳에 살게 되었으니 잘됐습니다. 또한 그에 관한 소문이 이 온 지방을 시끄럽게 하였다니 잘됐습니다. 그것이 뒤에 남아 있는 적어도 몇몇의 사람들에게 좋은 영향력을 끼치지 않는다고 누가 말할 수 있겠습니까? 그런데 선생님, 생각난 김에 여쭤보겠는데요, 그의 아내와 자식들에 관한 소식도 들어보셨습니까? 불쌍한 사람들! 그들이 어떻게 되었는지 몹시 궁금합니다."

순례를 떠나는 크리스티아나와 그의 가족

**현명:** "누구 말입니까? 크리스티아나와 그의 아들들 말입니까? 그들도 크리스천처럼 순례길을 떠났지요. 처음에 그들은 어리석게 행동했지요. 그래서 크리스천이 눈물로 호소하는 소리도 전혀 듣지 않았답니다. 그런데 뒤에 다시 한 번 생각하고는 놀라운 마음의 변화를 일으켰습니다. 그리하여 그들도 짐을 싸서 그의 뒤를 따라 나서게 되었습니다."

나는 말했다. "더더욱 잘됐군요. 그럼 아내와 자식들이 모두 길을 떠났습니까?"

**현명:** "그렇습니다. 마침 내가 그때 그 자리에 있었고 모든 일을 처음부터 끝까지 잘 봐 두었으니까 당신께 자초지종을 말씀드릴 수 있습니다."

나는 말했다. "그렇다면 선생님 말씀을 사실이라고 믿고 남에게 전해도 되겠습니까?"

**현명:** "염려 말고 그렇게 하십시오. 틀림없이 그 착한 여인과 네 아들은 모두 함께 순례길을 떠났으니까요. 내가 보기에 우리는 당분간 동행을 할 것 같으니 그 자초지종을 다 말씀드리지요.

남편이 강을 건너가 더 이상 소식을 들을 수 없게 되자 크리스티아나(그녀는 자식들과 함께 순례자의 삶을 시작하는 날부터 이름을 이렇게 바꾸었습니다)는 마음속으로 갖가지 생각을 하게 되었습니다. 우선 남편을 잃어버렸다는 생각, 곧 사랑하는 부부관계가 완전히 끊어져 버렸다는 생각을 하였습니다. 당신도 아시다시피 사랑의 관계성이 없어지면 그 추억 때문에 숱한 상념으로 번민하는 것이 살아 있는 인간의 본성이 아닙니까? 그녀도 남편의 추억 때문에 많은 눈물을 흘렸답니다.

뿐만 아니라 크리스티아나는 남편에 대한 자신의 무정한 행동이 남편을 더 이상 못보게 된, 즉 남편을 빼앗기게 된 원인이 아닐까 하는 생각도 하기 시작했지요. 그런 생각이 들자 사랑하는 남편을 불친절하고 부자연스럽고 불경하게 대했던 갖가지 일들이 벌 떼처럼 그녀의 마음에 몰려들어,

양심을 얽어매고 죄의식에 눌리게 만들었습니다. 또한 그녀는 남편이 안절부절못하면서 신음 소리를 내고 쓰디쓴 눈물을 흘리며 스스로에 대해 탄식하던 모습과 더불어, 자기와 함께 가자고 아내와 아들들에게 사랑으로 호소하고 설득하는 남편의 말을 묵살하던 자신의 모습이 생각나 몹시 마음이 괴로웠습니다.

예, 등에 무거운 짐을 진 크리스천이 그때 자기 앞에서 말하던 것과 행하던 것들이 하나도 남김없이 번개처럼 그녀의 기억에 되살아나 가슴을 갈가리 찢어놓았지요. 특별히 '어떻게 해야 구원을 받을 수 있을까?'라는 그의 부르짖음이 그녀의 귀에 가장 슬프게 울려왔답니다. 이에 그녀는 아이들에게 말했습니다. '얘들아, 이제 우린 다 틀렸다. 내가 너희들 아버지에게 죄를 지어서, 아버지가 떠나 버렸단다. 우리도 함께 가자 하시는 걸 내가 거절했으니 내가 너희의 생명까지 방해한 셈이 되었구나.'

이 말을 들은 아이들은 눈물을 흘리며 아버지를 따라가자고 소리를 질렀습니다. 그러자 크리스티아나가 말했습니다. '아, 우리가 마땅히 아버지를 따라 갔어야 하는 건데, 그랬으면 지금과 같은 어려움을 당하지 않고 평안히 지낼 수 있었을 것을 예전에 어리석게도 나는 너희 아버지가 당하시는 고난이 다만 그의 어리석은 공상이나 우울증 때문에 생겨난 것이라고 여겼단다. 그러나 이제 생각해 보니 원인은 다른 데 있었다. 즉 생명의 빛이 그에게 주어졌기 때문이었던 거야(요 8:12). 이제야 내가 깨달았는데, 아버지는 그 빛을 통해 죽음의 올무에서 벗어나신 것이란다.' 그러자 아이들은 다시 울면서 '아, 왜 이리도 운이 나쁠까!'라고 부르짖었습니다.

이튿날 밤에 크리스티아나는 꿈을 꾸었습니다. 넓은 양피지 한 장이 그녀 앞에 펼쳐져 있는데, 거기에는 그녀의 지난 행동들이 모두 적혀 있었답니다. 그녀가 보니, 자신의 죄과들이 거기에 빽빽하게 적혀 있었습니다. 잠결에 그녀는 '주여 불쌍히 여기소서, 나는 죄인이로소이다'(눅 18:13)라고 소리질렀는데, 이 소리를 어린 자식들도 들었답니다.

이후에 그녀 생각에, 두 명의 악의에 가득 찬 사람이 자기 침대 곁에 서 있는 것을 보았답니다. 그들은 이렇게 말했습니다. '이 여인을 어떻게 하면 좋을까? 자나깨나 불쌍히 여겨 달라고 소리를 지르고 있으니, 만일 이 여인이 시작한 일을 그대로 내버려 두다가는 그녀의 남편을 잃듯이 우리는 이 여인도 영 잃어버리고 말거야, 그러니 무슨 수단을 써서라도 이 여인으로 하여금 장래 일에 대한 생각을 못하도록 해야 되겠어. 그렇지 않으면 세상은 이 여자가 순례자가 되는 걸 막을 수 없을거야.'

크나큰 번민 속에 잠을 깬 그녀는 전신을 떨었습니다. 그러나 잠시 후 다시 그녀는 잠들었습니다. 그런데 그녀 생각에, 남편인 크리스천이 복된 곳에서 여러 불멸의 사람들과 함께 있는 것을 보았습니다. 손에 비파를 든 남편은 머리에 무지개를 두르신 이의 보좌 앞에 서서 그것을 연주하고 있었답니다.

또한 그녀는 남편이 왕자의 발등상 쪽을 향해 절하면서 '저를 이곳으로 데려오신 나의 주와 왕께 진심으로 감사를 드리나이다'라고 말하는 것을 보았습니다. 이 말이 끝나자 거기 둘러있는 사람들이 비파를 켜면서 노래를 부르는데, 크리스천과 그 동료들 외에는 그들이 말하는 바를 알아들을 수 있는 사람이 세상에 아무도 없더랍니다.

이튿날 아침, 잠자리에서 일어난 그녀는 하나님께 기도를 드리고 나서 아이들과 이야기를 나누고 있는데, 한 사람이 문을 요란하게 두드렸습니다. 그 사람에게 크리스티아나는 이렇게 말했습니다. '만약 당신이 하나님의 이름으로 오시는 분이면 들어오세요.' 그러자 '아멘' 하는 소리와 함께 문이 열리며 한 남자가 들어와 인사를 하였습니다. '이 집에 평안이 있을지어다.' 그리고 나서 그는 말했습니다. '크리스티아나, 왜 내가 여기 왔는지 알겠습니까?'

이 말에 그녀의 얼굴은 상기되고 몸은 떨렸습니다. 그러면서도 그 사람이 어디서 무슨 용무로 왔는지 알고 싶어 가슴이 뜨거워졌습니다. 그때 그는 이렇게 말했습니다. '내 이름은 비밀Secret입니다. 나는 높은 곳에 있는 자들과 함께 거하고 있는데, 당신도 그 높은 곳으로 오고 싶어한다는 말이

순례자들 – 크리스티아나와 그의 자녀들

내가 사는 곳에 들려왔습니다. 또한 당신이 예전에 남편을 완악한 마음으로 대하고 또 이 아이들을 무지 속에 가두어둔 악행에 대해 후회하고 있다는 보고도 있었습니다. 크리스티아나, 자비로우신 주께서는 자신이 늘 용서할 준비를 갖추고 계신 분이시요, 용서를 많이 하실수록 기쁨을 느끼시는 하나님이심을 당신에게 알리라고 나를 파송하셨습니다. 또한 그는 당신을 그가 계신 곳으로, 곧 그의 식탁으로 초대하시는데, 당신이 거기 응하시기만 하면 그는 자기 집의 기름진 것으로 당신을 먹이실 것이요 당신에게 조상 야곱의 유산을 주실 것임을 알리도록 하셨습니다. 당신의 남편이었던 크리스천은 지금 수많은 동료들과 함께 지내면서 자기를 바라보는 자에게 생명을 주시는 하나님의 얼굴을 늘 바라보고 있어요. 그들이 아버지의 집 문지방을 넘어서는 당신의 발걸음 소리를 듣는다면 크게 기뻐할 것입니다.'

이 말에 크리스티아나는 몹시 얼굴을 붉히며 고개를 떨구었습니다. 이 환상의 사람은 계속해서 말했습니다. '크리스티아나, 여기 당신 남편의 왕께서 당신에게 보내는 편지도 있습니다.'

그녀가 편지를 받아 펴자 지극히 향기로운 향유 냄새 같은 것이 풍겨나왔습니다(아 1:3). 그리고 글자는 금으로 적혀 있었는데, 편지의 내용은 이러했습니다. 즉 왕께서는 그녀도 남편인 크리스천이 행한 대로 행하기를 바라시는데, 그 길만이 왕의 도성에 와서 영원토록 그와 함께 즐거이 살 수 있는 유일한 길이라는 것이었습니다.

이 편지에 그 착한 여인은 완전히 압도되었습니다. 그리하여 방문자에게 여인은 이렇게 외쳤습니다. '선생님, 우리도 가서 왕께 경배할 수 있도록 나와 내 아이들을 데려가 주시지 않겠습니까?'

방문자가 말했습니다. '크리스티아나, 고진감래苦盡甘來라 하였듯이, 하늘 나라에 들어가려면 당신보다 앞서간 남편처럼 모든 난관들을 돌파해야 합니다. 그러므로 내가 조언하건대, 당신 남편 크리스천이 했던 것처럼 평원 저 쪽에 있는 좁은 문으로 가십시오. 그 문에서부터 당신의 나아갈 길이 시작됩니다. 아무쪼록 서두르시기 바랍니다. 또 한 가지 조언하건대, 이 편지를 가슴에 품고 가면서 당신도 읽고 아이들에게도 읽어 주어 마음에 새기도록 하십시오. 왜냐하면 이것은 당신이 순례 중에 불러야 하는 노래들 중의 하나요(시 119:54) 저쪽 문에 도달했을 때 내주어야 하는 것이기 때문입니다.'"

꿈에 나는 이 이야기를 들려 주는 노신사가 스스로 거기에서 큰 감동을 받는 듯한 모습을 보았다. 그는 계속해서 말을 하였다. "그리하여 크리스티아나는 아들들을 불러 당부하기 시작했습니다. '얘들아, 너희들도 알다시피 나는 최근 너희 아버지께서 돌아가신 후에 영혼에 많은 갈등을 해 왔단다. 그것은 너희 아버지의 행복을 의심해서가 아니라, 그가 만족스럽게 잘 계시다는 사실 때문이란다. 또한 나는 나와 너희들의 형편에 대해서도 많은 생각을 하였는데, 진정으로 내가 믿기에 우리들의 형편은 본질상 비참하기 짝이 없는 것이란다. 그리고 너희 아버지가 고민에 빠져 계실 때 내가 취한 태도는 내 양심에 크나큰 짐이 되어 있단다. 왜냐하면 내 자신의 마음뿐 아니라 너희 마음도 완강하게 만들어 그와 함께 순례를 떠나지 못하게 하였으니 말이다. 이러한 일들을 생각하면 당장 죽고 싶지만, 지난밤에 꾼 꿈과 오늘 아침에 낯선 분이 내게 해 주신 격려 덕분에 희망을 갖게 되었다. 자, 얘들아, 우리 행장을 꾸려가지고 저 천국으로 인도하는 문으로 가자꾸나. 천국에 가면 너희 아버지도 만나뵐 수 있고 그 나라 법에 따라 아버지와 그 친구들과 함께 평화로이 살 수 있을거야.'

그러자 그녀의 아들들은 어머니의 마음이 기쁨으로 차 있는 것을 보고는 덩달아 기쁨의 눈물을 흘렸습니다. 이에 방문자는 작별을 고하였고 그들은 여행을 떠날 준비에 착수했습니다.

그러나 그들이 막 출발하려는 때에, 크리스티아나의 이웃에 사는 두 여인이 그녀 집에 와서 문을 두드렸습니다. 크리스티아나는 아까처럼 '하나님의 이름으로 오시는 분이면 들어오세요'라고 말했습니다. 이 말에 두 여인은 어리둥절해졌습니다. 그런 종류의 말은 생전 들어본 적도 없는데다 그런 말이 크리스티아나의 집에서 나오리라고는 상상도 못했기 때문입니다. 그러나 그들은 좌우간

들어갔습니다. 들어가 보니 그 착한 여인이 집을 떠날 준비를 하고 있었습니다.

그래서 그녀들은 말을 시작했습니다. '이웃, 도대체 이게 무슨 일이에요?'

크리스티아나는 그들 중 가장 나이가 많은 겁쟁이 부인<sup>Mrs. Timorous</sup>에게 대답했습니다. '여행 떠날 준비를 하고 있어요.'(이 겁쟁이 부인은 곤고산 근처에서 크리스천을 만나 사자가 무서우니 돌아가라고 권고했던 사람의 딸이었다.)

**겁쟁이**: "도대체 무슨 여행을 떠나시려구요?"

**크리스티아나**: "내 옛 남편을 따라가려고 해요."

이 말을 하면서 그녀는 흐느껴 울었습니다.

**겁쟁이**: "좋은 이웃이여, 나는 당신이 그러지 않았으면 좋겠어요. 자식들을 생각해서라도 여자답지 못하게 스스로를 망쳐 버리지 말아요."

**크리스티아나**: "아니요, 내 아이들도 함께 간답니다. 아이들 역시 아무도 남아 있고 싶어하지 않아요."

**겁쟁이**: "참 이상도 하군. 대체 누가 어떻게 당신에게 그런 마음을 넣어 주었나요?"

**크리스티아나**: "아, 이웃이여, 만약 당신도 내가 깨달은 만큼만 깨닫게 된다면 틀림없이 나와 동행하고자 할 겁니다."

**겁쟁이**: "도대체 어떤 새로운 지식을 얻었길래 친구들을 버리고 아무도 모르는 미지의 세계로 갈 생각을 하는거요?"

그러자 크리스티아나가 대답했습니다. "나는 남편이 집을 떠나자 마음이 무척 아팠는데, 특히 그이가 고민하고 있을 때 내가 행한 심술궂은 행동들 때문이었습니다. 지금의 내 고뇌는 그때 그이의 고뇌와 다를 것이 없습니다. 그래서 순례길을 떠나지 않고는 배길 수가 없답니다. 지난밤 꿈에 나는 그이를 보았습니다. 아, 내 영혼이 그이와 함께 있었으면 얼마나 좋을까! 그이는 그 나라의 왕 앞에 살면서 왕의 식탁에 앉아 함께 식사를 하고, 영생하는 자들의 동료가 되며, 왕께서 하사하신 집에 살고 있는데, 그 집에 비하면 세상의 아무리 좋은 궁궐도 분토더미에 불과해 보였어요(고후 5:1-4). 그 왕궁의 왕자님께서 내게도 전갈을 보내사 만일 내가 그에게로 오면 환영하시겠다는 약속을 하셨습니다. 그가 보내신 사람이 방금 전까지 여기 있었는데, 그는 나에게 초청장을 가져다주었습니다.”

이 말과 함께 그녀는 편지를 꺼내 읽고는 그들에게 말했습니다. “여기에 대해 어떻게들 생각하세요?”

**겁쟁이:** “아, 당신 내외가 다 미쳤구려! 그런 어려움들을 자초하다니! 내가 확신하건대, 당신도 아마 당신 남편이 길을 떠나가자마자 첫걸음부터 얼마나 큰 어려움에 봉착했는지 알 거예요. 당신 남편을 따라가다가 현명하게도 중간에 두려워서 돌아온 우리 이웃의 고집쟁이 씨<sup>Mr. Obstinate</sup>와 유순 씨<sup>Mr. Pliable</sup>가 그 일들의 증인이지요. 뿐만 아니라 우리는 당신 남편이 사자와 아볼루온과 사망의 음침한 골짜기 등 많은 위험을 만났다는 소식을 거듭거듭 들었어요. 그리고 당신도 그가 허영의 시장에서 당한 위험을 잊지 않았을 거예요. 남자인 그도 그렇게 견뎌내기 어려웠는데, 한낱 가련한 아녀자인 당신이 어떻게 그걸 견뎌내겠어요? 그리고 이 사랑스러운 네 아이들 생각을 좀 해 봐요. 애들은 당신의 자식이고 뼈와 살들이에요. 당신 자신이야 설혹 아무렇게나 내던진다 할지라도, 당신 몸의 열매를 위해 아이들만은 집에 남겨 두세요.”

그러나 크리스티아나는 그녀에게 말했습니다. “내 이웃이여, 나를 시험하지 마세요. 지금 내 손에는 이익을 얻는 데 필요한 대금이 쥐어져 있어요. 만약 마음을 써서 그 기회를 잡지 않으면 나는 가장 어리석은 자가 되고 말 겁니다. 당신은 내가 길을 가다가 만날지도 모를 고생들에 관해 이야기하고 있지만, 그 고난들은 결코 나의 기를 꺾지 못하며, 다만 내가 올바른 가운데 있다는 사실을 입증해 줄 뿐입니다. 고진감래라 하였으니, 그 고난은 즐거움을 더 즐겁게 할 따름입니다. 그리고 당신은 내 말처럼 하나님의 이름으로 내 집에 들어오지도 않았으니, 더 이상 나를 동요시키지 말고 제발 돌아가 주세요.”

그러자 겁쟁이는 그녀에게 욕을 하면서 친구인 자비심<sup>Mercy</sup>에게 말했습니다. “자, 이 여자가 우리의 충고와 방문을 비웃고 있으니 제멋대로 하도록 버려

두고 우리는 갑시다."

그러나 자비심은 머뭇거리면서 쉽게 겁쟁이의 말에 동조하지 않았습니다. 거기에는 두 가지 이유가 있었습니다. 첫째 이유는 그녀의 마음이 크리스티아나에게 쏠렸기 때문이었습니다. 그래서 그녀는 속으로 말했습니다. '이 이웃이 꼭 떠나야만 한다면 당분간이라도 함께 가면서 도와주어야지.'

두 번째 이유는 그녀의 관심이 자기 영혼에 쏠렸기 때문이었습니다. 크리스티아나의 말이 어느 정도 그녀의 마음을 사로잡았던 것입니다. 그래서 다시 그녀는 속으로 말했습니다. '이 크리스티아나와 좀 더 이야기를 해 봐서 그녀의 말에 진리와 생명이 있음을 발견하면 나도 진심으로 그녀를 따라가도록 해야지.'

그리하여 자비심은 이웃 겁쟁이에게 이렇게 답변하기 시작했습니다.

**자비심**: "이봐요, 이웃, 나는 오늘 아침에 당신과 함께 크리스티아나를 보러 왔어요. 그리고 당신도 보다시피 그녀는 이 고장과 마지막 이별을 고하려 하고 있어요. 그러니 청명한 이 아침에 잠시나마 그녀와 동행하면서 도와줄 것이 있으면 도와주는 것이 합당하다고 봐요."

그러나 자비심은 두 번째 이유는 말하지 않고 속에 간직했습니다.

**겁쟁이**: "흥, 당신도 어리석은 여행을 떠나보고 싶은 생각을 가지고 있군요. 그러나 시간을 아끼고 현명하게 처신하세요. 우리가 위험 밖에 있는 동안에는 안전하지만, 위험 속에 빠져들면 헤어나오기가 어려워요."

이리하여 겁쟁이 부인은 자기 집으로 돌아가고 크리스티아나는 여행을 떠났습니다. 그러나 집으로 돌아간 겁쟁이 부인은 이웃들, 곧 박쥐눈 부인Mrs. Bat's-eyes, 무분별 부인Mrs. Inconsiderate, 경박심 부인Mrs. Light-mind, 무지 부인 Mrs. Know-nothing 등에게 전갈을 보냈습니다. 그녀들이 모여들자 겁쟁이 부인은 크리스티아나가 여행을 떠나려 한다는 이야기를 하였습니다. 그녀는 이렇게 말을 시작했습니다.

"이봐요, 이웃들, 오늘 아침 별로 할 일이 없길래 크리스티아나 집에 놀러 갔었지요. 그런데 내가 거기 가서 우리의 풍습대로 문을 두드렸더니, 그 여자가 이렇게 대답하지 않겠어요? '하나님의 이름으로 오시는 분이면 들어오세요.' 나는 별일 없겠거니 생각하고 안으로 들어갔지요. 그런데 들어가 보니 그 여자가 이 도시를 떠날 채비를 하고 있더라구요. 그 여자뿐 아니라 그 아이들까지도요. 그래서 내가 도대체 무슨 일이냐고 물었지요. 그 여자 대답은 간단하게 말하자면 자기도 남편처럼 지금 순례길을 떠날 생각이라는 거예요. 그밖에 자기가 꾼 꿈 이야기도 하고, 또 남편이 가 있는 나라의 임금님이 자기에게도 그리로 오라는 초청장을 보냈다고 하더군요."

그때에 무지 부인이 말했습니다. "그럼 그 여자가 정말 떠날거라고 생각하세요?"

**겁쟁이:** "물론 떠날거예요. 내가 보기에, 그 여자는 어떤 일이 생기더라도 떠날겁니다. 어떻게 그걸 알 수 있는가 하면, 여행 도중에 만날 여러 가지 어려움을 생각해서 집에 머물러 있으라고 내가 알아듣도록 누누이 충고를 했는데도 여행을 떠나겠다는 그녀의 생각은 더욱 굳어져 갔거든요. 그러면서 그녀는 이런 말을 나에게 많이 했어요. '고진감래라 하였으니, 고생이 있기 때문에 즐거움이 더 커진다' 하는 식의 말이에요."

**박쥐눈 부인:** "아, 눈멀고 어리석은 여자 같으니! 남편의 괴로움을 보고도 조심할 줄을 모른단 말인가? 내 생각에, 만약 그녀 남편이 여기 다시 온다면, 그는 헛되이 수많은 위험을 무릅쓰기보다는 여기서 편안히 지내는 것을 더 만족스러워할 거예요."

무분별 부인도 이렇게 거들었습니다.

"그런 공상에 빠진 바보들은 이 도시에서 내보내 버려야 해요. 그 여자가 떠나가면 나는 한시름 놓겠어요. 만약 그 여자가 이런 마음을 갖고 여기에 그대로 머물러 있다면, 누가 그 곁에서 마음 편히 살겠어요? 그 여자는 현명한 사람으로서는 도저히 참고 견딜 수 없는 말이나 하고 다니면서 쓸데없이 이웃들만 못살게 굴 것이 뻔해요. 그러니 내 생각에는 그 여자가 떠나가도 전혀 섭섭할 게 없어요. 갈 테면 가라고 하세요. 그리고 그 여자가 살던 방에는 좀 더 좋은 사람이

들어와 살게 합시다. 그런 변덕쟁이 바보들이 사니까 이 세상이 아직 좋은 세상이 못되었다구요."

그러자 경박심 부인이 다음과 같이 덧붙였습니다. "자, 그런 이야기는 이제 집어치웁시다. 어제 나는 바람둥이 마님Madam Wanton 집에 가서 계집애들처럼 즐겁게 놀았어요. 거기에 누구누구 있었는지 아세요? 나하고 육신사랑 부인Mrs. Love-the-flesh 하고, 그 외에 음탕 부인Mrs. Lechery, 외설 부인Mrs. Filth 등 서너 명이 더 있었는데, 거기서 우리는 음악과 춤 등 여러 가지 재미있는 오락을 즐겼지요. 말이 나온 김에 말이지만, 바람둥이 마님은 정말 칭찬할 만큼 교양이 높은 숙녀이고, 음탕 부인은 멋진 분이었어요."

이즈음에 크리스티아나는 자비심의 동행을 받으며 길을 가고 있었습니다. 아이들을 다 데리고 길을 걷던 크리스티아나는 이야기를 꺼내기 시작했습니다.

"자비심 양, 잠시 동안이나마 날 배웅하려고 나와서 동행해 주니 내게는 뜻밖의 은혜예요."

그러자 젊은 자비심 — 그녀는 아직 젊은 여자였습니다 — 이 말했습니다. "아주머니와 동행할 목적만 내게 뚜렷이 있다면, 나는 저 도시로 다시는 돌아가지 않을거예요."

크리스티아나가 말했습니다. "그럼 자비심 양, 나와 운명을 같이합시다. 나는 우리 순례의 결과에 대해 잘 알고 있어요. 지금 내 남편은 스페인 금광의 모든 금으로도 사지 못하는 곳에 살고 계십니다. 당신이 나의 초대로 간다 할지라도, 결코 당신을 쫓아내지는 않을 것입니다. 나와 내 아이들을 부르신 그 임금님은 자비 베푸는 것을 기뻐하는 분이십니다. 그리고 만약 당신이 원하기만 한다면 당신을 하녀로 고용해 데리고 가겠어요. 그렇지만 보상은 당신과 내가 모든 물건을 공동으로 사용하고, 다만 함께 동행하는 것으로 해요."

**자비심:** "하지만 그 나라에서 나를 받아준다는 보장이 없잖아요? 이러한 소망을 확증해 줄 사람만 있다면, 그분의 도움을 받아 주저함 없이 아무리 지루한 길이라도 나아갈 텐데."

**크리스티아나:** "사랑스런 자비심 양, 그럼 이렇게 하기로 해요. 우리가 좁은 문까지만 함께 가면, 거기서 내가 당신에 관해 물어보리다. 만일 거기서 당신에게 용기를 줄 만한 대답을 얻지 못한다면, 당신이 집으로 돌아가더라도 상관하지 않겠어요. 그리고 나와 아이들을 거기까지 바래다준 당신의 친절에 대해 보수를 드리겠어요."

**자비심:** "그러면 거기에 가서 그 다음 일을 결정하도록 하지요. 하늘의 왕께서 나를 생각하고 계시다면, 그가 거기서 나의 운명을 일러주시겠죠."

이에 크리스티아나는 진심으로 기뻐하였습니다. 동행이 생겨서 뿐 아니라, 자신이 이 불쌍한 처녀를 설득하여 그녀로 하여금 자기의 구원을 사랑하게 만들었다는 것 때문에 기뻐하였습니다. 그리하여 그들이 함께 걸어가는데, 갑자기 자비심이 흐느끼기 시작했습니다. 크리스티아나가 물었습니다. "내 자매여, 왜 그렇게 흐느낍니까?"

**자비심:** "아, 가엾어서 그래요! 죄로 가득 찬 우리 도시에 아직 그냥 머물러 있는 불쌍한 친척들의 형편과 사정을 생각해 볼 때 어찌 탄식이 나오지 않겠어요? 나를 더욱 슬프게 하는 것은 그들을 가르칠 사람이나 장래 일에 관해 말해 줄 사람이 없다는 점이에요."

**크리스티아나:** "순례자들은 다 애간장이 타지요. 당신이 당신 친구들에 대해 슬픈 마음이 있듯이, 내 착한 남편 크리스천도 나를 떠날 때 내게 대해 그런 마음이 있었다오. 그러나 그이와 우리의 구주 되시는 하나님께서는 그의 눈물을 받아 병에 넣어 두셨습니다. 그리하여 이제 당신과 나, 그리고 이 귀여운 아이들이 그 눈물의 열매와 이익을 거두고 있는 것이지요. 자비심 양, 나는 당신의 이 눈물들이 결코 헛되지 않으리라고 봐요. 왜냐하면 진리의 말씀에 이르기를, '눈물을 흘리며 씨를 뿌리는 자는 기쁨으로 거두며 노래하리라'고 하였고, 또 '울며 씨를 뿌리러 나가는 자는 반드시 기쁨으로 그 곡식 단을 가지고 돌아오리로다'라고 하였기 때문입니다"(시 126:5, 6).

그러자 자비심은 이렇게 노래했습니다.

"지극히 복되신 그분이 그의 복된 뜻대로

　나의 인도자가 되어 주시고

　나를 그의 문으로, 그의 품으로

　그의 거룩한 언덕으로 이끄시기를.

　그분이 나를 버려두지 마시어

　어떤 일이 일어날지라도

　그의 값없는 은총과 거룩한 길에서

　내가 벗어나거나 빗나가지 않게 하시기를.


　그리고 그 주께서 내가 두고 온 모든 이들을 다 불러 모으사

　그들로 하여금 온 마음과 정성을 다해

　주의 소유가 되기를 기원하게 하소서."


## 2. 좁은 문을 향해 가는 크리스티아나 일행

　이제 나의 나이 많은 친구는 계속 이야기를 해 나갔다. "그런데 크리스티아나는 낙심의 늪 앞에 왔을 때 걸음을 멈추고 말했습니다. '이곳은 내 사랑하는 남편이 진흙에 파묻혀 질식해 죽을 뻔한 곳이에요.' 또한 그녀는 순례자들을 위해 왕께서 이곳을 보수하도록 명하셨음에도 불구하고 늪이 예전보다 더 나빠진 것을 깨달았습니다."

　그래서 내가 그것이 사실이냐고 물었더니, 노신사는 이렇게 대답했다. "사실이다마다요. 그렇게 된 이유는 왕의 일꾼으로 자처하는 많은 자들이 말로는 왕의 대로highway를 보수한다고 하면서 보수는커녕 돌 대신 흙과 분뇨만 잔뜩 가져다 부었기 때문이죠. 그래서 크리스티아나와 아이들이 여기에 멈춰선 것입니다. '자, 모험을 해 보기로 해요. 조심만 하면 괜찮을 거예요.' 그들은 발을 조심하면서 뒤뚱뒤뚱 건너기 시작했습니다.

그러나 건너는 동안 크리스티아나는 빠질 뻔한 일이 한두 번이 아니었습니다. 그들이 늪을 건너자마자, 그들 생각에, 이런 음성이 들려왔습니다. '믿는 여자에게 복이 있도다. 주께서 그에게 하신 말씀이 반드시 이루리라'(눅 1:45).

그들이 다시 길을 가게 되자 자비심이 크리스티아나에게 말했습니다. "만약 나에게도 아주머니처럼 좁은 문에서 따뜻하게 영접받는다는 확실한 소망이 있다면, 낙심의 늪 따위가 나를 실망하게 하지는 못하리라는 생각이 들어요."

크리스티아나가 대답했습니다. "당신에게는 당신대로의 고민이 있고, 나에게는 나대로의 고민이 있지요. 좋은 친구여, 우리는 여행을 마칠 때까지 많은 고난을 겪어야 해요. 왜냐하면 세상에는 우리가 얻고자 하는 드높은 영광을 얻고자 하고 우리가 누리려는 행복을 부러워하는 사람들이 많지 않기 때문입니다. 우리는 두려움과 함정을 만날 것이며, 우리를 미워하는 사람들은 환난과 우환을 통해 우리를 해치고자 할 것입니다."

이때 현명 노인은 나 혼자 꿈을 꾸도록 놓아 두고 떠나갔다. 그리하여 내 생각에, 나는 크리스티아나와 자비심과 소년들이 모두 다 좁은 문 앞까지 올라가는 것을 보았다. 그 앞에서 그들은 어떤 방법으로 문을 열어 달라고 요청할는지, 또 문이 열릴 경우 문지기에게 무슨 말을 해야 할는지 상의하느라 잠시 시간을 보냈다. 결국 그들은 가장 연장자인 크리스티아나가 입구를 두드리고 문지기가 나오면 대표로 말을 꺼내기로 결론을 내렸다. 그리하여 크리스티아나는 문을 두드리기 시작했는데, 그의 불쌍한 남편이 했던 대로 그녀는 거듭 두드리고 또 두드렸다.

그러나 모두의 생각에, 안에서는 대답 대신 개 한 마리가 짖으면서 달려오는 듯한 소리가 들려왔다. 그 개는 아주 커 보였으므로 여인들과 아이들은 두려움에 사로잡혔다. 그 사나운 개가 달려와 자신들을 덮칠 것 같은 두려움에 그들은 잠시 동안 문을 두드리지 못하였다. 그리하여 그들은 마음만 갈팡질팡할 뿐 어찌해야 할 바를 몰랐다. 개가 무서워서 문을 두드릴 수도 없고, 돌아가자니 혹시 그들이 돌아가는 것을 문지기가 보고 꾸짖을까봐 두려워 그럴 수도 없었다. 결국 그들은 다시 두드려야겠다는 생각을 하고 먼젓번보다 더 힘차게 문을 두드렸다.

그제서야 문지기가 "게 누구요?" 하고 대답을 했다. 이와 함께 개 짖는 소리도 그치고 문이 열렸다.

크리스티아나는 깊이 허리를 숙여 절한 후 말했다. "우리 주의 이 고귀한 문을 함부로 두드린 계집종들에 대해 노여워하지 말아 주십시오." 그러자 문지기가 말했다. "당신들은 어디서 오며 무엇을 원합니까?"

크리스티아나가 대답했다. "우리는 예전에 크리스천이 살던 곳에서 왔으며, 온 목적도 그이와 같습니다. 만약 당신께서 기뻐하신다면 이 문을 열어 주사 우리로 하여금 하늘나라로 통하는 길에 들어서게 해 주십시오. 내 주여, 또 한 가지 말씀드리겠습니다. 저는, 지금 저 위에 올라가 있는 크리스천의 아내였던 사람입니다."

이 말에 문지기가 깜짝 놀라며 말했다. "뭐라구요? 얼마 전까지만 해도 순례자의 생활을 그렇게 싫어하던 여자가 지금 순례자가 되겠다는 겁니까?"

머리를 숙이며 그녀가 말했다. "그렇습니다. 그리고 여기 있는 제 귀여운 아이들도 순례자가 되려고 왔습니다."

그러자 문지기는 그녀의 손을 잡아 안으로 인도하였고, 또 "어린 아이들이 내게 오는 것을 용납하고 금하지 말라"(막 10:14)고 말하면서 아이들도 인도하였다.

그들이 들어오자 문을 닫은 그는 문 위에 있는 나팔수에게 나팔을 불고 소리를 질러 즐거이 크리스티아나를 환영하도록 명령을 했다. 나팔수는 이 말에 순종하여 나팔을 불었고, 공중에는 그의 그윽한 곡조가 가득 찼다.

그러는 동안 불쌍한 자비심은 문 밖에 서서 쫓겨날 것 같은 두려움에 떨면서 울고 있었다. 그러나 크리스티아나는 자신과 아이들이 다 들어오고 난 후 자비심을 위해 중보의 기도를 드리기 시작했다.

그녀는 말했다. "내 주여, 지금 문 밖에는 저와 똑같은 생각으로 여기까지 온 친구 한 사람이 서 있습니다. 저는 제 남편의 임금님이 보낸 초청장을 받았지만, 그녀는 스스로의 생각에 초청을 받지 못한 채 왔다고 여기기 때문에 마음에 많은 낙심을 품고 있습니다."

한편 밖에 있던 자비심은 심히 조바심이 나서 1분이 마치 한 시간처럼 길게 여겨졌다. 그리하여 그녀는 문을 두드리기 시작했고, 이 소리 때문에 크리스티아나는 제대로 중보의 말을 마칠 수가 없었다. 그녀의 두드리는 소리가 너무 컸기 때문에, 크리스티아나가 움찔 말을 멈추었던 것이다. 문지기가 말했다. "저기 있는 사람이 누구요?" "내 친구입니다." 크리스티아나가 대답했다.

그리하여 문지기는 문을 열고 내다보았다. 그러나 밖에 있던 자비심은 문이 열리지 않을 것 같은 두려움에 기진맥진하여 기절해 넘어져 있었다.

문지기는 그녀의 손을 잡으면서 말했다. "소녀야, 내가 네게 말하노니 일어나라"(막 5:41).

**자비심:** "아, 선생님, 기운이 하나도 없어요. 내 안에 생명이 거의 남아 있지 않은 것 같아요."

**문지기:** "내 영혼이 내 속에서 피곤할 때에 내가 여호와를 생각하였삽더니 내 기도가 주께 이르렀사오며 주의 성전에 미쳤나이다(욘 2:7). 두려워 말고 일어서서 무엇 때문에 왔는지 말해 보시오."

**자비심:** "저는 청함도 받지 않고 그냥 왔습니다. 내 친구 크리스티아나는 임금님의 초청을 받았지만, 저는 다만 그녀의 초청을 받았을 뿐입니다. 그래서 저는 외람되다는 책망을 받을까봐 두렵습니다."

문지기인 선의Good-will가 말했다. "크리스티아나가 당신과 함께 이곳에 들어오기를 바랍디까?"

**자비심:** "예, 나의 주께서 보시는 바와 같이 그래서 제가 왔습니다. 아직도 제 죄를 사하시고 은혜를 베풀어 줄 여유가 있으시다면, 제발 이 불쌍한 계집종으로 하여금 거기에 참예하게 해 주십시오."

그러자 선의는 다시 그녀의 손을 잡고 정답게 안으로 이끌어들이면서 말했다. "어떠한 경로를 통해 오든 나는 나를 믿는 모든 자를 위해 기도합니다." 그리고 나서 그는 곁에서 시중드는 자들에게 말했다. "이 처녀가 원기를 회복하도록 무언가 냄새 맡을 것을 갖다주어라." 그러자 그들은 몰약 한 줌을 가져다가 그녀에게 주었고, 그녀는 잠시 후 원기를 회복하였다.

이렇게 크리스티아나와 그녀의 아이들과 자비심은 하늘나라로 가는 길목에서 주님의 영접을 받고 친절한 말씀을 들었다. 그리고 나서 그들은 그에게 다시 이렇게 말했다. "우리는 우리 죄로 인해 걱정스러우니 우리 주께 용서를 구합니다. 그리고 앞으로 어떻게 해야 할지도 가르쳐 주십시오."

그가 말했다. "내가 말과 행동으로 당신들의 죄를 용서합니다. 말로 용서한다 함은 죄 사함을 약속하는 것이요, 행동으로 용서한다 함은 내가 그것을 성취한 방법을 나타내는 것이요, 첫 번째 용서는 입맞춤으로써 내 입술에서 취하시오. 두 번째 용서는 곧 나타날 것입니다"(아 1:2; 요 20:19).

꿈에 나는 그가 여러 가지 좋은 말들을 그들에게 해 주자 그들이 크게 기뻐하는 것을 보았다. 그는 또한 크리스티아나 일행을 문 꼭대기로 데리고 올라가 그들이 어떤 행위로 인해 구원을 얻었는지 보여 주었고, 그들의 마음을 편안하게 해 주기 위해 그들이 도중에서 보게 될 광경에 관해서도 이야기해 주었다.

그리고 나서 그는 밑에 있는 정자<sup>summer parlour</sup>에 그들을 남겨 두고 잠시 자리를 비웠는데, 거기서 그들은 서로 이야기를 나누기 시작했다. 크리스티아나가 말했다. "원 세상에, 우리가 여기까지 들어올 수 있다니 얼마나 기쁜지 모르겠어요."

**자비심:** "아주머니도 물론 기쁘시겠지만 저는 너무 기뻐 깡충깡충 뛰고 싶어요."

**크리스티아나:** "문을 두드려도 아무 대답이 없자. 문 밖에 서서 한때 나는 우리의 수고가 다 허사였다는 생각을 했어요. 특별히 저 사나운 개가 우리를 향해 맹렬하게 짖어댈 때 말이에요."

**자비심:** "그렇지만 저의 두려움이 더 컸어요. 당신이 그의 영접을 받아 안으로 들어가고 저 혼자 밖에 남았을 때였지요. 그때 저는 '두 여자가 맷돌질을 하고 있으매 한 사람은 데려가고 한 사람은 버려둠을 당할 것이니라'(마 24:41)는 말씀이 이루어졌다고 생각했어요. 이젠 다 끝났다!라고 외치며 울고 싶은 것을 참느라 얼마나 애썼는지 몰라요. 두려움 때문에 문을 더 이상 두드리고 싶지도 않았답니다. 그러나 문 위에 씌어 있는 글을 읽고는 용기

를 내었지요. 그리고 문을 다시 두드리지 않으면 죽을 수밖에 없다는 생각도 들었습니다. 그래서 다시 문을 두드렸지요. 그때 내 영(spirit)은 생명과 죽음 사이에서 갈등하고 있었기 때문에 어떻게 두드렸는지도 모르겠어요."

**크리스티아나:** "어떻게 두드렸는지 모르겠다구요? 당신이 얼마나 열심히 두드렸던지 그 소리에 내가 움찔 놀라고 말았어요. 내 생각에 그렇게 두드리는 소리는 생전 처음 들어본 것 같아요. 그래서 나는 당신이 무력을 써서라도 강제로 천국에 들어오려는 것이 아닌가 생각했지요"(마 11:12).

**자비심:** "아, 그랬군요. 하지만 누구든 저 같은 처지에 놓이면 그렇게 하지 않을 수 없었을 거예요. 아주머니도 보았다시피, 문은 닫혔지요, 사나운 개는 주위에서 어슬렁대지요, 그러니 나같이 마음 약한 사람이 온 힘을 다해 두드릴 수밖에 더 있겠어요? 그런데 내 주께서는 나의 무례함에 관해 뭐라고 하셨어요? 나에 대해 화를 내지는 않으셨나요?"

**크리스티아나:** "요란하게 두드리는 소리를 듣자 그분은 신기롭고 천진스러운 미소를 지으셨어요. 나는 당신이 그분을 기쁘게 해드렸다고 믿어요. 왜냐하면 그분 얼굴에는 성난 빛이 조금도 없었거든요. 그러나 한 가지 이상한 것은 그가 왜 이처럼 사나운 개를 기르고 계시느냐 하는 거예요. 그런 개가 여기 있다는 사실을 미리 알았더라면, 함부로 문을 두드리지는 못했을 거라는 생각이 들어요. 하지만 지금 우리는 안에 들어와 있으니 정말 마음이 기뻐요."

**자비심:** "당신만 괜찮다면, 나중에 그분이 내려오실 때 왜 그런 사나운 개를 마당에 기르고 계신지 묻고 싶어요. 그분이 이런 질문을 언짢게 생각하지 않으시면 좋으련만."

그러자 어린아이들이 말했다. "예, 물어보세요. 그리고 그 개를 없애 달라고 부탁하세요. 우리가 밖으로 나가면 물까봐 무서워요."

마침내 문지기가 다시 내려오자 자비심은 얼굴을 땅에 대고 그에게 경배하며 말했다. "내 주여, 송아지 제물 대신 제 입술로 드리는 찬송의 제사를 받아

주소서."

이에 그가 말했다. "평안이 그대에게 있기를. 이제 일어서시오."

그러나 자비심은 얼굴을 계속 땅에 댄 채로 말했다. "주여, 내가 주와 변론할 때에 주는 의로우시니이다. 그러나 내가 주께 질문하옵나니(렘 12:1) 저희와 같은 아녀자들은 그 짖는 소리만 듣고도 겁이 나 도망칠 사나운 개를 이 뜰 안에 기르시는 이유가 어디 있는지요?"

그가 대답하였다. "저 개의 임자는 다른 사람입니다. 그 개는 인접한 다른 사람의 집 뜰에 살고 있지요. 나의 순례자들은 다만 그 개의 짖는 소리만 들을 뿐입니다. 저 멀리 보이는 성의 주인이 개의 임자인데, 그 소리가 여기 있는 성벽까지 들리는 것입니다. 저 개의 으르렁거리는 큰 소리에 많은 진실한 순례자들이 크게든 적게든 놀라곤 합니다. 사실 말이지 저 개의 임자가 개를 기르는 목적은 나에게 유익을 주려는 것이 아니라, 순례자들이 내게 오는 것을 막으려는 데 있지요. 그들이 겁이 나 문을 두드려 보지도 못하고 도망치도록 만들려는 것이 그의 의도입니다. 때때로 그의 개가 뛰쳐 나와 나의 사랑하는 자들을 괴롭히기도 하지만, 나는 지금까지 참아왔지요. 그리고 그 짐승이 흉악한 본능에 따라 나의 순례자들을 해치려 하면, 때맞춰 내가 나가 구해 내곤 합니다.

그러나 그게 무슨 문제란 말이오! 내 소유된 자여, 내가 믿노니, 만약 그대가 이 사실을 미리 알지 못했다 할지라도, 그대는 개를 두려워하지 말았어야 합니다. 이집저집 다니며 문전걸식하는 거지들도 동냥을 놓치지 않으려고 개가 으르렁거리며 짖고 무는 데도 불구하고 문을 두드리지 않습니까? 그런데 남의 집 개가 짖는다고 해서 무서워 내게 올 수 없다는 것입니까? 더군다나 그 개가 짖으면 나는 순례자를 돕기 위해 달려 나갑니다. 사자의 입에서도 그들을 구해 내는 내가 '내 사랑하는 자들을 개의 세력에서 구해 내지'(시 22:20) 못하겠소?"

그러자 자비심이 말했다. "나의 무지함을 고백합니다. 미처 깨닫지 못하고 어리석은 말을 하였습니다. 당신께서는 모든 일을 잘 처리하시는 줄 알게 되었습니다."

이때 크리스티아나는 여행 이야기를 꺼내면서 이후의 갈 길에 관해 질문을 하였다. 그는 예전에 그녀의 남편에게 해 주었던 대로 그들에게 먹을 것을 주고 발을 씻겨 준 다음에 그들이 길 떠나는 것을 보살펴 주었다.

그리고 나는 꿈에 그들이 여행을 계속하는 모습을 보았다. 날씨는 포근하였다. 이때에 크리스티아나가 노래를 부르기 시작했다.

> 복되도다,
> 내가 순례자가 되는 첫날이여.
> 복되도다,
> 나를 이렇게 감화시켜 주신 분이여.

> 영생을 찾는 일에
> 나중된 것은 사실이나
> 안 가는 것보다는 늦게라도 가는 것이 낫겠기에
> 지금 나는 힘껏 달려가노라.

> 우리의 눈물이 변하여 기쁨이 되었고
> 우리의 두려움이 변하여 믿음이 되었도다.
> 우리의 출발이 이러했으니
> 우리의 마지막이 어떠할 줄 알겠네."

## 3. 해석자의 집

크리스티아나와 그 일행들이 가는 길을 따라 쌓아올린 성벽이 하나 있었다. 이 담 안마당은 전에 언급한 바 있는 개 임자의 소유였다. 그 마당 안에서 자라고 있는 과일나무 가지들이 더러 담 밖으로 뻗어나와 있었다. 그 과일들은 매우 탐스럽게 보였으므로 사람들이 그것들을 따서 먹다가 탈이 나곤 하였다. 그리하여, 소년들이 으레 그렇듯이, 크리스티아나의 아이들도 나무와 그 열매에 정신이 팔려, 그것들을 따서 먹기 시작했다. 어머니는 아이들의 행동을 나무랐지만 아이들은 말을 듣지 않았다.

크리스티아나가 말했다. "자, 애들아. 저 과일들은 우리 것이 아니니 따먹는 것은 잘못이야." 그러나 그녀는 과일들이 원수의 소유라는 사실을 몰랐다. 내가 분명히 말하건대, 만일 알았더라면 그녀는 두려워 거의 죽을 지경이었을 것이다. 그러나 그들은 무사히 통과해 여행을 해 나갔다.

그들이 출발했던 곳으로부터 화살 닿는 거리 두 배쯤 왔을 때, 앞에서 아주 흉악하게 생긴 두 남자가 걸어오는 것을 보았다. 그들을 본 크리스티아나와 자비심은 곧 베일로 얼굴을 가리고 소년들을 앞세워 여행을 계속했다.

마침내 그들은 함께 만나게 되었다. 두 사나이는 곧장 여인들에게로 다가가 끌어안으려 하였다. 크리스티아나가 소리쳤다. "물러서요. 아니면 조용히 갈 길이나 가세요." 그러나 이 두 사나이는 마치 귀머거리인 양 크리스티아나의 말에는 들은 척도 안하고 그들에게 손을 대기 시작했다. 이에 극도로 화가 난 크리스티아나는 다시 말했다. "물러나세요. 당신네도 보다시피 한 푼 없는 순례자들이에요. 친구들의 자선을 받아 살고 있기 때문에 빼앗길 만한 돈이 없어요."

그러자 두 사나이 중 하나가 말했다. "우리는 돈을 빼앗으러 온 것이 아니라, 이 이야기를 하러 왔소. 만약 그대들이 우리가 요구하는 작은 부탁에 응해 주기만 한다면 그대들을 영원히 여자다운 여자로 만들어 주리다."

그들의 말이 무엇을 의미하는지 생각해 본 크리스티아나는 다시 말했다. "우리는 당신네 말을 듣지도 않겠고, 염두에 두지도 않겠고, 요구에 응하지도 않겠어요. 우리는 바빠서 지체할 수 없어요. 우리의 문제는 사느냐 죽느냐 하는 중요한 것이에요."

그러고 나서 그녀와 일행은 사나이들을 뿌리치고 나아가려 다시 애를 썼지만, 사나이들은 한사코 길을 막았다.

사나이들이 말했다. "우리는 당신들의 생명을 해치려는 게 아니라 다른 것을 바라는 거요."

크리스티아나가 말했다. "우리의 몸과 영혼을 다 차지하겠다는 거죠? 그런 목적으로 당신들이 왔다는 걸 나는 잘 알아요. 하지만 우리의 장래 행복을 위협하는 함정에 빠지기보다는 차라리 당장 이 자리에서 죽겠어요."

말을 마치자 두 여인은 소리를 질렀다. "사람 살려요. 사람 살려!" 이렇게 함으로써 그들은 여성을 보호하기 위해 마련된 율법의 적용을 받고자 하였다(신 22:23, 27). 그러나 사나이들은 그 여인들을 욕보이려는 목적으로 계속 다가왔다. 그리하여 여인들은 다시 소리를 질렀다.

내가 말한 대로, 지금 그들은 출발했던 문에서부터 얼마 떨어져 있지 않았으므로, 그들의 비명소리가 문에 있는 사람들에게까지 들렸다. 그것이 크리스티아나의 음성임을 눈치 챈 사람들은 그녀를 구하러 급히 달려갔다. 현장이 시야에 들어올 즈음, 여인들은 매우 큰 곤경에 빠져 있었고 아이들은 곁에 서서 울고 있었다. 이에 구원하려고 달려오는 사람들 중의 하나가 악한들을 향해 소리를 질렀다. "무슨 짓을 하는 거냐? 우리 주님의 백성을 범하려 드는 거냐?"

그리고는 그가 그들을 붙잡으려 하자, 악당들은 담을 넘어 흉악한 개 임자의 소유인 마당으로 들어가 버렸다. 이리하여 개가 그들의 보호자가 되었다. 구조자<sup>Reliever</sup>는 여인들에게 다가와 어떻게 된 일이냐고 물었다. 여인들은 대답했다. "우리는 당신의 왕자님께 지극히 감사를 드립니다. 조금 놀랐을 뿐 별일 없습니다. 우릴 구하러 오신 당신께도 감사드립니다. 당신이 안 왔으면 우리는 당하고 말았을 거예요."

몇 마디 말을 하고 난 구조자는 다음과 같이 말했다. "당신들은 연약한 여자들인데 왜 저쪽 문에서 대접받고 있을 때 안내자 한 명을 딸려 보내 달라고 주님께 간청하지 않았는지 참 이상스럽군요. 만약 요청만 했더라면, 주님께서는 안내자를 딸려 보내 주셨을 것이고, 당신들은 이러한 괴로움을 피할 수 있었을 텐데."

크리스티아나가 말했다. "맙소사! 그때엔 당장 받은 축복에 너무 취해서 앞으로 닥쳐올 위험에 대해 잊고 있었어요. 그뿐 아니라 왕궁에서 이렇게 가까운 곳에 그런 악한들이 잠복하고 있을 줄 누가 알았겠어요? 그리고 우리가 안내자를 달라고 주님께 부탁했었더라면 만사가 잘 되었겠지만, 그 일이 우리에게 유익하다는 것을 알고 계시는 주님께서 왜 안내인을 딸려 주시지 않았는지 이상합니다."

구조자: "청구하지 않는 것을 줄 필요는 없지요. 청구하지 않은 것을 주면 받은 것을 소중히 여기지 않으니까요. 그러나 필요를 느낄 때 주어지면, 그것을 소중히 여기고 유효적절하게 사용하게 되지요. 만약 우리 주님께서 자진해서 안내자를 딸려 주셨더라면, 당신들이 미리 요청하지 못한 실수를 지금처럼 절실히 느끼지는 못했을 것입니다. 그러므로 모든 일이 합하여 선을 이루게 되지요. 당신들이 이번 일을 계기로 좀 더 세심해졌으니까요."

크리스티아나: "그럼 우리가 주님께 다시 가서 우리의 어리석음을 고백하고 한 사람을 딸려 보내 달라고 부탁할까요?"

구조자: "어리석음에 대한 여러분의 고백은 내가 대신 주님께 말씀드릴 테니, 다시 돌아갈 필요는 없습니다. 앞으로 당신들이 가는 곳마다 전혀 부족함이 없을 것입니다. 주님께서 그의 순례자들을 맞기 위해 마련해 놓으신 모든 숙소에는 어떠한 시험도 막을 수 있는 충분한 준비가 되어 있습니다. 그렇지만 거듭 말하거니와, '이와 같이 자기들에게 이루어 주기를 구하여야' 합니다(겔 36:37). 요청할 가치도 없는 것은 별로 중요한 것이 아니지요."

이 말을 하고서 구조자는 자기 처소로 돌아갔으며, 순례자들은 계속 여행을 하였다.

자비심: "참 뜻밖의 일을 만났네요. 이 안에만 들어오면 모든 위험이 그치고 더 이상 슬픔도 없을 줄 알았는데."

크리스티아나: "내 자매여, 당신은 아무것도 몰랐으니 괜찮지만, 나는 집을 나서기 전부터 아까와 같은 위험이 있으리라는 사실을 알면서도 준비하지 못했으니 내 잘못이 커요. 난 책망받아 마땅한 사람이에요."

자비심: "어떻게 집을 나서기 전부터 이 사실을 아셨어요? 그 수수께끼를 좀 풀어 주세요."

크리스티아나: "이유를 말해 주지요. 내가 집을 떠나기 전, 어느 날 밤 잠자리에 누워 이에 관한 꿈을 꾸었어요. 꿈에 보니, 아까 만났던 자들과 똑같

이 생긴 사나이 둘이 내가 누워 있는 침대 곁에 서서 어떻게 하면 나의 구원을 방해할 수 있을까 하는 음모를 꾸미고 있었어요. 그때는 내가 고민을 하던 중이었는데, 그들이 이런 말을 했답니다. '이 여인을 어떻게 하면 좋을까? 자나 깨나 불쌍히 여겨 달라고 소리를 지르고 있으니 만일 이 여인이 시작한 일을 그대로 내버려 두다가는 그녀의 남편을 잃듯이 우리는 이 여인도 영 잃어버리고 말거야.' 이런 꿈을 꾸고도 정신을 못차리고, 당신도 아다시피 미리 준비를 했어야 할 때 준비를 못했으니 얼마나 내 잘못이 큽니까?"

**자비심:** "하지만 이 소홀함을 통해 우리는 우리의 불완전함을 깨닫게 되었고, 주께서는 그의 은혜가 얼마나 풍성한지를 보여 주시는 계기가 되었잖아요? 우리가 보았다시피, 주께서는 우리가 청하지도 않은 친절을 베풀어 주셨고, 단지 그의 선하시고 기쁘신 뜻에 따라 우리를 강한 자의 손에서 건져 주셨으니까요."

이렇게 말을 주고 받으며 한동안 여행하던 그들은 길 가에 서 있는 어떤 집에 가까이 이르렀다. 이 집은 순례자들에게 휴식을 제공하기 위해 지어진 집인데, 이에 관한 자세한 묘사는 천로역정 제1부에 기록되어 있다. 이 해석자Interpreter의 집을 향해 가까이 걸어가 문 앞에 당도한 그들은 집에서 새어나오는 놀라운 이야기를 듣게 되었다.

그들이 귀를 기울여 듣자 하니 크리스티아나라는 이름이 언급되는 것 같았다. 독자 여러분도 짐작하고 있겠지만, 그녀와 네 아들이 순례길을 떠났다는 소문은 그녀를 앞질러 널리 퍼져 있었다. 이 소문은 듣는 사람들에게 큰 기쁨을 주었다. 왜냐하면 그들은, 크리스티아나가 다름 아닌, 몇 해 전 남편이 순례길을 떠날 때 한사코 반대했던 크리스천의 아내라는 이야기를 들었기 때문이다.

그리하여 그들은 안에 있는 착한 사람들이 문 밖에 누가 서 있는지도 모르고 크리스티아나를 칭찬하는 소리를 조용히 듣고 있었다. 마침내 크리스티아나는 예전에 좁은 문을 두드리던 때와 마찬가지로 문을 두드리기 시작했다. 그녀가 두드리고 있을 때, 순진Innocent이라는 이름의 젊은 처녀가 나와 문을 열어 보고는 두 여인이 서 있는 것을 발견하였다.

**순진**: "누굴 찾아 오셨나요?"

**크리스티아나**: "우리는 이 집이 순례자들을 위해 특별히 만들어진 집으로 알고 왔습니다. 우리도 순례자들이니 부디 들어가서 쉬게 해 주십시오, 당신도 보다시피 날도 꽤 저물었고, 밤길은 무서워서 못가겠습니다."

**순진**: "성함이 무엇인지 가르쳐 주시면 고맙겠습니다. 안에 계신 우리 주인님께 말씀드리게요."

**크리스티아나**: "내 이름은 크리스티아나예요. 몇 해 전 이곳을 지나 여행했던 크리스천의 아내되는 사람입니다. 얘들은 그의 네 아들들이고요. 이 처녀는 내 친구로서 함께 순례를 하고 있답니다."

그러자 순진은 안으로 뛰어들어가 사람들에게 말했다. "문 앞에 누가 와 있는지 아세요? 크리스티아나와 아이들과 그 친구가 와서 여기 들어오려고 기다리고 있어요." 이에 사람들은 기쁨의 환성을 지르며 그들 주인에게 달려가 보고를 하였다. 주인은 문으로 나와 크리스티아나를 눈여겨보며 말했다. "그 착한 크리스천이 순례자 생활을 시작할 때 뒤에 남겨 두었던 크리스티아나가 바로 당신입니까?"

**크리스티아나**: "제가 바로 남편이 떠날 때 마음이 완악해져 그이의 고통을 얕보고 혼자 떠나도록 버려두었던 그 여자입니다. 그리고 얘들은 그의 네 아들입니다. 예전에는 제가 남편을 반대했지만, 지금은 이 길만이 옳은 길인 줄 확신하기에 저도 순례길에 나섰습니다."

**해석자**: "한 사람이 자기 아들에게 '오늘 포도원에 가서 일하라' 하니 아들이 '싫소이다'라고 말했다가 후에 뉘우치고 갔다는 말씀이 응하였군요(마 21:28, 29)."

**크리스티아나**: "아멘, 그렇게 되기를 바랍니다. 하나님께서 그 말씀대로 제게 이루어 주시기를 바라며, 또한 마지막 날에 흠 없이 티 없이 그의 앞에 서게 해 주시기를 바랍니다."

**해석자**: "그런데 왜 이렇게 문 앞에 서 계시는 겁니까? 아브라함의 딸이여,

어서 안으로 들어오시오. 그렇잖아도 방금 전에 당신이 순례자가 되었다는 소식을 듣고 당신 이야기를 하고 있던 참이었소. 자, 얘들아, 너희도 들어오렴. 그리고 아가씨도 들어오십시오."

그리하여 그들은 모두 집 안으로 들어갔다.

그들이 안으로 들어서자, 사람들은 그들에게 앉아서 쉬라고 권하였다. 그들이 자리에 앉자, 그 집에서 순례자들의 시중을 드는 이들이 그들을 만나려고 방으로 들어왔다. 그들은 크리스티아나가 순례자가 되었다는 소식에 기쁨을 감추지 못하고 계속 미소를 지었다. 또한 그들은 소년들을 바라보며 손으로 그들의 얼굴을 어루만져 환영의 표시를 했다. 그리고 자비심에게도 사랑스러운 인사를 하여 그들이 자기네 주인 집에 온 것을 극진히 환영했다.

잠시 휴식한 후, 아직 저녁 준비가 안되었으므로 해석자는 그들을 뜻 깊은 방들로 안내하여 얼마 전 크리스티아나의 남편 크리스천이 보았던 것들을 보여 주었다. 그리하여 크리스티아나 일행은 쇠창살 안에 갇혀 있는 사람과 꿈을 꾸는 사람, 원수들을 무찌르고 나아갈 길을 연 사람을 보았고, 여자가 낳은 자 중 가장 큰 자의 초상화를 비롯해 크리스천에게 유익을 주었던 모든 것들을 구경하였다.

이것들을 구경한 크리스티아나 일행이 그 모든 뜻을 대충 이해하기를 기다려, 해석자는 그들을 다른 방으로 데려갔다. 그 방에는 거름 헤치는 갈퀴를 손에 들고 아래쪽만 쳐다보는 사람이 있었다. 그의 머리 위에는 천국의 면류관을 손에 든 사람이 서서 갈퀴 대신 면류관을 받으라고 타이르고 있었지만, 갈퀴를 쥔 사람은 흥미 없다는 듯이 거들떠보지도 않고 바닥에 쌓인 짚과 조그만 나무토막들과 흙만 긁고 있었다.

**크리스티아나:** "이 광경이 무엇을 뜻하는지 짐작할 수 있겠어요. 저 사람은 이 세상에 사는 인간을 상징하는 것이지요. 그렇지요, 선생님?"

**해석자:** "바로 맞추었습니다. 그리고 저 갈퀴는 인간의 육신적인 마음을 나타냅니다. 당신이 보다시피, 저 사람은 하늘 면류관을 손에 들고 그를 부르는 사람의 음성에는 아랑곳하지 않고 오직 바닥에 널려 있는 짚과 잔 나

뭇가지들과 흙을 긁는데만 열중하고 있지요. 이 모습은 사람들 가운데 천국을 다만 하나의 우화fable로 생각하고 물질만이 실재하는 것이라고 여기는 자들이 있음을 보여 줍니다. 또 저렇게 땅만 바라보고 있는 것은 세상 물질이 사람의 마음을 주관하게 될 때 그 마음을 하나님으로부터 멀어지게 만든다는 뜻입니다."

**크리스티아나:** "아, 이 거름 갈퀴로부터 나를 건져 주소서."

**해석자:** "사람들은 갈퀴에 거의 녹이 슬 때쯤 되어야 그런 기도를 하지요. '나를 부유하게 마옵소서'라는 기도는 만에 하나 있을까 말까지요(잠 30:8). 대부분의 사람들은 짚이나 나무토막, 흙 같은 것들만 열심히 추구하고 있지요."

이 말에 자비심과 크리스티아나는 눈물을 흘리며 말했다. "슬프지만 그게 사실입니다."

그 다음에 해석자는 그들을 그 집에서 가장 좋은 방으로 안내하였다. 그 방은 지극히 화려한 방이었는데, 해석자는 그들에게 방을 둘러보고서 혹시 유익이 될 만한 것이 있는지 찾아보라고 하였다. 그들은 두리번거려 보았지만 거미한 마리 외에는 아무것도 발견하지 못했다. 그들은 그 거미도 무심히 지나쳤다.

**자비심:** "선생님, 제게는 아무것도 보이지 않습니다."

그러나 크리스티아나는 잠자코 있었다.

**해석자:** "다시 한 번 보십시오."

그리하여 자비심은 다시 한 번 살펴본 다음에 말했다. "벽 위에 발로 매달려 있는 흉칙한 거미 한 마리밖에는 없는데요."

해석자가 말했다. "그러면 이 넓은 방에 거미 한 마리밖에 없단 말입니까?"

그러자 크리스티아나의 눈에 눈물이 괴었다. 그녀는 이해력이 빠른 여자였기 때문이다. 크리스티아나가 말했다. "그렇습니다. 주여, 한 마리뿐이 아닙니다. 저 거미보다 훨씬 더 해로운 독을 갖고 있는 거미들이 지금 여기 있습니다."

해석자는 기꺼운 표정으로 그녀를 바라보며 말했다. "옳은 말입니다."

이 말에 자비심은 얼굴을 붉혔고, 소년들은 손으로 얼굴을 가렸다. 그들도 이 수수께끼의 뜻을 깨닫게 되었기 때문이다.

해석자가 다시 말했다. "저 거미는 그대들이 보다시피 '손에 잡힐 만하여도 왕궁에 살고' 있습니다(잠 30:28). 성경에 이 말씀이 기록된 이유는 아무리 죄의 독으로 가득 찬 사람이라 할지라도 믿음의 손을 통해 하늘 나라에 있는 왕궁의 가장 좋은 방에 들어와 살 수 있다는 사실을 가르쳐 주기 위함입니다."

크리스티아나가 말했다. "이에 관해 약간은 생각하고 있었지만, 온전히 깨닫지는 못하고 있었습니다. 우리 인간이 제아무리 화려한 방에 살고 있다 할지라도 거미처럼 흉칙한 피조물에 불과하다는 생각은 했습니다. 그러나 흉칙스러운 저 독거미를 통해 우리가 믿음의 행위를 배울 수 있다는 생각은 전혀 못했습니다. 거미는 손을 사용하여 제가 보다시피 이 집에서 가장 좋은 방에 살고 있습니다. 하나님께서 만드신 만물은 헛된 것이 하나도 없습니다."

그들은 모두 기뻐하는 듯이 보였으나 눈에는 눈물이 맺혀 있었다. 그들은 서로를 바라보다가 해석자에게 절을 하였다.

해석자는 그들을 또 다른 방으로 데리고 갔다. 거기에는 암탉 한 마리와 병아리 몇 마리가 있었는데, 해석자는 그들에게 이 닭들의 노는 모습을 잠시 관찰하도록 권하였다. 병아리 한 마리가 물통으로 가서 물을 마시는데, 물을 마실 때마다 그 병아리는 번번이 머리를 들어 하늘을 쳐다보곤 하였다. 해석자가 말했다. "이 작은 병아리가 하는 모양을 보고 배울 점을 찾아 보세요. 이 병아리는 번번이 위를 쳐다봄으로써 거기서부터 자비가 내려온다는 사실을 인정하지 않습니까? 자, 이제 다른 점을 또 살펴보세요."

그리하여 그들은 주의를 기울여 관찰을 하였고, 그 결과 암탉이 다음 네 가지 방식으로 병아리들을 다룬다는 사실을 발견하였다. 1. 일반적으로 병아리들을 부르는 소리가 있는데, 암탉은 하루 종일 이 소리를 내었다. 2. 특별히 부르는 소리가 있는데, 이런 소리는 가끔씩 내었다. 3. 병아리들을 품에 안을 때 나는 소리가 있었다. 4. 크게 외치는 소리가 있었다(마 23:37).

해석자가 말했다. "이제 이 암탉을 당신들의 임금님으로, 또 병아리들을 순종적인 그의 백성으로 비유해 보시오. 이 암탉과 마찬가지로, 임금님께서도 동일한 방식으로 그의 백성들을 다루십니다. 그는 일반적 부르심을 통해서는 아무 것도 주시지 않습니다. 그러나 특별한 부르심을 통해서는 항상 무언가를 주십니다. 또한 그는 부드러운 음성으로 그들을 불러 날개 아래 품어 주십니다. 그리고 적들이 나타나면 그는 소리를 쳐서 경고를 해 주십니다. 내 사랑하는 이들이여, 내가 암탉과 병아리가 있는 이 방을 특별히 택해 보여 주는 이유는 그대들이 여성이므로 쉽게 깨달을 수 있으리라고 보았기 때문입니다."

크리스티아나가 말했다. "선생님, 좀 더 구경을 시켜 주십시오."

그리하여 해석자는 그들을 데리고 도살장으로 갔다. 거기서는 도살자 한 사람이 양을 잡고 있었다. 그들이 보니, 양은 조금도 요동함이 없이 묵묵히 죽임을 당하고 있었다. 해석자가 말했다. "그대들은 이 양처럼 부당한 일을 당하더라도 원망이나 불평 없이 참는 법을 배워야 합니다. 저 양을 보십시오. 털 깎는 자 앞에서 잠잠하며 죽음 앞에서도 반항하지 않습니다. 그대들의 임금님은 그대들을 자기의 양이라고 부르십니다."

이후에 그는 그들을 갖가지 꽃이 만발해 있는 정원으로 데려가서 말했다. "이 모든 것이 보이십니까?"

크리스티아나가 말했다. "예."

그러자 해석자가 다시 말했다. "저 꽃들을 보면, 크기나 모양, 색깔, 향기, 성질들이 다 다릅니다. 어떤 꽃은 훌륭하고 어떤 꽃은 보잘것없지만, 정원사가 심어 놓은 자리에 그대로 있으면서 결코 서로 다투지 않습니다."

그 다음에 해석자는 그들을 밭으로 데려갔다. 밀과 옥수수를 심은 밭이지만 그들이 보니 알곡은 하나도 없고 짚대만 남아 있었다. 해석자가 다시 말했다. "내가 이 땅에 거름을 주고 밭을 갈고 씨를 뿌렸는데 열매 없는 곡식이 맺혔습니다. 이 곡식들을 어떻게 해야 할까요?"

이에 크리스티아나가 대답했다. "더러는 불사르고 나머지는 퇴비나 만들어야지요."

그러자 해석자가 다시 말했다. "그대들도 보다시피, 우리가 요구하는 것은 열매인데 열매를 맺지 못하는 곡식은 저주를 받아 불에 던져지거나 발에 밟히게 됩니다. 그대들 자신이 이러한 저주를 받지 않도록 주의하십시오."

밭에서 집으로 돌아오는 길에 그들은 울새 한 마리가 커다란 거미를 입에 물고 있는 모습을 보았다. 해석자가 말했다. "저걸 좀 보십시오." 그리하여 일행은 새를 자세히 바라보았다. 자비심은 무슨 뜻인지 몰라 의아해하는데 크리스티아나가 말했다. "빨간 가슴울새처럼 작고 귀여운 새가 저런 먹이를 먹다니 실망이네요. 사람들과 친밀하게 지내기를 특히 좋아하는 새라서 빵 부스러기나 다른 깨끗한 먹이를 먹고 사는 줄 생각했는데, 저걸 보니 정이 뚝 떨어지네요."

그러자 해석자가 대답했다. "이 울새는 일부 거짓된 신앙고백자들의 모습을 잘 나타내 주는 하나의 상징입니다. 겉으로 볼 때 그들은 이 울새처럼 목소리가 곱고 빛깔도 아름다우며 거동도 의젓하지요. 또한 그들은 참된 신앙고백자들을 대단히 사랑하는 것 같고 그들과 친하고 싶어하는 듯이 보입니다. 마치 의로우신 분의 빵조각을 먹고 사는 것 같습니다. 뿐만 아니라 그들은 주님께서 택하신 경건한 자들의 집인 교회에도 자주 드나드는 체합니다. 그러나 자기네들끼리 모이면 울새들이 거미를 잡아 먹듯이 식단을 바꾸어 죄를 물 마시듯이 먹고 삼키지요."

집으로 돌아오기는 했으나 아직 저녁 준비가 덜 된 것을 발견한 크리스티아나는 해석자에게 무엇이든 유익한 것을 보여 주든지 말해 달라고 부탁했다.

그러자 해석자가 말을 시작했다.

"암퇘지는 살이 찔수록 진흙구덩이를 더 좋아하고, 황소는 살이 찌면 찔수록 더 먼저 도살장에 끌려 들어가며, 정욕을 지닌 인간은 건강하면 할수록 악에 더 쉽게 빠지는 법입니다.

여자들에게는 깨끗하고 곱게 단장하려는 욕망이 있으니 만큼 하나님 보시기에 고귀한 덕으로써 단장하는 것이 마땅합니다.

하루 이틀쯤 밤을 새우기는 쉽지만 1년 내내 앉아서 밤을 새우기는 어렵습니다. 그와 마찬가지로, 처음 신앙을 고백하는 일은 쉽지만, 끝까지 신앙을 유지하는 일은 마땅한 일이지만 매우 어렵습니다.

폭풍을 만난 선장들은 배에서 가장 값이 덜 나가는 것들부터 바다에 내던지지요. 가장 값진 물건부터 내던지는 사람이 어디 있겠습니까? 하나님을 두려워하지 않는 자 외에는 그런 일을 못할 것입니다.

구멍 하나가 배를 가라앉게 만들 듯이, 하나의 죄가 죄인을 멸망시킵니다.

친구를 잊는 사람은 그 친구에게 몹쓸 짓을 하는 것이지만 하나님을 잊는 자는 자기 자신에게 무자비한 짓을 하는 것입니다.

죄 가운데 살면서 내세의 행복을 바라는 자는 잡초 씨를 심고 나서 곳간을 밀과 보리로 채우려고 생각하는 사람과 같지요.

올바른 삶을 살고자 하면, 자신이 임종할 날을 늘 기억하면서 살아야 합니다. 생각의 변화와 수근거림은 세상에 악이 있다는 증거입니다.

하나님께서 가벼이 보시는 이 세상이 사람들에게 가치 있는 것으로 간주된다면, 하나님께서 추천하시는 하늘 나라는 얼마나 더 가치 있겠습니까?

숱한 괴로움이 수반되는 이 세상 삶도 우리가 포기하기 싫어하는데, 하물며 하늘 나라의 삶은 어떠하겠습니까?

모든 사람들이 인간의 선함에 대해서는 목청을 높이지만, 마땅히 해야 할 바 하나님의 선하심을 외치는 일에는 인색합니다.

우리가 고기를 실컷 먹고도 남길 때가 있듯이, 예수 그리스도 안에는 세상의 요구를 충족시키고도 남을 만한 가치와 의가 들어 있지요."

말을 마친 해석자는 일행을 데리고 다시 정원으로 나갔다. 그는 한 나무를 그들에게 보여 주었는데, 그 나무는 속이 모두 썩었지만 아직 자라면서 잎을 내고 있었다.

자비심이 물었다. "이것은 무슨 뜻입니까?"

해석자가 말했다. "겉은 훌륭하지만 속은 썩어 버린 이 나무는 하나님의 동산 안에 사는 사람들에 비유할 수 있습니다. 그들은 입으로는 하나님을 높이 칭송하지만, 실제로는 주님을 위해 아무것도 하지 않습니다. 그들의 잎사귀는 훌륭하지만 헛된 마음뿐이어서 마귀의 불쏘시개 통에 담길 불쏘시개에 불과합니다."

마침내 저녁 식사가 준비되었다. 식탁이 펼쳐지고, 그 위에 모든 음식들이 차려졌다. 그리하여 그들은 식탁에 앉아 한 사람이 감사의 기도를 드린 후에 식사를 하기 시작했다. 그의 집에 유숙하는 손님들에게 식사 때 음악으로 대접하기를 즐겨하는 해석자는 음유시인들을 불러 연주를 하게 했다. 그 중에는 노래하는 이도 한 명 있었는데, 그는 매우 고운 음성의 소유자였다. 그의 노래는 다음과 같았다.

> "주님만이 나의 부양자시라.
>
> 나를 먹여 주시니
>
> 부족함 전혀 없어라.
>
> 내 무엇을 더 바라리요?"

노래와 음악이 끝나자, 해석자가 크리스티아나에게 물었다. "처음에 그대는 어떤 동기로 순례자 생활을 시작하게 되었습니까?"

크리스티아나가 대답했다. "첫 번째로 내 마음에 충격을 준 것은 남편과의 이별이었습니다. 나는 이를 진심으로 슬퍼하였지만, 그것은 모두 자연적인 애정에 불과했습니다. 그 다음에 내 남편의 고민과 순례 행위가 생각났습니다. 그리고 그가 길을 떠나기 전에 버릇없이 굴던 나의 행위가 죄의식이 되어 제 마음을 사로잡았습니다. 그때는 정말 연못에 빠져 죽고 싶은 심정이었어요. 그러다가 마침 남편이 행복하게 지내는 꿈을 꾸었고, 또 그가 살고 있는 나라의 왕이 보내신 초청장을 받게 되었어요. 꿈과 편지가 제 마음에 강하게 작용하여 이 길을 떠나지 않고는 못배기게 만들었습니다."

**해석자:** "집을 나서기 전에 방해를 받지 않았나요?"

**크리스티아나:** "받았어요. 제 이웃에 사는 겁쟁이 부인(이 여자는 사자가 무서우니 돌아가자고 제 남편을 꾀던 사람의 딸이었어요)이 찾아와서는 제가 하려는 필사적인 모험은 어리석기 짝이 없는 짓이라고 말했어요. 또 그녀는 제 남편이 노상에서 겪은 온갖 어려움과 고난을 주워섬기면서 저를 낙담시키려고 하였어요. 그러나 저는 이 모든 방해를 용케 넘겼지요. 하지만 저는 꿈 때문에 무서워요. 꿈에 저는 흉악하게 생긴 두 남자를 보았는데, 그들은 제 계

획을 좌절시킬 음모를 꾸미고 있었어요. 그래요. 그자들의 모습이 여전히 제 기억에 남아 있어서, 만나는 사람마다 혹시 그들이 나에게 해를 끼쳐 이 길에서 벗어나게 만들려는 자들이 아닌가라는 의심이 들게 만들어요. 남에게 별로 알리고 싶지 않은 이야기지만 내 주께 말씀드리겠어요. 좁은 문을 지나 이곳으로 오는 사이에 우리 두 사람은 큰 봉변을 당할 뻔했어요. 그래서 '사람 살려' 하고 소리를 쳤지요. 우리를 봉변 주려던 그 두 남자는 제가 꿈에서 본 두 남자와 모습이 비슷했어요."

그러자 해석자가 말했다.
"그대의 시작이 좋았으니 종말은 더욱더 좋을 것입니다."
그리고 나서 그는 자비심을 바라보며 말했다.
"당신은 어떤 동기로 여기까지 왔소. 아가씨?"
이에 자비심은 얼굴을 붉히고 몸을 떨면서 잠시 아무 말도 하지 못했다.
해석자가 말했다.
"두려워 마십시오. 다만 믿는 마음으로 당신의 생각을 이야기해 보시오."
그러자 자비심이 이야기를 하기 시작했다. "선생님, 저는 참으로 체험이 적기 때문에 침묵을 지키고자 하는 거예요. 저는 체험이 적어서 결국 도중하차할 것 같은 두려움에 빠지곤 해요. 크리스티아나 아주머니는 환상과 꿈을 말씀하시지만 제게는 그런 것이 없었어요. 또한 저는 착한 친척들이 권고를 거절한 데 대한 슬픔이 어떠한지도 이해할 수 없어요."
**해석자:** "귀여운 아가씨, 그렇다면 당신이 길을 떠나도록 설득시킨 것은 누구입니까?"
**자비심:** "예, 여기 있는 제 친구 분이 우리 마을을 떠나시려고 짐을 꾸리고 있을 때, 저와 또 한 여자가 우연히 이분 댁을 방문하게 되었어요. 문을 두드리고 들어가 보니 아주머니께서 짐을 꾸리고 계시지 않겠어요? 그래서 무슨 일이냐고 물었지요. 그러자 아주머니께서는 남편에게로 오라는 전갈을 받았다고 하시면서 꿈 이야기를 해 주셨어요. 꿈에 보니 아주머니의 남편

께서 불멸의 사람들과 함께 기이한 곳에 사시는데, 면류관을 쓰고 수금을 켜면서 왕자님과 함께 한 상에서 먹고 마시며, 자기를 그곳으로 불러 주신 주님께 찬양을 돌리고 계셨대요. 아주머니의 말을 듣고 있자니, 내 마음이 속에서 불붙는 것 같은 느낌이 들었어요. 그리고 마음 속으로 말했답니다. 만약 저 말이 사실이라면, '나도 부모와 고향을 떠나 할 수만 있다면 크리스티아나와 함께 길을 떠나야지' 하고요. 그래서 저는 아주머니께 다시 한 번 이것들이 사실이냐고 묻고, 나도 그녀와 함께 갈 수 있느냐고 물었답니다. 그때 이미 저는 우리 도시가 멸망의 위험 속에 있어 더 이상 살 수 없는 곳임을 알고 있었습니다. 하지만 저는 무거운 마음으로 길을 떠나왔습니다. 길을 떠나기 싫어서가 아니라 뒤에 남겨둔 숱한 친척들 때문이었습니다. 이제 기왕 길을 떠났으니, 온 마음을 다해 할 수만 있으면 크리스티아나 아주머니와 함께 그녀의 남편과 왕이 계신 곳에 가고자 합니다."

**해석자:** "진리를 의지하고 나아온 만큼, 당신의 출발은 훌륭합니다. 당신은 룻과 같은 여자입니다. 룻은 나오미와 그 하나님 여호와를 사랑하였기 때문에 부모와 고국을 떠나기 전에는 알지 못하던 백성과 살아갔지요. 이제 내가 보아스의 말을 빌려 그대에게 축복합니다. '여호와께서 네가 행한 일에 보답하시기를 원하며 이스라엘의 하나님 여호와께서 그 날개 아래에 보호를 받으러 온 네게 온전한 상 주시기를 원하노라'(룻 2:12)."

저녁 식사가 끝나자 잠자리가 준비되었다. 여자들은 각각 한 방을 차지하였고, 소년들은 함께 한 방에 들었다. 자리에 누운 자비심은 기쁨으로 잠을 이룰 수 없었다. 자신이 결국 버림을 받지 않을까 하는 의혹이 그 어느 때보다도 멀리 사라져 버렸다. 그리하여 자리에 누운 채 그녀는 자기에게 이렇게 큰 은총을 내려 주신 하나님께 찬양을 돌렸다.

## 4. 순례자들과 담대 씨

담대 씨의 안내를 받는 순례자들

이튿날 해가 뜰 무렵 자리에서 일어난 그들은 길 떠날 준비를 했다. 그러나 해석자는 그들에게 잠시만 기다리라고 명했다. "당신들은 여기서 순서를 밟은 다음에 떠나야 합니다." 그리고 나서 해석자는 처음에 그들에게 문을 열어 주었던 처녀에게 말했다. "정원에 있는 목욕탕으로 이분들을 모시고 가 여행 도중 뒤집어 쓴 먼지와 때를 말끔히 씻어드리도록 해라."

그러자 순진 양은 그들을 데리고 정원으로 나가 목욕탕까지 안내를 하였다. 그리고 그녀는 조금전 집에서 여인들이 순례길을 떠나고자 할 때 해석자가 그들을 불러 말했던 대로 몸을 깨끗이 씻어야 한다고 말했다. 그들은 목욕탕 안으로 들어가 몸을 씻었으며, 소년들도 그리하였다. 목욕을 하니 그들은 깨끗하고 상쾌해졌을 뿐 아니라 뼈마디에 생기가 돌고 힘이 솟았다. 그리하여 목욕하고 나온 뒤 그들의 모습은 전보다 한결 더 아름답게 보였다.

그들이 정원의 목욕탕에서 돌아오자, 해석자는 그들을 바라보며 말했다. "마치 달덩이들 같군요." 그리고 나서 그는 자기 집에서 목욕한 자들에게 찍어 주는 도장을 가져 오라고 명했다. 도장을 가져오자 그는 그들에게 표를 찍어 주어, 앞으로 그들이 어디를 가든지 사람들이 알아볼 수 있도록 하였다. 이 도장은 이스라엘 자손들이 애굽을 나올 때 먹은 유월절 떡의 내용이요 요체인데(출 13:8, 10), 도장의 표는 양 미간에 찍었다. 이 표시는 얼굴의 장식 구실을 하여 그들의 아름다움을 한결 빛냈다. 뿐만 아니라 그것은 그들의 품격을 한층 높여 그들의 용모를 마치 천사의 용모처럼 만들어 주었다.

그리고 나서 해석자는 다시 여인들을 시중 드는 처녀에게 말했다. "의복 보관실에 가서 이분들이 입을 겉옷을 가져 오너라."

의복 보관실에 갔던 처녀는 흰 옷들을 가지고 와서 해석자 앞에 놓았다. 해석자는 그들에게 옷을 입으라고 명했다. 그 옷은 "희고 깨끗한 세마포 옷"이었다. 여인들이 그 옷으로 단장을 하자, 서로 놀라움에 몸을 떨었다. 왜냐하면 서로의 영광이 너무 빛나 제대로 바라볼 수 없었기 때문이었다. 그리하여 그들은 서로 상대방이 자기보다 낫다고 세워 주기 시작했다. 한 사람이 "당신이 나보다 훨씬 아름다워요"라고 말하면, 상대방은 "아니에요. 당신이 나보다 훨씬 더 훌륭해요"라고 말했다. 아이들도 그들이 입은 옷을 보고 놀라 서 있었다.

그리고 나서 해석자는 담대Great-heart라는 이름의 남자 하인을 불러 그에게 긴 칼과 투구, 방패로 무장하도록 명령한 후 말했다. "나의 이 딸들을 다음 번 쉴 장소인 아름다움의 집the house Beautiful으로 안내해드려라."

그리하여 담대는 무장을 하고 앞서 나아가기 시작했다. 해석자는 일행에게 "하나님이 돌보시기를!" 하고 인사했으며, 그 집 식구들도 다 나와서 여러 가지 축원의 말로 작별 인사를 하였다. 이렇게 다시 길을 가게 된 그들은 노래를 불렀다.

"우리 여행의 두 번째 길목인 이곳에서
대대로 다른 이들에게는 감추어져 왔던
좋은 것들을 우리는 보고 들었다네.
거름을 갈퀴로 헤치는 자, 거미, 암탉, 그리고 병아리들이

내게 교훈을 주었고
또 거기 따르게 하였다네.
도살자, 정원과 밭,
울새와 그 먹이,
속이 썩은 나무 등
무게 있는 교훈이 나를 굴복시켰고
나를 감화시켜, 깨어 기도하며
성실해지도록 노력하고
날마다 내 십자가를 지고
경외함으로 주를 섬기게 하였다네."

내가 꿈에 보니, 담대의 뒤를 따라가던 일행은 예전에 크리스천의 짐이 등에서 벗겨져 무덤 안으로 굴러들어가던 장소에 이르렀다. 여기서 그들은 잠시 걸음을 멈추고 하나님을 찬미했다.

크리스티아나가 말했다. "좁은 문에서 우리가 들은 말씀이 문득 생각나네요. 거기서 우리는 말과 행위로 용서받아야 한다는 말씀을 들었어요. 말이란 약속을 가리키는 것이요, 행위란 약속을 성취하는 방법이라고 하였어요. 약속에 관해서는 약간 알겠는데, 그것을 성취하는 방법이라고 하는 행위에 의한 용서는 잘 모르겠어요. 담대 씨, 내가 보기에 당신은 알고 있을 것 같으니 제발 우리에게 그에 관해 말해 주십시오."

**담대:** "행위로 용서 받는다는 것은 어떤 사람이 용서함을 필요로 하는 다른 사람을 위해 용서를 성취해 준다는 것입니다. 용서받을 사람의 행위에 의해서가 아니라, 그 어떤 분이 말씀하신 바 '내가 이미 성취한 방식으로' 용서함이 이루어집니다. 문제를 좀 더 구체적으로 확대시켜 말하자면, 당신이나 자비심, 그리고 이 소년들은 다른 분에 의해 구원을 얻게 되었습니다. 그가 바로 좁은 문에서 당신들을 영접하신 그분이십니다. 그는 이중적인 방식으로 구원을 성취하셨는데, 첫 번째는 당신들을 감싸 주시기 위

해 의를 행하신 것이요, 두 번째는 당신들을 씻기시기 위해 피를 흘려 주신 것입니다."

**크리스티아나:** "만약, 그분이 자기의 의를 우리에게 나눠 주신다면 자신이 가지실 의는 어떻게 되나요?"

**담대:** "그분의 의는 너무나 풍부해서 당신들과 그분 자신에게 필요한 의를 제하고도 얼마든지 남습니다."

**크리스티아나:** "좀 더 자세히 설명해 주세요."

**담대:** "기꺼이 그러죠, 하지만 먼저 전제해야 할 점이 있는데, 그것은 이제 이야기하고자 하는 분이 이 세상에서 결코 유례類例를 찾아볼 수 없는 분이라는 사실입니다. 그분은 한 인격person 안에 두 가지 본성natures을 갖고 계십니다. 그 본성들은 쉽게 구별되지만, 분리시킬 수는 없습니다. 이 본성들은 각기 의義, righteousness를 지니고 있으며, 각 의義는 그 본성에 핵심적인 것입니다. 그러므로 한 본성을 그 의와 분리시키고자 하면 그 본성 자체가 사멸되고 맙니다. 우리는 이러한 의를 하나도 갖고 있지 않습니다. 그래서 우리가 의롭게 되고 그를 통해 살기 위해서는, 그 의가 하나든 둘 다이든 우리에게 입혀져야 합니다. 그런데 이 두 가지 의 이외에도, 그는 두 가지 본성을 한꺼번에 소유하신 분으로서의 의를 또 가지고 계십니다. 이 의는 인간과 구별되는 하나님으로서의 의가 아닙니다. 또한 이 의는 하나님과 구별되는 인간으로서의 의도 아닙니다. 이 의는 두 본성의 연합 가운데 존재하는 의인데, 그가 맡으신 중보자로서의 직무를 완수하는 데에 필수적인 의라 할 수 있습니다.

만약 그가 첫 번째 의를 우리에게 나눠 주신다면 그것은 그의 신성Godhead을 나눠 주시는 것이요, 만약 그가 두 번째 의를 나눠 주신다면 그것은 그의 순결한 인간성을 나눠 주시는 것이요, 만약 그가 세 번째 의를 나눠 주신다면 그것은 중보자의 직분을 감당할 수 있는 완전함을 나눠 주시는 것입니다. 이처럼 그는 또 다른 의를 가지고 계시는데, 이 의는 항상 계시된 하나님의 뜻에 따라 순종적으로 행해집니다. 죄인들에게 입혀지는 의는 바로 이러한 의로서, 이를 통해 죄가 덮어집니다. 그리하여 주께서는 다음과 같이 말씀하셨습니다. '한 사람이 순종하지 아니함으로 많은 사람이 죄인이 된 것 같이 한 사람이 순종하심으로 많은 사람이 의인이 되리라'(롬 5:19)."

**크리스티아나:** "그러면 다른 의들은 우리에게 아무 소용이 없나요?"

**담대:** "소용이 없다고는 할 수 없죠. 물론 처음 두 가지 의는 그의 본성과 직무에 필수불가결한 의이기 때문에 남에게 나누어 줄 수는 없지만, 이들 덕분에 죄인을 의롭게 하는 세 번째 의가 효력을 제대로 발휘하게 됩니다. 신성의 의는 그의 순종을 낳고, 인성의 의는 그 순종을 정당화시킬 수 있는 힘을 줍니다. 그리고 두 본성의 연합 가운데 존재하는 의는 그의 직무에 권위를 부여하여 그가 맡으신 일을 온전히 행하게 해 줍니다. 그런데 그리스도께서는 하나님으로서의 의가 필요하지 않습니다. 왜냐하면 그 의 없이도 그는 하나님이시기 때문입니다. 또 그리스도께서는 인간으로서의 의도 필요하지 않습니다. 왜냐하면 그 의 없이도 그는 완전한 인간이시기 때문입니다. 그리고 그리스도께서는 신인God-man으로서의 의도 필요하지 않습니다. 왜냐하면 그 의 없이도 그는 완전한 신인이시기 때문입니다. 그리스도 자신으로 볼 때에는 하나님으로서의 의나 신앙으로서의 의가 전혀 필요 없으므로, 얼마든지 이런 의를 비축해 두실 수 있지요. 이렇게 의롭다 하심을 얻게 해 주는 의는 그에게 필요가 없으므로 남에게 나누어 주시는 것입니다. 그래서 이를 가리켜 '의의 선물'(롬 5:17)이라고 부르지요. 주 예수 그리스도께서는 친히 율법 아래서 나셨기 때문에, 이 의를 남에게 주시지 않을 수 없습니다. 율법은 그에게 올바로 행하도록 강요할 뿐 아니라 자선을 행하도록 강요하기도 합니다. 그러므로 그는 만약 자신에게 외투 두 벌이 있으면 그 중 하나를 옷 없는 자에게 마땅히 주셔야만 합니다. 이제 우리 주님께서는 실제로 외투를 두 벌 가지고 계십니다. 하나는 자신을 위한 것이요, 하나는 남는 것입니다. 그래서 주님께서는 그 하나를 옷 없는 자들에게 값없이 나누어 주십니다.

크리스티아나와 자비심, 그리고 여기 있는 소년들이여, 이처럼 당신들이 용서를 받게 된 것은 다른 분의 행위에 의한 것입니다. 그 일을 행하신

분은 당신들의 주 그리스도이신데, 그분은 자신이 행하신 바를 처음 만나는 거지에게 그냥 주셨습니다. 그런데 행위로써 용서함을 받으려면, 우리를 덮어 줄 것이 있어야 할 뿐 아니라 하나님께 대가로 치러야 할 것이 있어야 합니다. 우리는 죄로 인해 의로운 율법의 공정한 저주 아래 붙들려 있었습니다. 이 저주에서 벗어나 의롭다 하심을 얻으려면, 우리가 저지른 해악을 보상할 대가를 치러 구속함을 받아야 하는데, 이 대가가 바로 주님의 피로써 치러졌습니다. 그는 여러분을 대신해 심판을 받으시고 여러분의 범죄로 인해 죽임을 당하셨습니다. 이리하여 그는 피로써 여러분을 범죄로부터 속량하셨고, 의로써 여러분의 오염되고 일그러진 영혼을 덮어 주셨습니다(롬 8:34; 갈 3:13). 하나님께서 마지막에 세상을 심판하러 오실 때, 그는 이 피와 의를 보시고 여러분을 처벌하지 않고 그냥 넘어가실 것입니다."

**크리스티아나:** "정말 놀라운 일입니다. 이제야 우리가 말과 행위로 용서받았다는 뜻을 좀 알겠습니다. 자, 착한 자비심 양, 이 뜻을 우리 마음 속에 아로새겨 두도록 노력합시다. 그리고 애들아, 너희도 이 뜻을 꼭 기억해라. 그런데 선생님, 제 남편 크리스천의 짐이 여기서 벗겨져 기쁨으로 세 번 뛰었다고 하던데, 그것도 이 때문이었습니까?"

**담대:** "그렇습니다. 바로 이 믿음이 그전에 어느 것으로도 끊을 수 없던 짐끈을 끊어 버렸던 것입니다. 당신의 남편이 이 십자가 앞까지 짐을 지고 오도록 만든 이유는 그에게 믿음의 힘을 입증하기 위해서였습니다."

**크리스티아나:** "저도 그렇게 생각했어요. 전에도 제 마음이 가볍고 즐거웠지만, 지금 제 마음의 상쾌함과 기쁨은 전보다 열 배나 더 커요. 그리고 지금까지는 별로 절실히 느끼지 못했지만, 이 세상에서 아무리 무거운 짐을 진자라 할지라도 이 자리에 와서 지금 저처럼 깨닫고 믿게 된다면, 그의 마음도 한층 쾌활해지고 밝아질 것이라는 생각이 들어요."

**담대:** "이런 것들을 보고 깊이 생각하면, 짐이 가벼워지고 편안해질 뿐 아니라 자상한 애정까지 우러나오게 되지요. 죄 사함이 언약으로만 아니라 십자가의 행위로 이루어진다는 사실을 한 번이라도 생각해 본 사람이라면,

그 구속의 방법과 자기를 위해 구속을 이루신 분에 대한 사랑을 억제할 수 없을 것입니다."

**크리스티아나:** "옳은 말씀입니다. 주께서 저를 위해 피 흘리셨음을 생각할 때 제 마음은 터질 것만 같아요. 아, 사랑의 주여!, 복되신 주여! 당신이 저를 사셨으니 저는 당신의 소유입니다. 당신이 제 몸값의 만 배도 더 되는 값을 치러 주셨으니 제 모든 것이 다 당신의 것입니다. 그러니 제 남편이 눈에 눈물을 글썽이며 이 험한 길을 재빨리 달려간 것도 전혀 놀랄 일이 아닙니다. 그는 나에게 자기와 함께 가자고 설득했지만, 나는 마음이 악하고 삐뚤어져 그를 혼자 보냈습니다. 아, 자비심 양, 당신의 부모님도 여기 계셨더라면, 그리고 겁쟁이 부인과 바람둥이 마님도 함께 있었으면 얼마나 좋을까요? 그랬으면 틀림없이 그들의 마음도 변화를 받아 겁쟁이 부인의 두려움이 아무리 클지라도, 또 바람둥이 마님의 정욕이 아무리 강하다 할지라도 그들이 좋은 순례자가 되는 것을 막지는 못했을 텐데요."

**담대:** "당신은 지금 따뜻한 사랑의 감정으로 그런 말을 하고 있지만, 그 감정이 늘 식지 않으리라고 여기십니까? 그리고 이러한 감격은 예수의 피 흘리심을 본다고 해서 누구나 다 느끼는 것은 아닙니다. 예수께서 흘리시는 피가 심장에서 바닥으로 떨어질 때, 곁에 서서 이를 보는 사람들 중에는 애곡하는 자들도 있었지만 그를 조롱하는 사람도 있었습니다. 그들은 제자가 되는 대신 주님에 대해 마음을 완악하게 먹었습니다. 그러므로 내 딸들이여, 당신들이 이 모든 은혜를 받게 된 원인은 내 말을 진지하게 받고 묵상함으로써 특별한 인상을 얻었기 때문입니다. 암탉이 일반적인 부름을 부를 때는 병아리들에게 아무런 먹이도 주지 않는다는 사실을 기억하십시오. 지금 당신들이 감격을 느끼는 것은 주님의 특별한 은총에 의한 것입니다."

그 다음에 내가 꿈에서 보니, 크리스티아나 일행은 예전에 크리스천이 여행할 때 천박과 나태와 거만 세 사나이가 누워 자던 곳에 이르렀다. 그런데 그 세 사람은 철사로 목을 맨 채 길 맞은 편에 매달려 있었다.

이를 본 자비심은 보호자 겸 안내자인 담대에게 말했다. "저 사람들은 누군데 저기 목매달려 있나요?"

**담대:** "이 세 사람은 질이 나쁜 사람들이었습니다. 그들은 순례자가 될 마음이 본디 없었을 뿐 아니라 할 수만 있으면 다른 순례자들을 방해하려 했지요. 게으르고 어리석었던 그들은 누구든지 만나는 자마다 꾀어서 자기네들처럼 만들려고 애썼답니다. 그리고 그들에게 결국에는 잘 살게 될 것이라고 가르쳤지요. 크리스천이 여기를 지나갈 때 이 사람들은 잠을 자고 있었는데, 당신들이 지나가는 지금에는 목매달려 있군요."

**자비심:** "그들의 꾀임에 넘어간 사람들이 있었나요?"

**담대:** "예, 여러 사람들이 이들로 인해 다른 길로 들어갔지요. 그 중에는 느림보Slow-pace라는 사람이 있지요. 이 외에도 촐랑이Short-wind, 무심이No-heart, 정욕미련이Linger-after-lust, 명청이Sleepy-head, 그리고 우둔Dull이란 이름의 젊은 여자 한 명도 자기 길에서 벗어나 이들과 한패가 되었답니다. 뿐만 아니라 이 사람들은 우리 주님을 악평하여 사람들에게 그가 일을 혹독하게 시키는 주인이라고 중상모략을 하였습니다. 그리고 천국에 대한 악선전도 늘어 놓아 거기가 사람들 말처럼 그리 좋은 곳은 못된다고 떠들어댔지요. 또한 그들은 주님의 종들을 욕하면서, 지극히 훌륭한 종들을 가리켜 바쁜 사람들에게 쓸데없이 참견하여 문제만 일으키는 사람이라고 비방했습니다. 게다가 이들은 하나님의 떡을 콩깍지라 부르고 하나님 자녀들의 평안을 헛된 환상이라 하여 순례자들의 여행과 노고를 쓸모없는 짓이라고 말합니다."

**크리스티아나:** "어머, 그런 줄 알았으면 그들을 위해 슬퍼할 필요가 없었을 것을. 그들은 죽어 마땅한 자들이군요. 내 생각에 그들의 시체가 이렇게 한길 가까이에 달려 있어 다른 사람들이 보고 경고를 얻을 수 있으니 좋은 것 같아요. 그런데 그들의 죄악상을 쇠기둥이나 놋기둥에 새겨 그들이 나쁜 짓을 하던 여기에 세워 두면 더 좋지 않았을까요? 다른 악한 자들에게 경고가 되게요."

**담대:** "그런 게 세워져 있지요. 저 벽으로 좀 더 가까이 가면 보일 것입니다."

**자비심:** "가까이 갈 필요는 없어요. 그들은 그냥 매달아 두고 그들의 이름도 썩게 하세요. 그리고 그들의 죄는 영원토록 살아남아 그들을 괴롭히게 하세요. 우리가 여기까지 오기 전에 그들이 목매달린 것은 큰 은총이라고 생각됩니다. 그들이 우리처럼 연약한 여인들에게 무슨 짓을 했을는지 누가 압니까?"

그리고 나서 그녀는 다음과 같이 노래하였다.

> "이제 너희 세 사람은 거기 매달린 채로
> 작당하여 진리를 거스르는 모든 자들에게
> 경고의 표가 될지라.
> 그리고 혹 뒤에 오는 자들 중에
> 순례자들을 우호적으로 대하지 않는 자 있거든
> 이 종말을 보고 두려워하게 하라.
> 내 영혼아, 저러한 자들을 주의하라
> 거룩함을 거스르는 자는 다 이러하리라."

### 5. 아름다움의 집

계속 길을 가던 그들은 마침내 곤고산 기슭에 이르렀다. 여기서 그들의 착한 친구인 담대는 예전에 크리스천이 이곳을 지나갈 때 겪은 일을 그들에게 이야기해 줄 기회를 가졌다. 그래서 그는 우선 일행을 샘터로 인도한 후 말했다. "자, 보세요. 이것이 크리스천이 산을 오르기 전에 물을 마셨던 샘입니다. 당시만 해도 물이 깨끗하고 좋았지만, 지금은 순례자들이 마른 목을 축이지 못하도록 하기 위해 악한 자들이 발로 물을 더럽혀 놓았지요(겔 34:18)."

이에 자비심이 말했다. "왜 그렇게 시기를 한다고 생각하세요?"

안내자가 말했다. "하지만 염려할 건 없어요. 물을 떠서 깨끗하고 좋은 그릇에 담아두면 더러운 흙은 바닥에 가라앉고 물은 자연히 맑아질 테니까요."

그리하여 크리스티아나 일행은 그의 말대로 할 수밖에 없었다. 물을 떠서 질 그릇에 담아 두었다가 흙이 밑으로 다 가라앉은 뒤에 그들은 물을 마셨다.

그 다음 담대는 산기슭에 있는 두 갈래의 샛길을 그들에게 보여 주었다. 그 길은 예전에 허례<sup>Formality</sup>와 위선<sup>Hypocrisy</sup>이 잘못 들었던 길이었다. 담대가 말했다. "이 두 길은 위험한 길입니다. 크리스천이 지나칠 즈음에 두 사람이 잘못 들어갔다가 망하고 말았지요. 보다시피 지금은 쇠사슬과 기둥과 개천으로 길들을 막아 놓았지만, 아직도 산을 오르는 고생이 싫어 모험을 하는 사람들이 더러 있지요."

**크리스티아나:** "사악한 자의 길은 험하니라라는 말씀과 같군요(잠 13:15). 이러한 길을 가면서도 목이 부러지는 위험을 겪지 않는다면 이상한 일이지요."

**담대:** "그래도 그들은 모험을 감행하고자 합니다. 그들이 곁길로 가는 것을 왕의 종들이 보고 위험하다고 일러 주면, 그들은 도리어 반발하여 이렇게 말하지요. '네가 여호와의 이름으로 우리에게 하는 말을 우리가 듣지 아니하고 우리 입에서 낸 모든 말을 반드시 실행하리라'(렘 44:16, 17). 좀 더 자세히 살펴보면, 저 길은 쇠사슬과 기둥과 개천으로 막혀 있을 뿐 아니라 울타리로도 막혀 있지요. 그럼에도 불구하고 사람들은 굳이 저 길로 가려고 한답니다."

**크리스티아나:** "그들은 게으르고, 고통을 좋아하지 않는 겁니다. 산길은 그들에게 별로 탐탁지 않거든요. 그래서 그들에게 다음과 같은 말씀이 응했어요. '게으른 자의 길은 가시 울타리 같으나'(잠 15:19). 예, 그들은 이 산에 올라 천성으로 가기보다는 덫이 깔려 있는 길을 걷고자 합니다."

그들은 발걸음을 재촉하여 산으로 오르기 시작했다. 그러나 크리스티아나는 산꼭대기에 오르기도 전에 헐떡거리면서 말했다. "이 산은 참으로 숨이 차군요. 영혼보다 안일을 사랑하는 사람들이 좀 더 쉬운 길을 택하는 것도 무리가 아니에요."

이때 자비심이 말했다. "저는 좀 앉아서 쉬어야겠어요."

그리고 크리스티아나의 막내 아들은 울기 시작했다.

담대가 말했다. "자, 어서 와요. 여기서 쉬면 안 돼요. 조금만 더 올라가면 왕자님의 정자가 있어요." 이렇게 말한 담대는 막내 아들의 손을 잡고 계속 올라갔다.

정자에 다다른 그들은 모두 심한 더위에 지쳐 있었기 때문에 앉아서 쉬고 싶은 생각이 굴뚝 같았다. 이때 자비심이 말했다. "고단한 자들에게 휴식은 얼마나 달콤한지요!(마 11:28) 그리고 여행에 지친 순례자들에게 이런 휴식처를 마련해 주신 순례자의 왕은 얼마나 좋은 분이신지요! 이 정자에 관한 이야기는 많이 들었지만 보기는 처음이에요. 그런데 우리는 잠자는 일에 관해 주의해야 합니다. 내가 들은 바에 의하면 잠을 자다가 불쌍한 크리스천은 큰 손해를 보았다고 했습니다."

이에 담대가 소년들을 향해 말했다. "귀여운 아이들아, 이리 온. 너희들은 어떠냐? 순례길을 해 나가는 데 대해 지금 무슨 생각을 하고 있니?"

막내가 말했다. "선생님, 저는 심장이 터지는 줄 알았어요. 그렇지만 제가 기진맥진해 있을 때 손을 잡아 이끌어 주신 것 참 고마워요. 저는 어머니의 말씀이 지금 생각나요. 어머니 말씀에, 하늘로 가는 길은 사닥다리와 같고 지옥으로 가는 길은 언덕을 내려가는 것과 같다고 하셨어요. 하지만 저는 언덕을 내려가 죽는 것보다 사닥다리를 타고 올라가 사는 편을 택하겠어요."

이때 자비심이 말했다. "언덕을 내려가는 일은 쉽다는 속담이 있지."

야고보(막내의 이름)가 말했다. "하지만 내 생각에는 언덕을 내려가는 일이 가장 어려운 일이 될 날이 올 거라고 봐요."

그러자 담대가 말했다. "참 훌륭한 아이구나. 네가 올바른 대답을 했다."

이에 자비심은 미소를 띠었고 소년은 얼굴을 붉혔다.

크리스티아나가 말했다. "자, 앉아서 쉬는 동안 입맛이라도 다시게 이걸 좀 먹어보지 않겠어요? 해석자의 집을 나설 때 그가 내 손에 쥐어준 석류 한 조각이 있거든요. 그리고 벌집 한 송이와 원기를 돋우는 작은 음료수 한 병도 있어요."

자비심이 말했다. "그분이 아주머니를 옆으로 데려가시는 걸 보고 무언가 주는 줄로 짐작했지요."

크리스티아나가 말했다. "예, 그때 주셨어요. 그렇지만 우리가 처음 여행을 시작할 때 약속한 대로 내가 가진 모든 것을 당신과 나누도록 하겠어요. 당신이 자진해서 내 동반자가 되어 준 데 대한 감사의 의미에서요."

그리고 나서 크리스티아나는 음식을 자비심과 소년들에게 나누어 주고 함께 먹었다.

크리스티아나가 담대에게 말했다. "선생님도 좀 드시겠어요?"

그러나 그는 대답했다. "괜찮습니다. 당신들은 순례를 계속해야 할 사람들이고, 나는 곧 돌아갈 사람입니다. 그걸 잡수시면 여행에 큰 도움이 될 것입니다. 집에서 나는 그런 음식을 매일 먹습니다." 그들이 먹고 마시면서 잠시 잡담을 하고 나자 담대가 말했다. "해가 기울어가고 있으니 웬만하면 길 떠날 준비를 합시다."

그리하여 그들은 계속 산을 오르기 시작했으며 소년들은 앞서 나아갔다. 그러나 음료수병을 잊고 왔음을 발견한 크리스티아나는 아들을 시켜 찾아오도록 했다.

그러자 자비심이 말했다. "내 생각에 이곳은 무언가 잃어버리는 장소 같아요. 여기서 크리스천 님은 두루마리 책을 잃어버렸고, 크리스티아나 아주머니는 병을 잊고 왔잖아요. 선생님, 이게 무슨 이유일까요?"

이에 그들의 안내자인 담대가 대답했다. "그건 잠이나 건망증 때문이지요. 어떤 이들은 깨어 있어야 할 때 잠을 자고, 기억해야 할 때 잊곤 하지요. 바로 이 때문에 종종 저 휴식처에서 순례자들이 물건을 잃어버리곤 합니다. 순례자들은 크나큰 기쁨 중에 받았던 것들을 잘 지키고 기억해야 합니다. 만약 그렇지 못할 때 종종 그들의 기쁨은 슬픔으로 끝나고, 햇빛은 구름에 가려지고 맙니다. 이 장소에서 당한 크리스천의 이야기가 그 증거입니다."

길을 가던 그들은 예전에 크리스천이 불신<sup>Mistrust</sup>과 겁쟁이를 만나 무서운 사자가 있으니 돌아가라고 권고를 받았던 장소에 이르렀다. 거기서 그들은 단<sup>stage</sup>처럼 생긴 것을 보았다. 그 앞 길가에는 넓은 게시판 하나가 서 있는데, 그 위에는 시 한 수가 기록되어 있고, 시 다음에는 그 자리에 단이 세워지게 된 이유가 적혀 있었다. 시는 다음과 같았다.

> "이 단을 보는 자는
> 마음과 혀를 삼가라.
> 만일 삼가지 않으면
> 기나긴 고초를 당한 어떤 자들처럼
> 여기서 벌을 받으리라."

이 시 아래 씌어진 문구는 이러했다. "이 단은 불신이나 두려움 때문에 순례 길을 더 나아가기를 꺼려하는 자들을 벌하기 위해 세워졌다. 크리스천의 여행을 방해하려 했던 불신과 겁쟁이가 이 단 위에서 불에 달군 쇠꼬챙이로 혀가 뚫리는 벌을 받았다."

그러자 자비심이 말했다. "이는 사랑스러운 이의 말씀과 매우 흡사하군요. '너 속이는 혀여, 무엇을 네게 주며 무엇을 네게 더할꼬. 장사의 날카로운 화살과 로뎀나무 숯불이리로다'"(시 120:3, 4).

다시 길을 가던 그들은 사자가 보이는 데까지 이르렀다. 담대 씨는 워낙 강한 사람이므로 사자를 두려워하지 않았다. 그러나 사자들이 있는 곳에 이르자, 앞선 소년들은 사자가 무서워 되돌아서서는 어른들 뒤에 가 붙었다.

이를 보고 안내자는 웃으며 말했다. "얘들아, 이게 무슨 짓이냐? 위험이 없을 때에는 앞서 가기를 좋아하다가 사자가 나타나니까 꽁무니에 와서 붙다니."

그들이 사자 있는 곳에 가까이 가자 담대 씨는 칼을 빼들었다. 사자를 무찌르고라도 순례자들에게 길을 내 주려는 것이었다. 이때 사자를 지원하려고 나서는 것 같이 보이는 사람 하나가 나타나 담대에게 말을 걸었다. "여기엔 뭣하러 왔느냐?"

이 사나이의 이름은 잔인Grim인데, 순례자들을 많이 죽였다 해서 피흘리는 자 Bloody-man라고 불리기도 했다. 그는 거인 족속의 한 사람이었다. 그러자 순례자들의 안내자인 담대가 말했다. "이 여인들과 소년들은 순례길을 가는 사람들이오. 그들이 이 길을 꼭 가야 하는 만큼, 사자들을 무찌르고라도 지나가야 하겠소."

**잔인**: "이 길은 그들이 가야 할 길이 아닐 뿐더러, 이 길로는 절대 못 지나간다. 나는 그들을 막기 위해 왔고 이를 위해 사자들을 지원할 것이다."

실제로 이 길목을 지키는 사자가 워낙 맹렬하고 그것들을 지원하는 자의 행위가 지극히 잔인하므로, 최근에는 이 길을 지나는 사람이 적어 길 위에는 풀이 뒤덮여 있었다.

이때 크리스티아나가 말했다. "지금까지 비록 이 길을 가는 사람이 없고 행인들이 속속 샛길로 빠져들었다 할지라도, 이제 내가 일어난 이상 그럴 수는 없어요. '내가 일어나서 이스라엘의 어머니가 되었도다'(삿 5:6, 7)."

그러자 잔인은 사자들 곁에서 욕을 하며, 이 길로 가는 것을 결코 허락하지 않을 테니 물러가라고 소리를 쳤다.

그러나 안내자가 먼저 선제 공격을 가하여 잔인을 칼로 힘껏 내려치자, 잔인

잔인을 공격하는 담대 씨

은 물러서지 않을 수 없었다.

사자들을 지원하려던 잔인이 말했다. "네가 내 땅에서 나를 죽이려 하느냐?"

**담대:** "우리가 서 있는 이 길은 왕의 대로인데 네가 사자를 갖다 놓지 않았느
냐? 이 여인들과 아이들은 비록 연약하기는 하나 사자를 무릅쓰고라도 길
을 갈 터이니 그리 알라."

이 말과 함께 그가 한 번 더 칼을 내리치자 잔인은 무릎을 꿇으며 주저앉아 버
렸다. 그리고 이 일격으로 잔인이 쓰고 있던 투구가 깨졌으며, 그 다음 일격으로
팔 하나가 잘려 버렸다. 잔인의 비명이 하도 크고 무시무시해서 여인들을 놀라
게 했으나, 여인들은 그가 죽어 땅에 엎어지는 것을 보고 기쁨을 감추지 못했다.

한편 사자들은 사슬에 매여 있었으므로 아무 짓도 할 수 없었다. 그리하여 사
자들을 지원하러 왔던 늙은 잔인이 죽자, 담대는 순례자들에게 말했다. "자, 나
를 따라 오세요. 사자들은 여러분에게 아무 해도 끼치지 못합니다."

그래서 그들은 앞으로 나아갔지만, 사자 곁을 지날 때 여자들은 몸을 떨었고
소년들은 죽는 표정을 지었다. 그러나 일행은 무사히 사자를 통과하였다.

이제 아름다운 집의 수위실이 보이는 데까지 이르른 그들은 발걸음을 재촉하
였다. 밤에 여행하는 것은 위험하기 때문이었다. 대문 앞에 다다르자 안내자가
문을 두드렸다. 문지기가 소리쳤다. "누구요?" 그러나 안내자가 "나요, 나"라
고 대답하자, 그의 목소리를 알고 있던 문지기는 얼른 아래로 내려왔다. 담대는
전에도 순례자들을 안내하여 여러 번 그곳에 온 적이 있기 때문이었다. 아래로
내려온 문지기는 문을 열었다. 그는 문 바로 앞에 서 있는 안내자만 보고 그 뒤
에 있는 여인들은 보지 못했으므로 이렇게 말했다. "아니, 담대 씨, 밤 늦게 무
슨 일이십니까?"

담대가 말했다. "순례자 몇 분을 모시고 왔어요. 내 주님의 명령에 따라 그들
은 여기서 쉬어 가야 합니다. 좀 더 일찍 올 수 있었는데, 사자들을 지원하러 온
거인과 싸우느라고 늦어졌지요. 그러나 한참 지루하게 싸운 끝에 그자를 죽이고
순례자들을 여기까지 무사히 모시고 왔습니다."

**문지기**: "당신도 여기서 쉬고 내일 아침에 떠나지 않으시렵니까?"

**담대**: "아닙니다. 나는 오늘 밤에 주인님께로 돌아갈 것입니다."

**크리스티아나**: "선생님, 우리를 버려두고 떠나신다니 어찌해야 할지 모르겠군요. 성실하고도 지혜롭게 우리를 대해 주시고, 우리의 안전을 위해 용감히 싸워 주시고, 또 진심으로 우리를 권고해 주신 선생님의 은혜는 영원히 잊지 못할 거예요."

그러자 자비심이 말했다. "아, 저희가 여행을 마칠 때까지 선생님의 동행을 받으면 얼마나 좋을까요. 이처럼 험난한 길을 우리같이 힘없는 여자들이 친구나 보호자 없이 어떻게 갈 수 있겠어요?"

막내인 야고보도 한 마디 했다. "제발 선생님, 저희들과 함께 가시면서 도와주세요. 우리들은 너무 연약하고 길은 너무 위험하잖아요."

**담대**: "나는 주님의 명령에 따를 뿐입니다. 만약 주님께서 나에게 끝까지 여러분의 안내자가 되라고 명하셨다면 나는 기꺼이 당신들을 인도하겠습니다. 하지만 처음에 당신들이 실수를 했어요. 주님께서 나에게 이곳까지 당신들을 안내하도록 명하실 때, 당신들이 여행 목적지까지 안내하게 해 주시도록 빌었다면 그는 승낙하셨을 거예요. 그러나 지금 나는 돌아가야 해요. 자, 착한 크리스티아나 부인, 자비심 양, 그리고 용감한 소년들, 잘 가요."

담대가 떠나가자 문지기인 경계 씨<sup>Mr. Watchful</sup>는 크리스티아나에게 고향이 어디며 친척은 누구냐고 물었다.

크리스티아나가 대답했다. "저는 멸망의 도시에서 온 과부예요. 제 남편은 이미 죽었는데, 그의 이름은 순례자 크리스천입니다."

문지기가 말했다. "뭐라구요! 그가 당신 남편이었어요?"

크리스티아나가 말했다. "예, 그리고 얘들은 그이의 아들들이고요, 이 사람은(자비심을 가리키며) 우리 동네에 살던 여자입니다."

그러자 문지기는 순례자를 맞을 때 늘 하던 대로 종을 울렸다. 종소리를 듣고

한 처녀가 문으로 나왔는데, 그 처녀의 이름은 겸손$^{Humble-mind}$이었다.

문지기가 겸손에게 말했다. "크리스천의 아내인 크리스티아나 부인이 아이들과 함께 순례길을 떠나 지금 여기까지 왔다고 안에 들어가 알리세요."

그리하여 겸손이 안에 들어가 이 소식을 알리자, 말이 떨어지기 무섭게 기쁨의 환성이 터져 나왔다.

크리스티아나는 아직 문간에 서 있었으므로, 집안 사람들이 서둘러 문으로 달려 왔다. 그들 중 가장 점잖게 생긴 사람이 그녀에게 말했다. "들어오시오. 크리스티아나, 들어오시오, 착한 자의 부인이시여, 들어오시오, 복된 여인이시여, 당신과 함께 온 분들도 다 들어오시오."

이리하여 그녀는 안으로 들어갔고, 아이들과 자비심도 뒤따라 들어갔다. 안으로 들어간 그들은 큰 방으로 인도되어 앉으라는 권함을 받았다. 그들이 자리에 앉자, 사람들은 집의 웃사람들에게 가서 손님을 맞이하도록 알렸다. 방에 들어온 웃사람들은 순례자들의 신분을 알고는 서로 입맞춤으로 인사하며 말했다. "잘 오셨습니다. 하나님의 궁휼의 그릇들인 여러분, 당신들의 신실한 친구인 우리에게 오신 것을 환영합니다."

이제 밤도 깊었고, 순례자들은 여행에 지치고 싸움과 무시무시한 사자들에 놀랐으므로 될 수 있는 한 속히 잠자리에 들고 싶었다. 그러나 이 집 사람들은 말했다. "요기나 해서 기운을 차리도록 하세요."

그들은 어린 양 고기와 으레 거기에 쳐서 먹는 양념장을 가지고 들어왔다(출 12:6). 크리스티아나 일행이 온다는 소식을 미리 들은 문지기가 이를 준비시켰던 것이다. 저녁을 먹고 나서 시편 한 편으로 기도를 마친 그들은 이제 잠자리에 들기를 원하였다. 크리스티아나가 말했다. "대단히 당돌한 요청이지만 가능하다면 전에 제 남편이 묵었던 방에서 우리를 자게 해 주시면 고맙겠습니다."

그리하여 일행은 그 방으로 올라가 모두 한 방에 누웠다(요 1:29). 자리에 들자 크리스티아나와 자비심은 이것저것 이야기를 나누기 시작했다.

**크리스티아나:** "남편이 길을 떠날 때만 해도 내가 이렇게 뒤따라 오리라고는 상상도 못했어요."

**자비심:** "또 지금 이처럼 그분이 묵으셨던 방, 그분이 주무셨던 침대에 아주 머니가 누워 주무시리라는 것은 생각도 못하셨죠?"

**크리스티아나:** "어찌 그뿐이겠어요? 평안히 그이의 얼굴을 바라보고 그이와 함께 왕 되신 주님을 예배하게 되리라고는 꿈에도 생각 못했었는데, 이제 는 그 일들이 반드시 이뤄질 것으로 믿어져요."

**자비심:** "잠깐, 무슨 소리가 들리지 않으세요?"

**크리스티아나:** "예, 들려요. 내 생각에는 우리가 여기 왔다고 기뻐 연주하는 음악소리 같아요."

**자비심:** "놀라워요! 집 안에도 음악, 마음에도 음악, 하늘에도 음악, 우리가 여기 온 것을 저리도 기뻐하다니."

이렇게 그들은 잠시 이야기를 나누다가 잠이 들었다. 이튿날 아침 잠을 깬 크 리스티아나는 자비심에게 말했다. "지난 밤에 잠을 자면서 무슨 꿈을 꾸었기에 그렇게 웃었어요?"

**자비심:** "아주 달콤한 꿈을 꾸었어요. 그런데 제가 정말 웃었나요?"

**크리스티아나:** "그럼요. 진심에서 우러나오는 웃음이던데, 자비심 양, 부디 당신 꿈 얘기 좀 해 주세요."

**자비심:** "저는 꿈에 적막한 곳에 아무도 없이 혼자 앉아 내 마음의 완악함을 탄식하고 있었어요. 그런데 얼마 안 있어 숱한 사람들이 제 주위에 몰려들 더니 저를 보기도 하며 제 말을 들으려 하는 듯이 생각되었어요. 그들이 듣 든 말든 저는 계속해서 내 마음의 완악함을 탄식하였답니다. 이에 그들 중 어떤 사람은 나를 조롱하고 어떤 사람은 나를 바보라고 불렀지요. 나를 밀 치는 사람들도 있었어요. 그때 제 생각에 눈을 들어보니 날개 달린 사람 하 나가 나를 향해 내려오고 있었어요. 그는 곧장 내게 다가와서 말했습니다. '자비심, 너는 왜 괴로워하느냐?' 내가 그에게 고민을 말씀드렸더니, 그분 은 '안심해라' 하시면서 손수건으로 내 눈물을 닦아 주시고 금과 은으로 옷 입혀 주셨어요. 그리고 목에는 목걸이를 걸어 주시고, 귀에는 귀고리, 머

리에는 아름다운 왕관을 씌워 주셨어요(겔 16:11, 12). 그 후에 그는 제 손을 잡으며 말했어요. '자비심, 나를 따라 오너라.' 그래서 우리는 함께 하늘로 올라갔다가 어느 황금 대문 앞에 다다랐어요. 그가 문을 두드리자 안에 있던 사람들이 문을 열어 주었어요. 그분이 먼저 들어가고 저는 뒤를 따라 들어갔지요. 가다 보니 한 보좌가 있는데, 그 위에 앉으신 분이 제게 말씀하셨어요. '잘 왔다, 내 딸아.' 그곳은 해와 별처럼 반짝거리고 매우 밝았어요. 내 생각에 아주머니 남편도 거기 계신 것 같았어요. 그리고는 꿈에서 깨어났지요. 그런데 제가 웃었어요?"

**크리스티아나:** "웃다마다요. 나뿐 아니라 당신 본인이 그걸 잘 알 거예요. 내가 분명히 말하건대, 그건 길몽이에요. 이제 첫 부분이 진실임을 발견했으니 두 번째 부분도 결국 발견하게 될 거예요. '하나님은 한 번 말씀하시고 다시 말씀하시되 사람은 관심이 없도다. 사람이 침상에서 졸며 깊이 잠들 때에나 꿈에나 밤에 환상을 볼 때에 그가 사람의 귀를 여시고'(욥 33:14-16). 우리가 침상에 누워 있을 때는 하나님과 대화하기 위해 굳이 깨어 있을 필요가 없어요. 하나님께서는 우리가 잠자고 있을 때에도 우리를 찾아 오사 그의 음성을 듣게 하실 수 있어요. 우리가 잠들어도 종종 우리의 마음은 깨어 있지요. 그래서 하나님께서는 우리가 깨어 있을 때와 마찬가지로 말씀이나 잠언, 표적이나 비유로 말씀하실 수 있습니다."

**자비심:** "그런 꿈을 꾼 것이 참 기뻐요. 그리고 머지않은 장래에 제 꿈이 이루어져 다시 한 번 웃게 되기를 바라요."

**크리스티아나:** "이제 자리에서 일어날 시간이 된 것 같아요. 일어나서 우리가 무슨 일을 해야 하는지 알아봐야죠."

**자비심:** "사람들이 우리에게 좀 더 머물라고 권하거든 그들의 제안을 기꺼이 받아들이도록 합시다. 나는 여기 좀 더 머물면서 이 집 처녀들과 가까이 사귀고 싶어요. 제 생각에 분별<sup>Prudence</sup>과 경건<sup>Piety</sup>, 자애<sup>Charity</sup>는 한결같이 아주 아름답고 참한 용모를 지니고 있어요."

**크리스티아나:** "그들이 어떻게 할는지 두고 봅시다."

그들이 일어나 준비를 갖추고 아래로 내려오자, 사람들은 인사를 하며 잠자리가 불편하지나 않았는지 물었다.

자비심이 말했다. "참 좋았어요. 제 평생 유숙해 본 방 중에서 가장 편안한 방이었어요."

그러자 분별과 경건이 말했다. "만약 당신들이 여기 얼마 동안 머무르시겠다면 우리가 잘 대접하겠습니다."

자애도 말했다. "예, 성심성의껏요."

그들은 저들의 제안에 동의하고 약 한 달 가량 머물렀다. 이 동안에 그들은 서로 큰 유익을 주고 받았다.

분별은 크리스티아나가 아이들을 어떻게 키웠는지 알고 싶어 아이들에게 교리에 관한 문답을 해도 되는지 그 어머니에게 물었다. 크리스티아나는 쾌히 승낙하였으므로, 분별은 우선 막내 야고보에게 묻기 시작했다.

그녀가 말했다. "자, 야고보야. 누가 널 만들었는지 말해 보렴?"

**야고보:** "성부 하나님, 성자 하나님, 성령 하나님께서요."

**분별:** "참 착하구나. 그럼 누가 너를 구원해 주셨지?"

**야고보:** "성부 하나님, 성자 하나님, 성령 하나님께서요."

**분별:** "잘 대답했어요. 그런데 성부 하나님께서 어떻게 너를 구원하셨지?"

**야고보:** "그의 은혜를 통해서요."

**분별:** "성자 하나님께서는 어떻게 너를 구원하셨니?"

**야고보:** "의로우심과 피와 죽으심과 살아나심을 통해서요."


그러자 분별이 크리스티아나에게 말했다. "아이들을 이렇게 훌륭하게 가르치시다니 참으로 칭찬받으실 만합니다. 막내가 대답을 잘 했으니까 나머지 아이들에게는 똑같은 질문을 할 필요가 없다고 여겨집니다. 그래서 끝에서 두 번째 아드님에게는 다른 질문을 해 볼까 합니다."

그리고 나서 분별은 셋째 아들 요셉에게 말했다. "자, 요셉아. 네게 교리에 관한 질문을 좀 해도 되겠니?"

**요셉:** "물론이에요."

**분별:** "인간이란 무엇이지?"

**요셉:** "내 동생의 말대로 하나님에 의해 만들어진 이성적 피조물이에요."

**분별:** "'구원'이라는 말에는 어떤 의미가 담겨 있는 것일까?"

**요셉:** "인간이 죄를 지음으로써 현재 비참한 포로 생활에 빠져 있다는 의미가 있죠."

**분별:** "삼위일체 하나님에 의해 구원받는다는 말에는 어떤 의미가 담겨 있지?"

**요셉:** "죄는 너무나 크고 힘센 폭군이라서, 하나님 외에는 그 속박을 끊을 수가 없습니다. 그리고 하나님께서는 인간을 지극히 사랑하시는 선하신 분이므로 인간을 비참한 상태에서 끌어낼 수 있으십니다."

**분별:** "불쌍한 인간을 구원해 주시는 하나님의 의도는 무엇이지?"

**요셉:** "하나님의 이름과 그의 은총, 공의 등을 영화롭게 하는 것입니다. 그리고 그가 만드신 피조물들의 영원한 행복도 구원의 목적이지요."

**분별:** "어떤 사람들이 구원을 받을 수 있지?"

**요셉:** "그의 구원을 영접하는 자들이요."

**분별:** "착하다, 요셉아. 어머니께서 네게 잘 가르쳐 주셨고, 너도 어머니의 가르침을 명심해 들었구나."


그리고 나서 분별은 둘째 아들 사무엘에게 말했다. "자, 사무엘아. 너도 교리문답에 응해 주겠니?"

**사무엘:** "예, 원하신다면 기꺼이요."

**분별:** "천국이란 무엇이지?"

**사무엘:** "천국은 하나님이 거하시는 곳이기 때문에 가장 복된 장소이며 상태입니다."

**분별:** "그러면 지옥은 어떤 곳일까?"

**사무엘:** "거기는 죄와 마귀와 죽음이 거하는 곳이기 때문에 가장 무시무시한

장소이며 상태입니다."

**분별:** "왜 너는 천국에 가고자 하는 거니?"

**사무엘:** "첫째는 하나님을 뵙고 아무 근심 없이 그를 섬기기 위해서고요, 둘째는 그리스도를 뵙고 영원히 그를 사랑하기 위해서고요, 셋째는 여기서는 결코 누릴 수 없었던 성령의 충만함을 얻기 위해서지요."

**분별:** "참 착하구나. 그리고 잘 배웠다."


그 다음에 분별은 맏아들인 마태에게 말했다. "자, 마태야. 네게도 교리 문답을 할 수 있겠니?"

**마태:** "기꺼이 응하겠어요."

**분별:** "그러면 묻겠는데, 하나님이 존재하시기 전에 무엇이 있었으리라고 생각하니?"

**마태:** "아니에요. 하나님께서는 영원하셔요. 그래서 우주가 창조되기 시작하던 첫날 이전에는 하나님 외에 아무것도 없었어요. '이는 엿새 동안에 여호와께서 하늘과 땅과 바다와 그 가운데 모든 것을 만드셨음이라'(출 20:11)."

**분별:** "성경에 대해서는 어떻게 생각하니?"

**마태:** "성경은 거룩한 하나님의 말씀입니다."

**분별:** "거기 씌어진 말씀 중에 네가 이해하지 못하는 말씀은 없니?"

**마태:** "있어요, 아주 많이."

**분별:** "그러면 이해하지 못하는 대목이 나올 때는 어떻게 하지?"

**마태:** "저는 하나님께서 저보다 더 지혜로우시다고 생각해요. 그래서 제게 유익이 될 만한 부분은 제가 다 이해할 수 있게 깨우쳐 달라고 하나님께 기도하지요."

**분별:** "죽은 사람이 부활한다는 걸 믿니?"

**마태:** "나는 땅에 묻혔던 사람들이 다른 사람이 아닌 바로 그 사람 자신으로 다시 살 것을 믿어요. 그리고 본성은 같되 썩지는 않는 몸으로 부활할 것

도 믿어요. 제가 부활을 믿는 데는 두 가지 이유가 있어요. 첫째는 하나님께서 약속하셨기 때문이고요, 두 번째는 부활시키는 능력이 하나님께 있기 때문이에요."

그러자 분별이 소년들에게 말했다. "잘들 했어요. 하지만 여러분은 계속해서 어머니 말씀을 잘 들어야 해요. 어머니께는 배울 게 많거든. 그리고 다른 사람들이 들려주는 좋은 말씀에도 열심히 귀를 기울여야 해요. 그분들은 모두 여러분이 잘 되라고 말씀하시는 것이니까. 또 천지 만물이 가르쳐 주는 것도 주의 깊게 관찰해야 해요. 그렇지만 특히 깊이 묵상하고 배워야 하는 것은 여러분의 아버지를 순례자가 되게 만들었던 그 책이에요. 여러분이 여기 있는 동안 나도 가능한 한 여러분을 가르칠 거니까, 신앙심을 복돋우는 문제로 질문할 일이 있으면 언제나 찾아와요. 기꺼이 대답해 줄 테니."


## 6. 탈이 난 마태

순례자 일행이 이 집에 머무른 지 일주일쯤 되는 날, 자비심을 찾아온 방문객 하나가 있었다. 쾌활Brisk이라는 이름의 이 남자는 자비심에게 매우 호의를 갖고 있는 체하면서 접근해 왔는데, 그는 교양을 약간 갖춘 사람이지만 신앙면에서는 흉내만 낼 뿐 여전히 세속에 깊이 물들어 있는 사람이었다. 두어 번 자비심을 찾아온 그는 어느 날 그녀에게 사랑을 고백하였다.

자비심은 용모가 훌륭하고 매력적인 처녀였다. 마음씨 또한 훌륭해서, 늘 부지런히 일을 하는 여자였다. 자기에게 할 일이 없을 때는 양말이나 옷을 만들어 그것을 가난한 사람들에게 나누어 주곤 하였다. 쾌활 씨는 그런 물건들을 만들어 어디에 쓰는지도 모르고 다만 그녀가 한시도 놀지 않는다는 사실에 크게 감복되어 속으로 이렇게 생각했다. '그녀는 틀림없이 훌륭한 가정주부가 될거야.'

자비심은 이 문제를 그 집에 있는 처녀들에게 이야기하고 쾌활 씨에 대해 물어보았다. 왜냐하면 자비심보다는 그녀들이 쾌활 씨에 관해 더 잘 알고 있기 때문이었다. 이에 처녀들은 그가 대단히 바쁜 사람이고 신자인 척하지만 선한 능력과는 거리가 먼 사람으로 여겨진다고 말해 주었다.

그러자 자비심이 말했다. "그렇다면 그를 다시는 만나지 말아야겠군요. 제 영혼에 거리낌이 될 만한 것은 피해야 할 테니까요."

이에 분별이 말했다. "그 남자에게 실망을 주는 일은 그리 어려운 일이 아닙니다. 가난한 사람들을 돕기 위해 의복 만드는 일을 계속하기만 하면 그의 정열은 금세 식어 버릴 거예요."

얼마 후 그가 다시 찾아 왔을 때, 자비심은 여전히 가난한 자들을 위해 일을 하고 있었다. 이를 본 사나이가 말했다. "항상 무슨 일을 그렇게 하십니까?"

자비심이 말했다. "예, 제 옷도 만들고 다른 사람들의 옷도 만들지요."

그가 물었다. "그래서 하루에 얼마나 벌 수 있습니까?"

**자비심:** "제가 이 일을 하는 것은 선행을 풍부히 쌓아 장래를 위해 좋은 터를 쌓고 영생을 얻기 위해서입니다"(딤전 6:18, 19).

**쾌활:** "그렇다면 도대체 이 옷들로 무엇을 하는 겁니까?"

**자비심:** "헐벗은 사람들에게 입혀 주지요."


이 말에 그의 얼굴빛이 변했다. 그리고 그는 이후로 다시는 자비심을 찾아오지 않았다. 그가 사람들로부터 왜 그 아가씨와 발을 끊었느냐는 질문을 받자, 그는 자비심이 어여쁜 아가씨이기는 하나 정신 상태가 올바르지 못한 여자라고 대답했다.

그가 떠나자 분별이 자비심에게 말했다. "쾌활 씨가 곧 당신을 버릴 거라고 제가 말했죠? 예, 그는 틀림없이 사람들에게 당신에 대한 험담을 퍼뜨리고 다닐 거예요. 그는 신앙을 가진 척하고 자비심을 사랑하는 것처럼 보이지만, 당신과 그는 성격이 전혀 달라서 함께 화합할 수 없다고 믿어져요."

**자비심:** "아무에게도 말은 안했지만 예전에도 저는 청혼을 여러 번 받았지요. 그 남자들도 제 성품에 대해서는 아무 허물도 발견하지 못했지만 제 마음

의 상태를 좋아하지 않았어요. 그래서 그들은 저와 결합할 수 없었지요."

**분별:** "지금 시대에 자비심이라는 건 이름뿐이지 별로 소중히 여겨지지 않아요. 당신과 같은 정신으로 계속해서 자비를 실천해 나가는 사람은 참으로 드물어요."

**자비심:** "만약 아무도 날 맞이하지 않는다면, 저는 평생 처녀로 살다 죽든지, 아니면 내 정신을 남편으로 모시고 살겠어요. 전 결코 제 본성을 바꿀 수 없으니까요. 이런 면에서 저와 성질이 어긋나는 사람은 죽을 때까지 결코 남편으로 삼지 않겠어요. 저한테 후덕<sup>Bountiful</sup>이라는 이름의 언니가 한 분 있는데, 그는 쾌활 씨처럼 야비한 사람과 결혼을 했어요. 그런데 언니가 결혼후에도 예전처럼 가난한 사람들에게 친절을 베풀자, 그 남편은 공공연하게 언니에게 욕설을 퍼붓더니 기어코 언니를 내쫓고 말았지요."

**분별:** "그러면서도 그 남자는 틀림없이 신자입네 했겠죠?"

**자비심:** "예, 그랬어요. 지금 세상에는 그런 사람들로 가득 차 있지요. 하지만 저는 그런 사람들 질색이에요."

그때 크리스티아나의 맏아들 마태가 앓아 눕게 되었다. 배가 아프다고 하는데, 고통이 얼마나 심한지 마태는 때때로 배를 움켜쥐고 온 방을 데굴데굴 굴렀다.

마침 거기서 얼마 떨어지지 않은 곳에 명의로 소문난 늙은 의사 한 분이 살고 있었는데, 그의 이름은 노련 씨<sup>Mr. Skill</sup>였다. 크리스티아나의 요청에 따라 사람들이 그 의사를 부르자, 그가 곧 달려 왔다. 방안으로 들어가 잠시 소년을 살펴본 의사는 그가 배탈이 났다고 결론을 내렸다. 그리고 나서 의사는 아이 어머니에게 말했다. "마태가 최근에 무슨 음식을 먹었습니까?"

크리스티아나가 말했다. "음식이라니요? 건강에 좋은 음식 외에는 먹은 것이 없는데요."

의사가 대답했다. "이 아이가 무언가 소화되지 않는 음식을 몰래 먹었나 보군요. 어떤 조치를 취하지 않으면 안되겠습니다. 내가 말씀드리는데, 이 아이는 위장을 씻어내지 않으면 죽고 말 겁니다."

그러자 사무엘이 말했다. "엄마, 왜 이 길 입구에 있는 문을 걸어오다가 형이 무언가 따먹은 게 있잖아요? 엄마도 생각나겠지만, 길 왼편, 그러니까 담장 뒤편에 과수원이 있는데, 담장 밖으로 뻗어나와 있는 과수나무 열매들을 형이 따서 먹었어요."

**크리스티아나:** "맞아, 얘야. 마태가 정말 그걸 따서 먹었지. 못된 녀석 같으니. 내가 야단치는 데도 듣지 않고 따먹었어."

**노련:** "무언가 좋지 않은 음식을 먹은 줄 짐작했지요. 그 음식, 다시 말해 그 과일은 세상에서 가장 해로운 음식입니다. 바로 바알세불의 과수원 열매랍니다. 그걸 먹고 죽은 자들이 많은데, 왜 아무도 당신에게 주의를 시키지 않았는지 이상하군요."

그러자 크리스티아나는 눈물을 흘리면서 말했다. "아, 못된 녀석! 그리고 이 어미도 나쁘지, 그렇게 주의가 부족하다니. 선생님, 얘를 살리려면 어떻게 해야 하지요?"

**노련:** "자, 너무 상심하지 마십시오. 구토 설사를 하고 나면 괜찮을 것 같으니까요."

**크리스티아나:** "제발, 선생님. 치료비는 얼마든지 드릴 테니 최선을 다해 치료해 주세요."

**노련:** "자, 약이 잘 들었으면 좋겠는데."

그리고 나서 의사는 아이에게 설사약을 먹였으나 너무 효과가 약해 소용이 없었다. 그 약은 염소의 피와 암송아지의 재, 그리고 우슬초를 약간 섞어 만든 것이라 했다(히 9:13, 19; 10:1, 4).

설사약이 너무 약한 것을 깨달은 노련 씨는 또 다른 약을 지어 아이에게 주었다. 그 약은 그리스도의 피와 살로 만든 약이었다(요 6:54, 57; 히 9:14). 독자들도 아시다시피 의사들이란 이상한 약들을 환자에게 준다. 이 알약에는 또한 한

두 가지의 약속과 적당량의 소금도 들어갔다(막 9:49). 이 약은 한 번에 세 알을 먹는데, 금식하면서 회개의 눈물 한 홉에 타서 마시도록 되어 있었다(슥 12:10).

약을 만들어 마태에게 먹이려 했으나, 그는 복통으로 살이 찢어지는 것 같으면서도 약을 먹기 싫어했다. 의사는 말했다. "자, 어서 이 약을 먹어야 한다."

소년은 말했다. "약을 보기만 해도 배가 뒤틀려요."

어머니가 말했다. "내가 이 약을 꼭 너에게 먹이고 말거다."

소년이 말했다. "다시 토해내게 될 걸요."

크리스티아나가 노련 씨에게 말했다. "선생님, 그 약 맛이 어떻습니까?"

의사가 말했다. "나쁘지 않습니다."

이 말을 들은 크리스티아나는 약 한 알을 혀 끝에 대봤다. 그리고는 말했다. "아, 마태야, 이 약은 꿀보다 더 달구나. 네가 만일 이 엄마를 사랑하고 네 동생들을 사랑하고 자비심 누나를 사랑하고 네 생명을 사랑한다면, 제발 이 약을 먹어라."

그리하여 심하게 법석을 떨던 아이는 약 위에 하나님의 축복이 내리시도록 짤막한 기도를 드린 다음에 약을 먹었다. 약은 즉각 효험을 나타냈다. 아이는 설사와 구토를 하고 난 뒤 곧 잠이 들어 편히 쉬었다. 체온도 정상으로 돌아오고 호흡도 고르게 되어 복통은 완전히 가시게 되었다.

얼마 후 아이는 자리에 일어나 지팡이를 짚고 이 방 저 방 다니며 분별과 경건과 자애를 만나 자기가 병들었던 얘기와 치료 받은 얘기를 하였다.

소년이 치료되자 크리스티아나는 물었다. "선생님, 제 자식으로 인해 그렇게 고생하시고 돌봐 주신 은혜를 어떻게 보답하면 될까요?"

그가 말했다. "이러한 경우에 적용되는 규례에 따라 보답은 의사를 양성하는 대학 학장님께 해야 합니다"(히 13:11-15).

**크리스티아나:** "그러면 선생님, 이 약이 다른 병에도 듣습니까?"

**노련:** "이건 만병통치약입니다. 순례자들이 여행 도중 걸리는 모든 병을 고쳐줄 뿐 아니라, 준비만 제대로 하면 늘 마음을 기쁘게 해 줍니다."

**크리스티아나:** "그러면 선생님, 그 약을 제게 열두 곽만 만들어 주세요. 이

약만 있으면 다른 약은 먹을 필요가 없을 테니까요."

**노련:** "이 약은 병에 걸렸을 때 치료를 해 주기도 하지만 병을 예방하는 데도 좋은 효과가 있습니다. 예, 제가 단언하건대 이 약은 올바로 사용하기만 하면 영원히 살 수도 있습니다(요 6:58). 그러나 선하신 크리스티아나 부인, 이 약을 처방대로 먹어야지 달리 복용했다가는 아무 효험도 못볼 것입니다."

그리고 나서 의사는 크리스티아나 자신과 아이들, 그리고 자비심이 먹을 약을 주고는 마태에게 앞으로는 풋과일을 먹지 말도록 주의를 시킨 후 그에게 입맞추고 돌아갔다.

앞에서 언급하였듯이, 분별은 아이들에게 무엇이든지 유익이 될 만하다 싶으면 다 대답을 해 줄 테니 사양말고 질문하라고 말한 적이 있었다.

그래서 병에 걸렸던 마태가 그녀에게 물었다. "대개 약은 우리 입에 쓴데, 그 이유가 무엇인가요?"

**분별:** "그건 하나님의 말씀과 그 효험이 육신적 마음에는 기쁘지 못하다는 사실을 보여 주는거지."

**마태:** "약이 몸에 좋다고 하면서 왜 구토와 설사를 일으키는거죠?"

**분별:** "그건 하나님의 말씀이 효험을 나타낼 때 인간의 마음과 생각을 씻어 준다는 사실을 보여 주는 거야. 약이 육체를 깨끗하게 해 주듯이, 하나님의 말씀은 영혼을 깨끗하게 해 준단다."

**마태:** "불꽃이 위로 올라가고 태양 광선과 그 따뜻한 기운이 아래로 내려오는 것을 볼 때 우리가 배울 점은 무엇인가요?"

**분별:** "불꽃이 위로 올라가는 것을 통해 우리는 하늘에 오르려면 뜨겁고 열렬한 갈망이 있어야 함을 배울 수 있지. 그리고 태양이 온기와 광선과 부드러운 영향력을 아래로 보내 주는 것을 통해 우리는 세상의 구세주께서 비록 높이 계시기는 하나 낮은 우리에게 그의 은혜와 사랑을 충분히 내려 주신다는 사실을 배울 수 있단다."

**마태:** "구름은 수분을 어디서 얻지요?"

**분별:** "바다로부터 얻지."

**마태:** "우리는 거기서 무엇을 배울 수 있나요?"

**분별:** "성직자들은 그들의 교리를 하나님으로부터 받아야 한다는 거지."

**마태:** "구름은 왜 땅 위에 자신을 쏟아 붓나요?"

**분별:** "성직자들은 하나님에 관해 알고 있는 것을 모두 세상에 전해야 한다는 것을 보여 주기 위해서야."

**마태:** "태양에 의해 무지개가 생기는 이유는 뭐죠?"

**분별:** "그건 하나님의 은혜의 언약이 그리스도 안에서 우리에게 확실히 이행되는 것을 보여 주기 위해서야."

**마태:** "바닷물이 육지로 스며들어와 샘이 되어 나오는 이유는 뭐예요?"

**분별:** "하나님의 은혜가 그리스도의 몸을 통해 우리에게 임하는 것을 보여 주기 위해서지."

**마태:** "어떤 샘은 높은 산 꼭대기에서 솟아나오는데, 그건 무슨 이유지요?"

**분별:** "이는 은혜의 영이 낮고 천한 사람들 안에서 솟아날 뿐 아니라 높고 권세 있는 사람들 안에서도 솟아난다는 사실을 보여 주기 위해서야."

**마태:** "왜 불꽃은 초의 심지에 꼭 붙어 있지요?"

**분별:** "그건 은혜가 마음에 불을 붙이지 않으면 우리 안에 진정한 생명의 빛이 있을 수 없음을 보여 주기 위해서야."

**마태:** "펠리컨 새는 왜 제 주둥이로 자기 가슴을 쪼곤 하죠?"

**분별:** "그것은 자기 피로 새끼들을 먹여 살리기 위해서지. 이를 통해 우리는 복되신 그리스도께서 그의 자녀들을 지극히 사랑하사 자기 피로 그들을 죽음에서 구원해 내셨음을 배워야 해."

**마태:** "수탉이 우는 소리를 듣고 무엇을 배울 수 있나요?"

**분별:** "베드로의 죄와 그의 회개를 기억할 줄 알아야 해. 또한 수탉이 우는 것은 날이 밝아온다는 것을 보여 주지. 우리는 수탉의 울음소리를 들을 때 무시무시한 최후의 심판날이 오고 있음을 새삼 명심해야 돼."

그럭저럭 한 달이 지나갔다. 크리스티아나 일행은 길을 다시 떠나는 것이 좋겠다는 의사를 그집 사람들에게 밝혔다.

그때 요셉이 그의 어머니에게 말했다. "해석자님 집에 연락해 담대 아저씨를 보내 주셔서 우리를 끝까지 보호해 주시도록 요청하는 것 잊지 않으셨겠죠?"

그녀가 말했다. "착한 애구나. 하마터면 내가 잊을 뻔 했다."

그리하여 크리스티아나는 청원서를 한 장 써서 이를 문지기인 경계 씨에게 가지고 갔다. 그녀는 경계 씨에게 적당한 사람을 통해 편지를 그의 좋은 친구인 해석자에게 전해 달라고 부탁했다.

해석자는 크리스티아나가 보낸 청원서를 받아 보고는 심부름꾼에게 말했다. "내가 그를 보내 주겠다고 이르시오."

크리스티아나 일행이 다시 길을 떠나고자 함을 알게 된 이 집 사람들은 함께 모여 이렇게 유익한 손님들을 보내 주신 왕께 감사를 돌렸다. 그리고 나서 그들은 크리스티아나에게 말했다. "순례자들에게 으레 구경시켜 드리는 것이 있는데, 지금 구경하지 않으시겠습니까? 길을 가면서 그에 관해 묵상을 할 수 있을 것입니다."

이리하여 그들은 크리스티아나와 아이들과 자비심을 벽장으로 데리고 가서 사과 한 알을 보여 주었다. 그 사과는 하와가 먹고 그 남편에게도 주었다가 둘 다 낙원에서 쫓겨났던 문제의 열매였다. 그들은 크리스티아나에게 열매를 보니 무슨 생각이 드느냐고 물었다.

크리스티아나가 대답했다. "이것이 음식인지 독인지 분간할 수가 없네요."

그러자 사람들은 그녀에게 과일에 관한 이야기를 해 주었다. 크리스티아나는 두 손을 올리며 놀라워 했다(창 3:1, 6; 롬 7:24).

그리고 나서 사람들은 그녀를 다른 곳으로 데리고 가 야곱의 사닥다리를 보여 주었다. 바로 그때에 몇몇 천사들이 그 사닥다리를 오르고 있었다. 크리스티아나는 천사들의 오르는 모습을 눈여겨보았고, 다른 일행들도 그리하였다(창 28:12). 사람들이 일행을 다른 곳으로 데리고 가 새로운 것을 보여 주려고 했으나 야고보가 그의 어머니에게 졸랐다. "이 광경이 너무나 신기해요. 그러니 좀 더 구경하자고 부탁하세요."

그리하여 다시 돌아선 그들은 이 즐거운 광경을 홀린 듯이 바라보았다.

다음에 일행은 황금의 닻이 걸려 있는 장소로 인도되었다. 사람들은 크리스티아나에게 그 닻을 내리라고 명하고는 말했다. "이것을 가지고 가십시오. 이 닻은 당신들이 거센 풍랑을 만날 때 성전 휘장 안에 넣어 두면 견고히 견딜 수 있기 때문에 아주 필요한 것입니다." 이에 일행은 크게 기뻐하였다(욜 3:16; 히 6:19).

그리고 나서 사람들은 그들을 데리고 우리의 조상 아브라함이 아들 이삭을 제물로 드리고자 했던 산으로 올라갔다. 거기서 그들은 오늘날까지 잘 보존되어 남아 있는 제단과 나무, 불과 밭을 구경하였다(창 22:1-13). 이를 보자 그들은 두 손을 치켜들고 찬양하며 말했다. "아, 아브라함은 자기 주인을 극진히 사랑하고 자신은 철저히 부인한 사람이로다!"

이런 것들을 다 구경시키고 나서 분별은 일행을 식당으로 데리고 갔다. 거기에는 훌륭한 풍금이 한 대 놓여 있었는데, 분별은 그것을 연주하면서 지금까지 크리스티아나 일행에게 보여 주었던 것을 다음과 같이 아름다운 노래로 바꾸어 불렀다.

> "하와의 사과를 당신들께 보였으니
> 이를 깨닫고 삼가세요.
> 천사들이 오르내리는
> 야곱의 사닥다리도 보았고
> 닻도 받았지요.
> 그러나 여기서 만족하지는 마세요.
> 아브라함처럼 가장 사랑하는 것을
> 제물로 바치기 전까지는."

이때 밖에서 누가 문을 두드렸다. 문지기가 문을 열고 보니 담대 씨가 있었다. 그가 방 안으로 들어오자 모두들 기뻐 어쩔 줄을 몰랐다. 이는 얼마 전 그가 늙은 거인, 곧 피흘리는 자인 잔인을 죽이고 사자로부터 그들을 구해 준 일이 새삼 생각났기 때문이었다.

담대 씨가 크리스티아나와 자비심에게 말했다. "제 주인님께서 두 분께 따로따로 포도주 한 병과 볶은 곡식 얼마와 석류 한 쌍을 보내셨습니다. 그리고 아이들에게는 무화과 열매와 건포도를 보내셨습니다. 이것들로 여행 중에 피로를 풀라고 하셨어요."

그들이 다시 여행을 떠나기 시작하자, 분별과 경건이 그들을 배웅해 주었다. 문까지 나온 크리스티아나는 문지기에게 최근에 그곳을 지나간 사람이 있는지 물었다.

문지기가 대답했다. "얼마 전에 한 사람이 지나갔을 뿐 그 외에는 없습니다. 그런데 그가 내게 말하기를 당신들이 가려고 하는 왕의 대로에서 최근에 큰 강도 사건이 있었다고 합니다. 그러나 그의 말에 의하면 강도들은 체포되었고, 곧 생사를 가름하는 재판을 받게 될 것이라고 했습니다."

이 말을 듣고 크리스티아나와 자비심은 두려움에 사로잡혔지만, 마태는 말했다. "엄마, 담대 아저씨가 우리의 안내자로서 함께 가시니까 걱정할 거 없어요." 그리고 나서 크리스티아나가 문지기에게 말했다. "선생님, 저희가 여기 온 이후로 보여 준 모든 친절을 어떻게 보답해야 할지 모르겠습니다. 변변치 못한 것이지만 당신께 대한 존경의 표시니 받아 주십시오."

이 말과 함께 그녀는 천사 모양의 금 조각 하나를 그의 손에 쥐어 주었다. 문지기는 그녀에게 허리를 굽혀 절하면서 말했다. "당신의 의복은 항상 희고 당신의 머리에는 기름이 끊어지지 않기를 바랍니다. 그리고 자비심 양도 죽지 않고 살아서 많은 일을 하시길 빕니다."

그리고 나서 그는 소년들에게 말했다. "너희는 소년 시절의 욕심을 버리고, 정중하며 슬기로운 자들과 함께 경건을 따르도록 해라. 그러면 너희 어머니의 마음이 기쁠 것이요, 너희가 모든 분별 있는 사람들로부터 칭찬을 받을 것이다."

그들은 문지기에게 감사의 인사를 하고 길을 떠났다.

## 7. 겸손의 골짜기와 사망의 음침한 골짜기

내가 꿈에 보니, 그들이 계속 앞으로 나아가다가 한 언덕배기에 이르렀을 때, 경건이 무언가 생각이 난 듯 갑자기 소리를 쳤다. "저런! 크리스티아나와 그 일행에게 드리려던 것을 깜빡 잊고 그냥 왔네. 내가 다시 가서 가져 올게요."

그리고 나서 그녀는 물건을 가지러 돌아갔다. 그녀가 가고 없는 사이에 크리스티아나는 길 오른쪽 조금 떨어진 수풀로부터 지극히 기이하고도 감미로운 음악 소리가 흘러나오는 것을 들었다. 그 노래 가사는 다음과 같았다.

> "내 평생에 주님의 은총이
> 숨김없이 내게 나타났네.
> 그러므로 주님의 집이
> 영원토록 내 처소가 되겠네."

그녀가 다시 귀를 기울여 듣자 다음과 같이 회답하는 소리가 들렸다.

> "아무렴, 주 우리 하나님은 선하시니
> 그의 자비는 영원토록 확실하네.
> 그의 진리는 항상 굳게 서 있어
> 세세토록 보전되겠네."

크리스티아나는 누가 이 신기한 노래를 부르느냐고 분별에게 물었다.

분별이 말했다. "저 노래는 우리나라의 새들이 부르는 것입니다. 하지만 새들이 항상 저 노래를 부르는 것은 아닙니다. 그들은 꽃이 피고 햇빛이 따뜻하게 비치는 봄에만 노래를 부르는데, 그때에는 이 노랫소리를 하루 종일 들을 수 있답니다. 나는 노래를 들으려고 자주 이리로 오곤 하는데, 때때로 우리는 새들을 집에 가져가서 길들이기도 하지요. 새들은 우리가 우울할 때 매우 좋은 친구가 되어 주며, 삼림과 숲, 적막한 장소를 쾌적한 곳으로 바꿔 주지요(아 2:11, 12)."

이때 경건이 돌아와서 크리스티아나에게 말했다. "여기를 좀 보세요. 이것은 여러분이 우리 집에서 본 모든 것들의 개략이에요. 보신 걸 혹시 잊어버릴 때 이걸 보시면 다시 기억이 되살아나 믿음이 굳건해지고 위안을 얻게 될 거예요."

그들은 이제 겸손의 골짜기를 향하여 산비탈을 내려가기 시작했다. 산비탈은 매우 가파르고 미끄러웠지만, 무척 조심해서 내려갔기 때문에 무사히 밑에까지 다다를 수 있었다.

골짜기에 도착하자 경건이 크리스티아나에게 말했다. "이곳은 당신의 남편이 악한 마귀 아볼루온을 만나 큰 싸움을 벌였던 곳입니다. 물론 당신도 그 이야기를 들었겠죠. 그러나 용기를 내세요. 여러분에게는 안내자요 보호자인 담대 씨가 있으니 좀 더 편안히 여행할 수 있을 거예요."

이 말을 하고 나서 경건과 분별 두 처녀는 순례자들을 안내자에게 부탁하고 집으로 돌아갔다.

이때 담대 씨가 말했다. "우리는 이 골짜기를 두려워할 필요가 없습니다. 왜냐하면 우리가 화를 자초하지 않는 이상, 여기는 우리에게 해를 끼칠 만한 것이 아무것도 없기 때문입니다. 여기서 크리스천이 아볼루온을 만나 격렬한 싸움을 벌인 것은 사실입니다. 그러나 그 소동은 그가 산을 내려오면서 미끄러졌기 때문에 생긴 결과였습니다. 내려오면서 미끄러지는 사람은 누구나 여기서 싸움을 만나게 되지요. 그래서 이 골짜기가 사나운 이름을 갖게 되었습니다. 그런데 보통 사람들은 누가 여기서 어떤 놀랍고 무서운 일을 당했다는 이야기만 듣고서 이곳에 못된 마귀와 귀신들이 득실거린다는 생각을 하게 되지요. 그러나 애석하게도 사람들이 여기서 그런 일을 당하는 것은 자신들이 저지른 행위의 결과입니다. 이 겸손의 골짜기도 까마귀가 날아다니는 여느 골짜기들처럼 기름진 곳이지요. 내 생각에 우리가 찾아보면, 어디엔가 크리스천이 왜 여기서 그렇게 고생을 하게 되었는지 이유를 설명해 주는 것이 있을 듯 싶군요."

이때 야고보가 어머니에게 말했다. "보세요. 저기 기둥 하나가 서 있는데, 그 위에 무언가가 적혀 있는 것 같아요. 가서 뭐라고 적혀 있는지 봐요."

그래서 일행은 기둥으로 갔다. 거기에는 이런 글이 기록되어 있었다. "크리스천이 여기까지 오기 전에 미끄러진 일과 그가 여기서 당한 어려움을 보고 후세 사람들은 경고를 삼으라."

안내자가 말했다. "보세요. 크리스천이 왜 여기서 고생을 하게 되었는지 이유를 설명해 주는 것이 있을 거라고 했죠?"

그리고 나서 그는 크리스티아나에게 말했다. "크리스천뿐 아니라 다른 많은 사람들도 여기서 그런 일을 당했지만, 그들을 결코 경멸할 수는 없습니다. 이 산은 오르는 것보다 내려가는 것이 더 어려운데, 세상에서 이러한 산은 매우 드뭅니다. 이제 그 착한 크리스천에 관한 이야기는 그만합시다. 그는 지금 안식에 들어가 있고, 또 원수와 용감히 싸워 승리를 거두었으니까요. 우리도 시험을 당할 때 그처럼 용감히 싸울 수 있는 힘을 주시도록 위에 거하시는 분께 기도드립시다.

다시 이 겸손의 골짜기에 관한 이야기를 하도록 하죠. 이곳은 요 근방에서 가장 훌륭하고 비옥한 땅입니다. 기름지기가 이를 데 없고, 여러분이 보다시피, 대부분이 목초지입니다. 만약 우리들처럼 누가 여름철에 이곳에 온다면, 그리고 이곳에 관한 아무 선입견 없이 다만 아름다운 것을 보고 즐길 줄 아는 안목을 지닌 사람이라면, 여기서 큰 즐거움을 얻을 것입니다. 보십시오, 저 푸른 계곡과 저 아름다운 백합화를(아 2:1; 약 4:6; 벧전 5:5). 나는 또한 이 겸손의 골짜기에 좋은 토지를 소유하고 있는 근면한 사람들을 많이 알고 있지요(왜냐하면 '하나님이 교만한 자를 물리치시고 겸손한 자에게 은혜를 주신다' 하였으므로). 정말 이 땅은 비옥한 곳이라서 수확을 많이 거두지요. 어떤 이들은 여기서 곧장 아버지의 집으로 가는 지름길이 있었으면 좋겠다고 생각합니다. 언덕과 산을 오르는 수고를 더 이상 하기 싫어서죠. 그러나 길은 길이니 만큼 끝이 있는 법입니다."

이런 이야기를 주고받으며 길을 가다가 그들은 자기 아버지의 양 떼를 치고 있는 한 소년을 보았다. 그 소년은 매우 남루한 옷을 입고 있었지만 용모는 아주 순박하고 복스러웠다. 그는 앉아서 혼자 노래를 부르고 있었다.

담대 씨가 말했다. "들어 보세요. 저 양치기 소년이 뭐라고 하는가."

그리하여 그들이 귀를 기울이자, 소년은 이렇게 노래하였다.

"낮은 곳에 있는 자는 떨어질 염려를 하지 않으며
아래에 있는 자는 교만함이 없네.
겸손한 자는 항상
하나님의 인도하심을 받으리.

나 가진 것 많든 적든
이제 나 만족하겠네.
주여, 제가 더욱 만족하옵는 것은
당신이 저를 구원하셨기 때문입니다.

무거운 짐 가득 지고
순례길을 가는 자여.
이 세상에선 보잘것없더라도
이후에 세세토록 복 받으리."

이때 안내자가 말했다.
"저 소년의 노래가 들립니까? 그는 가슴에 마음의 평안$^{heart's\ ease}$이라는 약초를 품고 있기 때문에 비단과 우단 옷을 입고 있는 자보다 더 즐거운 생활을 하는 것입니다. 자, 이제 다시 우리가 하던 이야기로 돌아갑시다.

예전에 우리 주님께서 이 골짜기에 오두막을 지으신 일이 있었지요. 그는 여기 내려오시는 걸 무척 좋아하셨고 상쾌한 공기를 마시면서 풀밭 위를 걷는 것도 좋아하셨습니다.

그리고 이곳에는 세상의 소음과 번잡이 없지요. 세상에는 소음과 혼돈이 가득 차 있지만, 겸손의 골짜기에만은 한적함과 평정이 있습니다. 다른 곳에서는 묵상을 하기 어렵지만, 여기 오면 묵상하는 데에 방해받을 일이 없지요. 이 골짜기는 순례 생활을 사랑하는 사람들 외에는 아무도 지나가지 않습니다.

비록 크리스천이 여기서 아볼루온을 만나 힘겨운 싸움을 벌이기는 했으나,

예전에 지나간 사람들 중에는 여기서 천사를 만나기도 하고 진주를 발견하기도 하고 생명의 말씀을 얻기도 했습니다(호 2:4, 5).

아까 내가 우리 주님께서 예전에 이곳에 오두막을 지으시고 여기서 산책하시기를 좋아했다고 말씀드렸지요? 거기에 덧붙여 말씀드리지요. 주께서는 이 땅을 사랑하며 지나다니는 자들을 위해 연금을 남겨 놓으셨습니다. 그 돈은 그들이 계속해서 이 길을 지나다니며 용기 있게 순례길을 나아가도록 하기 위해 일정한 절기마다 그들에게 신실하게 지불됩니다."

그들이 계속 길을 나아가는데, 사무엘이 담대 씨에게 말했다. "선생님, 이 골짜기는 저희 아버지와 아볼루온이 싸움을 벌인 곳으로 알고 있는데, 어디서 그 싸움이 벌어졌는지 모르겠네요. 이 골짜기는 너무 크거든요."

**담대:** "이제 조금만 더 가면 망각의 초원Forgetful Green 바로 다음에 좁은 통로가 하나 나오는데, 거기서 너희 아버지와 아볼루온이 싸움을 벌였단다. 실제로 그곳은 여기서 가장 위험한 곳이란다. 왜냐하면 순례자들이 공격을 당하는 때는 항상 그들이 자신이 받은 은혜를 잊어버려 자격 없는 자가 되는 경우이기 때문이지. 거기서 다른 이들도 많은 어려움을 겪었단다. 하지만 그 이야기는 거기 도착하거든 또 하기로 하자. 거기 가면 틀림없이 싸움의 흔적이나 그것을 증거하는 기념물 같은 것이 오늘날까지 남아 있을거야."

그때 자비심이 말했다. "이 골짜기는 우리가 지금까지 여행해 온 그 어느 곳 못지않게 훌륭한 곳이라고 여겨져요. 여기는 제 마음에 쏙 들어요. 저는 마차 지나가는 소리나 수레 덜그럭거리는 소리가 없는 그러한 곳이 좋아요. 여기서는 별로 방해받지 않고도 명상에 잠겨 내가 누구며 어디서 왔고 무슨 일을 해 왔으며 나를 부르신 임금님의 뜻은 무엇인가를 생각할 수 있을 것 같아요. 이곳에서 생각에 잠기는 사람은 마음이 깨어지고 정신이 녹아, 그 눈이 '헤스본의 연못'처럼 될 거예요. 이 '눈물 골짜기'를 똑바로 통과하는 자는 이곳을 우물로 만들 것이며, 하나님께서 여기 있는 사람들에게 내려 주시는 비가 '못을 채울 것입니다.'

임금님께서 신자들에게 포도원을 주시겠다고 하신 곳도 바로 이 골짜기입니다 (아 7:4; 시 84:6; 호 2:15). 그리고 그들은 크리스천이 아볼루온을 만났음에도 불구하고 노래를 부르며 지나갔던 것처럼 노래를 부르며 이곳을 지나갈 것입니다."

안내자가 말했다. "맞습니다. 나는 이 골짜기를 여러 번 왕래했는데, 여기 있을 때보다 더 좋은 적은 없었습니다. 내가 인도했던 수많은 순례자들도 그런 고백을 했습니다. 임금님께서는 이렇게 말씀하셨지요. '마음이 가난하고 심령에 통회하며 내 말을 듣고 떠는 자, 그 사람을 내가 돌봐 주리라'(사 66:2)."

이제 그들은 조금 전에 언급했던 싸움 장소에 도달했다. 안내자는 크리스티아나와 아이들과 자비심에게 말했다. "여기가 바로 싸움 장소입니다. 크리스천은 이 자리에 서서 싸웠고, 아볼루온은 저기 있었습니다. 내가 흔적이 있을 거라고 말했죠? 자, 여기를 보세요. 이 돌들 위에 당신 남편이 흘린 핏자국이 있지요? 그리고 아볼루온이 사용한 창의 파편들이 여기저기 흩어져 있지 않습니까? 또 보십시오. 두 사람이 싸우는 중에 서로 자기의 위치를 유리하게 만들려고 발로 땅을 두드려 놓은 흔적이 있지요? 그리고 그들이 헛치는 바람에 맞고 깨어진 돌 조각들을 좀 보세요. 참으로 크리스천은 그 싸움에서 대장부다운 기세를 발휘했지요. 거기 헤라클레스가 있었을지라도 그처럼 용감하게 싸우지는 못했을 거예요. 아볼루온은 싸움에서 지자 다음 골짜기로 도망갔지요. 그곳은 사망의 음침한 골짜기라고 불리는데, 우리도 앞으로 그곳을 지나가게 될 것입니다. 보세요. 저기 기념비가 서 있지요? 저 위에는 크리스천의 싸움과 승리가 새겨져 있어 그의 명성을 영원토록 기리고 있습니다."

기념비는 바로 길가에 있었으므로, 그들은 거기로 가서 기록된 글을 읽었다. 그 글은 다음과 같다.

> "여기서 크리스천이 아볼루온과
> 서로를 굴복시키려고
> 지극히 이상하고도 지극히 진실된
> 치열한 싸움을 벌였다.

그는 사나이답게 용감히 싸워

마귀를 패주시켰으니

이를 증명하기 위해

기념비를 여기 세우노라."

　이곳을 지나 그들은 사망의 음침한 골짜기에 들어섰다. 이 골짜기는 지난번 골짜기보다 더 길고, 많은 사람들이 증언하다시피, 각종 악한 것들이 출몰하는 곳이었다. 그러나 두 여인과 아이들은 별일 없이 이곳을 지나갈 수 있었다. 때가 마침 낮인데다 담대 씨가 지켜 주었기 때문이었다.

　이 골짜기에 들어섰을 때 그들은 죽은 사람들의 신음소리 같은 것을 들었는데, 그 소리는 대단히 큰 신음소리였다. 그들이 듣기에, 이 소리는 크나큰 고통 중에 있는 사람들이 발하는 애곡소리 같았다. 이 소리에 소년들은 부들부들 떨었고 여인들도 창백하고 파리해졌지만, 안내자는 그들에게 안심하라고 타일렀다.

　그들이 좀 더 나아가자, 마치 땅 밑에 빈 구덩이가 있는 듯이 땅이 울렁거리기 시작했다. 또 그들은 뱀이 쉭쉭대는 것 같은 소리도 들었지만, 아직 아무것도 나타나지는 않았다. 이때 소년들이 말했다. "이 음울한 곳이 끝나려면 아직 멀었나요?"

　그러자 안내자는 용기를 내라고 권면하면서, 발을 잘못 디뎠다가는 함정에 빠질 염려가 있으니 주의하라고 일러 주었다.

　이때 야고보가 몸이 아픈듯 비틀대기 시작했는데, 내가 보기에 그 원인은 두려움인 것 같았다. 그 어머니가 해석자의 집에서 받은 정신 나게 하는 음료 한 잔과 노련 씨에게서 언어 온 약 세 알을 아이에게 먹이자, 소년은 원기를 회복하기 시작했다.

　그들이 골짜기의 중간쯤 통과했을 때 크리스티아나가 말했다. "저 앞에 뭔지 이상한 게 보이는 것 같은데, 생전 처음 보는 형태네요."

　요셉이 물었다. "엄마, 뭐예요?"

　**크리스티아나:** "고약하게 생겼구나, 얘야, 아주 고약해."

사망의 음침한 골짜기에서의 크리스티아나와 자비심

**요셉:** "그런데 엄마, 그게 어떻게 생겼어요?"

**크리스티아나:** "어떻게 형용할 수가 없구나, 지금 그렇게 멀지 않은 데까지 왔다. 저런, 아주 가까이 왔어."

**담대:** "자, 무서워서 못 견디는 사람은 내 가까이로 오세요."

마귀는 계속 다가왔고, 안내자는 그를 막으러 나섰다. 그러나 마귀가 막 담대 씨와 만나자, 그는 모든 사람의 시야에서 사라져 버렸다. 이때 일행은 얼마 전에 들었던 말씀을 상기했다. "마귀를 대적하라. 그리하면 너희를 피하리라"(약 4:7).

약간 정신을 가다듬은 그들은 계속해서 길을 갔다. 그러나 얼마 가지 않아 뒤를 돌아본 자비심은 마치 사자처럼 생긴 것이 성큼성큼 따라오는 것을 발견하였다. 그 짐승은 공허한 포효 소리를 내었는데, 그 울음 소리에 골짜기가 울렸고 안내자 외의 모든 사람들 마음에는 공포가 퍼졌다.

짐승이 다가오자 담대 씨는 순례자들의 뒤로 가 일행을 모두 앞세웠다. 사자는 계속 같은 속도로 다가왔으며 담대 씨는 싸울 태세를 갖추었다. 그러나 사자는 저항이 있을 것을 눈치 채고는 물러서 더 이상 다가오지 않았다(벧전 5:5).

그리하여 다시 안내자를 앞세워 가던 일행은 길 밑이 전부 구덩이로 되어 있는 곳에 이르렀다. 그들이 구덩이 위로 건널 준비도 갖추기 전에 자욱한 안개와 어둠이 그들을 덮쳐 지척을 분간하지 못하게 만들었다.

순례자들이 말했다. "아뿔싸! 이제 우린 어떻게 하죠?"

그러나 안내자가 대답했다. "두려워 말고 가만히 서서 어떤 결과가 생기나 두고 봅시다."

길이 막혔기 때문에 그들은 거기 서 있을 수밖에 없었다. 이때 그들은 원수들이 떠들며 달려오는 소리를 똑똑히 들었다. 또한 구덩이 안의 불길과 연기도 쉽게 분간이 되었다.

그러자 크리스티아나가 자비심에게 말했다. "이제사 불쌍한 내 남편이 어떠한 난관을 돌파했는지 알겠어요. 이곳에 대한 소문은 이미 많이 들었지만, 직접

와 보니 정말 엄청나군요. 불쌍한 사람! 그이는 이곳을 밤새 혼자 지나갔대요. 그가 이 길을 거의 다 지나갈 때까지 날이 새지 않았고, 원수들은 그를 갈가리 찢으려고 동분서주했지요. 많은 사람들이 사망의 음침한 골짜기에 관해 이야기를 하지만, 직접 여기 와 보기 전까지는 이곳이 정말 어떤 곳인지 아마도 모를 거예요. '마음의 고통은 자기가 알고, 마음의 즐거움은 타인이 참여하지 못하느니라'(잠 14:10). 이 길을 가는 것은 정말 무서운 일이에요."

**담대:** "이는 마치 큰 물 가운데 있는 것과, 깊은 물속으로 빠져드는 것과 같지요. 또한 이는 바다 밑바닥에 있거나 산 아래로 떨어지는 것 같기도 하고, 영원한 빗장으로 땅에 갇힌 것 같기도 해요. 하지만 '흑암 중에 행하여 빛이 없는 자라도 여호와의 이름을 의뢰하며 자기 하나님께 의지할지어다'(사 50:10)라고 하셨습니다. 이미 말씀드렸듯이, 나는 이 골짜기를 여러 번 왕래했고 지금보다 더 어려운 일도 당했었지만 아직 살아 있습니다. 내가 자랑하려고 이 말을 하는 것은 아닙니다. 나 스스로의 힘으로 구원 받은 것이 아니라, 하나님께서 구해 주신 것이니까요. 그러므로 지금도 하나님께서 우리를 구원해 주시리라 믿습니다. 자, 우리 다 함께 하나님께 빕시다. 우리에게 빛을 주셔서 어둠을 물러가게 하시며, 저 마귀들뿐 아니라 지옥에 있는 모든 귀신들을 다 꾸짖어 물러가게 하시도록요."

그리하여 그들은 울며 기도를 드렸다. 그러자 하나님께서 광명과 구원을 보내 주시어 그들의 앞길을 막는 장애물은 사라지고 말았다. 그들의 발걸음을 막았던 구덩이가 없어진 것이었다.

하지만 아직 골짜기가 끝난 것은 아니었으므로, 그들은 계속해서 길을 갔다. 이때 어디선가 지독하게 역겨운 악취가 풍겨나와 그들을 몹시도 괴롭혔다. 자비심이 크리스티아나에게 말했다. "좁은 문과 해석자의 집, 그리고 어젯밤 우리가 묵었던 집에 있던 즐거운 것들은 여기엔 하나도 없군요."

그러자 소년 중 하나가 말했다. "하지만 여기 항상 사는 것이 아니고 지나쳐 가기만 하면 되니까 얼마나 다행이에요? 제가 생각하기에, 우리가 이 길을 지나야만 우리를 위해 예비된 집에 갈 수 있게 하신 한 가지 이유는 그 집이 얼마나 살기 좋은 곳인가를 더욱 절실히 깨닫게 하시려는 데 있는 것 같아요."

안내자가 말했다. "사무엘아, 대장부답게 말을 참 잘했다."

사무엘이 말했다. "이곳을 벗어나기만 하면 햇빛과 좋은 길을 과거 어느 때보다도 더 소중히 여기게 될 것 같아요."

안내자가 말했다. "머지않아 이곳을 벗어나게 될거다."

다시 길을 걷다가 요셉이 말했다. "아직도 골짜기 끝이 안 보이나요?"

이에 안내자가 말했다. "네 발이나 조심해라. 이제 곧 함정투성이의 길에 들어서게 될 테니."

그리하여 그들은 발을 조심하며 계속 나아갔지만, 함정 때문에 많은 괴로움을 겪었다. 함정 사이를 지나고 있을 때 그들은 왼편으로 한 사람이 갈가리 살이 찢긴 채 도랑 안에 던져져 있는 것을 보았다.

그때 안내자가 말했다. "저 사람은 부주의<sup>Heedless</sup>인데, 길을 가다가 저렇게 되었죠. 저기 누워 있은 지 무척 오래되었습니다. 그가 붙잡혀 살해당할 때 주의<sup>Take-heed</sup>라는 사람도 함께 있었는데, 주의 씨는 화를 모면했지요. 여기서 얼마나 많은 사람들이 살해당했는지 상상하지도 못할 것입니다. 그럼에도 불구하고 사람들은 어리석게도 순례길을 가볍게 생각하여 안내자도 없이 길을 떠나곤 하지요. 불쌍한 크리스천! 그가 여기서 무사히 빠져나갔다는 건 하나의 기적입니다. 하나님의 사랑을 덧입고 또 그 자신이 착한 마음을 가졌기에 망정이지, 그러지 않았더라면 변을 당하고 말았을 거예요."

그 길의 거의 끝에 이르렀을 때 일행은 길가에 있는 굴을 보았다. 이 굴은 예전에 크리스천이 지나가다가 보았던 그 굴이었다. 거기에서 철퇴<sup>Maul</sup>라는 이름의 거인이 하나 나왔는데, 그는 억지 궤변으로 젊은 순례자들을 현혹시키곤 하는 자였다.

철퇴는 담대 씨의 이름을 부르며 이렇게 말했다. "이러한 일을 하지 말라고 내가 너에게 얼마나 많이 일렀느냐?"

그러자 담대 씨가 말했다. "무슨 일 말이냐?"

거인이 말했다. "무슨 일이냐니! 그걸 몰라서 묻느냐? 하여튼 내 오늘 너의 일을 끝장내 주마."

다시 담대 씨가 말했다. "글쎄, 싸우기 전에 무슨 일로 싸워야 하는지 이유나 알자."

이때 여인들과 아이들은 어쩔 줄 몰라 부들부들 떨며 서 있었다.

거인이 말했다. "너는 우리나라를 도둑질하고 있어. 가장 악질적으로 말이다."

담대 씨가 말했다. "이봐, 막연한 말은 그만 두고 구체적으로 말해 봐."

그러자 거인이 대답했다. "네가 사람들을 납치하는 술수를 부리고 있다는 게다. 네가 여자와 아이들을 모아 이상한 나라로 데려가기 때문에 우리 주인의 왕국이 약화되고 있단 말이다."

이에 담대 씨가 답변했다. "나는 하늘에 계신 하나님의 종으로서, 죄인들을 설득해 회개시키는 것이 나의 임무다. 나는 온 힘을 다해 남녀노소 모든 사람들을 어둠에서 빛으로, 사탄의 세력에서 하나님께로 이끌라는 명을 받았다. 만약 이로 인해 네가 시비를 건다면 얼마든지 오너라. 겨루어 주마."

그리하여 거인과 담대 씨는 마주 다가갔다. 담대 씨는 칼을 뽑아든 반면, 거인은 철봉을 손에 잡았다. 그들은 지체없이 싸움에 돌입했는데, 거인의 첫 공격에 담대 씨는 무릎을 하나 꿇었다. 이를 본 여인들과 아이들은 비명을 질렀다.

그러나 얼른 기력을 회복한 담대 씨는 힘껏 칼을 뻗어 거인의 팔에 부상을 입혔다. 싸움은 한 시간 가량 계속되었는데, 열이 얼마나 높았던지 거인의 코에서 쏟아져 나오는 김은 마치 끓는 가마솥에서 나오는 김 같았다.

그 후 두 사람은 잠시 앉아 휴식을 취하였다. 담대 씨는 기도를 올렸으며 여인들과 아이들도 싸움이 끝날 때까지 줄곧 한숨을 쉬며 부르짖었다.

잠시 쉬면서 숨을 돌린 두 사람은 다시 싸움을 시작했다. 담대 씨가 있는 힘을 다해 칼로 내려치자 거인은 땅에 주저앉고 말았다.

거인이 외쳤다. "잠깐, 기다려, 내가 일어날 때까지."

담대 씨는 신사적으로 거인이 일어나기를 기다렸다. 그리하여 그들은 다시 싸움에 들어갔는데 거인이 내려치는 철봉에 하마터면 담대 씨의 머리가 산산조각 날 뻔했다.

거인의 철봉이 빗나가자 이를 본 담대 씨는 전력을 다해 그에게 달려들어 거인의 다섯 번째 갈빗대 아래를 푹 찔렀다. 이에 거인은 비틀거리면서 철봉을 손에서 떨어뜨렸다.

그러자 담대 씨는 다시 칼을 내리쳐 거인의 머리를 잘라버렸다. 이에 여인들과 아이들은 기뻐 뛰었고, 담대 씨는 구원을 내려 주신 하나님께 찬송을 돌렸다.

그리고 나서 그들은 그 자리에 기둥을 하나 세우고 거인의 머리를 매달아 놓고는 여행자들이 읽을 수 있도록 다음과 같은 글을 적어 놓았다.

> "이 머리의 임자는
> 순례자들을 괴롭히던 자다.
> 그는 그들의 길을 막고
> 닥치는 대로 욕을 보였다.
> 그러나 순례자들의 안내자인
> 나 담대가 일어나
> 순례자들의 원수였던
> 그를 쳐서 쓰러뜨렸다."

### 8. 순례자들과 정직 씨

이제 내가 보니, 그들은 한 언덕길을 오르고 있었는데, 거기서 멀지 않은 곳에 순례자들을 위한 전망대가 있었다(그곳은 크리스천이 그의 형제 믿음을 처음 만난 장소였다).

그들은 전망대에 앉아 쉬면서 음식을 먹었다. 그리고 철퇴와 같이 위험한 원수의 손에서 벗어난 것에 대해 즐거워하였다.

이렇게 앉아서 먹는 사이에 크리스티아나는 담대에게 물었다. "싸움 중에 어디 다치지는 않으셨어요?"

담대 씨가 말했다. "아니요, 살에 조금 상처를 입은 것 외에는 없습니다. 이 상처는 나에게 해를 주기는커녕, 현재에서는 주인님과 당신들에 대한 내 사랑의 증거가 되고, 장래에는 은혜로 내 상급을 더욱 크게하는 근거가 될 것입니다."

**크리스티아나:** "그런데 선생님, 거인이 철봉을 들고 다가오는 것을 볼 때 무섭지 않으셨어요?"

**담대:** "내 자신의 능력이나 수완을 의지하지 않고 세상 누구보다도 강하신 분을 의지하는 것이 내 의무지요."

**크리스티아나:** "그의 첫 공격에 땅에 꿇어 엎어지셨는데 그때 무슨 생각을 하셨어요?"

**담대:** "예, 내 주인님께서도 처음엔 쓰러지셨지만 결국 승리를 거두셨다는 생각을 했지요"(고후 4장).

**마태:** "선생님께서 나름대로 그런 생각을 하셨다는데, 저는 그 골짜기를 무사히 통과하게 도와주시고 특히 그 흉악한 원수의 손에서 우리를 구원해 주신 하나님의 은혜가 참으로 놀랍고 감사하다는 생각을 하게 돼요. 제가 보기에, 이제는 우리가 더 이상 하나님을 의심할 필요가 없을 것 같아요. 왜냐하면 하나님께서는 이러한 골짜기에서 우리를 건져 내심으로 그의 사랑을 우리에게 확실히 증거해 주셨으니까요."

잠시 후 그들은 자리에서 일어나 다시 앞으로 나아갔다. 그들로부터 얼마 떨어지지 않은 곳에 오동나무 한 그루가 서 있었는데, 그들이 가까이 가 보니 나무 아래 깊은 잠에 빠져 있는 한 늙은 순례자가 있었다. 그가 입은 옷과 지팡이와 허리띠로 보아 순례자임을 금방 알 수 있었다.

안내자인 담대 씨가 그 사람을 흔들어 깨웠다. 노신사는 눈을 번쩍 뜨며 소리 질렀다. "무슨 일이야? 당신들 누구야? 무슨 일로 여기 왔어?"

**담대:** "자, 너무 화내지 마세요. 우리는 당신의 친구입니다."

그러나 노인은 일어나 방어 자세를 취하면서 그들이 누군지 대라고 다그쳤다.

**담대:** "저는 담대라는 사람인데, 이 순례자들을 천성까지 모시고 가는 안내자입니다."

그러자 정직<sup>Honest</sup>이란 이름의 그 노인이 말했다. "그렇다면 용서하시기 바랍니다. 난 여러분이 얼마 전 작은 믿음<sup>Little-faith</sup>이란 사람의 돈을 강탈해 간 패거리인 줄 알았어요. 지금 자세히 보니 당신들은 정직한 사람들 같군요."

**담대:** "어허, 만약 우리가 그 패거리였다면 선생님께서는 어떻게 하려고 그러셨어요? 대항할 수 있으셨겠어요?"

**정직:** "대항하고 말고요! 내게 숨이 붙어 있는 한 끝까지 싸웠을거요. 만약 내가 그렇게 했으면, 여러분도 분명 나에게 최악의 패배를 안겨 주지는 못했을 것입니다. 그리스도인은 스스로 굴복하지 않는 이상 결코 정복될 수 없으니까요."

**담대:** "옳은 말씀입니다. 참된 말씀을 하시는 걸 보니 선생님은 곧고 올바르신 분 같군요."

**정직:** "당신도 진정한 순례 생활이 어떤 것인지 아는 사람 같군요. 대개 다른 사람들은 우리를 가장 정복하기 쉬운 인간이라고 여기거든요."

**담대:** "자, 함께 만나게 되어 반갑습니다. 선생님 성함과 고향이 어디신지 알고 싶은데요."

**정직:** "이름은 말씀드릴 수 없지만 고향은 가르쳐 드리지요. 나는 우둔<sup>Stupidity</sup>이란 도시에서 왔는데, 그 마을은 멸망의 도시에서 십 리쯤 떨어져 있지요."

**담대:** "아, 그 마을에서 오셨습니까? 그렇다면 짐작이 갑니다. 선생님은 정직 노인이시죠?"

이 말에 노신사는 얼굴을 붉히며 말했다. "실은 정직하지도 못하지만, 정직이

제 이름이올시다. 부디 내 본성이 이 이름과 일치될 수 있으면 좋겠어요. 그런데 선생께서는 내가 어디 출신이라는 말만 듣고서 어떻게 내 이름을 알아내셨소?"

　　**담대**: "나는 주인님으로부터 전에 당신 이야기를 들은 적이 있습니다. 제 주 인님께서는 세상 일을 모르시는 게 없거든요. 그런데 저는 당신 고향에서 순례자가 나올 수 있다는 데 대해 종종 의아한 생각을 갖곤 합니다. 그곳은 멸망의 도시보다 더 형편없는 곳이니까요."

　　**정직**: "예, 우리는 태양으로부터 더 멀리 떨어져 있기 때문에 더 춥고 무감각 하지요. 하지만 빙산 위에 사는 사람이라도 그에게 의로운 태양이 떠오르 면 얼어붙은 마음이 녹을 수 있습니다. 내가 바로 그런 사람이지요."

　　**담대**: "믿습니다. 정직 선생님, 그런 일이 사실이란 걸 알기 때문에 믿을 수 있습니다."

그리고 나서 노신사는 순례자들과 일일이 사랑의 거룩한 입맞춤으로 인사를 하면서 그들의 이름을 묻고, 또 순례길을 떠난 후 지금까지 어떻게 지내왔느냐 고 물었다.

크리스티아나가 말했다. "제 이름은 크리스티아나예요. 선생님께서도 들으 셨을 것으로 여겨지는데, 착한 크리스천이 제 남편이었어요. 그리고 이 네 아이 는 그의 아들들입니다."

그녀의 말을 듣고 노인이 어떤 반응을 보였는지 독자들은 상상할 수 있겠는 가? 그 노인은 기뻐 뛰며 얼굴에 웃음을 가득 담고 그들에게 무수한 축복을 빌 어 주었다.

노인이 말했다. "당신 남편 이야기는 참 많이 들었습니다. 그가 겪은 투쟁과 여로에 대해서도 들었어요. 당신 남편의 이름이 온 세상에 울려 퍼지고 있으니 흡족한 마음을 가지십시오. 그의 믿음과 용기와 인내와 어떠한 상황에서도 변치 않은 성실성이 그의 이름을 유명하게 만들었습니다."

그리고 나서 노인은 소년들에게 이름을 물었다. 그들이 대답하자, 노인은 소 년들에게 말했다. "마태야, 너는 세리 마태와 같이 되되, 그의 부도덕을 닮지 말고 그의 공덕을 닮아라(마 10:3). 사무엘아, 너는 믿음과 기도의 사람이었던 선지자 사무엘과 같이 되거라(시 99:6). 요셉아, 너는 보디발의 집에서 순결을 지키며 유혹을 물리쳤던 요셉과 같이 되거라(창 39장). 야고보야, 너는 의로운 사도 야고보와 주님의 동생 야고보처럼 되어라(행 1:13, 14)."

그 다음에 사람들은 자비심을 노인에게 소개하면서, 그녀가 크리스티아나와 아이들을 따르기 위해 고향과 친척을 떠났다는 이야기를 들려주었다(룻 1:16, 17). 이 말을 듣고 노인이 말했다. "그대의 이름이 자비심이니, 자비심을 갖고 여행 도중에 만나게 될 모든 어려움을 참고 나아가다가 기어이 목적지에 도착해 평안한 얼굴로 자비심의 근원을 만나뵙길 빌겠소."

이동안에 안내자인 담대 씨는 크게 기뻐하면서 환히 웃는 얼굴로 순례자 일행을 바라보고 있었다.

그들이 함께 걸어갈 때에 안내자는 노인에게 혹시 같은 마을에 살다가 순례길을 떠난 두려움 씨<sup>Mr. Fearing</sup>를 아느냐고 물었다.

**정직:** "예, 아주 잘 알죠. 그는 매사에 뿌리가 깊은 사람이었죠. 하지만 그는 내 평생에 만나 본 그 어떤 순례자보다도 골치 아픈 순례자였습니다."

**담대:** "그의 성격을 올바로 지적하시는 걸 보니 정말 그를 잘 아시는 것 같군요."

**정직:** "알다마다요! 나는 그의 오랜 친구였습니다. 마을에 그대로 있다가는 후에 큰 일이 벌어질 것이라는 생각을 그가 처음으로 하기 전까지, 우리는 늘 함께 살았습니다."

**담대:** "나는 그를 우리 주인님의 집에서부터 천성까지 안내해 주었습니다."

**정직:** "그렇다면 그가 얼마나 골치 아픈 사람인지 알겠군요."

**담대:** "잘 압니다. 그러나 저는 참을 수 있었어요. 안내를 하다 보면 그런 사람들을 종종 만나게 되거든요."

**정직:** "그러면 그에 관한 이야기를 조금만 해 주세요. 그가 당신의 인도 아래 어떻게 순례 생활을 꾸려나갔는지 궁금합니다."

**담대:** "예, 그는 항상 자기가 바라는 목적지에 도달하지 못할지도 모른다는

두려움에 사로잡혀 있었어요. 다른 사람이 조금이라도 부정적인 말을 비치면 거기에 깜짝깜짝 놀라곤 했지요. 내가 들은 바에 의하면, 그는 낙심의 늪에서 한 달 이상 울며불며 주저앉아 있었다고 합니다. 그는 여러 사람들이 자기를 앞질러 가는 것을 보았지만 그들이 손을 내밀어도 뿌리치고 거기서 나오려 하지 않았답니다. 하지만 다시 돌아가는 일도 한사코 거부하였습니다. 천성에 가지 못할 바에는 차라리 죽어 버리겠다고 말했지요. 그러면서도 그는 조그만 난관만 만나면 풀이 죽고 누가 버린 지푸라기라도 길에 놓여 있으면 거기에 걸려 넘어지곤 했던 거죠.

그런데 아까 내가 말씀드렸듯이 오랫동안 낙심의 늪에 주저앉아 있던 그가 어느 화창한 아침에 용기를 내어 늪에서 빠져 나왔다고 합니다. 그가 어떻게 빠져 나왔는지는 저도 잘 모르겠어요. 나오고 나서도 그는 나왔다는 그 사실을 믿으려 하지 않았답니다. 내 생각에, 그는 마음속에 낙심의 늪을 가지고 다녔던 것 같아요. 그렇지 않고서야 그와 같이 할 사람이 누가 있겠습니까?

하여튼 그는 문 앞까지 왔답니다. 어떤 문인지 아시겠죠? 이 길 입구에 있는 문입니다. 거기서도 그는 문 두드릴 엄두를 못내고 오랫동안 서 있었답니다. 문이 열리자 뒤로 물러서면서 자기는 자격이 없으니 다른 사람이 나 들어가라고 말했다 합니다. 그래서 그보다 나중에 온 많은 사람들이 그보다 먼저 안으로 들어갔다 하더군요. 그 불쌍한 사람은 문 밖에 서서 떨며 웅크리고 있었답니다. 제가 생각하기에, 그 모습을 보는 사람이면 누구나 측은한 마음을 금할 수 없었을 것입니다. 그러면서도 집으로 돌아가기는 싫어하더래요.

마침내 그는 문에 걸려 있던 망치를 손에 들고 한두 번 살짝 문을 두드렸답니다. 그러자 한 사람이 나와 문을 열어 주었지만, 두려움 씨는 예전처럼 다시 뒤로 물러섰답니다. 문을 열어 준 사람이 그에게 다가가며 말했답니다. '거기서 떨고 있는 분, 당신은 무엇을 원합니까?' 이 말에 그는 그만 땅에 쓰러지고 말았답니다. 문지기는 그가 혹시 기절한 것이나 아닌가 의아해하면서 말했답니다. '안심하고 일어나시오. 당신을 위해 내가 문을 열어 놓았으니, 자, 들어오시오. 당신은 복받은 자입니다.'

이 말에 그는 일어나 떨면서 안으로 들어갔답니다. 들어가서도 그는 부끄러워 얼굴을 들지 못하였답니다. 거기서 얼마 동안 대접을 받은 후에(그 대접 방식이 어떠한지는 여러분도 잘 알겁니다) 그는 자기가 나아가야 할 길에 대한 지시를 받았습니다. 그리하여 그는 제가 있는 집에까지 오게 되었는데, 우리 주인인 해석자의 집 문앞에서도 그는 좁은 문에서처럼 행동했답니다. 그는 오랫동안 추운 바깥에서 머뭇거리면서 감히 문을 두드리지 못했는데, 그러면서도 돌아갈 생각은 하지 않았습니다. 그즈음에는 밤이 아주 추웠답니다.

글쎄 그의 가슴에 우리 주인님께 보내는 추천서까지 품고 왔으면서 그랬다니까요. 그 서신에는 이 사람을 집에 받아들여 잘 대접해 달라는 말과, 마음이 약한 사람이니 튼튼하고 용감한 안내자 한 명을 딸려 보내 달라는 사연이 적혀 있었어요. 그럼에도 불구하고 문 두드리기를 꺼렸답니다. 바깥에서 누웠다 앉았다 하는 사이에 그 불쌍한 사람은 거의 굶어 죽을 지경이 되었습니다. 그렇지만 그의 낙담은 너무나 커서, 다른 사람들이 문을 두드리고 안으로 들어가는 것을 보면서도 감히 문을 두드리지 못하였답니다.

그러다가 결국 제가 창문을 통해 한 사람이 문 근처에서 일어났다 앉았다 하는 것을 발견하였습니다. 저는 밖으로 나가 당신이 누구냐고 물었지요. 그랬더니 그 불쌍한 사람의 눈에 눈물이 글썽해지지 않겠어요? 그리하여 저는 그가 무엇을 원하는지 알게 되었습니다.

나는 안으로 들어가 집 안 사람들에게 이 일을 알렸고, 우리들은 다시 주인님께로 가 보고를 올렸습니다. 주인님은 저에게 다시 나가 그를 청하여 들이도록 명하셨습니다. 제가 솔직히 말하건대 그를 청하여 들이느라 진땀을 흘렸습니다.

마침내 그가 안으로 들어왔는데, 우리 주님께서는 정말 놀라운 사랑을 그에게 베푸셨습니다. 식탁 위에 진기하고 좋은 음식은 소량밖에 없었지만, 주님께서는 그중 일부를 꼭 그 사람의 접시에 놓아 주셨습니다. 그리고 나서 그 사람은 추천서를 꺼내 보여 주었는데, 이를 보신 주인님은 그의 원대로 다 해 주겠다고 말씀하셨습니다. 거기 한참 동안 있은 후에야 그는 어느 정도 마음을 놓고 약간 평온을 되찾는 것 같았습니다.

여러분도 아시겠지만 우리 주인님은 아주 성품이 온유하신데, 두려움이 많은 사람들에 대해서는 특히 더 그러하시죠. 주께서 이렇게 잘 대해 주셔서 그가 용기를 얻었던 것 같습니다. 그가 집에 있는 것들을 다 구경하고 천성으로 떠날 준비를 갖추자, 주인님께서는 예전에 크리스천에게도 주셨듯이 그에게 정신 나게 하는 음료수 한 병과 부드러운 음식을 약간 주셨습니다. 그리하여 우리는 함께 길을 떠나게 되었지요. 제가 앞서 나아갔는데, 그 사람은 별로 말도 하지 않고 다만 크게 한숨을 쉬곤 했습니다.

우리가 목매달린 세 사람의 시체가 있는 곳에 왔을 때, 그는 자신의 종말도 저와 같으리라는 의구심이 든다고 말했습니다. 그는 십자가의 무덤을 보았을 때 비로소 즐거움을 느끼는 것 같았습니다. 그는 잠시 머물며 십자가를 보고자 하였고, 그 후에는 얼마 동안 다소 마음의 안정을 얻는 듯하였습니다.

우리가 곤고산에 도달했을 때, 그는 전혀 그것에 대해 개의치 않았고, 사자를 만났을 때도 두려워하지 않았습니다. 왜냐하면 그의 두려움은 그런 것들에 대한 것이 아니라, 그가 과연 결국에 영접함을 받게 되느냐에 관한 것이었기 때문입니다.

아름다움의 집으로 들어갈 때는, 주저하는 그를 제가 억지로 끌고 들어갔습니다. 집 안으로 들어온 후에 그를 거기 있는 처녀들에게 소개하며 잘 사귀어 보도록 권했습니다. 그러나 그는 부끄러워하며 사람들과 사귀기를 꺼려하였습니다. 그는 혼자 있기를 무척 원했지요.

그렇지만 항상 그는 선한 말을 좋아해서 종종 뒤에 숨어서 그런 말을 엿듣곤 했습니다. 또한 그는 옛 물건들 구경하기를 무척 좋아했으며, 그것들을 마음 깊이 새기곤 했습니다. 후에 그는 내게 이르기를, 자기는 앞서 묵었던 두 집, 즉 좁은 문과 해석자의 집에 들어가기를 바랐지만 감히 들여보내 달라고 요청할 용기가 나지 않았다고 했습니다.

우리가 아름다움의 집에서 나와 겸손의 골짜기로 내려갈 때에, 그는 제 평생에 만난 어떤 사람보다도 잘 내려갔습니다. 왜냐하면 그는 마지막에 행복해지기를 바라고 현재의 비천함에는 전혀 개의치 않았기 때문입니다. 예, 제가 생각하기에, 그 골짜기와 그이 사이에는 어떤 동질감이 있는 것 같았습니다. 왜냐하면 그가 순례길을 가는 동안 그 골짜기에 있을 때보다 더 기뻐한 적이 없었거든요. 거기서 그는 눕기도 하고 땅을 안기도 하고 골짜기에서 자라는 꽃에 입을 맞추기도 했습니다(애 3:27, 29). 또 그는 아침 동틀 때 일찍 일어나서 골짜기를 훑어보며 이리저리 걷곤 했습니다.

그런데 우리가 사망의 음침한 골짜기 입구에 다다랐을 때, 나는 그 사람을 잃어버리는 줄 알았습니다. 그가 되돌아가려고 해서가 아니라(그는 항상 되돌아가는 것을 혐오했습니다) 심한 두려움에 사로잡혀 죽는 시늉을 했기 때문입니다. '아, 꼬마 귀신들이 날 잡아 먹을거야! 꼬마 귀신들이 날 잡아 먹을거야!' 이렇게 외치는 그를 저는 진정시킬 재주가 없었습니다. 그가 거기서 하도 큰 소리로 울어댔기 때문에 만약 귀신들이 그 소리를 들었으면 용기 백배해 뛰어나와 우리를 덮쳤을 것입니다. 그런데 놀랍게도 그 골짜기는 우리가 다 지나가도록 아주 조용하였는데, 제 평생 그런 일은 전에도 없었고 후에도 없었습니다. 마치 우리의 주님께서 두려움 씨가 지나갈 동안에는 아무도 그를 방해하지 말라는 특별 명령이라도 내리신 것같이 여겨지더군요.

그에 대한 이야기를 다 늘어놓으면 듣기에 너무 지루할 것입니다. 그러니 한두 가지 이야기만 더하고 그만두기로 하죠. 우리가 허영의 시장에 왔을 때, 그는 시장 안에 있는 모든 사람들과 싸움이라도 벌일듯이 거칠게 행동하였습니다. 그가 하도 뜨겁게 사람들의 어리석음을 질책하고 다녔기 때문에, 저는 우리 둘 다 몰매나 맞지 않을까 걱정이 되었습니다.

마법의 땅Enchanted Ground을 지날 때도 그는 남들처럼 혼미해지지 않고 정신이 아주 말똥말똥했어요. 그런데 다리 없는 강가에 이르자 그는 다시 우울해졌습니다. 그는 말했습니다. '이제 나는 여기서 영원히 빠져 죽을 거야. 수만 리 길을 달려 왔건만 평안히 주님의 얼굴을 보지도 못하다니.'

그런데 여기서도 저는 매우 놀라운 일을 목격하였습니다. 갑자기 강물이 얕아지기 시작하는데, 제 평생 강이 그렇게 얕아진 것을 본 적이 없었습니다. 그리하여 마침내 그는 무릎도 안 차는 물을 걸어서 건넜습니다. 그가 천성문을 향해 올라갈 때 나는 그에게 작별을 고하면서 천국에서 그를 환영해 주기를 바란다고 말했습니다. 그러자 그는 '그럴겁니다. 그럴겁니다'라고 말했습니다. 이렇게 우린 서로 헤어졌고 다시는 그를 보지 못했습니다."

**정직:** "그렇다면 그는 결국 잘된 것 같군요."

**담대:** "예, 그럼요. 저는 그에 대해 추호도 의심하지 않습니다. 그는 결단력 있는 사람이었습니다. 다만 그는 항상 열등감을 가지고 있었기 때문에, 그의 삶이 자신에게도 부담되고 다른 사람에게도 괴로움을 주었던 것입니다(시 88편). 그는 누구보다도 죄의식이 강한 사람이었어요. 그는 남에게 해 끼치는 일을 너무나 두려워했기 때문에 율법적으로 허용된 일도 다른 사람에게 누가 될까봐 금하는 일이 종종 있었습니다"(롬 14:11; 고전 8:13).

**정직:** "그런데 왜 그렇게 착한 사람이 평생 어두운 마음으로 살아갔을까요?"

**담대:** "거기에는 두 가지 이유가 있습니다. 첫째로는 현명하신 하나님의 뜻에 의해 그렇게 된 것입니다. 어떤 사람은 피리를 불어야 하고, 어떤 사람은 애곡을 해야 하지요(마 11:16, 18). 말하자면 두려움 씨는 베이스를 연주하는 사람이었지요. 그와 그의 동료들은 저음을 내는 나팔을 연주하였는데, 그 나팔의 음색이 다른 악기에 비해 더 음울했던 것입니다. 물론 어떤 사람들은 베이스가 음악의 기초라고 말하기도 하지요. 나는 무거운 마음의 느낌 없이 나오는 신앙 고백을 결코 신뢰하지 않습니다. 음악가가 음을 고르게 맞추고자 할 때 가장 먼저 건드리는 현은 대개 베이스 현입니다. 하나님께서도 인간의 영혼을 그의 음조로 맞추고자 하실 때 가장 먼저 이 현

을 건드리십니다. 다만 이 두려움 씨의 문제점은 그가 끝까지 베이스 외의 다른 현은 연주하지 못했다는 데 있는 것입니다.”

〔내가 이렇게 비유적으로 말하는 것은 젊은 독자들의 이해를 성숙시키려는 데도 목적이 있지만, 요한계시록에서 구원받은 자들이 음악가 무리로 비유되고 있기 때문이기도 하다. 그들은 보좌 앞에서 나팔과 수금을 연주하며 노래를 부른다(계 8:2; 14:2)〕

**정직:** “당신의 말씀을 들어보니 그는 참 열성적인 사람이었군요. 곤고와 사자와 허영의 시장은 조금도 두려워하지 않고, 다만 죄와 죽음과 지옥만을 두려워했으니까요. 그가 두려워했던 원인은 하늘나라에 과연 들어갈 수 있을까 하는 의혹이 있었기 때문입니다.”

**담대:** “옳은 말씀입니다. 그를 괴롭힌 문제는 바로 그것이었습니다. 당신이 잘 지적하셨듯이, 그는 순례자의 생활이 힘들어서 두려워한 것은 결코 아니었습니다. 잠언에 일렀듯이, 횃불을 던지는 미친 사람이 길을 막았을지라도(잠 26:18) 나는 그가 능히 헤쳐나갈 수 있었으리라 믿습니다. 그러나 그의 마음을 억누르고 있던 것들은 어느 누구라도 쉽게 떨쳐 버릴 수 없었을 것입니다.”

이때 크리스티아나가 말했다. “두려움 씨에 대한 이야기는 제게 큰 유익이 되었습니다. 저는 세상에 나와 같은 이가 없다고 생각했었는데, 말씀을 듣고 보니 그 착한 사람과 저 사이에 어느 정도 유사성이 있음을 알게 되었어요. 다만 우리는 두 가지 점에서 차이가 있네요. 그는 그 큰 괴로움을 밖으로 표현한 데 반해, 나는 그것을 속에 간직하였지요. 그리고 그는 괴로움에 짓눌려 감히 들여보내 달라고 문을 두드리지 못한 반면에, 나는 괴로움으로 인해 더 크게 문을 두드렸지요.”

**자비심:** “저도 한 말씀 드릴까요? 제게도 두려움 씨와 같은 문제가 있었어요. 낙원을 잃어버리고 불못에 떨어지지나 않을까 하는 두려움은 이 세상 다른 것을 잃어버리는 데 대한 두려움보다 몇 배 더 컸어요. 아, 천국에 거하는 행

복만 얻을 수 있다면, 세상 온갖 것을 다 버려도 좋다고 저는 생각했어요."

　　그러자 마태가 말했다. "제 마음에도 항상 두려움이 깃들어 있어서, 구원과 관계되는 감정을 가지려면 아직 멀었다는 생각을 했지요. 하지만 두려움 씨 같이 좋은 분도 그런 두려운 감정을 갖고 있었다니 저도 걱정할 것이 없겠어요."

　　야고보가 말했다. "두려움이 없으면 은혜도 없지요. 지옥의 두려움이 있는 곳에 항상 은혜가 있는 것은 아니지만, 하나님을 두려워하지 않는 곳에는 분명 은혜가 있을 수 없어요."

　　**담대:** "잘 말했다. 야고보야, 네가 정곡을 찔렀구나. '하나님을 두려워하는 것이 지혜의 근본이라' 했거든. 분명히 단언하건대, 근본이 없는 자는 중간이나 끝을 소유할 수 없지. 자, 이제 우리는 다음과 같은 인사말로 두려움 씨에 관한 이야기를 결론짓도록 하자.

　　　　'두려움 씨, 당신은 하나님을 너무나 두려워하고
　　　　이 세상에 있을 동안 당신을 실족하게 하는
　　　　모든 행위를 두려워했지요.
　　　　또한 당신은 불못과 구덩이를 두려워했지요
　　　　하지만 누군들 그것을 두려워하지 않으리요
　　　　당신과 같은 지혜가 없는 자들은 스스로 파멸하고 말았다오.'"

### 9. 자의 씨의 성품

　　내가 보니 그들이 계속해서 이야기를 주고받으며 걸어가는데, 담대 씨가 두려움 씨에 관한 이야기를 마치자 정직 씨가 자의 씨Mr. Self-will라는 사람의 이야기를 하기 시작했다.

　　**정직:** "그는 자신이 순례자인 체했지만, 나는 그가 이 길 입구에 있는 좁은 문

을 통해 들어오지 않았다는 사실을 눈치 챘지요."

**담대**: "당신은 그 문제에 관해 그와 이야기해 본 일이 있습니까?"

**정직**: "예, 한두 번이 아니었죠. 하지만 그는 항상 자기 이름처럼 자의적으로 행동했어요. 그는 다른 사람의 인격이나 주장, 예증 같은 데는 전혀 신경을 쓰지 않았지요. 그는 제 마음에 내키는 일이면 하고, 그렇지 않은 일이면 죽어도 하지 않았습니다."

**담대**: "그렇다면 도대체 그는 어떤 원칙을 갖고 있었나요? 당신은 알고 있지 않습니까?"

**정직**: "그는 사람이 순례자들의 공덕뿐 아니라 악덕을 따라도 된다는 주장을 하고 있었지요. 그 두 가지를 다 행할지라도 틀림없이 구원받을 수 있다는 거예요."

**담대**: "아무리 훌륭한 사람이라 할지라도 순례자들의 공덕뿐 아니라 악덕에 참여하는 죄를 지을 수 있지요. 만약 그가 이런 뜻으로 말했다면 별로 비난할 것이 없습니다. 왜냐하면 우리는 결코 절대적으로 악에서 벗어나 있지 못하기 때문입니다. 그래서 때에 따라 우리는 조심도 하고 노력도 해야 하는 것입니다. 그러나 제가 보기에, 그의 주장은 이런게 아닌 듯하군요. 제가 올바로 이해했는지 모르겠지만, 당신의 말은 그가 악을 그대로 용납한다는 뜻인 것 같습니다."

**정직**: "예, 바로 그 말입니다. 그는 그렇게 믿고 또 그렇게 실천합니다."

**담대**: "도대체 그는 무슨 근거로 그런 주장을 합니까?"

**정직**: "글쎄 그는 성경이 자기 주장을 뒷받침한다는 겁니다."

**담대**: "제발, 정직 씨. 구체적인 예를 들어 말해 주십시오."

**정직**: "그러죠. 그는 하나님의 사랑을 입었던 다윗이 다른 사람의 아내와 동침한 사건을 지적하면서, 자기도 그렇게 할 수 있다고 말합니다. 또한 그는 솔로몬이 여러 명의 아내를 거느렸으니 자기도 그렇게 할 수 있다고 말합니다. 또 사라와 애굽의 경건한 산파들과 라합 등이 거짓말을 했으니 자기도 할 수 있다고 말합니다. 또 제자들이 주님의 명령을 듣고 남의 나귀를 끌

어왔으니 자기도 그렇게 할 수 있다고 말합니다. 그리고 야곱이 속임수와 꾀로 아버지의 유산을 가로챘으니 자기도 그렇게 할 수 있다고 말합니다."

**담대:** "너무나 상스러운 생각이군요. 그가 정말 그런 주장을 했습니까?"

**정직:** "나는 그가 성경을 세세하게 들춰가며 주장하는 소리를 직접 들었습니다."

**담대:** "도저히 세상에서 용납될 수 없는 억지 이론입니다."

**정직:** "제 말 뜻을 올바로 이해해야 합니다. 그는 아무 사람이나 이런 일을 할 수 있다고 말하는 것이 아닙니다. 다만 그런 일을 행한 성경의 인물들처럼 덕을 갖춘 사람이라면 그와 동일한 일을 해도 된다는 것입니다."

**담대:** "하지만 그런 엉터리 결론이 어디 있습니까? 이는 마치 어떤 선한 사람이 계속 잘 해오다가 한 번 실수로 죄 범한 것을 보고는, 자기도 일부러 죄를 범할 수 있다고 주장하는 것과 같지요. 또한 한 어린아이가 갑자기 불어오는 바람 때문에 혹은 돌에 걸려서 진창에 넘어져 옷을 버린 것을 보고는, 자기도 고의적으로 그 안에 넘어져 돼지처럼 뒹굴어도 괜찮지 않느냐고 말하는 것과 같지요. 정욕의 힘에 의해 눈이 가려진 사람이 아니고서야 누가 그런 생각을 할 수 있겠습니까? 하지만 성경 말씀은 반드시 이루어질 것입니다. '그들이 말씀을 순종하지 아니하므로 넘어지나니 이는 그들을 이렇게 정하신 것이라'(벧전 2:8). 그리고 경건한 자들의 악덕에 참여한다 해서 그들의 공덕에도 참여할 수 있게 된다는 그의 가정은 앞의 주장 못지않게 허황된 것입니다. 하나님 백성의 마음을 그들의 죄악에 두는 것이(호 4:8) 결코 그들의 공덕을 소유한 자의 표시는 아닙니다. 그런 의견을 가진 사람의 마음속에 지금 사랑이나 믿음이 있을 수 있는지 의심스럽습니다. 당신도 물론 그 사람의 이론을 강력히 반박하셨으리라 믿습니다. 그가 당신의 반박에 무슨 변명을 합디까?"

**정직:** "예, 그는 자기 의견에 반대되는 일을 하는 것보다는 어쨌든 자기 의견에 따라 행동하는 것이 더 정직하다고 하더군요."

**담대:** "참 고약한 대답이군요. 우리가 그런 정욕을 마음으로 거부하면서 어

쩌다가 정욕에 빠지는 일도 나쁜데, 일부러 죄를 짓고 정욕을 용납하는 일은 더욱 나쁘지 않겠어요? 앞의 일은 보는 이들로 하여금 뜻하지 않게 비틀거리게 하지만, 뒤의 일은 그들을 함정으로 이끕니다."

**정직:** "이 사람처럼 말은 하지 않아도 그런 마음을 품고 있는 사람은 많이 있지요. 이 때문에 사람들이 순례 생활을 소홀히 여기는 거죠."

**담대:** "옳습니다. 참으로 통탄스러운 일이지요. 하지만 낙원에 계신 임금님을 두려워하는 자는 모두 그에게로 나아오게 될 것입니다."

**크리스티아나:** "세상에는 참 이상한 의견들이 많아요. 죽을 때가 임박해서 회개해도 충분하다고 말하는 의견도 있으니까요."

**담대:** "그건 어리석은 짓입니다. 어떤 사람에게 일주일 동안 백 리 길을 달려야 생명을 얻을 수 있다는 지시가 내려졌는데, 만약 그가 일주일의 마감 한 시간 전까지 여행을 미룬다면 어찌되겠습니까?"

**정직:** "옳은 말씀입니다. 그렇지만 순례자로 자처하는 사람들이 대부분 그런 어리석음을 범하고 있습니다. 당신들이 보다시피 나는 노인으로서, 오랫동안 이 길을 여행하며 많은 일을 겪고 또 보았습니다. 처음에는 마치 온 천하를 휘어잡기나 하려는 듯이 덤비다가 며칠 안 돼 그만 광야에 쓰러져 약속의 땅을 보지도 못하고 죽는 사람도 있었습니다. 그리고 반대로 처음에는 아무 약속도 못 받고 순례자가 되어 하루도 견뎌내지 못하리라고 여겨지던 사람이 결국 훌륭한 순례자가 되는 것도 보았지요. 어떤 사람은 앞으로 급히 내닫다가 잠시 후에는 다시 뒤로 급히 돌아가기도 합니다. 어떤 사람은 처음에는 순례자의 생활에 대해 매우 좋게 이야기하다가, 얼마 후에는 정반대로 이야기하지요. 제가 듣기에, 어떤 사람들은 처음에 낙원을 향해 출발할 때는 긍정적으로 '그런 곳이 있어'라고 말하다가, 천국에 거의 다 와서는 '그런 곳은 없어' 하며 돌아서기도 한답니다. 또 자기의 순례 길을 막는 자가 나타나면 해치워 버리겠다고 호언장담하며 떠난 어떤 사람들이 거짓된 경고에 놀라 믿음과 순례의 길, 그리고 모든 것을 버리고 도망쳐 버렸다는 소식도 들었지요."

## 10. 가이오의 집

그들이 이렇게 여행을 계속하고 있을 때, 한 사람이 마주 달려오다가 그들을 보고는 말했다. "신사분들, 그리고 연약한 아녀자분들, 목숨이 아깝거든 얼른 피하시오. 저 앞에 강도들이 있습니다."

그러자 담대 씨가 말했다. "얼마 전 작은믿음 씨를 습격했던 세 강도들인 모양이군. 하지만 우린 준비를 단단히 하고 있으니까 걱정없지."

그리하여 그들은 계속해서 길을 갔다. 모퉁이를 돌 때마다 그들은 강도들을 만날까봐 열심히 살폈지만, 강도들은 담대 씨에 대한 소문을 들었는지 아니면 다른 일을 벌이고 있는지 순례자들에게 나타나지 않았다.

이때 크리스티아나는 자신과 아이들이 쉴 수 있는 여관이 있었으면 좋겠다고 말했다. 그들은 여행에 매우 지쳐 있었기 때문이었다.

그러자 정직 씨가 말했다. "조금 더 가면 여관이 하나 있습니다. 주님의 존경 받는 제자 가이오Gaius가 살고 있는 곳이지요"(롬 16:23).

그리하여 일행은 가이오의 집에 가기로 결정하였는데, 노인이 가이오에 관해 좋은 말을 많이 한 것이 그리로 가게 된 한 가지 원인이었다.

문 앞까지 온 그들은 문을 두드리지 않고 그냥 안으로 들어갔다. 왜냐하면 여관 문은 두드리지 않고 그냥 들어가는 것이 관례였기 때문이었다. 그리고 나서 그들이 주인을 부르자 안에서 사람이 나타났다. 그들은 자기네가 거기서 하룻밤 유숙할 수 있느냐고 물었다.

**가이오:** "예, 신사분들. 당신들이 진실된 사람이라면 유숙할 수 있습니다. 이 집은 순례자들을 위한 곳이니까요."

이에 크리스티아나와 자비심과 소년들은 큰 기쁨을 느꼈다. 이 여관 주인이 순례자들을 사랑하는 사람임을 알게 되었기 때문이었다. 그리하여 그들은 주인에게 방을 청했고, 주인은 크리스티아나와 아이들과 자비심이 쓸 방 하나와 담대 씨와 노신사가 쓸 방 하나를 보여 주었다.

가이오의 집에서 대접받는 순례자들

그때에 담대 씨가 말했다. "친절한 가이오 씨, 저녁을 좀 준비해 주시겠습니까? 이 순례자들은 오랜 여행으로 몹시 피곤하거든요."

**가이오:** "시간이 너무 늦어서 지금 밖에 나가 음식을 구해 오기는 어렵습니다. 그러나 여러분이 좋으시다면 지금 제게 있는 것만으로 대접을 해드리도록 하지요."

**담대:** "댁에 있는 것으로 장만해도 우리는 만족할 것입니다. 제가 아는 한, 당신 댁에는 맛있는 음식 재료가 떨어지는 일이 없으니까요."

그러자 가이오는 주방으로 내려가 일미 ^Taste-that-which-is-good^라는 이름의 요리사에게 여러 순례자들을 위해 저녁을 준비하라고 분부하였다. 그리고 나서 그는 다시 올라와 이렇게 말했다. "자, 나의 좋은 친구들이여, 여기 잘 오셨습니다. 여러분을 대접할 수 있는 집을 가지고 있다는 것이 제게는 큰 기쁨입니다. 저녁이 준비되는 동안, 좋으시다면 함께 유익한 이야기나 주고받는 것이 어떻습니까?"

이에 모두 가이오의 제안에 동의를 했다.

**가이오:** "이 나이 지긋한 마님은 누구의 부인이시고, 또 이 젊은 처녀는 누구의 따님이십니까?"

**담대:** "이분은 예전에 순례자였던 크리스천의 부인이시고, 아이들은 그의 네 아들들이지요. 그리고 이 아가씨는 부인과 잘 아는 이웃인데, 부인이 설득하여 함께 순례길을 떠나게 된 사람입니다. 이 소년들은 모두 아버지의 뒤를 따르고 있으며, 그의 발자취를 밟으려 애쓰고 있지요. 예, 이들은 저 옛 순례자가 누웠던 장소나 발자취만 보면 기쁨으로 가슴이 설레고, 어떻게 해서든 같은 자리에 눕고 같은 발자국을 밟고 싶어하지요."

**가이오:** "이분이 크리스천의 부인이라구요? 그리고 애들이 크리스천의 아들들입니까? 나는 당신의 시아버님과 시할아버지까지 다 알고 있지요. 그 가문에서는 좋은 사람들이 많이 나왔어요. 그 조상들은 처음에 안디옥에 살았었지요(행 11:26). 크리스천의 선조들은 참 훌륭한 사람들이었습니다. 아마 당신도 남편으로부터 그들에 관한 이야기를 들었을 것입니다. 그들은 내가 아는 어떤 이들보다도 더 높은 덕성을 지닌 인물들이었고, 순례자들의 주인이신 하나님과 그의 길과 주를 사랑하는 사람들을 위해 큰 용기를 보여 주었지요.

나는 많은 당신 남편의 친척들이 진리를 위해 시험을 견뎌냈다는 소식을 들었습니다. 당신 남편 가문의 첫 선조의 하나인 스데반은 머리에 돌을 맞고 죽었지요(행 7:59, 60). 같은 세대인 야고보는 칼날에 죽임을 당했답니다(행 12:2). 바울과 베드로는 말할 것도 없고, 당신 남편의 가문에는 옛날에 이그나티우스<sup>Ignatius</sup>라는 사람도 있었는데, 그는 사자들에게 던져졌어요. 또 로마누스<sup>Romanus</sup>라는 사람은 뼈에서 살을 점점이 도려내는 고통을 당했고, 폴리캅<sup>Polycarp</sup>은 화형을 당하면서도 대장부답게 행동했습니다.

그 밖에도 몸이 바구니에 담긴 채 뜨거운 햇빛 아래 매달려 말벌들의 먹이가 된 사람이 있었는가 하면, 자루에 담긴 채 바다에 던져져 빠져 죽은 사람도 있었습니다. 순례자 생활을 사랑해서 상처를 입거나 죽임을 당한 조상들을 일일이 열거하자면 한이 없습니다.

그리고 당신 남편이 이렇게 네 명의 아들을 남기고 갔다니 참 기쁘지 않을 수 없습니다. 부디 이 아이들이 아버지의 명예를 이어받아 그의 발자취를 따르며 아버지가 도달한 곳에 이르게 되기를 바랍니다."

**담대:** "선생님, 정말 이 아이들은 유망한 청년들입니다. 이들은 진심으로 아버지의 길을 따르기로 결심한 것 같습니다."

**가이오:** "내 말이 그 말입니다. 이제 크리스천의 가족은 온 지면에 더욱 널리 퍼지게 되겠지요. 그러니 크리스티아나 부인께서는 아들들과 정혼할 처녀들을 찾아보도록 하세요. 그리하여 그들이 아버지와 조상들의 이름이 세상에서 잊혀지지 않도록 해야 할 거예요."

**정직:** "이런 가문이 몰락하거나 대가 끊긴다면 그건 비극이지요."

**가이오:** "수가 감소될 수는 있을지라도 아주 몰락할 수는 없을 것입니다. 그러나 크리스티아나 부인께서 제 충고를 받아들이셔서 가문을 튼튼히 하시길 바랍니다."

그리고 나서 여관 주인은 크리스티아나에게 한 가지 제안을 했다. "부인, 당신과 친구 자비심 양을 함께 뵈오니 제 마음이 참 즐겁습니다. 두 분은 잘 어울리는 단짝입니다. 친척으로 만드시는 것이 어떻습니까? 자비심 양이 허락한다면, 그녀를 당신의 맏아들 마태에게 주십시오. 그것이 이 땅에서 당신네 자손을 보존하는 길입니다."

그리하여 이 혼사는 성사가 되어 얼마 후 그들은 결혼을 하였는데 그 이야기는 나중으로 미루기로 하자.

가이오는 계속해서 이렇게 말했다. "이제 제가 여자들에게 가해지는 비난을 물리치기 위해 여자의 입장에서 이야기를 좀 드리죠. 죽음과 저주가 여자를 통해 세상에 들어오기는 했으나, 생명과 건강도 역시 여자를 통해 들어왔습니다. '때가 차매 하나님이 그 아들을 보내사 여자에게서 나게 하시고'(창 3장; 갈 4:4).

하와 이후의 여인들은 그 어머니의 행동을 무척이나 혐오했지요. 그래서 구약 시대의 여성들은 행여 자기가 구세주의 어머니가 될 수 있지나 않을까 하는 기대로 자식 낳기를 탐했지요.

제가 또 말하건대, 구세주가 오셨을 때, 천사나 남자들보다 더 앞서 기쁨의 소식을 들은 이들은 여자였습니다(눅 2장). 성경을 읽어 보면, 남자들은 그리스도께 동전 한 닢 갖다드린 적이 없지만, 그를 따르는 여자들은 자기 재물을 다 바쳐 그리스도를 공양하였습니다(눅 8:2, 3).

눈물로 예수의 발을 씻은 자도 여인이요, 예수의 장례를 위해 그의 몸에 기름을 부은 이도 여자였습니다. 예수께서 십자가를 지고 가실 때 슬피 운 것도 여자요, 십자가에서 내려진 예수를 뒤따라간 것도 여자요, 그가 장사되실 때 무덤 곁에 앉았던 이도 여자였습니다. 예수께서 부활하시던 날 아침에 그를 맨 처음 본 사람들도 여자였고, 그가 부활하신 소식을 제자들에게 처음 전해 준 사람도 여자였습니다(눅 7:37, 50; 23:27; 24:22, 23; 요 2:3; 11:2; 마 27:55, 61).

그러므로 여인들은 많은 은총을 받고 있으며, 앞의 일들에서도 나타나듯이, 여자들은 남자들과 더불어 생명의 은혜를 함께 누리고 있습니다."

이때 저녁 준비가 거의 다 되었다는 요리사의 전갈이 왔다. 그리고 한 사람이 올라와 식탁보를 펴고 그 위에 접시와 소금과 빵을 차례로 놓았다.

그러자 마태가 말했다. "이 식탁보와 저녁 준비를 보니 이전 어느 때보다 더 식욕이 강하게 당기는군요."

**가이오:** "이 세상에서 받은 모든 교리적 가르침들이 너로 하여금 천국에서 베풀어지는 위대하신 왕의 만찬석에 앉고자 하는 더 큰 열망을 일으키게 하기를 바란다. 우리가 여기서 받는 모든 설교나 책, 예식들은 하나님의 집에서 먹을 잔치와 비교해 보면 마치 식탁 위에 놓인 접시와 소금에 불과하단다."

이제 저녁이 들어오기 시작했는데, 가장 먼저 그들 앞에 차려진 음식은 쳐든 어깨살heave-shoulder과 흔든 가슴살wave-breast이었다. 이 음식들은 그들이 식사를 할 때 우선 하나님께 찬양과 기도를 올려야 함을 가르쳐 주기 위한 것이었다

(레 7:32, 34; 10:14, 15; 시 25:1; 히 13:15).

쳐든 어깨살은 다윗이 그의 마음을 하나님께 들어 올린 것을 의미하며, 흔든 가슴살은 다윗이 자기 심장이 있는 가슴을 수금에 대고 연주한 것을 의미한다. 이 두 접시의 음식은 매우 신선하고 맛이 좋았으므로, 일행은 모두 즐거운 마음으로 이를 먹었다.

그 다음에 들어온 것은 피처럼 새빨간 포도주 한 병이었다. 이때 가이오가 그들에게 말했다. "마음껏 드십시오. 이것은 하나님과 사람의 마음을 즐겁게 하는 포도나무의 참된 과즙입니다." 그리하여 그들은 포도주를 마시고 즐거워했다(신 32:14; 삿 9:13; 요 15:5).

그 다음에는 잘 풀어진 우유 한 그릇이 들어왔다. 이를 보고 가이오가 말했다. "그것은 소년들에게 주십시오. 이를 먹고 자라도록요"(벧전 2:1, 2).

다음에는 버터와 꿀이 담긴 그릇이 들어왔다. 그러자 가이오가 말했다. "자, 이것은 누구나 마음껏 드십시오. 판단력과 이해력을 증강시키고 기분을 복돋우는 데 좋은 음식이니까요. 우리 주님께서는 어릴 때 음식을 즐겨 드셨지요. '악을 버리고 선을 택할 줄 알 때가 되면 버터와 꿀을 먹을 것이라'"(사 7:15).

그 다음엔 아주 맛있는 사과가 담긴 접시가 들어 왔다. 이를 보고 마태가 말했다. "사과는 뱀이 우리 시조 할머니를 꾈 때 사용한 과일인데 우리가 먹어도 될까요?"

그러자 가이오가 말했다.

"마귀가 사과로 우리를 속였다네.
그러나 우리 영혼을 더럽힌 것은
사과가 아니라 죄였다네.
먹지 말라는 사과를 먹으면 피가 썩지만
먹으라고 권하는 사과를 먹으면 유익이 있으리.
주님의 비둘기인 너희 교회여,
그의 잔을 마시라.

사랑에 병든 너희여,

그의 사과를 먹으라."

그러나 마태가 말했다. "저는 얼마 전에 과일을 먹고 병에 걸린 적이 있어서 망설이는 거예요."

**가이오**: "금지된 과일을 먹으면 병이 나지만, 우리 주님께서 허락하시는 과일을 먹으면 괜찮단다."

그들이 이런 이야기를 하고 있는 사이에 또 다른 접시가 들어 왔는데, 거기에는 호도가 담겨 있었다(아 6:11). 그때 누군가 이런 말을 했다. "호도는 연약한 이빨을 상하게 하지요. 특히 어린아이의 이빨을."

이 말을 들은 가이오가 말했다.

"호도는 단단한 물건이지요. (나는 호도를 사기꾼이라 부르지는 않겠어요)

그 껍질은 알맹이를 보호해

아무나 마음대로 먹지 못하게 한다네.

그러나 껍질을 벗기기만 하면

살을 먹을 수 있지요.

이제 여기 가져 왔으니

여러분은 깨어 잡수세요."

그리고 나서 그들은 오랫동안 식탁에 앉아 즐거운 마음으로 많은 이야기를 주고 받았다. 그러다가 정직 노인이 말을 꺼냈다. "착한 여관 주인님, 좋으시다면 호도를 깨는 동안 이 수수께끼를 풀어 보시겠습니까?

'한 사람이 있었는데, (어떤 이들은 그를 미친 사람 취급하기도 했지만)

그는 많이 던져 버릴수록

더 많이 얻게 되었지요.'"

이에 일행은 착한 가이오가 어떤 대답을 할까 궁금해하면서 그에게 주의를 집중시켰다. 잠시 묵묵히 앉아 있던 가이오는 이렇게 대답했다.

"가난한 자들에게 자기 물건을 베풀어 주는 자는
후에 열 배나 더 되게 돌려 받으리."

그러자 요셉이 말했다. "선생님, 저는 선생님께서 그 수수께끼를 푸시리라고는 생각지 못했어요."

가이오가 말했다. "나는 이런 방면의 훈련을 많이 받았단다. 경험보다 더 좋은 교육 방법은 없거든. 나는 주님으로부터 친절해야 한다는 가르침을 받았고, 경험을 통해 그것이 유익이 된다는 사실을 깨달았단다. '흩어 구제하여도 더욱 부하게 되는 일이 있나니, 과도히 아껴도 가난하게 될 뿐이니라', '스스로 부한 체하여도 아무것도 없는 자가 있고 스스로 가난한 체하여도 재물이 많은 자가 있느니라'(잠 11:24; 13:7)."

이때 사무엘이 그 어머니 크리스티아나에게 나직한 소리로 말했다. "엄마, 이 집 주인은 참 훌륭한 분이에요. 우리 여기 오랫동안 머물면서, 마태 형님과 자비심 양을 결혼시키도록 해요."

이 말을 엿들은 주인 가이오가 말했다. "그것 참 좋은 생각이다, 얘야."

그리하여 그들은 한 달 이상 거기 머물렀으며, 자비심은 마태와 결혼식을 올렸다.

그들이 거기 머무는 동안, 자비심은 종전처럼 외투와 속옷을 만들어 가난한 사람들에게 나누어 주었는데, 이를 통해 그녀는 순례자들에게서 아주 좋은 평판을 얻었다.

## 11. 거인 살선과 심약 씨

이제 다시 우리의 이야기로 돌아가 보자. 저녁 후에 소년들은 여행으로 인한 피곤함 때문에 잠자리에 들고 싶어했다. 그리하여 가이오는 사람을 불러 그들을 방으로 안내하라고 했다. 이때 자비심이 말했다. "제가 그들을 침실로 데리고 가겠어요."

그리하여 소년들은 자비심의 인도로 잠을 자러 올라갔지만, 나머지 사람들은 앉아서 이야기로 밤을 새웠다. 그들과 가이오는 너무나 의기투합하여 서로 작별의 말을 할 수 없었던 것이다. 주님에 대한 이야기, 자신들과 여행에 대한 이야기를 한참 하고 있노라니, 아까 가이오에게 수수께끼를 내었던 정직 노인이 꾸벅꾸벅 졸기 시작했다. 그리하여 담대 씨가 그에게 말을 걸었다. "아니, 선생님께서는 꽤 졸리신 모양이군요. 자, 정신을 차리시고 제 수수께끼를 하나 풀어 보세요."

정직 씨가 말했다. "어디 들어 봅시다."

이에 담대 씨가 말했다.

> "남을 죽이려 하는 자는 먼저 정복을 당해야 하고,
>  밖에서 살고자 하는 자는 먼저 집 안에서 죽어야 한다."

정직 씨가 말했다. "하! 어려운 수수께끼로군. 풀기도 어렵지만 실천하기는 더 어려워. 자, 주인장, 원하신다면 제 문제를 당신에게 넘겨드리지요. 당신이 풀어 보시구려, 나는 당신 말을 듣고 있을 테니까."

가이오가 말했다. "안 됩니다. 이건 당신께 주어진 문제입니다. 사람들이 당신의 대답을 기다리고 있지 않습니까?"

그러자 그 노신사가 대답했다.

> "죄를 죽이려 하는 자는

먼저 은혜로 정복을 당해야 하고,
살아 있음을 남에게 증거하고자 하는 자는
자기 자신에 대해 죽어야 한다."

가이오가 말했다. "옳습니다. 참 좋은 가르침이지요. 제 경험이 이를 입증합니다. 은혜가 나타나 그 영광으로 영혼을 정복하기 전까지는 진심으로 죄를 미워하는 마음이 생기지 않습니다. 만약 죄를 가리켜 영혼을 얽어매는 사탄의 밧줄이라고 할 때, 그 결박에서 풀려나지 않고서야 어떻게 사탄에게 저항을 할 수 있겠습니까? 그리고 만약 사리에 밝고 은혜를 아는 사람이라면, 자신의 부패에 종이 되어 있는 자가 은혜에 대한 살아 있는 증거물이 될 수는 없다는 사실을 잘 알 것입니다.

말이 난 김에 여러분들에게 들려드릴 이야기가 하나 있는데, 아마 들을 만한 가치가 있을 것입니다. 두 사람의 남자가 순례길을 떠났는데, 한 사람은 아직 젊었고 한 사람은 나이가 많았습니다. 젊은이는 싸워서 꺾어야 할 부패한 마음을 많이 갖고 있었고, 노인은 몸이 노쇠함에 따라 그런 마음도 약해져 있었지요. 젊은이는 노인과 함께 꾸준히 그의 발걸음을 내딛었고, 모든 길을 노인과 함께 가볍게 나아갔습니다. 그렇게 그 두 사람이 똑같이 보이는데, 과연 누가 더 은혜의 빛을 강하게 발하고 있는 것일까요?"

**정직:** "물론 젊은이지요. 왜냐하면 가장 큰 적수와 싸워 나간다는 것은 가장 큰 투쟁력을 과시하는 셈이 되니까요. 특히 그가 자신의 난관에 비해 절반도 못되는 난관과 싸우는 노인과 발걸음을 맞추어 행진한다는 것은 놀라운 일이지요. 반면에 저는 종종 노인들이 엉뚱하게 자기 기만에 빠지는 것을 보았지요. 그들은 나이 먹어 자연적으로 정욕이 감퇴된 것을 가지고 자기가 죄악과 싸워 이긴 것처럼 여기곤 하죠. 하지만 실제로 은혜를 많이 받은 노인들은 젊은이들에게 충고의 말을 잘 해 줄 수 있지요. 왜냐하면 그들은 만사가 헛되다는 사실을 경험으로 잘 알고 있기 때문입니다. 그래도 젊은 이와 노인이 함께 순례의 길을 가게 될 때, 노인은 부패한 마음이 자연적으로 약화되어 자기 안에서 역사하는 은혜의 힘을 잘 깨닫지 못하는 반면, 젊

은이는 그 힘을 잘 깨달을 수 있는 이점을 갖고 있지요."

날이 샐 때까지 그들은 이러한 이야기를 계속했다. 가족들이 잠에서 깨어 일어나자 크리스티아나는 아들 야고보에게 성경을 한 장 읽으라고 명했다. 야고보는 이사야 53장을 읽었는데, 그가 읽기를 마치자 정직 씨가 물었다. "성경 말씀에 왜 구세주께서는 '마른 땅'에서 나오는 뿌리 같아 '고운 모양도 없고 풍채도 없다'고 했을까요?"

그러자 담대 씨가 말했다. "제가 대답해 드리죠. 우선 마른 땅에서 나오셨다는 것은 예수께서 성장하신 당시의 유대 교회가 종교적 활기와 정신을 거의 다 상실하고 있었다는 뜻입니다. 두 번째로 고운 모양도 없고 풍채도 없다는 말은 불신자들이 그를 보고 하는 말입니다. 우리 왕자님의 마음을 들여다볼 눈을 갖지 못한 불신자들은 그의 초라한 겉모습만 보고 판단한 것입니다. 마치 그들은 보석이 보잘것없는 돌껍데기에 싸여 있다는 사실도 모르고, 자신들이 발견한 보석을 보통 돌인 줄 알고 던져 버리는 사람들과 같지요."

이때 가이오가 말했다. "그러고 보니 마침 잘 오셨습니다. 제가 알기에, 담대 씨는 무기를 능란하게 다루신다고 하던데, 원하신다면 원기를 회복한 후에 들판으로 나가서 무슨 좋은 일을 할 수 있나 알아보지 않으시겠습니까?

여기서 5리 가량 떨어진 곳에 살선殺善, Slay-good이라는 거인 하나가 살고 있는데, 그는 이 근처 왕의 대로大路에 자주 나타나 사람들을 괴롭히곤 한답니다. 그자는 많은 도둑 떼의 두목인데, 제가 그의 소굴을 알고 있으니 우리가 가서 그를 처치해 버렸으면 좋겠습니다."

이 말에 그들은 모두 동의했다. 그리하여 담대 씨는 칼과 투구와 방패를 착용하였고, 나머지 사람들은 창과 몽둥이를 들고 나섰다.

거인이 있는 곳까지 온 일행은 심약心弱, Feeble-mind이라는 사람을 붙잡고 있는 거인을 발견하였다. 심약 씨는 길을 가다가 거인의 부하들에게 붙들려 그에게 바쳐진 것이었다. 심약 씨의 몸을 살살이 뒤지고 난 거인은 이제 막 그를 산 채로 뜯어 먹으려고 하던 참이었다. 거인은 사람의 고기를 좋아하는 자였다.

그러다가 무기를 든 담대 씨와 그의 친구들이 동굴 입구를 막고 서 있는 것을 본 거인은 그들에게 무엇하러 왔느냐고 소리를 질렀다.

**담대**: "너를 잡으러 왔다. 네가 왕의 대로로 행하는 수많은 순례자들을 붙잡아 죽였으니 우리가 그 복수를 해 주겠다. 자, 얼른 굴 밖으로 나오너라."

그러자 거인은 무기를 들고 밖으로 나와 싸우기 시작했다. 한 시간 쯤 싸우고 난 그들은 숨을 돌리느라 잠시 멈추고 서 있었다.

거인이 말했다. "어찌하여 너희는 내 땅을 침범했느냐?"

**담대**: "아까 말한 대로 순례자들이 흘린 피를 보복하기 위해서다."

그리하여 그들은 다시 싸움을 시작했다. 거인이 일단 담대 씨를 뒤로 밀치는 데 성공했다. 다시 앞으로 나선 그는 담대하게 거인의 머리와 옆구리를 칼로 힘껏 내리쳤다. 이에 거인은 손에서 무기를 떨어뜨리고 말았다. 그러자 담대 씨는 다시 일격을 가해 그를 죽이고 머리를 잘라 버렸다.

그들은 거인의 머리를 가지고 여관으로 돌아왔으며, 순례자인 심약 씨도 함께 숙소로 데리고 왔다. 집에 이르자 그들은 가족들에게 머리를 구경시킨 후 그것을 높이 매달아 놓았다. 예전에도 그들은 악한들의 머리를 잘라 그렇게 매달아 놓곤 했는데, 이는 누구라도 후에 그런 짓을 하지 말라는 경고의 표시였다.

그리고 나서 그들은 심약 씨에게 물었다. "어쩌다가 그의 손에 붙잡히게 되었습니까?"

이에 그 가련한 사람이 대답했다. "보시다시피 저는 이렇게 병자입니다. 죽음이 으레 하루에 한 번씩 제 집 문을 두드리곤 하기 때문에 그냥 있다가는 안 되겠다 싶어 순례길을 떠나 여기까지 오게 된 것입니다. 저는 불확실<sup>Uncertain</sup>이란 마을에서 왔는데, 그곳은 저와 제 아버님이 태어난 고향입니다. 저는 육체뿐 아니라 정신적으로도 전혀 힘이라곤 없는 사람입니다. 하지만, 기는 일 외에는 아무것도 할 수 없는 저일지라도 할 수 있는 한 순례자의 길을 가고자 합니다.

제가 이 길 입구에 있는 문에 도착하였을 때, 그곳 주인님께서는 아낌없이 저를 대접해 주셨습니다. 그분은 연약한 나의 용모와 유약한 나의 마음을 거부하지 아니하시고, 여행에 필요한 것들을 주시면서 끝까지 희망을 버리지 말라고 격려해 주셨습니다.

해석자의 집에 도착해서도 저는 많은 친절함을 받았답니다. 곤고산이 내가 오르기에 너무 험하다는 판단이 들었기 때문에, 해석자께서는 하인 한 명을 시켜 저를 높은 곳까지 업어다 주셨습니다. 정말 저는 다른 순례자들로부터도 많은 도움을 받았지요. 그들은 아무도 나처럼 천천히 갈 수밖에 없는 사람과 동행하려 하지는 않았지만, 자주 제게 다가와서는 용기를 복돋워 주면서 '마음이 연약한' 자들에게 '위안'을 주는 것이 주님의 뜻이라고 말하고 나서 다시 자기네 길로 가곤 하였습니다(살전 5:14).

제가 습격의 오솔길Assault-lane에 들어섰을 때, 이 거인이 나타나서는 한 판 겨룰 준비를 하라고 호통을 쳤습니다. 그러나 애석하게도 저는 워낙 마음이 약해서 감히 그에게 대들 엄두를 내지 못했습니다. 그리하여 그가 내려와 저를 붙잡았던 것입니다.

그래도 저는 그가 설마 나를 죽이려는 생각을 했습니다. 그의 굴에 끌려갔을 때도 나는 내 의사로 거기에 간 것이 아니었으므로 살아서 다시 나오게 되리라고 믿었습니다. 왜냐하면 저는 설사 어떤 순례자가 흉악한 자의 손에 포로가 된다 할지라도 주님께 대한 믿음을 온전히 품고만 있으면 섭리의 법에 의해 결코 원수의 손에 죽임을 당하지 않게 하신다는 말을 들었기 때문입니다. 제가 강도를 당한 것처럼 보이고 또 실제로 강도를 당하기도 했지만, 보시다시피 저는 무사히 빠져나오지 않았습니까? 그래서 저는 모든 일의 주관자이신 임금님과, 그의 도구가 되어 주신 당신께 깊이 감사를 드립니다.

앞으로 또 어떤 공격을 당할지 몰라도 저는 확고히 결심했습니다. 뛰어갈 수 있으면 뛰어가고, 뛸 수 없으면 걸어가고, 걸을 수 없으면 기어서라도 가기로요. 무엇보다도 저는 저를 사랑해 주신 하나님께 감사드립니다. 저는 앞에 놓인 내 길을 나아갈 각오가 되어 있습니다. 여러분이 보다시피 저는 연약한 마음의 소유자이지만, 내 마음은 이미 다리 없는 강 너머에 있습니다."

그러자 정직 노인이 그에게 물었다. "당신 혹시 얼마 전에 순례길을 떠났던 두려움 씨를 모르십니까?"

**심약:** "알다마다요. 그는 멸망의 도시에서 북쪽으로 십 리 쯤 떨어진 우둔이란 마을에 살았는데, 그 마을과 제 고향의 거리도 그쯤 되지요. 하지만 우리는 잘 아는 사이였습니다. 그분은 제 아버지의 동생, 다시 말하면 제 삼촌이셨거든요. 그분과 저는 성미가 아주 비슷했지요. 그는 저보다 키가 좀 작았지만, 우리의 용모는 매우 흡사합니다."

**정직:** "내가 그럴 줄 알았지요. 나는 당신들이 친척 관계임을 쉽게 알 수 있었어요. 하얀 피부색과 눈언저리가 닮았거든요. 그리고 당신들 말투도 서로 아주 비슷합니다."

**심약:** "우리 두 사람을 아는 사람들은 대부분 그렇게 말합니다. 제가 보기에도, 그분과 저는 거의 모든 면에서 비슷해요."

**가이오:** "자, 선생. 기운을 내십시오. 우리 집에 오신 것을 환영합니다. 무엇이든 원하는 것이 있으시면 주저 없이 청하십시오. 무슨 요구건 제 하인들에게 시키시면 그들이 기꺼이 받들어 모실 것입니다."

**심약:** "이건 참으로 뜻밖의 환대입니다. 마치 짙은 먹구름 너머로 밝은 햇빛이 비치는 것 같군요. 거인 살선이 나의 길을 막고 더 이상 나아가지 못하게 한 것이 이런 환대를 받게 하기 위함이 아니었을까요? 거인이 나를 '가이오 주인' 댁으로 오게 하기 위해 일부러 내 돈을 턴 게 아니냐는 거죠. 그럴리는 없겠지만 결과가 그렇게 되었네요."

이렇게 심약 씨와 가이오가 이야기를 나누고 있을 때, 한 사람이 달려와 문간에서 소리를 지르며 말했다. 한 2km쯤 떨어진 곳에서 부정不正, Not-right이라는 순례자가 벼락을 맞고 그 자리에서 죽었다는 것이었다.

이에 심약 씨가 말했다. "아뿔싸! 그가 죽다니! 나는 여기 오기 며칠 전에 그를 만났는데, 그때 그는 나의 보호자가 되어 주겠다고 약속했지요. 살선 거인이 나타났을 때도 우리는 함께 있었는데, 거인을 보자 그는 재빨리 피해 도망하고 말았습니다. 그러고 보니 도망갔던 그는 죽었고, 붙잡혔던 나는 살았군요.

> '금방 살해당하리라고 생각되던 자가
> 종종 그 비참한 곤경에서 구원받기도 하고
> 죽음의 얼굴을 가진 저 섭리가
> 종종 비천한 자에게 생명을 부여하기도 하누나.
> 나는 붙잡히고 그는 도망하였더니
> 결과가 엇갈려 그는 죽고 나는 살았도다.'"

이즈음에 마태와 자비심은 결혼식을 올렸고, 가이오는 자기 딸 뵈뵈<sup>Phebe</sup>를 마태의 동생 야고보에게 아내로 주었다. 이 일이 있은 후 일행은 열흘 정도 더 가이오의 집에 머물면서 순례자들이 으레 하는 대로 즐거운 시간을 보냈다.

그들이 떠날 때가 되자, 가이오는 잔치를 베풀어 주었고, 일행은 모두 먹고 마시며 즐거워했다. 출발하기에 앞서 담대 씨는 주인에게 숙박비 청구서를 갖다 달라고 했다. 그러나 가이오는 자기 집에서는 관례상 접대비를 순례자 본인들로부터는 받지 않는다고 말했다. 순례자들의 유숙비는 모두 적어 두었다가 1년에 한 번씩 선한 사마리아 사람으로부터 받는데, 그는 순례자들에게 드는 비용이 얼마이든 간에 자기가 돌아올 때 틀림없이 갚겠다고 약속했다는 것이었다 (눅 10:34, 35).

그러자 담대 씨가 가이오에게 말했다. "사랑하는 자여, 그대가 무엇이든지 형제, 곧 나그네 된 자들에게 행하는 것은 신실한 일이니 그들이 교회 앞에서 그대의 사랑을 증거하였습니다. 그대가 하나님께 합당하게 그들을 전송하면 좋은 결실을 얻을 것입니다"(요삼 5, 6).

그리고 나서 가이오는 손님들에게 작별 인사를 하였다. 아이들과 특별히 심약 씨에게 각별한 인사를 드린 그는 그들이 여행 도중에 마실 음료수도 나누어 주었다.

## 12. 허영의 도시

그들이 문 밖으로 나가고 있을 때 심약 씨는 주저하는 눈치를 보였다. 이를 눈치 챈 담대 씨가 말했다. "자, 심약 씨. 부디 우리와 함께 갑시다. 내가 당신의 안내자도 되어드릴 테니 염려말고 가세요."

**심약:** "아! 나에게 적당한 동반자 한 사람만 있으면 좋겠어요. 여러분은 모두 정력적이고 강하지만, 보시다시피 나는 약해요. 그러니 저는 차라리 뒤에 가겠어요. 여러 가지 약점을 지닌 제가 여러분과 나 자신에게 짐이 되고 싶지는 않으니까요. 이미 말했듯이 저는 몸과 마음이 연약한 사람이라서, 다른 사람들에게는 아무렇지도 않은 일에 놀라고 넘어질 거예요. 남들처럼 잘 웃지도 않을 것이고, 밝은 의상도 좋아하지 않을 것이며, 쓸데없는 질문도 싫어할 거예요. 저는 너무나 연약한 사람이라서 남들이 자유롭게 행하는 일에 걸려 넘어지고 말거예요(고전 8:9). 저는 아주 무식한 신자라서 진리를 다 알지 못합니다. 때때로 누가 주님 안에서 즐거워하는 모습을 보면 전 괴롭습니다. 저는 그렇게 할 수 없으니까요. 저는 강한 자들 가운데 있는 약한 자로서 멸시받는 등불과 같은 신세입니다. 쉽게 실족하는 사람은 편안한 사람들이 생각하기에 멸시받는 등불 같지요(욥 12:5). 그러니 저는 어떻게 해야 할지 모르겠습니다."

**담대:** "그러나 형제여, 나는 연약한 마음을 위로하고 힘 없는 자를 붙들어 주라는 사명을 띠고 있습니다. 당신은 반드시 우리와 함께 가야 할 필요가 있습니다. 우리는 당신의 시중을 들어줄 것이며, 도움이 필요하면 언제든지 도와드릴 것이고, 어떤 일에 관해서는 당신을 위해 말이나 행동에 절제를 할 것입니다. 우리는 당신 앞에서 '의심스러운 변론' 따위는 벌이지 않을 것입니다. 당신을 뒤에 남겨두고 가느니, 우리가 이 모든 일을 행하겠습니다(롬 14:1; 고전 8:9, 13; 9:32)."

그들이 가이오의 대문 앞에서 이런 이야기로 열을 올리고 있는 사이에, 주저

Ready-to-halt라는 사람이 양 손에 지팡이를 짚고 나타났다. 그도 역시 순례길을 가고 있었다(시 38:17).

그러자 심약 씨가 그에게 말했다. "여보세요. 어떻게 여기까지 오셨습니까? 방금 나는 내게 적합한 동반자가 없다고 한탄하던 참인데, 당신은 내 마음에 쏙 드는 사람입니다. 잘 오셨습니다. 착한 주저 씨, 이제 우리 서로 도와가며 동행하길 바랍니다."

**주저:** "나도 당신과 동행한다면 기쁘기 그지없겠습니다. 심약 씨, 따로 떨어져 가는 것보다는 함께 가는 것이 좋겠지요. 자, 우리가 이렇게 기쁘게 만났으니, 지팡이를 한 개 빌려드리겠습니다."

**심약:** "아닙니다. 호의는 고맙습니다만 절름발이가 되기 전까지는 지팡이를 짚고 싶지 않습니다. 혹시 개가 달려들면 지팡이가 소용될지도 모르지만요."

**주저:** "착한 심약 씨. 나 자신이나 내 지팡이가 당신에게 소용될 때는 언제든지 말씀하십시오. 기꺼이 제공해 드릴 테니까요."

그리하여 일행은 다시 여행을 시작했다. 담대 씨와 정직 씨가 앞장서 나아갔고, 크리스티아나와 아이들이 그 뒤를 따랐으며, 심약 씨와 지팡이를 짚은 주저 씨는 맨 뒤를 따랐다.

이때 정직 씨가 말했다. "자, 담대 씨. 우리가 길에 들어섰으니, 우리보다 앞서 간 순례자들의 행적 중 유익될 만한 것이 있으면 들려주십시오."

**담대:** "기꺼이 이야기해 드리죠. 아마 여러분은 예전에 크리스천이 겸손의 골짜기에서 아볼루온과 대결한 이야기를 들으셨을 것입니다. 그리고 그가 얼마나 고생하며 사망의 음침한 골짜기를 지나갔는지에 대해서도 들으셨겠죠. 뿐만 아니라 믿음Faithful과 바람둥이 마님과 첫사람 아담, 불만Discontent, 수치Shame와 만난 이야기도 들으셨을 겁니다. 사람이 길을 가다 보면 그런 사기꾼 악당들을 종종 만나게 되지요."

**정직:** "예. 그 이야기들은 다 들은 것 같습니다. 착한 믿음이 수치를 만났을

때 가장 심한 욕을 봤지요. 수치는 정말 끈질긴 자였으니까요."

**담대:** "예. 그 순례자가 잘 지적하였듯이, 모든 사람들 가운데 그자만은 잘못된 이름을 갖고 있지요. 그는 수치를 모르는 자이니까요."

**정직:** "그런데 선생님. 크리스천과 믿음이 수다쟁이를 만난 곳이 어디였습니까? 그 사람도 유명한 자였지요."

**담대:** "그는 참 뻔뻔스러운 바보지요. 그렇지만 많은 사람들이 그를 따르고 있답니다."

**정직:** "하마터면 믿음이 그에게 속아 넘어갈 뻔했지요?"

**담대:** "예. 하지만 크리스천이 재빨리 그의 정신을 차리게 해 주었습니다."

이러는 가운데 그들은 크리스천과 믿음이 전도자를 만나 허영의 시장에서 당할 일에 대한 예언을 듣던 곳에 이르렀다.

**담대:** "이 근처에서 크리스천과 믿음은 전도자를 만났지요. 전도자는 그들에게 허영의 시장에서 그들이 당하게 될 고난에 관해 예언해 주었습니다."

**정직:** "아, 그렇습니까? 그런데 전도자가 그들에게 읽어 준 말씀은 참 힘든 부분이었던 것 같습니다."

**담대:** "그렇습니다. 하지만 전도자는 그들에게 용기를 심어 주었지요. 그렇지만 그들은 또 어떤 사람들이었습니까? 그들은 사자 같이 용맹스러운 사람들이 아니었습니까? 또 얼굴은 부싯돌 같이 굳었지요(사 50:7). 당신은 그들이 재판관 앞에 섰을 때 얼마나 당당했는지 기억나십니까?"

**정직:** "그럼요. 믿음은 참 용감하게 고난을 당했지요."

**담대:** "예. 그리고 그 용감한 행위는 헛되지 않았습니다. 왜냐하면 소문에 의하면 소망Hopeful을 비롯한 몇몇 사람들이 그의 죽음을 통해 회심하게 되었다고 하니까요."

**정직:** "그렇군요. 당신은 여러 가지 사건들을 잘 알고 계시는 모양이니 말씀을 계속해 주십시오."

**담대:** "허영의 시장을 통과한 크리스천이 길에서 만난 사람들 중에서 사심

By-ends이 가장 능글맞은 자였지요."

**정직:** "사심이라! 그는 어떤 사람이었습니까?"

**담대:** "그 친구는 아주 고약한 위선자였습니다. 그는 세상 풍조에 따라 종교를 믿는 자인데, 어찌나 교활한지 신앙으로 인해 손해보거나 고생하는 일은 절대 안 하려 했지요. 경우에 따라 신앙 방식을 바꾸는 데 능했고, 그의 아내도 남편 못지않게 그 일에 능했습니다. 그는 자기 견해를 이리저리 바꾸고 변화시켰으며, 그런 자기 태도를 옹호하기까지 했습니다. 그러나 제가 들은 바에 의하면, 그는 자신의 빗나간 목적으로 인해 그릇된 종말을 맞았다고 하더군요. 그리고 그의 자녀들 가운데서도 하나님을 참되게 경외하는 자는 한 사람도 나오지 않았다고 합니다."

이즈음에 그들은 허영의 시장이 열리고 있는 허영의 도시가 바라보이는 곳까지 왔다. 마을에 가까이 이르렀음을 깨달은 그들은 어떻게 그 마을을 통과해야 할 것인가에 관해 서로 의논하기 시작했는데, 의견이 서로 엇갈려 결론이 잘 나지 않았다.

마침내 담대 씨가 말했다. "여러분도 아시겠지만, 저는 종종 순례자들의 안내자가 되어 이 마을을 통과하곤 했습니다. 그래서 제가 이곳에 나손Mnason이라는 사람을 사귀어 놓았는데, 그는 구브로 태생으로 늙은 제자입니다. 그의 집에는 우리가 묵을 만한 처소가 있는데, 여러분이 좋으시다면, 그리로 가도록 하지요."

정직 노인이 말했다. "나는 좋습니다."

"나도 좋아요." 크리스티아나가 말했다.

심약 씨도 찬성하였고, 모든 사람들이 좋다고 말했다.

독자 여러분도 짐작하겠지만, 그들이 마을 외곽에 다다른 때는 황혼 무렵이었다. 그러나 담대 씨는 노인의 집에 이르는 길을 잘 알고 있었으므로 문제가 없었다. 집 문 앞에 이르자 담대 씨는 주인의 이름을 불렀다. 그의 음성을 알고 있던 노인은 곧 나와 문을 열어 주었고, 일행은 안으로 들어갔다.

이에 주인인 나손 씨가 말했다. "오늘 얼마나 멀리 걸어 오셨습니까?"

그들이 말했다. "우리 친구 가이오의 집에서부터 걸어 왔습니다."

**나손**: "먼 곳을 빨리도 오셨군요. 피곤하실 테니 이리들 앉으십시오."

그리하여 그들은 모두 자리에 앉았다.


이때 안내자가 말했다. "자, 여러분, 기분들 푸십시오. 제 친구 집에 오신 것을 환영합니다."

**나손**: "저 역시 여러분을 환영합니다. 원하시는 것은 무엇이든 이야기하십시오. 우리가 할 수 있는 한 구해서 드리겠습니다."

**정직**: "우리가 그동안 간절히 원하던 것은 안식처와 좋은 친구들이었습니다. 그런데 지금 우리는 그 두 가지를 다 얻은 것 같군요."

**나손**: "안식처라면 여러분이 보시는 바로 여기가 그곳입니다. 그러나 좋은 친구란 시험을 당할 때에 나타나지요."

**담대**: "그럼 이 순례자들을 밖으로 안내해 주시겠습니까?"

**나손**: "그러죠."


이리하여 그는 순례자들에게 각각 방을 정해 준 다음에, 매우 훌륭한 식당으로 안내하였다. 그곳은 그들이 함께 모여 식사를 하고, 쉬러 갈 때까지 이야기를 나눌 곳이었다.

그들이 자리를 잡고 잠시 여독을 풀고 나자, 정직 씨가 집 주인에게 그 마을에 착한 사람들이 운영하는 가게가 있느냐고 물었다.

**나손**: "약간 있습니다. 그러나 나쁜 사람들이 운영하는 가게에 비교하면 정말 약간이지요."

**정직**: "우리가 그 착한 가게 주인들을 좀 만나볼 수 있겠습니까? 왜냐하면 순례길을 가는 사람들이 착한 사람들을 만난다는 것은 마치 여행 중에 달과 별을 보는 것과 마찬가지거든요."

이 말을 들은 나손 씨가 발로 바닥을 탕탕 치자, 그의 딸 은혜Grace가 올라왔다. 그는 딸에게 말했다. "은혜야, 너는 내 친구들인 통회 씨<sup>Mr. Contrite</sup>, 거룩 씨<sup>Mr. Holy-man</sup>, 성도 사랑 씨<sup>Mr. Love-saints</sup>, 무허위 씨<sup>Mr. Dare-not-lie</sup>, 참회 씨<sup>Mr. Penitent</sup>에게 가서, 우리 집에 친구들이 한두 사람 와 있으니 생각이 있으시면 오늘 저녁에 와서 그들을 만나 보시라고 하렴."

그리하여 은혜가 그들을 부르러 가자 곧 그들이 왔다. 인사를 나눈 후 그들은 함께 식탁에 앉았다.

이때 집주인인 나손 씨가 말했다. "이웃 여러분, 여러분도 보시다시피 낯선 손님들이 우리 집에 오셨습니다. 이분들은 순례자들로서 시온 산으로 가기 위해 먼 길을 오셨습니다."

그는 손가락으로 크리스티아나를 지적하면서 말을 계속했다. "그런데 여러분, 여기 계신 부인이 누군지 아시겠습니까? 이분은 유명한 순례자 크리스천의 아내인 크리스티아나이십니다. 크리스천이라면 그의 형제 믿음과 함께 우리 마을에서 수치스러운 대우를 받았던 분이지요."

이 말에 그들은 깜짝 놀라 일어서면서 말했다. "은혜가 부르러 왔을 때 우리는 크리스티아나 부인을 만나게 되리라고는 꿈에도 생각지 못했습니다. 참 놀랍고도 기쁜 일입니다."

그들은 크리스티아나에게 안부를 물은 후에 아이들을 가리키며 이 젊은이들이 크리스천의 아들들이냐고 물었다. 그녀가 그렇다고 대답하자, 그들은 아이들에게 말했다. "너희가 사랑하고 섬기는 임금님께서 너희를 아버지처럼 만드시고 너희를 평안히 그가 계신 곳까지 이끄시길 빌겠다."

그들이 모두 자리에 다시 앉자 정직 씨가 통회 씨와 그밖의 여러 사람들에게 물었다. "지금 이 마을의 형편이 어떻습니까?"

**통회:** "장이 설 때마다 우린 무척 바쁘지요. 일이 번거로울 때는 우리의 마음과 정신을 올바르게 유지하기가 무척 어렵습니다. 이런 곳에 살면서 우리와 같은 장사를 하는 사람은 매일 매순간 주의하도록 경고를 주는 상품이 필요하지요."

**정직:** "당신네 이웃들은 어떻습니까? 이제 좀 잠잠해졌습니까?"

**통회:** "예전보다는 훨씬 온건해졌습니다. 당신도 크리스천과 믿음이 우리 마을에서 당한 일을 알 것입니다. 그러나 최근에는 훨씬 온건해졌다고 할 수 있죠. 제가 생각하기에, 믿음의 피가 아직까지도 그들의 마음에 무겁게 깔려 있는 것 같아요. 왜냐하면 그를 화형시킨 이후로 그들은 부끄러운지 더 이상 사람 화형시키는 일을 하지 않았기 때문입니다. 그전에는 우리가 거리에 나다니기를 무서워했는데, 이제는 머리를 들고 다닐 수 있습니다. 그때만 해도 신앙을 고백하는 자는 밉살스럽게 취급되었지만, 지금 이 도시의 일부에서는 특히 ─ 여러분도 아시다시피 우리 도시는 꽤 큽니다 ─ 종교가 존경스러운 것으로 간주되고 있습니다."

그리고 나서 통회 씨는 순례자들에게 말했다. "당신들은 얼마나 멀리 순례 여행을 하셨습니까? 길이 어떠합니까?"

**정직:** "길이야 여행자들이 으레 만나는 그런 길이었지요. 어떤 때는 길이 깨끗하고 어떤 때는 더럽고, 어떤 때는 오르막 길이고 어떤 때는 내리막 길이었습니다. 하여튼 평탄할 때는 드물었습니다. 언제나 순풍을 만난 것도 아니었고, 길에서 만나는 사람이 누구나 다 친구는 아니었습니다. 도중에 우리는 이미 여러 큼직한 고난들을 겪었고, 앞으로 또 어떤 역경들을 겪게 될지 모릅니다. 하지만 대개의 경우에 우리는 '무릇 의롭게 살고자 하는 자는 고난을 당하리라'는 옛 말씀이 옳다는 사실을 깨달았습니다."

**통회:** "고난이라고 말씀하셨는데, 무슨 고난을 당하셨습니까?"

**정직:** "그건 우리 안내자인 담대 씨에게 물어보십시오. 가장 잘 설명해 줄 수 있는 사람은 그이니까요."

**담대:** "우리는 벌써 두어 번 죽을 고비를 넘겼지요. 첫 번째로 크리스티아나와 그의 아이들은 두 명의 악한들을 만났는데, 그들은 일행의 생명을 빼앗을 듯이 덤벼들었지요. 그리고 나서 우리는 거인 피흘리는 자와 거인 철퇴, 거인 살선 등을 만나 괴로움을 당했지요. 정확히 말하자면 마지막 거인에 대해서는 그가 우리를 괴롭혔다기보다는 우리가 그를 괴롭혔다고 할

수 있습니다.

　일은 이렇게 되었습니다. 우리가 '나와 온 교회를 돌보아 주는 가이오'(롬 16:23) 집에 얼마 동안 머무르고 있을 때, 하루는 가이오 씨가 우리에게 무기를 들고 나가서 순례자들을 괴롭히는 원수들을 찾아보지 않겠느냐고 하더군요. 왜냐하면 그 집 근처에 유명한 원수가 하나 살고 있다는 소식이 들렸기 때문입니다. 그자가 자주 출몰하는 곳이 어디인지는 인근에 살고 있는 가이오 씨가 저보다 더 잘 알고 있었습니다. 그리하여 우리는 가이오 씨 안내로 부근을 샅샅이 뒤지다가 마침내 그의 동굴 입구를 찾아내었지요. 우리는 기뻐하며 정신을 가다듬었습니다. 우리가 굴에 접근하여 안을 들여다보니, 그가 무지무지한 힘으로 이 불쌍한 사람 심약 씨를 자기 소굴로 끌고 들어가 막 그를 죽여 버리려 하고 있었습니다.

　그러나 그는 우리를 보자 또 다른 먹이가 왔다고 생각하는지 이 불쌍한 사람을 그의 집 안에 버려두고 밖으로 나왔습니다. 우리가 맹렬한 기세로 달려들고 그도 억세게 대항해 왔지만, 결국 그는 땅에 거꾸러지고 말았습니다. 우리는 그의 목을 잘라 길가에 매달아 앞으로 그런 불경한 짓을 획책하는 자들에게 경고가 되게 했지요. 내 말이 사실이란 걸 여기 있는 심약 씨 본인이 증명해 줄 것입니다. 이분은 마치 사자 입에서 구원받은 어린 양 같은 사람입니다."

**심약:** "그의 말이 사실입니다. 저는 그 사건을 통해 고통과 평안을 얻었습니다. 고통이라면 거인이 금방이라도 내 뼈를 뽑으려고 위협할 때였고, 평안이라면 담대 씨와 그의 친구들이 무기를 들고 나를 구하러 오는 것을 보았을 때였습니다."

**거룩:** "순례길을 가는 사람들이 꼭 가지고 가야 할 두 가지 것이 있는데, 그것은 곧 용기와 흠 없는 생활입니다. 만약 용기가 없으면 그들은 결코 순례길을 굳건히 나아가지 못할 것이요, 만약 생활이 느슨해지면 그들은 순례자의 이름을 더럽히게 될 것입니다."

**성도 사랑:** "나는 이런 경고가 여러분에게는 필요없기를 바랍니다. 하지만

이 길을 가는 사람들 중에는 세상에 대해 낯선 자와 순례자로 자처하기보다는 순례에 대해 낯선 자로 자처하는 자가 많이 있습니다."

**무허위:** "사실입니다. 그들은 순례자들의 절제 있는 생활과 용기를 갖고 있지 않습니다. 그들은 똑바로 나아가지 않고, 모두 어그러진 발을 갖고 있습니다. 한쪽 신은 안쪽을 향하고, 한쪽 신은 바깥쪽을 향합니다. 또 그들의 바지가랑이는 뒤로 처져 여기저기 해지고 구멍이 뚫려 그들의 주님을 욕되게 하지요."

**참회:** "그러니 그들이 고통을 당할 수밖에 없지요. 그러한 점과 흠들을 없이하기 전까지는 그 순례자들과 그들의 순례길에 은총이 내려질 수 없습니다."

그들이 이렇게 앉아 이야기를 나누며 시간을 보내고 있는 사이에 저녁 식사가 식탁에 차려졌다. 일행은 저녁을 먹고 지친 몸의 원기를 회복한 다음에 쉬러 들어갔다. 그들은 시장 안에 있는 나손 씨의 집에 오랫동안 머물렀는데, 그 사이에 나손 씨는 자기 딸 은혜를 크리스티아나의 아들 사무엘에게 아내로 주었고, 그의 딸 마르다는 요셉에게 아내로 주었다.

그들이 이처럼 오랫동안 거기 머물 수 있었던 것은 도시의 상황이 예전과 같지 않았기 때문이었다. 그리하여 순례자들은 도시의 선량한 사람들을 더욱 많이 사귈 수 있게 되었고, 그들에게 자신들이 할 수 있는 봉사도 해 주었다.

자비심은 늘 하던 대로 가난한 자들을 위해 많은 수고를 하였다. 그녀가 준 옷으로 배와 등을 따뜻하게 한 자들은 그녀를 축복하였고, 그리하여 그녀는 마을 신자들의 자랑이 되었다. 그리고 은혜와 뵈뵈와 마르다도 역시 훌륭한 성품의 소유자들로서 많은 선행을 하였다. 또한 그들은 자식들도 많이 낳았다. 그리하여 예전에 언급하였듯이 크리스천의 이름이 세상에 살아남게 하였다.

그들이 거기 머무르고 있는 동안에 삼림에 사는 괴물 하나가 마을로 내려와 많은 사람들을 죽였다. 뿐만 아니라 그 괴물은 어린 아이들을 납치해 가서는 새끼들처럼 자기 젖을 빨도록 가르쳤다. 그런데 마을에는 이 괴물과 대면해 싸울 만한 용기를 지닌 자가 아무도 없었고, 모두 그가 오는 소리만 들으면 혼비백산 도망을 치곤 하였다. 이 괴물은 마치 짐승과 같은 모습을 하고 있었는데, 그 몸은 용 같고 일곱 머리와 열 뿔이 있었다(계 12:3). 괴물은 어린이들을 크게 해치고 다녔으며, 그 괴물을 조종하는 자는 한 여인이었다. 괴물은 사람들에게 조건을 제시하였는데, 자기 영혼보다 이 세상 삶을 더 사랑하는 자들은 그 조건을 받아들였다.

이때 담대 씨는 나손 씨 댁에 머무는 순례자들을 방문하러 온 선량한 사람들과 더불어 의논하고 이 짐승과 싸우기로 약속하였다. 혹시나 마을 주민들을 이 탐욕스러운 뱀의 아가리와 발톱에서 구해낼 수 있지 않을까 하는 희망에서였다.

그리하여 담대 씨, 통회 씨, 거룩 씨, 무허위 씨, 참회 씨는 모두 무기를 들고 괴물을 맞으러 나갔다. 처음에 괴물은 매우 사납게 버티고 서서 경멸하는 눈초리로 자기의 적들을 바라보았다. 그러나 무장한 억세고 용감한 사나이들은 힘껏 싸워 괴물을 쫓아 버리고 말았다. 그리고 나서 그들은 다시 나손 씨의 집으로 돌아왔다.

독자 여러분이 알아 두어야 할 점은, 괴물이 마을로 내려와 사람을 죽이고 어린이들을 잡아가는 데는 일정한 시기가 있다는 사실이다. 그래서 담대 씨를 비롯한 용사들은 이 시기에 맞추어 괴물이 들어오는 것을 감시하다가 끊임없이 그를 공격하곤 하였다. 그리하여 어느 정도 때가 지나자 괴물은 상처를 입고 다리를 절게 되었다. 그리고 예전처럼 마을의 어린이들을 괴롭히지도 못했다. 어떤 이들은 괴물이 그 상처로 인해 틀림없이 죽게 될 것이라고 진심으로 믿었다.

이 사건으로 말미암아 담대 씨와 그 친구들의 명성은 마을에서 크게 떨쳐지게 되었고, 아직 물욕에 빠져 있는 많은 사람들도 그들에게 찬사와 존경을 보냈다. 이로 인해 순례자 일행은 거기서 별로 심한 박해를 받지 않았다. 물론 개중에는 두더쥐처럼 아무 빛도 못보고 짐승처럼 아무 이해력도 없는 천박한 사람들도 있었다. 이들은 그 사람들을 전혀 존경하지 않았고, 그들의 용기와 모험심에도 관심을 기울이지 않았다.

## 13. 절망 거인과 의심의 성

이제 순례자들은 출발할 때가 되었으므로 여행 준비를 갖추었다. 친구들을 오도록 청한 그들은 함께 의논한 결과 각자 시간을 내어 그들의 왕자님께 서로 의 보호를 바라는 기도를 드리자고 하였다. 친구들은 다시 그들에게 약한 자와 튼튼한 자, 여자와 남자들이 쓸 물건과 그 외 필요한 물건들을 가져다주었다(행 28:10).

그리하여 일행은 길을 떠나게 되었는데, 친구들은 적당한 곳까지 그들을 바 래다준 다음에 서로를 위해 왕의 보호를 바라는 기도를 드리고 헤어졌다.

담대 씨를 앞세운 순례자 일행은 계속해서 길을 갔는데, 여자와 아이들은 몸 이 약하므로 무리하지 않을 정도로 천천히 나아갈 수밖에 없었다. 이를 본 주저 씨와 심약 씨는 그들의 처지를 더욱 동정하였다.

그들은 마을에서 떠나 친구들과 작별한 후에 곧 믿음이 죽임을 당했던 곳에 이르렀다. 이에 그들은 잠시 머물러 서서 그가 자기의 십자가를 잘 질 수 있도록 도와주신 임금님께 감사를 드렸다. 그들은 믿음이 당한 고통 덕분에 자신들이 마 을에서 은혜를 입었음을 깨닫고 거듭 감사를 드렸다.

이후에 그들은 계속 길을 가면서 크리스천과 믿음에 관한 이야기, 그리고 믿 음이 죽은 후 소망이 어떻게 크리스천을 따르게 되었는지에 관한 유익한 이야기 를 주고받았다.

이제 그들은 돈의 언덕hill Lucre에 다다랐다. 이곳은 데마가 은광 때문에 순례 길을 버린 곳이었고, 사심 씨도 여기서 광산을 찾다가 죽었다는 소문이 있었다. 그리하여 일행은 이 일들을 깊이 묵상하며 길을 걸었다.

그러다가 그들은 이 언덕을 마주 대해 서 있는 옛 기념물을 보았다. 그 기념물 은 소돔과 그 주변의 악취나는 호수가 바라다보이는 곳에 세워져 있는 소금기둥 이었는데, 이를 본 일행은, 예전에 크리스천이 생각하였듯이, 그렇게 유식하고 총기 있는 사람들이 왜 저걸 보면서도 재물에 눈이 어두워져 곁길로 빠져들었는 지 의아하게 생각하였다. 결국 그들은 인간의 본성에 대해 이러한 결론을 내렸다. 인간은 다른 사람이 당한 피해를 보고는 제대로 경고를 얻지 못하는데, 특히 그 일이 어리석은 눈으로 보기에 매혹적인 것일 때는 더욱 그러하다는 것이었다.

이제 내가 보니 그들은 기쁨의 산Delectable Mountains 기슭에 있는 강가에 도착하였다. 그 강 양편에는 훌륭한 나무들이 자라고 있었는데, 그 나무 잎사귀는 과식했을 때 먹으면 효과가 좋은 약이었다. 또 거기에는 사시사철 푸른 초원이 깔려 있어 사람들이 편히 누워 쉴 수 있었다(시 23편).

강 이쪽 편 초원에는 양 우리가 여러 개 있었으며, 어린 양들과 순례 중인 여자들이 낳은 아기들을 키우고 양육하기 위해 지은 집 한 채가 있었다. 또한 그 집에는 따뜻한 사랑의 손을 가지고 어린 양들을 품에 안아 부드럽게 보살펴 주는 임무를 지닌 사람도 있었다(히 5:2; 사 63장).

크리스티아나는 네 명의 며느리들에게 아기를 이 사람에게 맡기도록 권하면서 말했다. "아기들은 이 물가에서 안전하게 살면서 튼튼하게 양육될게다. 장래에 이 중 하나도 잃어버리는 일이 없을거야. 만약 아이 중 하나라도 곁길로 가거나 길을 잃는다면, 이분은 어떻게 해서든 다시 찾아 주실게다. 또한 이분은 상한 자를 싸매 주시고 병든 자를 강하게 해 주실거야(렘 13:4; 겔 34:11, 16).

여기서 아이들은 고기와 음료와 의복에 아무 부족함이 없을 것이고 도둑이나 강도를 만나는 일도 없을 거야. 왜냐하면 이분은 자기 목숨을 버리고서라도 자기에게 맡겨진 무리를 하나도 잃어버리지 않게 지켜 주실 테니까(요 10:11). 뿐만 아니라 여기서 아이들은 훌륭한 교육과 훈계를 받으면서, 올바른 길을 걷도록 가르침 받게 될게다. 너희도 알다시피 이건 정말 적지않은 은택이야.

그리고 여기에는 너희들도 보듯이 깨끗한 물과 상쾌한 풀밭, 우아한 꽃들과 갖가지 과수들이 있지 않니? 이 과일들은 마태가 따먹고 병이 났던 바알세불 정원의 과일 같은 것이 아니라, 쇠약한 자에게는 건강을 가져다주고 건강한 자에게는 계속 그 건강을 증진시켜 주는 과일이란다."

이 말을 들은 며느리들은 즐거운 마음으로 아기들을 목자에게 맡겼다. 그들이 더욱 용기를 얻어 그렇게 할 수 있었던 것은 그곳이 임금님께서 관할하시는 어린 아이들과 고아를 위한 탁아소였음을 알았기 때문이었다.

계속 길을 나아가던 그들은 곁길 초원By-path-Meadow에 다다랐다. 예전에 크리스천은 친구 소망과 함께 이 초원 울타리를 넘어 들어갔다가 절망 거인에게 잡혀 의심의 성Doubting Castle 안으로 끌려들어간 적이 있었다.

일행은 거기에 앉아 어떻게 하면 좋을까 서로 상의를 하였다. 즉 이제는 자기네 힘도 강하고 담대 씨 같은 인도자도 있으니 거인에게 공격을 가해 그 성을 무너뜨려 버리고 그 안에 혹시 순례자들이 붙잡혀 있으면 그들이 더 큰 곤경에 빠지기 전에 구해내는 것이 좋지 않겠느냐는 의견이었다. 그러나 사람마다 의견이 달랐다. 한 사람은 성별되지 못한 땅에 들어가는 것이 합법적이냐고 물었고, 다른 사람은 목적이 좋으면 상관 없다고 말했다.

이때 담대 씨가 말했다. "목적이 좋으면 상관없다는 주장은 늘 옳다고 볼 수 없지만, 저는 죄에 대항하여 악을 정복하고 선한 싸움을 싸우라는 명령을 받고 있습니다. 내가 절망 같은 거인을 놓아 둔다면 과연 누구와 선한 싸움을 싸울 수 있겠습니까? 그러므로 저는 그 거인을 죽이고 의심의 성을 파괴하기 위해 가겠습니다. 자, 누가 나와 함께 가시겠습니까?"

정직 노인이 말했다. "내가 가겠습니다."

"우리도 가겠습니다." 크리스티아나의 네 아들 마태와 사무엘과 야고보와 요셉도 자청하였다. 이제 그들은 강한 젊은이들이었기 때문이다(요일 2:13, 14).

그리하여 그들은 심약 씨와 지팡이를 짚고 다니는 주저 씨를 여자들의 보호자로 길에 남겨둔 채 싸움을 하러 떠났다. 절망 거인이 아주 가까운 곳에 사는 것은 사실이었지만, 길에서 벗어나지 않는 한 어린 아이라도 능히 그들을 인도할 수 있을 만큼 그곳은 안전하였다(사 6:6).

담대 씨와 정직 노인과 네 젊은이들은 절망 거인을 찾기 위해 의심의 성으로 올라갔다. 성문에 다다른 그들은 이례적으로 시끄럽게 문을 두드렸다. 이에 늙은 거인이 대문으로 나왔고, 그의 아내 자포자기Diffidence도 뒤를 따라 나왔다.

거인이 말했다. "도대체 누가 이렇게 무례히 문을 두드려 절망 거인을 귀찮게 하느냐?"

담대 씨가 대답했다. "나 담대가 그랬다. 나는 순례자들을 천국으로 인도

하는 안내자로서 그 나라 임금님의 신하이다. 네게 명하노니, 너는 대문을 열고 나와 싸울 준비를 해라. 나는 네 머리를 베고 의심의 성을 진멸하기 위해 여기 왔다."

그러자 자기는 거인이라서 어떤 사람도 자기를 이길 수 없다고 여기던 절망 거인은 속으로 말했다. '지금까지 내가 천사들도 정복했거늘 담대가 누구관대 감히 나를 두렵게 하랴?'

그리하여 거인은 무장을 하고 밖으로 나왔다. 그는 머리에 강철 투구를 쓰고 가슴에는 불흉패를 붙였으며, 발에는 쇠로 된 구두를 신었고, 손에는 큰 철봉을 들었다. 이에 여섯 명의 사나이들은 앞뒤에서 공격하기 시작했다. 거인의 아내인 자포자기가 남편을 도우러 나오자, 정직 노인은 그녀를 단칼에 쓰러뜨리고 말았다. 목숨을 건 치열한 전투 끝에 절망 거인도 땅에 쓰러졌다. 쓰러져서도 무척 죽기가 싫었던지 그는, 속담에 여러 개의 목숨을 지녔다는 고양이처럼 끈질기게 바둥거렸다. 그러나 담대 씨가 그의 머리를 베자 숨을 거두고 말았다.

그리고 나서 그들은 의심의 성을 부수기 시작했다. 독자들도 짐작하겠지만, 절망 거인이 죽었기 때문에 그 일은 쉽게 행할 수 있었다. 그들은 7일 동안 성을 허물었으며, 그 안에서 낙심 씨<sup></sup>Mr. Despondency와 그의 딸 질겁Much-afraid을 발견했는데, 이들은 거의 굶어 죽을 상태에 있었지만 아직 살아 있었다. 만약 독자 여러분이 그 성 뜰 안에 여기저기 널려 있는 시체들과 지하실에 가득 차 있는 사람들의 뼈를 보았다면 깜짝 놀랐을 것이다.

담대 씨와 그의 동료들은 이 위업을 달성한 후에 낙심 씨와 그의 딸 질겁을 보호해 주었다. 왜냐하면 그 두 사람은 비록 절망 거인에 의해 의심의 성에 갇혀 있기는 했으나 정직한 사람들이었기 때문이다.

거인의 몸을 돌무더기 아래 묻은 그들은 그의 머리를 들고 길가로 내려와 동료들에게 이를 보여 주었다. 심약과 주저는 그것이 참으로 절망 거인의 머리임을 확인하고는 뛸듯이 기뻐했다. 그런데 필요한 경우에 크리스티아나는 바이올린을 켜고 며느리 자비심은 피리를 불 수 있었다. 그리하여 너무나 마음이 즐거웠던 그들은 악기를 잡고 연주를 하기 시작했다.

그러자 주저 씨는 춤을 추고 싶어졌다. 그는 얼른 낙심의 딸인 질겁의 손을 잡고는 함께 길 위에서 덩실덩실 춤을 추었다. 물론 그는 한 손에 지팡이를 쥔 채 춤을 출 수밖에 없지만 참 훌륭하게 발을 맞추었다. 또한 소녀의 춤솜씨도 칭찬할 만한 것이었다. 그녀는 멋지게 음악에 발을 맞추었다.

그러나 낙심 씨는 음악에 별 관심을 보이지 않았다. 그는 거의 굶어 죽을 지경이었으므로 춤보다는 먹을 것을 구하였다. 그리하여 크리스티아나는 당장 기운을 돋우기 위해 그에게 정신나게 하는 음료수를 조금 나누어 준 다음에 먹을 것을 마련해 주었다. 잠시 후 그 노신사는 정신을 차리고 기력을 회복하기 시작했다.

이에 내가 꿈에 보니, 이 모든 일을 마쳤을 때, 담대 씨는 절망 거인의 머리를 장대 끝에 매달아 큰길 옆에 세워 놓았다. 그 장대는 예전에 크리스천이 뒤에 오는 순례자들에게 거인의 영지에 들어가지 말라고 경고하기 위해 세워 놓은 기둥 바로 뒤에 세워졌다. 그리고 나서 그는 기둥 아래 있는 대리석에 다음과 같은 시를 새겨 넣었다.

예전에는 이름만 듣고도 순례자들이 무서워 떨던
그자의 머리가 여기 걸려 있다.
그의 성곽은 헐리고
그의 아내 자포자기도
용감한 명인名人 담대에 의해 죽임을 당했다.
낙심과 그의 딸 질겁은
담대에 의해 구원을 얻었으니,
누구든 의심이 있는 자는
눈을 들어 저 머리를 보라.
그러면 회의가 사라지고 만족하리라.
의심하던 절름발이도 이 머리를 보고
두려움에서 벗어나 춤을 추었도다.

이렇게 용감하게 의심의 성을 무너뜨리고 절망 거인을 죽여 버린 그들은 계속해서 길을 가다가 마침내 기쁨의 산에 도착했다. 이곳은 예전에 크리스천과 소망이 여러 장소를 둘러보며 기분을 전환하던 곳이었다. 일행은 거기 있는 목자들에 대해서도 알고 있었는데, 목자들은 예전에 크리스천에게도 그렇게 말했듯이 기쁨의 산에 온 것을 환영한다고 말했다.

　　목자들은 담대 씨 뒤를 따르는 사람들이 굉장히 많은 것을 보고(그들은 담대 씨를 잘 알고 있었다) 말했다. "선생님, 일행이 참 많으시군요. 이 모든 사람들을 어떻게 만나셨습니까?"

　　담대 씨가 대답했다.

> "우선 여기 크리스티아나 부인과 그녀의 일행
> 곧 아들들과 며느리들이 있습니다.
> 마치 수레가 채에 의해 조정되듯이
> 그들은 죄로부터 돌이켜 은혜에 이르기 위해 여기 왔습니다.
> 다음에는 순례길을 가고 있는 정직 노인이 있고,
> 여기는 진실한 주저 씨,
> 그리고 이분은 한사코 뒤에 남기를 거절한 심약 씨,
> 다음에는 선량한 낙심 씨와 그의 따님 질겁 양입니다.
> 우리가 여기서 대접을 받을 수 있는지
> 아니면 더 가야 하는지 솔직하게 알려 주십시오."

　　그러자 목자들이 말했다. "참 가냘픈 분들이시군요. 자, 우리에게 오신 것을 환영합니다. 우리는 약한 자나 강한 자나 가리지 않고 받아들이니까요. 우리 왕자님께서는 우리가 이 지극히 작은 자들에게 어떻게 대접하는가를 유의하여 관찰하고 계십니다(마 25:40). 그러므로 여러분이 연약하다고 해서 우리가 소홀히 대접할 수는 없지요."

　　그리고 나서 그들은 일행을 궁전 문으로 데리고 가서 말했다. "들어오십시오,

심약 씨. 들어오십시오, 주저 씨. 들어오십시오, 낙심 씨와 따님인 질겁 양."

그리고 그들은 안내자에게 말했다. "담대 씨, 우리가 그들의 이름을 지명하여 부른 것은 그들이 중간에 여행을 포기할 가능성을 갖고 있기 때문입니다. 그러나 당신과 나머지 사람들은 강건하니 자유로이 행동하십시오."

담대 씨가 말했다. "당신들의 얼굴에 은혜가 환히 비치는군요. 오늘 비로소 나는 당신들이 정말 내 주님의 목자들임을 알겠습니다. 당신들은 이 병든 이들의 어깨나 옆구리를 밀지 않고, 궁전으로 나아가는 그들의 길에 꽃을 뿌려 주셨습니다"(겔 34:21).

그리하여 몸과 마음이 연약한 자들이 먼저 궁전 안으로 들어가고 담대와 나머지 사람들은 그 뒤를 따랐다. 그들이 자리에 앉았을 때도 목자들은 연약한 이들에게 먼저 말했다. "무엇을 드시겠습니까? 여기서는 난폭한 자들에게 경고를 주는 일뿐 아니라 연약한 자들을 일으켜 세우는 일도 한답니다."

목자들은 소화되기 쉬우면서도 맛있고 영양 많은 음식들로 순례자들을 대접했다. 식사가 끝나자 일행은 각자 주어진 방으로 들어가 잠을 잤다. 아침이 되자 높은 산들이 맑은 태양 아래 빛났다. 순례자들이 떠나기 전에 몇 가지 진기한 것들을 구경시켜 주는 것이 목자들의 관례였으므로, 일행이 준비를 마치고 기운 차리기를 기다려 목자들은 그들을 들판으로 데리고 나가 우선 예전에 크리스천에게 보여 주었던 것들을 구경시켜 주었다.

그리고 나서 목자들은 일행을 몇 군데 새로운 장소로 인도하였다. 첫 번째 장소는 경이의 산Mount Marvel이었는데, 거기서 그들은 저 멀리로 한 사람이 무슨 말을 하면서 이리저리 언덕을 구르고 있는 모습을 보았다. 순례자들은 그것이 무엇을 의미하느냐고 물었다.

목자들이 대답했다. "저 사람은 대은혜 씨의 아들입니다(대은혜 씨에 관해서는 「천로역정」 1부를 보면 알 수 있다). 그가 저기서 저러고 있는 것은 순례자들에게 어떤 어려움을 만날지라도 담대하게 믿고 몸을 굴려서라도 길을 가야 한다고 가르치기 위해서입니다"(막 11:23, 24).

그러자 담대 씨가 말했다. "나도 그를 알고 있습니다. 그는 누구보다도 뛰어난 사람이지요."

그 다음에 목자들은 일행을 결백의 산Mount Innocence이란 곳으로 데려 갔다. 거기서 그들은 흰 옷 입은 한 사람을 보았는데, 편견Prejudice과 악의Ill-will라는 두 사나이가 그에게 계속해서 진흙을 던지고 있었다. 그러나 아무리 진흙을 던져도 잠시 뒤 흙은 모두 그에게서 떨어져 나갔고, 그의 의복은 다시 흙먼지 하나 없이 깨끗해졌다.

이에 순례자들이 물었다. "저것은 무슨 뜻입니까?"

목자들이 대답했다. "저 사람의 이름은 신실Godly-man인데, 그가 입고 있는 흰 옷은 그의 생활의 결백함을 보여 주지요. 그에게 진흙을 던지는 자들은 그의 착한 행실을 미워하는 사람들입니다. 그러나 보시다시피 흙은 조금도 그의 옷에 묻지 않습니다. 세상에서 진정 결백하게 살아가는 사람은 다 이렇습니다. 사람들이 아무리 그에게 더러운 누명을 씌우려 해도 헛수고만 할 뿐입니다. 왜냐하면 하나님께서는 금방 그들의 결백을 빛나게 하시고 그들의 의로움을 대낮처럼 밝게 만드실 테니까요."

그리고 나서 목자들은 일행을 자애의 산Mount Charity으로 데리고 갔다. 거기서는 어떤 사람이 옷감 한 필을 앞에 놓고는 자기 주위에 섰는 가난한 사람들에게 겉옷과 속옷을 끊어 주고 있었는데 그럼에도 불구하고 그의 옷감은 조금도 줄어들지 않았다.

순례자들이 물었다. "이건 무슨 의미입니까?"

목자들이 말했다. "가난한 자들을 돕고자 하는 마음으로 일하는 사람에게는 결코 핍절함이 없다는 것입니다. 남에게 물을 주는 자는 자신도 물을 얻게 됩니다. 옛날 한 과부가 선지자에게 떡을 만들어 주었지만 그 과부의 밀가루 그릇은 조금도 가벼워지지 않았습니다"(왕상 17:16).

목자들은 일행을 데리고 또 다른 곳으로 갔다. 거기서 그들은 바보Fool라는 사람과 팔푼이Want-wit라는 사람이 흑인 에티오피아인 하나를 씻겨 주고 있는 것을 보았다. 두 사람은 흑인을 희게 만들려고 씻고 있었지만 그들이 씻기면 씻길수록 흑인은 더 검어졌다. 이를 보고 그들은 목자들에게 저것이 무엇을 의미하느냐고 물었다.

목자들이 말했다. "이는 악한 인간에 관한 가르침입니다. 그러한 자에게 아무리 선한 명성을 부여하려고 해도 결국은 더 혐오감만 주기 마련이지요. 과거에 바리새인들이 그러했으며, 앞으로도 모든 위선자들이 그러할 것입니다."

이때 마태의 아내인 자비심이 시어머니 크리스티아나에게 말했다. "어머니, 가능하다면 흔히 지옥행 샛길이라고 부르는 저 언덕의 구멍을 보고 싶은데요."

시어머니는 목자들에게 그녀의 마음을 전하였다. 그러자 목자들은 언덕 옆에 있는 문으로 가서 그것을 열고는 자비심에게 잠시 동안 귀를 기울여 보라고 했다.

그리하여 그녀가 문에서 귀를 기울여 듣고 있자니 이런 소리가 들렸다. "평화와 생명의 길에서 내 발을 돌이키게 만든 아버지에게 화가 있을지어다."

다른 목소리가 이렇게 말했다. "아, 내 몸이 갈가리 찢어지는 한이 있더라도 생명과 영혼을 살렸어야 했는데!"

또 다른 목소리가 말했다. "내가 만약 다시 살아난다면 나 자신을 부인하는 한이 있더라도 이곳에 다시 오지 않을 테야."

그러더니 자비심이 서 있는 아래 땅이 흔들리며 두려움으로 떠는 것 같았다. 그녀는 얼굴이 하얗게 질려 뒤로 물러서면서 말했다. "이곳에 빠지지 않는 자는 복이 있도다."

목자들은 이 모든 것을 다 보여 준 후에 그들을 다시 궁전으로 데리고 와서 그 집의 음식으로 대접해 주었다. 그러나 자비심은 거기서 본 물건 하나를 무척 가지고 싶었으나 아직 젊고 임신 중이었기 때문에 부끄러워 차마 말을 꺼내지 못하고 있었다. 그녀가 불편해하는 기미를 눈치 챈 시어머니는 그녀에게 어디가 아프냐고 물었다.

그러자 자비심이 말했다. "식당에 거울이 하나 걸려 있는데, 거기에 자꾸 마음이 끌려요. 그걸 갖지 못하면 꼭 아기를 유산할 것 같아요."

시어머니가 말했다. "네가 그걸 가지고 싶어 한다고 목자들에게 말해 주마. 아마 안 준다고 하지는 않을거다."

**자비심:** "하지만 그들에게 욕심을 알리는 것이 부끄러워요."

**크리스티아나:** "아니다, 내 딸아. 그러한 물건을 갖고 싶어 하는 것은 수치가 아니라 오히려 덕이란다."

**자비심:** "그러면 어머니, 목자들에게 그것을 팔지 않겠느냐고 물어봐 주세요."

참으로 그 거울은 매우 희귀한 것이었다. 이 거울의 앞면을 보면 사람의 모습이 그대로 비치지만, 뒷면으로 돌려서 보면 순례자의 왕자님 얼굴과 모습이 나타나 보였다. 그 거울을 본 적이 있는 사람들의 말을 들어 보면, 거울을 통해 왕자님의 가시면류관뿐 아니라 그의 손과 발, 옆구리에 있는 상처 자국까지 다 볼 수 있다고 한다. 그 거울은 참 희한한 것이어서, 사람이 마음만 먹으면 왕자님의 산 모습이나 죽은 모습, 땅에 계신 모습이나 하늘에 계신 모습, 천한 상태의 모습이나 높이 올리우신 상태의 모습, 고통 당하기 위해 오시는 모습이나 통치하기 위해 오시는 모습을 다 볼 수 있다고 한다(약 1:23-25; 고전 13:12; 고후 3:13).

그래서 크리스티아나는 따로 목자들을 찾아갔다. 목자들의 이름은 지식Knowledge, 경험Experience, 경계Watchful, 성실Sincere이었다.

크리스티아나가 말했다. "제게 지금 임신 중인 며느리가 하나 있는데, 이 집에서 본 어떤 물건을 꼭 가지고 싶어 합니다. 선생님들이 그걸 주시길 거절하면 꼭 유산할 것 같다고 하더군요."

**경험:** "그녀를 부르십시오. 무엇이든 도움이 될 만한 것은 다 그녀에게 드릴 테니까요."

자비심이 오자 그들이 물었다. "당신이 갖고 싶은 것이 무엇입니까?"

이 말에 그녀는 얼굴을 붉히며 말했다. "식당에 걸려 있는 큰 거울입니다."

그러자 성실이 식당으로 달려가 거울을 떼다가 기쁜 얼굴로 그녀에게 주었다.

이에 자비심은 머리를 숙여 감사의 표시를 하면서 말했다. "이를 보니 제가 선생님들로부터 큰 사랑 받는 줄 확실히 알겠습니다."

목자들은 또한 다른 젊은 여인들에게도 각자 원하는 물건들을 주고 그 남편들에게는 담대 씨와 함께 절망 거인을 죽이고 의심의 성을 허물어뜨린 공로를 크게 치하해 주었다.

그리고 목자들은 크리스티아나와 며느리들의 목에 목걸이를 걸어 주고, 귀에는 귀고리, 이마에는 보석을 붙여 주었다.

순례자들이 다시 길을 떠나기로 마음먹자, 목자들은 평안한 여행이 되기를 빌어 주었지만 예전에 크리스천 일행에게 주었던 특별한 주의의 말은 주지 않았다. 그 이유는 모든 일을 잘 알고 있는 담대 씨가 그들과 함께 있으므로 위험이 닥쳐오면 시의적절하게 그들에게 주의를 줄 수 있었기 때문이었다.

전에 크리스천 일행은 목자들로부터 주의를 받았지만, 막상 실천에 옮겨야 할 순간에 그것을 잊어버리고 말았었다. 그러므로 크리스티아나 일행이 크리스천 일행보다 더 유리했다.

그리하여 다시 순례길을 출발한 그들은 아래와 같은 노래를 불렀다.

> "보라, 순례자들의 피로를 덜어 주는
> 휴식처들이 얼마나 적재적소에 배치되어 있는가를!
> 그들은 거리낌 없이 우리를 영접해 주었으니
> 우리는 내세의 생명을 목표로 삼아 집을 향해 가도다.
> 그들이 보여 준 진귀한 것들을 통해
> 우리는 비록 순례자이나 즐거운 삶을 살 수 있고
> 그들이 준 진귀한 것들을 통해
> 우리는 어디를 가든 순례자임을 증거할 수 있다네."

## 14. 진리의 용사 씨와 불굴 씨

목자들과 작별한 그들은 얼마 안가 예전에 크리스천이 배교의 도시에서 온 변절Turn-away을 만났던 곳에 이르렀다. 여기서 안내자인 담대 씨는 그들의 주의를 환기시킬 필요가 있음을 느꼈다.

담대 씨가 말했다. "이곳이 바로 크리스천이 변절을 만났던 곳입니다. 그의 등에는 배반자라는 낙인이 찍혀 있었지요. 그 사람에 관해서 몇 가지 말씀드리지요. 그는 남의 충고를 절대 듣지 않는 사람이라서, 일단 타락한 뒤에는 아무도 그를 설득해 돌이킬 수 없었지요. 그가 십자가와 무덤이 있는 곳에 도착했을 때, 어떤 사람이 나타나서 그것들을 보라고 타일렀지만, 변절은 이를 갈고 발을 구르면서 자기는 고향으로 돌아갈 결심이 굳게 섰다고 악을 썼지요. 그는 좁은 문에 이르기 전에 전도자를 만났습니다. 전도자는 그에게 안수하면서 다시 순례길을 가도록 권면했지요. 그러나 변절은 그에게 반항하면서 많은 모욕을 준 후에 담을 넘어 도망치고 말았습니다."

그리고 나서 일행은 다시 계속해서 길을 갔다. 예전에 작은믿음이 강도를 만났던 곳에 이르니, 한 남자가 긴 칼을 들고 얼굴은 피투성이가 된 채 서 있었다.

담대 씨가 말했다. "당신은 누구요?"

남자가 대답했다. "나는 진리의 용사Valiant-for-truth라는 사람으로서, 천성을 향해 가는 순례자입니다. 내가 이 길을 걷고 있는데, 갑자기 세 사람이 나타나서는 다음 세 가지 제안 중 하나를 택하라 하더군요. 자기네 편이 되든가, 아니면 고향으로 되돌아가든가, 아니면 이 자리에서 죽든가 하라는 것입니다.

첫 번째 제안에 대해 나는 이렇게 대답해 주었습니다. 오랫동안 내가 진리의 사람으로 살아왔는데, 지금 강도들과 운명을 함께할 수는 없다구요(잠 1:10, 19). 그러자 그들은 두 번째 제안에 대해서는 어떻게 생각하느냐고 묻더군요. 그래서 나는 내 고향에 관해 이야기해 주었습니다. 만약 내가 고향에서 평안함을 느꼈다면 결코 고향을 버리지 않았을 테지만, 그곳이 내게 정말 부적합하고 유익도 주지 못하는 줄 알았기 때문에 고향을 버렸다고요.

그랬더니 세 번째 제안에 관해서는 어떻게 생각하느냐고 묻더군요. 그래서 나는 고귀하고 값진 내 생명을 가볍게 주어버릴 수는 없다고 말했지요. 뿐만 아니라 너희는 내 선택과 아무 관련이 없으니 괜히 간섭하다가는 혼이 날 줄 알라고 호통을 쳤지요.

그러자 세 놈, 즉 난폭Wild-head과 무분별Inconsiderate과 독단Pragmatic이 칼을 뽑아들고 덤비더군요. 나도 칼을 뽑아 함께 싸웠지요. 나는 세 명을 상대해서 약 세 시간 정도 싸움을 했습니다. 보시다시피 그자들은 내게 몇 군데 칼자국을 남겨 주었고, 나도 그들에게 상처를 주었습니다. 그들은 방금 도망쳤는데, 그들의 말을 듣자하니, 당신들이 오는 소리를 듣고 도망간 것 같습니다."

강도들과 싸우는 진리의 용사

**담대:** "혼자서 세 명을 상대하다니, 굉장히 불공평한 싸움이었군요."

**진리의 용사:** "사실입니다. 그러나 진리 편에 서 있는 사람에게는 수의 많고 적음이 문제가 아니지요. 누군가가 이렇게 말하지 않았습니까? '군대가 나를 대적하여 진 칠지라도 내 마음이 두렵지 아니하며 전쟁이 일어나 나를 치려 할지라도 나는 여전히 태연하리로다'(시 27:3). 그리고 나는 한 사람이

많은 군대와 싸웠다는 기록도 읽어 보았지요. 삼손이 나귀 턱뼈로 몇 사람이나 죽였는지 아십니까?(삿 15:15)"

**담대:** "왜 사람들에게 구해 달라고 소리를 치지 않으셨습니까?"

**진리의 용사:** "내 임금님께 소리를 쳤지요. 그분은 늘 내 말을 들으시고 보이지 않는 손길로 도와주시지요. 나는 그것으로 충분합니다."

**담대:** "참 가치있는 행동을 하셨습니다. 그 칼을 좀 보여 주시겠습니까?"

그가 칼을 주자, 이를 받아들고 잠시 살펴보던 담대가 말했다. "아하, 이것은 올바른 예루살렘의 검이군요."

**진리의 용사:** "그렇습니다. 누구든 손에 이 검 한 자루와 이를 다룰 수 있는 기술만 갖고 있으면, 감히 천사들과도 겨뤄볼 수 있지요. 어떻게 내리치는 줄만 알면 결코 이 칼을 잡는 데 두려워할 필요가 없습니다. 이 칼날은 무뎌지는 법이 없으며, 살과 뼈뿐 아니라 영과 혼까지도 찔러 쪼갤 수 있지요"(히 4:12).

**담대:** "그런데 그렇게 오랫동안 싸우시고도 피곤해하지 않으시니 이상하군요."

**진리의 용사:** "나는 칼이 내 손에 붙을 정도로 싸웠지요(삼상 23:10). 칼은 마치 내 팔에서 돋아난 몸의 일부처럼 느껴지고 피가 손가락을 통해 거기까지 흐르는 것 같아, 피곤함도 모르고 용기있게 싸웠습니다."

**담대:** "훌륭하십니다. 당신은 '죄와 싸우되 피흘리기까지' 대항하셨군요(히 12:4). 이제 우리와 같이 거하면서 함께 출입합시다. 우리는 당신의 친구들입니다."

이에 일행은 그를 데려다가 상처를 씻겨 주고, 그들에게 있는 음식으로 그를 대접해 준 후에 함께 길을 떠났다. 길을 가는 도중에 담대 씨는 진리의 용사 씨가 수완가임을 깨닫고 그에게 여러 가지 질문을 하였다. 왜냐하면 그의 말이 연약한 자들에게 유익할 것으로 여겨졌기 때문이다.

**담대:** "당신은 어느 지방 출신입니까?"

**진리의 용사:** "저는 흑암의 땅이란 곳에서 왔습니다. 저는 거기서 태어났으며, 부모님은 아직 거기 계십니다."

**담대:** "흑암의 땅이라! 그 마을은 멸망의 도시와 같은 해변에 위치하고 있지 않습니까?"

**진리의 용사:** "그렇습니다. 이제 제가 순례길을 떠나게 된 연유를 말씀드리지요. 어느 날 우리 마을에 진담<sup>Tell-true</sup>이라는 사람이 와서는 멸망의 도시 출신인 크리스천이 행한 일, 곧 그가 처자를 버리고 순례자가 된 사실을 우리에게 알려 주었습니다. 또한 그는 크리스천이 도중에 그를 저지하려고 나타난 뱀을 죽인 일과, 어떤 길을 거쳐 그가 목적한 곳에 도착하였는가를 확신있게 알려 주었습니다. 그리고 모든 주님의 중간 숙소에서 어떻게 그를 영접했으며, 특히 천성문에 이르렀을 때 어떻게 그를 환영했는지에 관해 알려 주었습니다. 거기서 크리스천은 나팔소리와 함께 빛나는 자들의 영접을 받았다고 하더군요. 그를 맞이할 때 모든 천성의 종들이 기쁨으로 일제히 울리기 시작하였고, 그의 몸에는 금으로 된 옷이 입혀졌다고 했습니다. 이런 말을 다 하자면 한이 없습니다. 한 마디로 말해, 그 사람이 알려 준 크리스천과 그의 여행에 관한 이야기가 내 마음에 불을 질러 그를 따르지 않고는 못배기게 만들었습니다. 부모님도 나를 막을 수는 없었지요. 그래서 저는 부모님을 떠나 이렇게 길을 걷게 된 것입니다."

**담대:** "당신은 좁은 문을 거쳐 오셨겠지요?"

**진리의 용사:** "아무렴요. 그 문을 거쳐 들어오지 않으면 모든 게 허사라고 진담 씨가 일러주셨으니까요."

이에 안내자가 크리스티아나에게 말했다. "보세요. 당신 남편의 순례길과 그것을 통해 얻은 축복의 소식이 원근 각처에 전파되고 있지 않습니까?"

**진리의 용사:** "아니, 그럼 이분이 크리스천의 부인이십니까?"

**담대:** "예, 그렇습니다. 그리고 이 네 젊은이들은 그의 아들들입니다."

**진리의 용사:** "그래요? 이들도 역시 순례길을 가는 겁니까?"

**담대:** "물론이죠. 그들도 아버지의 뒤를 따르고 있습니다."

**진리의 용사:** "이것 정말 기쁜 일이군요. 착한 크리스천! 함께 떠나기를 거절하던 가족들이 자기 뒤를 따라 천성 문 앞에 온 것을 보면 그가 얼마나 기뻐할까요?"

**담대:** "그에게 큰 위안이 될 것은 의심의 여지가 없지요. 거기서 자기의 처자를 보는 일은 자신이 천국에 들어간 일 다음으로 기쁠 것입니다."

**진리의 용사:** "그렇게 말씀하시니 당신께 한 가지 여쭤볼 게 있습니다. 어떤 이들은 우리가 천성에서 서로를 알아볼 수 있을지에 관해 의문을 제기하던데요."

**담대:** "그들은 천국에서 자신들을 못알아보고 자신들이 이 큰 축복 속에 있다는 사실을 깨닫지 못하리라고 생각합니까? 그들이 자신들을 알고 자신들의 축복을 누릴 수 있다면, 왜 다른 사람들과 그들의 복락을 즐거워하지 못하겠습니까? 다시 말하건대, 우리에게 친척들은 제2의 자아라고 할 수 있으니, 비록 천국에서는 그 관계가 와해된다 할지라도, 친척들을 못보는 것보다는 친척들을 보는 편이 훨씬 더 즐거우리라고 쉽게 단언할 수 있지요."

**진리의 용사:** "예. 당신의 말씀을 대강 알아듣겠습니다. 제가 순례길을 떠나게 된 것에 관해 더 물어보실 것은 없으십니까?"

**담대:** "있습니다. 당신이 순례자가 되고자 할 때 부모님은 반대하지 않으셨습니까?"

**진리의 용사:** "물론 반대하셨지요. 그들은 상상할 수 있는 모든 수단을 다 사용해서 저를 집에 묶어 두려고 하셨지요."

**담대:** "그분들이 뭐라고 하며 반대하셨습니까?"

**진리의 용사:** "그분들은 순례 생활이 게으른 삶이라고 하셨어요. 그리고 만약 내가 나태함을 좋아하지 않는다면, 결코 순례자가 되려 하지는 않을거라고 말씀하셨습니다."

**담대:** "그밖에 또 무슨 말씀을 하셨습니까?"

**진리의 용사:** "예. 그리고 또 순례길은 위험한 길이라고 하시더군요. 순례자들의 길이 세상에서 제일 위험한 길이라고 하셨어요."

**담대:** "그 길의 어디가 위험한지 말씀하시던가요?"

**진리의 용사:** "예. 여러 군데 지적하셨습니다."

**담대:** "예를 들면요?"

**진리의 용사:** "부모님은 크리스천이 거의 질식해 죽을 뻔한 낙심의 늪에 관해 말씀하셨습니다. 그리고 좁은 문에 들어가려고 문을 두드리는 자들을 쏘려고 바알세불 성에서 대기하고 있는 궁수들에 관해서도 말씀하셨지요. 삼림과 어두운 산, 곤고산, 두 마리의 사자, 그리고 피흘리는 자, 철퇴, 살선 등의 거인에 대해서도 말씀하셨습니다. 뿐만 아니라 겸손의 골짜기에는 고약한 마귀가 출몰하는데 하마터면 거기서 크리스천이 목숨을 잃을 뻔했다고 말씀하시더군요. 또 사망의 음침한 골짜기에는 꼬마 귀신들이 우글대며 빛이 곧 어둠이고 길에는 함정과 구덩이와 덫이 가득하다고 하시더군요. 부모님들은 또 절망 거인과 의심의 성과 거기서 죽임을 당한 순례자들 이야기도 해 주셨습니다. 또 내가 위험스러운 마법의 땅도 지나야 한다고 하시더군요. 그리고 마지막으로 다리 없는 강을 만나게 될 터인데, 그 강은 저와 천성 사이를 가로막고 있다고 하시더군요."

**담대:** "그 말씀뿐이었습니까?"

**진리의 용사:** "아니요. 그외에도 부모님들은 이 길에 착한 사람들을 실족시키려고 기다리는 악한 사람들과 사기꾼들이 우글거린다고 하시더군요."

**담대:** "구체적으로 어떻게 설명하시던가요?"

**진리의 용사:** "그분들 말씀에 의하면, 세속현자 씨Mr. Worldly-wiseman가 사람을 속이려고 숨어 기다린다고 하였어요. 그리고 허례와 위선이 늘 길에서 서성대며, 사심By-ends, 수다쟁이, 데마 등도 날 미혹하려 덤빌 거라고 하셨습니다. 아첨쟁이는 나를 그물에 옭아 넣으려 할 것이고, 풋내기 무지는 천성문을 향해 나와 함께 가는 척하다가 거기서부터 돌이켜 지옥행 샛길인 언덕 옆의 구멍으로 꾀어들이려 할 것이라고 말씀하셨습니다."

**담대:** "그 이야기만으로도 당신의 용기를 꺾는 데 넉넉했겠습니다. 부모님 말씀은 그것으로 끝났습니까?"

**진리의 용사:** "아닙니다. 또 있었어요. 부모님은 사람들이 시시때때로 이야기되는 천국의 영광을 찾을 수 있을까 싶어 그 오래된 길에 들어섰다가 한참만에 다시 돌아와서는 집을 떠나 그 길로 들어선 자신들이 바보였다고 탄식해 마을 사람들을 즐겁게 한 적이 많았다고 하셨습니다. 부모님은 이런 사람들의 이름을 여러 명 지적하셨어요. 고집쟁이, 유순, 불신, 겁쟁이, 변절, 늙은 무신론자 등이었지요. 이 사람들 중 더러는 퍽 멀리까지 가서 천국을 발견해 보려고 시도했지만 결국 한 사람도 찾지 못하고 돌아와서는 여행을 통해 터럭만큼의 유익도 얻지 못했다고 말했답니다."

**담대:** "그외에 또 당신의 기를 꺾는 말씀은 없으셨습니까?"

**진리의 용사:** "있었습니다. 그분들은 순례자 두려움 씨에 관해서도 말씀하셨는데, 두려움 씨는 하도 고독한 길을 가는 바람에 편한 마음으로 지낸 적이 한 번도 없다고 하셨어요. 또 낙심 씨는 그 길을 가다가 굶어 죽은 것 같다고 하시더군요. 그리고 깜박 잊을 뻔했는데, 크리스천 자신도 하늘나라 면류관을 바라고 그렇게 위험을 무릅썼지만 결국엔 시커먼 강물에 빠져 한 걸음도 더 못가고 질식해 죽었다는 소문이 나돌기도 했습니다."

**담대:** "그런 말을 듣고도 당신의 용기가 꺾이지 않았습니까?"

**진리의 용사:** "예. 그런 말들은 아무렇지도 않게 여겨졌습니다."

**담대:** "어떻게 그럴 수 있었습니까?"

**진리의 용사:** "저는 진담 씨의 말이 옳다고 굳게 믿었거든요. 이를 통해 모든 것을 물리칠 수 있었습니다."

**담대:** "그것은 참 당신의 승리였군요. 믿음의 승리."

**진리의 용사:** "그렇습니다. 내가 믿었기 때문에 집을 떠나 이 길에 들어섰고, 도중에 나를 방해하는 모든 것들과 대항해 싸웠으며, 믿음으로 여기까지 오게 된 것입니다."

진정한 용기를 보고자 하는 자는 이리로 오라.
바람이 불고 날씨가 궂어도 여기 있는 이는 늘 변함없으리.
어떠한 일도 그를 실망시키지 못하고
순례자가 되겠다는 그의 처음 서원을 굽히지 못하리라.
우울한 이야기로 아무리 그를 공격해도
말하는 자들만 당혹하게 될 뿐
그의 힘은 더욱 강해지네.
사자도 그를 놀라게 못하니,
거인과 싸울지언정
순례자가 되는 걸 포기하진 않으리라.

꼬마 귀신과 못된 마귀들도
그의 용기를 꺾을 수 없다네.
종말에 결국 생명을 상속 받을 줄 아노니
헛된 이야기여, 물러가라.
사람들의 말에 그는 두려워 않으리니
밤낮 힘써서 순례자가 되리라.

이즈음에 그들은 마법의 땅Enchanted Ground에 들어서고 있었다. 그곳의 공기
는 자연히 사람을 졸립게 만들었다. 이곳은 여기저기 마법에 걸린 정자가 있는
곳을 제외하고는 전 지역이 가시나무와 찔레로 덮여 있는데, 사람이 그 정자 위
에 올라가 앉거나 그 안에서 잠이 들면 이 세상에서는 영영 깨어나지 못한다는
소문이 있었다.

그리하여 일행은 하나씩 줄지어 이 수풀을 지나갔다. 담대 씨가 안내자로서
맨 앞에 서고, 진리의 용사 씨가 제일 뒤에 왔다. 진리의 용사 씨는 마귀나 용,
거인, 도둑들이 뒤쪽을 기습하여 해를 끼치지 못하도록 경계하는 임무를 맡았
다. 그들은 이곳이 위험한 지역임을 알고 있었으므로 각자 칼을 뽑아 들고 앞으

로 나아갔다. 또한 그들은 할 수 있는 한 서로를 격려해 주었다. 담대 씨는 심약 씨에게 자기를 바짝 따라오라고 명령했고, 낙심 씨는 진리의 용사 씨 바로 앞에서 나아갔다.

그들이 얼마 못가서 자욱한 안개와 어둠이 그들을 덮었다. 그리하여 상당히 오랫동안 그들은 서로의 모습을 거의 볼 수 없었으므로 말소리를 통해 서로를 알아차리며 길을 걸을 수밖에 없었다. 건장한 남자들도 걸어가기가 힘드니, 육체와 마음이 다 연약한 여자와 아이들은 오죽했을까 짐작할 수 있을 것이다. 그럼에도 불구하고 그들은 앞서 인도하는 자와 뒤에서 호위하는 자의 격려를 들으며 비교적 빨리 움직여 나갔다.

또한 그 길은 진흙투성이여서 발이 끈적끈적해 무척 걷기가 힘들었다. 게다가 이 지역에는 연약한 행인들이 쉴 수 있는 여관이나 음식점이 하나도 없었다. 그래서 일행은 신음하며 헐떡거리며 한숨을 쉬었다. 어떤 이는 덤불에 걸려 쓰러지는가 하면 어떤 이는 진흙에 빠져 꼼짝을 못했다. 아이들은 진창에서 신을 잃어버리기도 했다. 한 사람이 "나 넘어졌어요"라고 외치면, 다른 사람이 "다들 어디 있습니까?"라고 외치고, 또 다른 사람은 "나 나무덤불에 걸려서 꼼짝못하겠어요. 도저히 빠져나갈 수 없을 것 같아요"라고 말했다.

그러다가 그들은 한 정자에 이르렀다. 이 정자는 처마가 정교하게 장식되어 있고 나뭇잎으로 아름답게 덮여 있으며 벤치와 등받이 의자들이 갖추어져 있어, 따뜻하며 순례자들이 쉬어가기에 안성마춤인 듯이 보였다. 또 그 안에는 피곤한 자들이 눕기에 좋은 푹신한 소파도 있었다. 지저분한 길에서 고생한 순례자들에게는 분명 이 모든 것이 하나의 유혹이었음에 틀림없었다.

그러나 일행 중에는 거기서 쉬어가려는 시늉조차 하는 사람이 없었다. 왜냐하면 그들은 안내자인 담대 씨의 충고에 늘 주의를 기울였기 때문이었다. 담대 씨는 위험이 닥칠 때마다 그들에게 경고와 더불어 위험의 성격까지 성실하게 일러주었고, 일행은 위험이 닥치면 늘 마음과 정신을 굳게 가다듬고, 서로 육체를 부인하라고 격려하였다. 그들이 본 정자의 이름은 게으른 자의 친구Slothful's Friend였는데, 이 정자는 할 수만 있으면 지친 순례자들을 미혹해 꾀어들이려고 세워진 것이었다.

이때에 나는 순례길을 떠나는 사람이라면 누구나 이러한 지도를 꼭 하나 가지고 가면서 어느 쪽 길로 가야 할지 망설여질 때 그것을 펴 봐야 하겠다는 생각을 했다.

그들은 계속 이 마법의 땅을 지나가다가 한길가에 세워진 또 다른 정자를 보았다. 그 정자 안에는 두 사람이 누워 있었는데, 그들의 이름은 경솔<sup>Heedless</sup>과 무모<sup>Too-bold</sup>였다. 이 두 사람은 순례길을 가다가 여기에 와서는 행로의 피곤함을 참지 못하고 쉬려고 앉았다가 곧 잠이 든 것이었다.

이들을 본 순례자들은 걸음을 멈추고 가련한 생각에 머리를 저었다. 그리고 일행은 저 잠자는 자들을 그냥 두고 갈 것이냐 아니면 가서 그들을 깨울 것이냐에 관해 의논을 하였다. 결국 그들은 두 사람에게 가서 할 수만 있다면 그들을 깨우되 정자의 의자에 앉거나 그외의 편의 시설에 몸을 기대지는 않도록 주의한다는 데 의견의 일치를 보았다.

그리하여 그들은 정자 안에 들어가 두 사람의 이름을 부르며(안내자는 그들을 전부터 알고 있는 듯이 보였다) 말을 걸었지만, 그들은 아무 대답도 하지 않았다. 이에 안내자는 그들의 몸을 흔들며 여러 방법으로 그들을 깨우려 하였다. 그러자 두 사람 중 하나가 말했다. "내게 돈이 생기면 갚아줄게."

이 말에 안내자는 머리를 저었다.

다시 또 다른 사람이 말했다. "칼을 쥐고 있을 힘이 있는 한 나는 끝까지 싸울 테다." 이 말을 듣고 소년 중 하나가 웃음을 터뜨렸다.

크리스티아나가 말했다. "이게 무슨 말입니까?"

안내자가 말했다. "잠꼬대를 하는 겁니다. 이 사람들은 당신이 아무리 때리든 찌르든 무슨 짓을 해도 이런 식으로 대답할 것입니다. 그들은 마치 예전에 바다 물결이 그를 때리는데도 갑판 위에서 잠을 자며 '잠이 깨면 다시 술을 찾겠다'고 말하던 사람과 같지요(잠 23:34, 35).

여러분도 아시다시피 사람들은 잠꼬대를 하면서 여러 가지 말들을 하지만, 그 말들은 믿음이나 이성에 의해 나오는 말들이 아닙니다. 그들의 말에는 일관성이 없습니다. 순례길을 가는 것과 여기 앉아 쉬는 것 사이에 일관성이 없듯이 말입니다. 불행하게도 부주의한 사람들이 순례길을 가면 십중팔구는 이런 꼴을 당합니다. 왜냐하면 마법의 땅은 순례자들을 대적하는 자들의 마지막 피신처 중 하나이기 때문입니다. 보시다시피 이곳은 순례길의 거의 끝에 놓여 있지 않습니까? 그래서 이곳은 우리 원수들에게 더 유리한 곳입니다. 왜냐하면 원수들이 보기에, 이 바보들이 오랫동안 길을 걸어 왔으니 지쳐서 앉아 쉬고 싶겠지, 여행이 거의 끝났으니 정신 상태가 해이해지겠지 하고 여겨지기 때문입니다. 그래서 이 마법의 땅은 순례 경주의 종착점인 뿔라의 땅^land of Beulah에 아주 가까이 위치해 있는 것입니다. 그러므로 순례자들은 각각 자기 자신을 돌아보아 여기 잠들어 있는 사람들처럼 아무도 깨울 수 없는 잠에 빠지지 않도록 주의해야 합니다."

이에 순례자들은 몸을 떨며 계속 길을 가기를 구하였다. 그리고 나머지 길을 조금 밝게 갈 수 있도록 안내자에게 등불을 켜 달라고 부탁하였다. 안내자가 불을 켜자, 그들은 아직 지독한 어둠이 사방에 깔려 있었지만 등불의 도움을 받아 가며 앞으로 나아갈 수 있었다(벧후 1:19).

그러나 극도로 지치기 시작한 아이들은 순례자들을 사랑하시는 왕께 기도하여 좀 더 길을 평탄하게 해 달라고 부르짖었다. 그러자 얼마 가지 않아 바람이 일어나더니 안개를 몰아가 버려 공기가 다소 맑아졌다. 하지만 아직 마법의 땅을 벗어난 것은 아니었고 다만 피차의 모습을 좀 더 잘 보며 길을 갈 수 있다는 것뿐이었다.

그들이 이 땅을 거의 벗어날 무렵에 얼마 떨어지지 않은 앞에서 누군가가 고민하는 듯한 심각한 소리가 들려 왔다. 그리하여 그들이 주의깊게 살피며 나아가 보니, 예상대로 한 사람이 무릎을 꿇고 손과 눈은 위로 향한 채 말을 하고 있었는데, 그 말은 하늘 위에 계신 분께 하는 것 같았다. 그들은 가까이 갔지만 감히 무슨 말을 하느냐고 물을 수가 없어, 끝날 때까지 잠자코 다가가기만 했다.

그 사람은 말을 마치자 곧 일어나 천성을 향해 달려가기 시작했다. 그러자 담대 씨가 그를 불러 말했다. "여보시오, 친구, 보아하니 천성을 향해 가시는 모양인데 그렇다면 우리 동행하기로 합시다."

이 말에 그 사람은 곧 걸음을 멈추었다. 일행이 그에게 다가갔을 때, 정직 씨가 그를 보고 말했다. "이 사람은 내가 아는 분이군요."

이에 진리의 용사 씨가 말했다. "그래요? 누군데요?"

**정직**: "내 고향에 살던 사람인데, 이름은 불굴<sup>Standfast</sup>입니다. 그는 참으로 곧고 착한 순례자지요."

그들이 서로 가까이 대하게 되자 불굴 씨가 정직 노인에게 말했다. "어허! 정직 아저씨 아니십니까?"

**정직**: "그렇소, 바로 나요. 당신도 틀림없는 불굴 씨구려."

**불굴**: "이 길에서 아저씨를 만나다니 얼마나 기쁜지 모르겠습니다."

**정직**: "당신이 무릎을 꿇고 있는 것을 보고 나도 참 기뻤소."

이 말에 불굴 씨는 얼굴을 붉히며 말했다. "아니, 그것을 보셨습니까?"

**정직**: "예, 보았습니다. 그 모습을 볼 때 나는 진심으로 기뻤소."

**불굴**: "그걸 보고 무슨 생각을 하셨습니까?"

**정직**: "생각이라, 내가 무슨 생각을 했을 것 같소? 길에서 정직한 사람을 하나 만났으니 우리와 동행이 될 수 있겠구나 하고 생각했지요."

**불굴**: "아저씨 생각이 오산이 아니라면 저도 참 좋겠습니다. 그러나 제가 아저씨 생각처럼 그렇게 좋은 사람이 못된다면, 저는 혼자서 모든 것을 감당해 나가야 합니다."

**정직**: "그게 사실이오. 하지만 당신의 경외심으로 보아 순례자들의 왕자님과 당신 영혼 사이에 관계가 올바르다는 것이 확실합니다. '항상 경외하는 자는 복되리라'(잠 28:14)."

**진리의 용사**: "그런데, 형제여, 무슨 일로 그렇게 무릎을 꿇고 있었는지 연유를 말씀해 주실 수 있겠습니까? 당신에게 특별한 자비가 내려서 그런 것입니까? 아니면 다른 이유가 있습니까?"

**불굴**: "당신도 아시다시피 우리는 지금 마법의 땅에 들어와 있습니다. 저는 혼자 걸어 오면서, 이 길이 얼마나 위험한 길이며 여기까지 왔다가 끝내 죽

임을 당해 목적지에 가지 못한 순례자들이 얼마나 많은가를 곰곰 생각하고 있었습니다. 또한 저는 이곳에서 죽는 사람들의 죽음의 방식에 관해서도 생각하였습니다. 여기서 죽는 사람들은 난폭한 방식으로 죽음을 맞지 않으며, 슬픔을 느낄 사이도 없습니다. 왜냐하면 그들은 멸망과 즐거움을 갖고 잠을 자는 가운데 죽음의 여행을 떠나게 되기 때문이죠. 죽음이라는 질병의 뜻에 순순히 따르는 것이죠."

이때 정직 씨가 그의 말을 가로막으며 말했다. "당신도 정자에서 잠들어 있는 두 사람을 보았습니까?"

**불굴:** "예, 저도 경솔과 무모가 거기 누워 있는 것을 보았습니다. 제가 알기에 그들 두 사람은 몸이 썩을 때까지 누워 있을 거예요(잠 10:7). 그건 그렇고 제 이야기를 계속하도록 하겠습니다. 이미 말씀드린 대로, 제가 생각에 빠져 걷고 있노라니 옷을 잘 차려 입은 한 나이 든 여인이 다가오더니 제게 세 가지를 주마고 제의하더군요. 그 세 가지란 그녀의 몸과 돈주머니와 침대였습니다. 사실 저는 무척 졸립고 피곤한 상태였습니다. 또 부엉이 새끼처럼 빈털터리였지요. 이 사실을 그 마녀가 알고 있었던 것 같아요. 저는 한두 번 그녀의 제안을 거절했지만, 그녀는 내 거절을 모르는 척하며 미소를 짓더군요. 그 다음에 저는 화를 냈지만 그녀는 전혀 개의치 않았습니다. 그녀는 다시 제안을 하면서 말했습니다. 만약 내가 그녀에게 복종한다면 나를 위대하고 행복하게 만들어 주겠다고요. 자기는 세상의 여주인이라고 하면서 인간의 행복은 자기 손에 달렸다고 말하더군요. 그때 저는 그녀의 이름을 물었지요. 그랬더니 자기 이름은 물거품 마님<sup>Madam Bubble</sup>이라고 했어요. 이 말에 저는 더욱 그녀를 멀리했지만, 여자는 계속 따라오며 저를 유혹했어요. 그래서 당신들이 보셨다시피 저는 무릎을 꿇고 손을 쳐들어 임금님께 도와 달라고 외치면서 기도를 했지요. 그러자 여인은 당신들이 오기 직전에 떠나고 말았습니다. 그래서 저는 계속하여 이 큰 구원에 대한 감사의 기도를 올렸지요. 저는 그녀가 나에게 유익을 끼치려는 것

이 아니라 나의 여행을 중지시키려는 의도인 줄 굳게 믿었기 때문입니다."

**정직**: "의심의 여지 없이 그녀는 나쁜 의도를 갖고 있었음이 분명합니다. 그런데 당신 이야기를 듣고 보니 나도 그녀를 보았거나 아니면 이야기로 읽은 적이 있는 것 같군요."

**불굴**: "아마 보기도 하고 읽기도 하셨을 겁니다."

**정직**: "물거품 마님이라! 그 여자 혹시 키가 크고 아주 요염하게 생기지 않았습니까? 얼굴은 약간 거무스름하고요."

**불굴**: "맞았습니다. 바로 그렇게 생긴 여자였어요."

**정직**: "말을 청산유수처럼 잘하고 말끝마다 미소를 흘리지요?"

**불굴**: "역시 맞습니다. 꼭 그렇게 행하더군요."

**정직**: "또 그녀가 옆구리에 큰 돈주머니를 차고 있지 않습디까? 그리고 마치 돈을 만지는 것이 큰 즐거움인양 자주 주머니에 손을 넣어 만지작거리지 않던가요?"

**불굴**: "맞습니다. 그녀를 지금 보면서 말씀하시더라도 그 이상 잘 묘사하실 수는 없을 것입니다."

**정직**: "그렇다면 그녀의 그림을 그린 이가 훌륭한 화가요, 그녀의 이야기를 쓴 사람이 여실히 잘 썼다고 할 수 있군요."

**담대**: "그 여자는 마녀입니다. 이 지역이 마술에 걸려 있는 것도 그녀의 마법 때문입니다. 그러므로 누구든 그녀의 무릎을 베고 눕는 자는 단두대의 도끼날 밑에 눕는 것과 같고, 그녀의 아름다움에 한눈을 파는 자는 하나님의 원수로 간주될 것입니다(약 4:4; 요일 2:14, 15). 순례자의 원수들을 화려한 모습으로 꾸며 주는 자도 그녀이고, 많은 순례자들을 중도에서 실족시킨 것도 그녀입니다. 또 그녀는 험담하고 다니기를 굉장히 좋아합니다. 그래서 그녀와 그 딸들은 항상 순례자들의 뒤를 바짝 따르면서 이 세상의 생활이 그 어떤 곳의 생활보다 더 훌륭하고 좋다고 선전해대지요.

그리고 그녀는 뻔뻔스럽고 점잖지 못한 여자라서 아무 남자하고나 이야기를 한답니다. 가난한 순례자들은 경멸하고 비웃으면서도 부자들은 항상 존대하지요. 어떤 곳에 간교한 꾀로 돈을 많이 번 자가 있으면, 그녀는 집집마다 찾아다니며 그 사람을 칭찬합니다. 그녀는 축제와 연회를 아주 좋아하지요. 그래서 그녀는 항상 잔칫상을 찾아다닌답니다.

　어떤 지방에서는 그녀가 여신이라는 소문이 퍼져 그녀를 숭배하는 사람들도 몇 명 있었지요. 그녀는 일부러 시간을 내어 공개적으로 곳곳에서 속임수를 벌이기도 한답니다. 거기서 그녀는 자기가 그 어느 누구보다 더 착하다고 떠들어댑니다. 그녀는 누구든 자기를 사랑해 주고 따르면 그 자식의 자식들과도 함께 살아 준다고 약속하지요. 또 어떤 특정한 장소에서 특정한 사람들에게는 돈을 물쓰듯이 쓴답니다.

　그녀는 남들로부터 추앙받고 칭찬받기를 좋아하며, 남자들 품에 안기기를 좋아합니다. 자기의 소유물을 칭찬하는 데는 피로를 모르고, 자기를 좋게 여기는 자들을 가장 사랑한답니다. 그녀는 자기의 권유를 따르면 왕국과 면류관을 주겠다고 약속하지만, 많은 사람들을 교수대로 보내고 그 수효의 만 배도 더 되는 사람들을 지옥으로 보내지요.”

**불굴:** “아, 그러니 내가 그녀를 거절한 것이 얼마나 큰 은혜인지 모르겠군요! 그녀가 날 어디로 끌고 가려 했을까요?”

**담대:** “어디인지는 하나님 외에 알 사람이 없지요. 하지만 일반적으로 볼 때 그녀는 당신을 ‘여러 가지 어리석고 해로운 정욕에 떨어뜨려 파멸과 멸망에 빠지게’ 했을 것이 분명합니다(딤전 6:9). 그녀는 압살롬을 꾀어 아버지에게 반기를 들게 했고, 여로보암을 꾀어 주인을 거역하게 했습니다. 또 유다에게 주님을 팔아 넘기게 하고, 데마를 유혹해 경건한 순례 생활을 버리게 한 것도 그녀였습니다. 그외에도 그녀가 끼치는 폐해는 이루 헤아릴 수가 없습니다. 임금과 백성들 사이를 이간시키는 자도 그녀요, 부모와 자식들 간에 불화를 일으키는 것도 그녀요, 이웃과 이웃을, 남편과 아내를 불화하게 만드는 것도 그녀요, 한 인간 속에서 육체와 정신을 이간시키는 자도 그녀입니다. 그러니 착한 불굴 선생님, 당신은 당신의 이름대로 살아서 ‘모든 일을 마친 다음에 굳게 서시길’ 바랍니다.”

이 대화를 듣는 순례자들은 두려움과 기쁨으로 범벅이 되었다. 그러나 결국 그들은 이러한 노래를 부르며 길을 걸었다.

> "순례자들이 얼마나 많은 위험을 만나며
>  원수들이 또한 얼마나 많은지
>  죄로 이끄는 길이 얼마나 많은지도
>  우리 죽을 수밖에 없는 인간은 아무도 모른다네.
>  도랑을 건너며 몸이 더러워진 자들이
>  진흙탕 속에 텀벙 누워 버릴 수도 있고
>  뜨거운 석쇠를 피한 자들이 불 속에 뛰어들기도 하누나."

## 15. 뿔라 땅

그 후에 나는 그들이 뿔라 땅<sup>land of Beulah</sup>에 들어서는 것을 보았다. 그곳은 밤낮으로 태양이 비치는 곳이었다. 여기서 그들은 잠시 누워 지친 몸을 쉬었다. 이 나라는 순례자들이 모든 것을 공동으로 사용하며, 과수원과 포도원이 다 하늘 나라 임금님께 속해 있으므로 순례자들은 마음대로 과일들을 따먹을 수 있었다.

그들은 곧 쉬던 자리에서 일어났다. 종이 계속 울리고 나팔 소리가 감미롭게 들려 왔기 때문에 그들은 잠을 잘 수 없었던 것이다. 그러나 몸은 마치 단잠을 자고 일어난 듯이 가볍고 상쾌하였다.

거리에서는 "순례자들이 또 마을에 들어 왔다"는 소리가 들려왔다. 또 어떤 사람들은 "오늘 그만큼의 순례자들이 강을 건너 황금문 안으로 들어갔다"고 외쳐댔다. 그들은 다시금 소리쳤다. "방금 한 무리의 빛나는 자들이 마을에 왔다. 이들을 통해 우리는 순례자들이 길에 더 있음을 알 수 있다. 왜냐하면 그들은 순례자들을 시중들고 슬픔 당한 이들을 위로하러 왔기 때문이다."

자리에서 일어난 순례자들은 이리저리 산보를 했다. 그러나 그들의 눈은 천국의 환상으로 가득 차 있었다. 이 땅에서 그들은 자기네 마음과 몸에 거슬리는 것은 하나도 듣지도 않았고 보지도 않았고 만지지도 않았고 냄새 맡지도 않았고 맛보지도 않았다. 다만 그들이 다리 없는 강의 물을 맛보았을 때 물이 혀에서는 약간 씁쓸했으나 뱃속에서는 달콤했다.

이곳에는 이전의 모든 순례자들의 이름과 그들이 행한 유명한 행적의 역사가 다 기록으로 남아 있었다. 또한 여기에는 어떤 사람이 건너갈 때는 강물이 불어나고 어떤 사람이 건너갈 때는 강물이 줄어든다는 이야기가 많이 거론되고 있었다. 강물은 어떤 이들에게는 거의 말라 버리고 어떤 이들에게는 둑에까지 가득 차곤 하였다.

이 마을의 어린 아이들은 임금님의 화원에 들어가 꽃으로 화환을 만들어서 사랑하는 마음으로 이것을 순례자들에게 걸어 주었다. 거기에는 또한 장뇌, 두릅, 사프란, 창포, 육계 등의 약초와 유향, 몰약, 침향 등 여러 가지 나무들이 자라고 있었다. 순례자들이 여기 거주하는 동안 그들의 방에는 이 향료들을 두어 향기가 가득하게 하였고, 그들이 강을 건너갈 때가 되면 그들 몸에 향료를 발라 강 건널 준비를 하였다.

그들이 거기에 거하며 좋은 시간이 오기를 기다리고 있을 때, 천성으로부터 한 우체부가 순례자 크리스천의 아내 크리스티아나에게 보내는 중요한 소식을 갖고 왔다는 소리가 마을에 퍼졌다. 우체부는 그녀가 사는 집을 수소문해 찾아와서는 편지를 한 통 전달했다. 그 내용은 이러했다. "착한 여인이여, 평안할지어다. 주인님께서 당신을 부르신다는 소식을 전달하러 왔소. 주인님께서는 열흘 이내에 당신이 불멸의 옷을 입고 그의 앞에 서기를 기대하고 계십니다."

이 편지를 읽어 준 우체부는 자신이 참으로 왕의 사자임을 증거하는 표시를 주면서 그녀에게 속히 떠날 준비를 하라고 명했다. 그 표시는 사랑으로 예리하게 끝이 갈린 화살이었다. 이 화살은 쉽게 그녀의 심장 안에 들어가 서서히 그러나 확실히 효과를 발휘하여 그녀를 지정된 시간에 떠나도록 만드는 것이었다.

크리스티아나는 자신이 일행 중에서 제일 먼저 강을 건너게 되었음을 깨닫고는 안내자인 담대 씨를 찾아가 자초지종을 말하였다. 담대 씨는 그 소식에 진심

뿔라 땅

으로 기뻐하면서 자기에게도 우체부가 와 주면 얼마나 기쁘겠느냐고 말했다. 크리스티아나는 안내자에게 자기가 여행을 떠나는 데 필요한 것들을 다 알려 달라고 부탁하였다. 담대 씨는 그녀에게 이리저리하라고 알려 준 다음 살아남아 있는 자기네들이 그녀를 바래다주겠다고 말했다.

그리고 나서 크리스티아나는 아이들을 불러 축복해 준 후, 그들의 이마에 찍힌 표시가 그대로 잘 남아 있고 옷도 희고 깨끗하니 안심이 되고 기쁘다고 말하였다. 마지막으로 그녀는 자기에게 있는 얼마 안 되는 물건들을 가난한 사람들에게 다 나눠 준 다음 아들과 며느리들에게 왕의 사자가 올 날을 준비하라고 당부했다.

안내자와 자식들에게 이 말을 하고 난 크리스티아나는 진리의 용사에게 찾아가 말했다. "선생님, 당신은 언제나 진실한 분임을 나타내셨습니다. 그러니 죽도록 충성하십시오. 그리하면 나의 임금님께서 생명의 관을 주실 것입니다(계 2:10). 그리고 제 자식들을 잘 돌봐 주시도록 간청하는 바입니다. 그 애들이 약해지는 것 같으면 위로의 말을 좀 해 주십시오. 제 며느리들은 모두 신실한 삶을 살아왔으니까 그녀들에게 약속된 것이 기필코 성취되리라 믿습니다."

그리고 나서 그녀는 불굴 씨에게 반지를 하나 주었다.

그 다음 정직 노인을 찾아간 그녀는 이렇게 말했다. "당신은 참 이스라엘 사람이라서 속에 간사한 것이 전혀 없습니다"(요 1:47).

**정직:** "시온 산으로 떠나시는 날 일기가 청명하고 강물이 말라붙어 쉬이 건너가시기를 바랍니다."

**크리스티아나:** "날씨가 궂든 좋든 저는 기꺼이 갈 것입니다. 여행 중 일기가 어떻든 거기 도착하기만 하면 편히 앉아 쉬면서 젖은 몸을 말릴 수 있을 테니까요."


이때 주저 씨가 그녀를 만나려고 찾아왔다. 크리스티아나가 그에게 말했다. "여기까지 여행하시느라 괴로우셨지만 후에 당신의 휴식은 더욱 달콤할 것입니다. 그러나 깨어 준비하십시오. 생각지 못하던 때에 왕의 사자가 올지도 모릅니다."

그 후에 낙심 씨와 그의 딸 질겁이 들어오자, 크리스티아나는 그들에게 말했다. "당신들은 절망 거인과 의심의 성에서 구원받은 것을 기억하고 영원토록 감사해야 할 것입니다. 그 은혜의 결과 당신은 여기까지 안전하게 도착하였습니다. 그러나 조심하면서 두려움을 멀리 하십시오. 근신하며 끝까지 소망을 놓지 마십시오."

그리고 나서 크리스티아나는 심약 씨에게 말했다. "당신은 거인 살선의 입에서 건져냄을 받아 생명의 빛 안에서 영원토록 살면서 평온한 마음으로 임금님을 볼 수 있게 되었습니다. 제가 당신께 다만 충고하고 싶은 일은 부르심을 받기 전에 주님의 선하심을 의심하거나 두려워하는 마음을 회개하라는 것입니다. 그리하여 주께서 오실 때 이 허물 때문에 부끄러워 그 앞에 서서 얼굴을 붉히는 일이 없도록 하십시오."

이제 크리스티아나가 떠나야 할 날이 왔다. 길에는 그녀가 길 떠나는 것을 보러 나온 사람들로 가득 찼다. 강 너머를 보니 거기에는 크리스티아나를 성문까지 모셔가기 위해 내려온 말과 마차들이 가득하였다. 강가에 다다른 그녀는 환송나온 여러 사람들에게 작별 인사를 보내면서 강으로 들어섰다. 그녀의 마지막 말은 이러했다. "주여, 제가 당신과 함께 거하며 주를 기리기 위해 갑니다."

크리스티아나를 기다리고 있던 이들이 그녀를 데리고 사라지자, 그녀의 아들과 친구들은 자기네 처소로 돌아갔다. 크리스티아나는 천성 문을 두드리고 들어가서 예전에 남편 크리스천이 받았던 모든 환영 예식을 받았다.

그녀가 떠나자 아이들은 눈물을 흘렸다. 그러나 담대 씨와 진리의 용사 씨는 잘 조율된 수금과 소고를 연주하며 기뻐하였다. 그러면서 그들은 모두 각자의 처소로 돌아갔다.

얼마 후 다시 우체부가 마을에 왔는데, 이번에는 주저 씨에게 줄 소식을 갖고 왔다. 수소문해서 주저 씨를 만난 우체부는 이렇게 말했다. "비록 지팡이를 이용하긴 했으나 당신이 사랑해 오고 또 성실히 뒤따라온 분의 이름으로 문안드립니다. 나는 당신에게 임금님께서 부활절 이튿날 당신과 함께 천성에 있는 그의 식탁에서 식사하기를 바라신다는 소식을 전하러 왔습니다. 그러니 이제 여행할 준비를 하십시오."

그리고 나서 우체부는 그에게도 자신이 참으로 왕의 사자임을 증거하는 표시를 주면서 말했다. "내가 금 그릇을 깨뜨리고 은 줄을 풀어 놓았노라"(전 12:6).

그 후에 주저 씨는 자기 동료 순례자들을 불러 다음과 같이 말했다. "하나님께서 제게 사람을 보내셨습니다. 분명 조만간에 하나님께서 당신들도 방문하실 것입니다."

그리고 그는 진리의 용사 씨에게 자기의 유언장을 만들어 달라고 부탁하였다. 그가 남길 유산이라고는 지팡이 두 개와 선한 소원들밖에 없었으므로 그는 이렇게 말했다. "이 지팡이들은 제 뒤를 따라올 아들에게 유산으로 남겨 주렵니다. 이와 아울러 제 아들이 저보다 더 훌륭한 순례자가 되기를 바라는 백 가지 따뜻한 소원들도 아들에게 물려주고 싶습니다."

그 후 그는 담대 씨에게 친절히 안내를 해 주어 고맙다는 인사를 하고는 총총히 여행을 떠났다. 그는 강가에 이르자 이렇게 말했다. "이제는 더 이상 이 지팡이들이 필요 없으리라. 저 너머에 말과 마차들이 나를 위해 준비되어 있으니."

그가 한 마지막 말은 이러했다. "반갑도다, 생명이여!" 그리고 그는 자기의 길을 갔다.

그 후에 우체부는 심약 씨의 방문 앞에서 나팔을 불며 그에게 인사를 하였다. 그리고 나서 우체부는 안으로 들어와 말했다. "나는 당신의 주인님께서 당신을 필요로 하고 있다는 소식을 전하러 왔습니다. 이제 곧 당신은 빛나는 주님의 얼굴을 뵈어야 합니다. 그리고 내 소식이 진실이라는 표시로써 이것을 받으십시오. '창들로 내다 보는 자가 어두워질 것이니라'(전 12:3)."

그러자 심약 씨는 친구들을 불러 자기에게 온 소식을 전하고, 자기가 받은 바 그 소식의 진실성을 증거하는 표지를 보여 주었다. 그리고 나서 그는 말했다. "나는 아무에게도 유산을 남겨 줄 것이 없으니 유언장은 쓸 필요가 없겠지요? 나의 연약한 마음은 이제 버려두고 가렵니다. 내가 가고자 하는 그곳에서는 이 마음이 전혀 소용없을 테니까요. 그리고 아무리 가난한 순례자에게라도 그런 마음을 나눠 줄 수는 없지요. 제가 떠나고 나면, 진리의 용사 씨, 당신이 이 마음을 거름무더기 속에 묻어 주시겠습니까?"

이 모든 말을 마친 후 그는 자기의 떠날 날이 닥치자 다른 사람들과 마찬가지로 강으로 들어갔다. 그의 마지막 말은 이러했다. "믿음과 인내를 굳게 붙잡으시오." 그리고 나서 그는 강 저쪽으로 건너갔다.

여러 날이 지난 후 낙심 씨가 부르심을 받았다. 우체부는 그에게로 와서 다음과 같은 소식을 전하였다. "두려워 떠는 자여, 다음 주일에 당신이 임금님을 만날 수 있도록 준비하시오. 당신이 모든 의심으로부터 구원받게 된 기쁨을 소리 높여 외치시오."

이어서 왕의 사자는 말했다. "내 전갈이 참된 것임을 증거하는 표시로써 이 말씀을 받으시오. '그에게는 메뚜기도 짐이 될 것이니라'(전 12:5)."

이 말을 들은 낙심 씨의 딸 질겁 양도 아버지와 함께 가고 싶다고 말했다.

그리고 나서 낙심 씨는 친구들을 불러 말했다. "여러분도 잘 아시겠지만, 저와 제 딸 아이는 여러분 모두를 심히 괴롭혀 왔습니다. 그러므로 저와 제 딸은 이런 유언을 남기고 싶습니다. 즉 우리가 가진 낙심과 천한 공포심은 우리가 떠난 이후 어느 누구도 물려 받지 못하게 하십시오. 왜냐하면 내가 죽으면 그 근성들은 다른 사람에게로 옮겨가려 할 것이기 때문입니다. 알기 쉽게 말씀드리자면, 그들은 우리가 처음 순례자가 되었을 때 받아들인 손님이었는데, 이후로는 도저히 그들을 떨쳐 버릴 수가 없었습니다. 그들은 어슬렁거리며 자기네들을 받아 줄 순례자들을 찾을 테지만, 우리를 생각해서 결코 그들에게 문을 열어 주지 마십시오."

떠나갈 시간이 되자 그들은 강가로 내려갔다. 낙심 씨의 마지막 말은 이러했다. "밤이여, 안녕! 낮이여, 오라!" 그의 딸은 노래를 부르며 강을 건넜는데, 아무도 그녀의 말을 알아들을 수 없었다.

얼마 후 다시 우체부가 마을에 나타나 정직 씨의 주소를 물었다. 그의 집에 찾아 온 우체부는 정직 씨에게 다음과 같은 사연의 편지를 전해 주었다. "오늘부터 이레 후에 아버지의 집에서 주님 앞에 나타나시라는 명령이 내려졌습니다. 통지의 진실성을 입증하기 위해 이 말씀을 드립니다. '음악하는 여자들은 다 쇠하여 질 것이니라'(전 12:4)."

그러자 정직 씨는 친구들을 불러 말했다. "이제 나는 죽습니다만 유언장은 쓰지 않겠습니다. 나의 정직은 나와 함께 갈 것입니다. 뒤에 오는 이들에게 나의 정직에 관해 말해 주십시오."

떠나야 할 날이 되자 그는 강가로 내려갔다. 그때 강물은 심히 불어 몇 군데에서는 강둑까지 물이 찼다. 그러나 정직 씨는 생전에 선한 양심Good-conscience이라는 사람과 거기서 만나기로 약속한 바 있었기 때문에, 그가 와서 정직 씨의 손을 잡아 주어 무사히 강을 건널 수 있었다.

정직 씨는 "은혜가 다스린다"는 말을 마지막으로 남기고 세상을 떠났다.

그 다음에는 진리의 용사 씨가 같은 우체부로부터 전갈을 받았는데, 우체부는 그 부르심이 진실임을 보여 주는 증거로써 "항아리가 샘 곁에서 깨어졌느니라"(전 12:6)는 말씀을 주었다고 소문이 퍼졌다.

진리의 용사 씨는 친구들을 불러 이 소식을 전하고 말했다. "이제 나는 내 아버지의 집으로 갑니다. 여기까지 오는 동안 많은 어려움을 당했었지만 결코 후회는 없습니다. 내 칼은 나의 뒤를 따르는 순례자에게 주겠으며, 나의 용기와 기술은 그것들을 가질 만한 자에게 주겠습니다. 내 몸에 있는 표시와 상처 자국들은 내가 가지고 가서 내게 상급 주시는 자이신 그분을 위해 내가 이만큼 싸웠다는 증거로 삼겠습니다."

그가 떠나갈 때 많은 사람들이 강가로 그를 바래다주었는데, 강으로 들어가면서 그는 이렇게 말했다. "사망아, 네가 쏘는 것이 어디 있느냐?" 물로 더 깊이 들어가면서 그는 다시 말했다. "무덤아, 너의 승리가 어디 있느냐?"(고전 15:55)

이렇게 그가 강을 건너자 강 저편에서는 그를 위해 모든 나팔이 울려 퍼졌다.

그 뒤 불굴 씨가 부르심을 받았다. 이 불굴 씨는 마법의 땅에서 무릎을 꿇고 기도하고 있다가 순례자 일행을 만난 사람이었다. 우체부는 편지를 그에게 가지고 가 읽어 주었다. 그 편지에는 그의 주인님께서 더 오래 그와 떨어져 있을 수 없으니 속히 삶을 바꿀 준비를 하라는 내용이 들어 있었다. 이에 불굴 씨는 깊은 생각에 잠겼다. 그러자 주의 사자가 말했다. "내가 전달한 소식의 진실성을 의심할 필요가 없습니다. 진실의 표시로 이 말씀을 드리죠. '두레박 바퀴가 우물 위에서 깨어지리라'(전 12:6)."

이에 그는 안내자인 담대 씨를 찾아가 말했다. "선생님, 제가 여행하는 동안 당신과 좀 더 오래 동행하지 못한 것은 유감이었습니다. 당신을 만나 동행하던 나날은 제게 아주 유익한 것이었습니다. 저는 집을 떠날 때 아내와 다섯 어린아이들을 버려두고 왔습니다. 당신은 좀 더 많은 거룩한 순례자들을 안내하기 위해 다시 당신 주인님의 집으로 돌아갈 줄 알기에 부탁드립니다. 부디 돌아가시거든 제 가족들에게 사람을 보내 저에게 일어난 일과 일어날 일을 모두 알려 주십시오. 그들에게 제가 이곳에 얼마나 행복하게 도착했고, 지금까지 얼마나 복되게 살았는지 일러주십시오. 또 크리스천과 그의 아내 크리스티아나에 관한 이야기도 해 주십시오. 크리스티아나가 아들들과 함께 남편의 뒤를 따라와 얼마나 행복하게 살다가 갔는지 말해 주십시오. 저는 가족들에게 그들을 위한 나의 기도와 눈물 이외에는 별로 남겨 줄 것이 없습니다. 그들이 이 소식을 듣고 혹시 깨달음을 얻게 된다면 그것으로 족합니다."

불굴 씨는 이렇게 일을 처리한 다음 서둘러 떠나야 할 때가 되자 강으로 내려갔다. 이때 강물은 아주 잔잔했다.

강 중간쯤 갔다가 걸음을 멈춘 불굴 씨는 강 이편에서 그를 바래다주는 친구들에게 말했다. "이 강은 지금까지 많은 사람들에게 공포의 대상이었고 또 나 역시 은근히 두려워하고 있었소. 그런데 지금 나는 편안히 여기 서 있습니다. 내 발은 예전에 이스라엘 민족이 이 요단 강을 건널 때 언약궤를 맨 제사장들이 발 디디고 섰던 곳에 와 있습니다(수 3:17).

실제로 이 강물은 혀에서는 쓰고 배에서는 차갑지만, 내가 가는 곳과 저편에서 나를 기다리는 마차들을 생각하면 내 마음은 마치 이글거리는 숯불처럼 뜨겁습니다. 나는 지금 여행의 종말에 도달하여 모든 고난의 나날이 끝났음을 압니다. 나는 나를 위해 가시관을 쓰시고 얼굴에 침뱉음을 당하신 주님의 얼굴을 뵈러 갑니다.

지금까지 나는 남의 이야기와 믿음으로만 살아왔지만 앞으로는 주님을 친히 뵙고 그와 함께 즐거이 살 것입니다. 나는 주님의 말씀 듣기를 좋아했고, 지상에서 주님이 행하신 발자취를 살피며 나도 그 발자취를 따르고자 애를 썼습니다. 주님의 이름은 제게 마치 사향주머니와 같으며 어떤 향기보다도 더 달콤합니다. 그의 음성은 제게 무엇보다 더 감미로웠으며, 나는 햇빛을 보는 것보다 그의 얼굴을 보고 싶은 욕망이 더 컸습니다. 나는 그의 말씀을 음식물로 삼았으며 내 약점을 고치는 해독제로 사용했습니다. 그는 나를 붙들어 주셨고 나를 죄악에 빠지지 않게 해 주셨습니다. 그의 길을 따르는 동안 제 발은 힘을 얻었습니다."

이렇게 말하는 동안 그의 용모가 변했으며, "힘 있는 자가 구부러졌다"(전 12:3). 그는 "내가 주께 가오니 나를 받으소서"라는 말을 남기고는 사람들의 시야에서 사라졌다.

그러나 강 건너편 넓은 지대에 말과 마차, 나팔 부는 자, 피리 부는 자, 노래하는 자, 현악기 연주하는 자들이 가득 모여 천성의 아름다운 문으로 줄지어 올라가는 순례자들을 환영하는 모습은 영광스럽기 짝이 없었다.

크리스티아나가 데리고 온 네 아들과 그들의 처자는 내가 그곳을 떠나올 때까지 그대로 머무르고 있었다. 내가 돌아온 이후에 들은 소식에 의하면, 그들은 아직 살아 거기 거하면서 교회를 확장시키고 있다 한다.

만약 내가 또다시 그 길을 지나갈 기회가 있다면 여기서 이야기하지 못한 것들을 원하는 이들에게 들려주겠다. 그동안 나의 독자들이여, 안녕!

# 역자 해설

영어 성경 특히 흠정판 영역 성경의 위대성은 존 번연(1628-1688)을 통해 가장 크게 나타났다. 성경을 제외하고 번연을 생각한다는 것은 있을 수 없는 일이고, 성경 없이는 그의 「천로역정」이 세상에 나올 수도 없었을 것이다. 번연은 원래 무식하고 불량스러운 떠돌이 땜장이에 지나지 않았지만 성경의 존재를 인식하면서부터 그는 탐구심을 가지고 성경을 연구하여 마침내 시 분야의 존 밀턴과 더불어 17세기의 영국 청교도 문학을 대표하는 산문작가(散文作家)가 된 것이다.

번연의 대표작 「천로역정」은 당시의 영국 문단에 일대 센세이션을 일으켜 영문학 사상 성경 다음으로 많이 읽히는 작품이 되었다. 그는 이 작품에서 자신의 내면적 고민을 통해 독자들의 종교생활을 심리적으로 자극하고 고무시켜 주는 기독교 사상을 내포하고 있으며, 형식과 내용을 면밀히 검토해 보면 기독교의 영적 특징이 두드러지게 눈에 띈다. 그는 멋진 산문 정신을 통해 자신의 시간과 공간을 초월한 영원한 세계로 작품을 끌어올리는 데 성공하였다.

독자들은 외로운 순례자 크리스천을 따라 '낙심의 늪'에 빠지기도 하고 '좁은 문'을 통과하고 '허영의 시장' 거리를 지나 '곤고산'을 넘어 마침내 '죽음의 어두운 강'을 건너는 동안 인간의 내면 깊은 곳에서 흐르는 서사시를 읽게 된다.

이 작품의 주인공인 크리스천의 여행은 기독교적일 뿐만 아니라 무언가 좀 더 나은 것을 지향하는 현대인의 여행이기도 할 것이다. 인생 행로에서 만나는 뜻밖의 장애물과 그것으로부터의 해방 — 이것은 인생의 영원한 주제라 아니할 수 없다.

이 작품은 크리스천이라고 하는 한 남자가 성경을 읽고서 자기의 죄를 뉘우치고 하나님의 나라를 향하여 여행하는 이야기를 제1부로 하고, 그 처자가 남편을 따라 같은 길을 가는 것이 제2부가 된다. 여기서 길을 가는 도중 통과하는 갖가지 난관이나 방해자들은 모두 성경적 알레고리, 은유 그리고 상징symbol을 사용하여 묘사하였다. 이 작품의 두드러진 특징은 「천로역정」이 기독교인의 참된 삶을 표현한 알레고리라는 점일 것이다. 특히 존 번연의 「천로역정」은 영역 성경의 여러 가지 어구와 표현들로 만들어진 칵테일-펀치를 연상시켜 주고 있다. 나아가 이 작품은 문체뿐만 아니라 사상까지 영역 성경의 영향으로 형성되었음을 알 수 있다.

그러므로 「천로역정」을 읽을 때 성경을 읽고 있는 것 같은 느낌을 가지게 되는 것은 번연이 얼마나 자연스럽게 성경을 생활화했는지를 증명해 준다. 「천로역정」은 이와 같은 성경적 진리에 대한 깊은 공감에서 산출된 제2의 성경으로서 인정받는 '힘의 문학'에 속한다고 할 수 있다.

이상과 같이 번연은 성경을 뿌리로 하여 불변하는 인간상과 인간 구원의 과정을 그리고 있는데, 그리스도를 불변하는 완전한 전형으로 삼고 있으며 그 속에서 인간 구원의 길을 제시하고 있다. 이 작품에서 우리는 인간성을 상실해 가는 오늘의 세대에 그 회복을 위하여 투쟁하는 참인간의 모습을 발견할 수 있으리라 믿는다.

번연은 본래 "자기 자신의 내면적 고민과 신앙을 고백하고 또 인간을 구원하는 방법이 정치계급이나 사회계층에 대한 투쟁에 있지 않고 바로 인간의 영혼을 위한 투쟁에 있다"고 설파함으로써 일반 기독교 신자들에게 경종과 교훈을 주기 위해 이 작품을 저술하였지만, 「천로역정」은 제2의 성경이라 불릴 만큼 많은 독자들의 공감을 얻고 있다.

이 같은 「천로역정」의 구상은 본래 영원한 기초 위에 선 도성(都城)을 찾는다는 신약의 사상에서 우러나온 것이다. 그러나 그는 대부분의 이미지를 그의 실제 생활 주변에서 끌어오고 있다. 예를 들면, 크리스천이 걸어가는 길은 번연의 고향 베드퍼드의 길인데, 그 길 주변에는 작품에 등장하는 것과 같은 습지와 좁은 방죽길과 깊은 도랑이 있었다. 그는 소년 시절부터 이런 장면에 익숙해져왔을 것이다. 그와 마찬가지로 허영의 시장은 마을의 장터에서 흔히 볼 수 있는 떠들썩한 장면이었을 것이다. 그리고 순례자가 받는 재판 장면의 묘사는 번연 자신의 체험과 그의 동료들의 재판 장면을 회상한 것이었을 것이다. 그렇기 때문에 번연의 묘사는 언제나 살아 있는 것 같고 현실감 있게 느껴진다.

그는 종교적 체험과 세속적 체험을 결부시키고 또 그것들을 상상력과 은유적 수법으로 표현함으로써 「천로역정」을 한층 더 심각하고 독특한 작품으로 만들어 놓았다.

한편, 「천로역정」은 불변하는 인간성을 계시의 빛에 의해 응시하고 또한 명쾌하게 인간의 구원 과정을 전개해 나가고 있다는 점에서 로마서의 구원과정과 매우 흡사한 면을 보여 준다. 다만, 로마서가 인간의 영혼이 어떻게 죄의 율법과 육신의 속박에서 벗어나 참된 자유의 길을 쟁취할 수 있는가를 그리고 있는 데 반해, 「천로역정」은 이러한 과정을 알레고리allegory, 은유metaphor, 상징symbol 등을 사용하여 묘사하고 있다는 점과 로마서가 믿음에서 믿음으로 이르는 과정을 그리는 반면, 「천로역정」은 멸망의 도시를 탈출하여 천국에 이르는 결단의 과정을 통해서 예레미야 29:13("너희가 온 마음으로 나를 구하면 나를 찾을 것이요 나를 만나리라")에서 행해진 하나님의 약속이 주인공 크리스천에 의해 이루어지는 과정을 묘사하고 있다는 것이 다를 뿐이다.

이 작품을 통하여 인간의 생활과 성품, 하나님의 놀라운 계시, 영원한 진리, 그리고 구원의 길을 보여 주고, 아울러 성경의 진리를 유감없이 감동적으로 보여 주어서 독자들에게 무한한 즐거움을 주고, 또한 천성문을 향해 가는 여행길에 좋은 반려자가 되기를 원한다.

역자 유성덕

🔵 독자 여러분들께 알립니다!

**CH북스**는
기존 '크리스천다이제스트'의 영문명 앞 2 글자와
도서를 의미하는 '북스'를 결합한 **출판사의 새로운 이름**입니다.



세계기독교고전 15

# 천로역정

**3판 1쇄 발행** 2015년 8월 20일
**3판 8쇄 발행** 2018년 8월 20일

**발행인** 박명곤
**사업총괄** 박지성
**편집** 전두표, 신안나
**디자인** 송미현, 디자인집
**마케팅** 김민지
**재무** 김영은
**펴낸곳** CH북스
**출판등록** 제406-1999-000038호
**전화** 031-911-9864 **팩스** 031-944-9820
**주소** 경기도 파주시 회동길 37-20 CH그룹사옥 4층
**홈페이지** www.chbooks.co.kr **이메일** ch@chbooks.co.kr
**페이스북** @chbooks1984 **인스타그램** @chbooks1984

ⓒ CH북스 2015

---

❄ **CH그룹 브랜드 소개** ❄

**CH북스** (크리스천다이제스트) "크리스천의 영적 성숙을 돕는 책" | 기독교 도서
**현대지성** "지성과 감성을 채워주는 교양서" | 인문교양 도서

CH그룹은 여러분의 정성이 담긴 원고를 기다리고 있습니다.
원고 투고는 ch@chbooks.co.kr 으로 내용 소개, 연락처와 함께 보내주세요.

# 세계기독교고전 목록

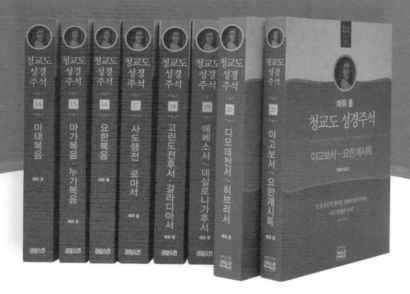